AI・HRテック対応
人事労務情報管理の法律実務

弁護士◆松尾剛行 Matsuo Takayuki

弘文堂

はじめに

　近時の情報技術の発展は、人事労務の分野において新しい挑戦を投げかけている。業務のICT化といったレベルを大きく超えて、近年ではHRテクノロジー（HRテック）といわれる人事労務分野におけるテクノロジーが幅広く利用され始め、また、AIの幅広い利用によって、日本の49%の仕事が代替されるといった研究も発表されている。

　このような中、すでに近未来を見据えた労働法のあり方等についての研究も始まっている（たとえば、大内伸哉『AI時代の働き方と法』（弘文堂・2017）や同「変わる雇用環境と労働法─2025年にタイムスリップしたら」福田雅樹＝林秀弥＝成原慧編『AIがつなげる社会─AIネットワーク時代の法・政策』（弘文堂・2017）等参照）。今後容易に予想される「働き方」の激変に対応するための労働政策や労働法制のあり方の検討として、このような研究の重要性は高い。

　もっとも、企業の人事労務担当者の方や、AI・HRテック企業の法務担当者の方にとっては、将来の「働き方」そのものの変化だけではなく、現在の観点から、AI・HRテックの利用や人事労務分野のICT化に関する実務的対応を知りたいというニーズもまた根強いように思われる。

　そこで鍵となるのが、「情報」とその管理である。

　本書は、人事および労務における情報管理を「人事労務情報管理」として、情報管理の観点から人事労務の実務について説明することを目的とする。人事労務分野におけるAIおよびHRテックに関する法律問題については、まだ議論が進んでいない部分も多いものの、すでに一定の議論がされている部分については、できるだけその議論を踏まえて実務的示唆を試みた。

　そこで、人事労務情報管理と関わりの深い、採用、秘密管理、業務における情報技術の利用、狭義の人事（教育・研修、人事考課、人事異動）、労働時間、健康管理、有事対応、退職という8つのテーマごとに情報管理の観点から法的問題および実務を解説する。具体的には、雇用に関する各場面ご

とに、情報の収集、保管・管理・利活用、（第三者）提供の各側面を意識しながら、情報管理の必要性とプライバシーその他の人格権等従業員の権利利益の保護という2つのバランスから、実務上どのような対応をとることが求められているかを明らかにする。そして、AIとHRテックについては、第2章で様々な場面に共通して出現する問題について概説したうえで、原則として第3章以降の各章の最後に、各章の取り扱う場面におけるAIとHRテックをめぐる実務的課題について述べる。

なお、本書はいわゆる「労働法」の実務書ではないことから、労働法関係の書籍において詳細に解説されている部分が判例の結論のみ一言触れられているにすぎなかったり、そもそもテーマとして扱われていないこともある。あくまでも、人事労務情報管理と関係がある法律問題のうち重要と思われるものについてまとめたものとしてご了解いただきたい。たとえば、租税・社会保険の問題や労働組合等の集団的関係については、本書では検討できていない。

また、すでに産業用ロボットが利用されている安全衛生については、いわゆる危険物としてのロボットについての検討は行わず、すでに存在する議論に委ねる。さらに、違法な長時間労働を繰り返す企業への指導・公表等の労基署による情報管理や公開は「人事労務」および「情報管理」と関係するが、管理をする主体は企業ではないので基本的に対象から外している。加えて、人事労務および法務の関係で近時話題となっている「働き方改革」や人材獲得競争と独禁法との関係等、本書で十分に触れることができていない論点も多い。これらについては、今後さらに研鑽を積んでいきたい。

本書が皆様のニーズに応えるものであれば幸いである。

2018年11月

松尾　剛行

目 次

はじめに　iii

凡　例　xiii

第1章　人事労務情報管理の基礎 ──── 1

第1節　人事労務情報管理における基本的留意点　1

1. 人事労務における情報の重要性　1
2. プライバシー保護への留意の必要性　3
3. 2つの要請の調整　5

第2節　個人情報の基礎と参照対象　6

1. 個人情報に関する基本的規律　6
2. 人事労務情報の管理に関する参照対象：ガイドライン等　9
3. 旧ガイドラインにみる人事労務情報管理への視点　11

第3節　情報管理の基礎知識（人事労務を念頭に）　14

1. はじめに：情報セキュリティとは何か　14
2. ガイドライン通則編のフレームワークの概要　16
3. 情報管理と責任　19

第4節　労働法と人事労務情報管理　24

1. 人事労務情報管理　24
2. 人事権の行使としての人事労務情報管理　27
3. 同意にまつわる問題　27

第2章　AI・HRテックに関する法律問題の基礎 ──── 31

第1節　AI・HRテックの法律問題を考える2つの視点　31

1. はじめに：2つの視点　31
2. 重層的な法規範　32
3. 具体的な技術・サービスを前提にした考察の必要性　33

第2節 人事労務と関係するAIの利用　35

1. 人事労務分野での利用が始まるAI　35
2. AIの種類　36
3. AIと人事労務との関係　36
4. AIの特徴と法的留意点　37

第3節 HRテックの利用　40

1. HRテックの意義　40
2. HRテックの人事労務情報管理上の意義　41

第4節 AI・HRテックに関する総論的法律問題（1）：情報の取得　43

1. 生データの収集および利用目的に関する問題　43
2. AI・HRテックにおける「蓄積」「分析」の重要性　49
3. 公開情報の取得と処理　52
4. 幅広いデータの人事労務目的での利用　54

第5節 AI・HRテックに関する総論的法律問題（2）：情報の取得以外の諸問題　59

1. AI（アルゴリズム）による判断　59
2. AI企業・HRテック企業への委託・第三者提供　68
3. 業務へのAI・RPAの導入と労働法　74
4. 法的問題以外の考慮要素　84

第3章 雇用関係の開始（採用）と情報管理　87

第1節 採用をめぐる情報管理への基本的視座　87

1. はじめに　87
2. 職安法　88
3. 本章の内容　89

第2節 採用の自由・調査の自由　90

1. はじめに　90
2. 三菱樹脂事件判決　90
3. 採用の自由の内容　92
4. 採用の自由の制約　93

第3節 採用のプロセス　96

1. はじめに　96

2. 内々定　96
   3. 内定　98
   4. 試用期間　99
   5. 採用のプロセスに従った人事労務情報管理　101

第4節　真実告知義務　102

   1. はじめに　102
   2. 真実告知義務　102
   3. 詐称された経歴が重要であること　103
   4. 真実告知義務と情報収集　104

第5節　採用関係情報の取得・利活用に関する規律　105

   1. 取得に関する規律の概観　105
   2. 情報収集の禁止　105
   3. 利用目的　107
   4. 応募者から直接提供を受ける情報　107
   5. 応募者が公開した情報　109
   6. 第三者から提供を受ける応募者の情報　109
   7. 採用関係情報の保管・利活用　110

第6節　使用者が応募者等に提供すべき情報　113

   1. 募集にあたって使用者が提供すべき情報　113
   2. 労働契約締結時に使用者が提供すべき情報　116
   3. 求人票と労働条件の相違と職安法2017年改正　117

第7節　採用をめぐるAI・HRテックの実務的課題　119

   1. はじめに　119
   2. HRテック企業のコンプライアンス　120
   3. 採用プロセスを踏まえた採用の自由とAI・HRテックとの関係　122
   4. 真実告知義務とAI・HRテックによる処理　126
   5. 採用関係情報の取得・保管・利活用とAI・HRテック　127
   6. AIやHRテックを利用していること等の開示の要否　129

第4章　人的安全管理措置と営業秘密　131

第1節　人的安全管理措置とは　131

   1. 個人データの安全管理のためのフレームワーク　131

2. 情報管理のための人事労務上の措置　132
　3. 本章の構成　133

第2節　従業員の守秘義務　134

　1. 従業員の負う守秘義務　134
　2. 守秘義務の時的限界　135
　3. 守秘義務の内容的限界　135
　4. 情報管理・秘密管理対応の必要性　136

第3節　営業秘密の保護　137

　1. 人事労務情報管理および AI・HR テックとの関係での営業秘密の重要性　137
　2. 営業秘密の保護要件　138
　3. 実務対応　144
　4. 競業避止義務　147

第4節　情報管理・秘密管理の実務　157

　1. 当然に守秘義務を負うから何も対応する必要がない！？　157
　2. 就業規則と秘密保持契約（誓約書）　160
　3. マニュアル作成・研修　163
　4. 人的以外の安全管理措置との組み合わせ　164
　5. 情報管理・秘密管理の限界　165

第5節　人的安全管理措置・営業秘密をめぐる AI・HR テックの実務的課題　166

　1. 営業秘密としての AI　166
　2. データについての幅広い保護（不競法 2018 年改正）　168

第5章　業務における情報技術の利用と人事労務　173

第1節　業務における情報技術の利用　173

　1. 業務における情報技術の利用の増大　173
　2. 業務における情報技術の利用に対する視点　174

第2節　私的利用　175

　1. 通信設備等の私的利用　175
　2. 私的利用はなぜ制限されるべきか　176
　3. 私的利用への規制の限界　177
　4. 実務対応　178

第3節 モニタリング　　184

1. はじめに：従業員に対するモニタリングと受忍限度　184
2. 監視カメラ等によるモニタリング　190
3. 会社の通信設備等に対するモニタリング　193

第4節 BYOD や COPE を踏まえた情報端末管理　　196
（モバイルデバイスマネジメント）

1. 情報端末管理の基礎　196
2. モバイルデバイスと MDM　198
3. 私物対応と BYOD/COPE　199

第5節 テレワーク　　203

1. テレワークの意義　203
2. テレワークの人事労務上の問題　206

第6節 業務における AI・HR テックの利用をめぐる実務的課題　　211

1. 新たなコミュニケーションツールと人事労務情報管理の実務対応：社内 SNS を例に　211
2. モニタリングの種類の増大と目的の拡大に関する問題　213
3. AI によるモニタリングか人間によるモニタリングか　215
4. つながらない権利　217
5. AI・ロボットの管理の負担　217

第6章 狭義の人事（教育・研修、人事考課、人事異動）と情報管理　　219

第1節 狭義の人事と AI・HR テックの関係についての考え方　　219

1. 狭義の人事に関する視点　219
2. 本章の構成　220

第2節 教育・研修と情報技術　　221

1. 情報化と教育・研修　221
2. 教育・研修命令　222
3. 教育・研修を受ける権利　223
4. 教育・研修をめぐる AI・HR テックの実務的課題　224

第3節 人事考課情報管理　　228

1. はじめに　228

 2. 処遇制度と人事考課　228
 3. 情報管理からみた人事考課に関する裁量統制　230
 4. 人事（考課）情報の透明性　234
 5. 人事考課をめぐる AI・HR テックの実務的課題　237

第4節　人事異動と情報管理　241

 1. 人事異動の種類と情報管理上の留意点　241
 2. 出向と情報管理　244
 3. 人事異動をめぐる AI・HR テックの実務的課題　246

第7章　労働時間管理と情報管理　251

第1節　労働時間管理の基本　251

 1. 労働時間の意義　251
 2. 労働時間管理の責務　254

第2節　時間外・休日労働と情報管理　257

 1. 時間外・休日労働の意義　257
 2. 時間外・休日労働命令の有効要件　258
 3. 時間外・休日労働と情報管理　258

第3節　労働時間をめぐる AI・HR テックの実務的課題　260

 1. 情報技術による厳格な労働時間管理　260
 2. 情報技術と事業場外みなし労働制　263
 3. 情報技術が労働時間性に投げかける新たな挑戦　270
 4. 情報技術による労働時間の立証　273

第8章　健康管理と情報管理　275

第1節　健康情報管理の基礎知識　275

 1. 健康情報管理の悩ましさ　275
 2. 使用者の実施する健康管理に関する基本的規律　277
 3. 健康情報管理に関する基本的規律　280

第2節　健康情報管理の実務対応　286

 1. 「雇用管理分野における個人情報のうち健康情報を取り扱うに当たっての

留意事項」(留意事項)　286
　2. 健康情報の例　287
　3. 留意事項の基本的な考え方　288
　4. 取得における留意事項　289
　5. 健康情報の管理・利活用における留意事項　292
　6. 提供・第三者提供における留意事項　294

第3節　健康管理をめぐるAI・HRテック利用の実務的課題　296

　1. 「法規制」としての「プライバシー」　296
　2. 健康情報の幅広い利活用　298
　3. AI・HRテックと安全配慮義務　299
　4. SNSと健康情報　300

第9章　有事対応と人事労務情報管理　301

第1節　有事対応の基本　301

　1. はじめに　301
　2. 危機管理の考え方　302
　3. 有事対応のプロセス　304

第2節　有事対応における労働法・プライバシー法上の留意点　306

　1. 有事とプライバシー　306
　2. 調査への協力　307
　3. 調査方法　309
　4. 調査事項　311
　5. 情報の保護　312
　6. 調査のための出勤停止　313
　7. 調査期間　314

第3節　内部告発　316

　1. 内部告発とは　316
　2. 公益通報者保護法による通報者の保護　317
　3. 公益通報者保護法の枠組みに乗らない事案　322
　4. 懲戒事由のある告発者　323

第4節　懲戒　324

　1. 企業秩序維持と懲戒　324
　2. 情報漏えい事故を理由とする懲戒　324

3. その他の問題　328

第5節　有事対応をめぐるAI・HRテックの実務的課題　330
1. 調査の効率化とプライバシーの関係　330
2. 懲戒とAI・HRテックの利用　330
3. インターネット上のハラスメントと有事対応　331

第10章　退職と情報管理　333

第1節　退職にまつわる情報管理の基本　333
1. 物品および情報の回収等　333
2. 引き継ぎ　335
3. 使用者側の義務　337
4. 退職金　340

第2節　解雇をめぐるAI・HRテックの実務的課題　342
1. 解雇の基礎知識　342
2. 労務提供の不能や労働能力または適格性の欠如・喪失　342
3. 経営上の必要性（整理解雇）　344
4. 退職勧奨とHRテック　346

おわりに　349

事項索引　350

判例索引　353

凡　例

【法令】

　法令については、原則として 2018（平成 30）年 11 月 30 日を基準とした。なお、法令名の略語については、以下のように用いるほか、慣例にならっている。

職安法	職業安定法	労基法	労働基準法
職安則	職業安定法施行規則	労基則	労働基準法施行規則
不競法	不正競争防止法	労契法	労働契約法
労安衛法	労働安全衛生法	労組法	労働組合法

【判例】

最大判（決）	最高裁判所大法廷判決（決定）	金判	金融・商事判例
最判（決）	最高裁判所小法廷判決（決定）	判自	判例地方自治
高判（決）	高等裁判所判決（決定）	判時	判例時報
地判（決）	地方裁判所判決（決定）	判タ	判例タイムズ
知財高判	知的財産高等裁判所判決	労経速	労働経済判例速報
民集	最高裁判所民事判例集	労判	労働判例
刑集	最高裁判所刑事判例集	労民集	労働関係民事裁判例集
下民集	下級裁判所民事判例集		

【文献】

iPhone・iPad 企業導入	一般社団法人 iOS コンソーシアム『iPhone・iPad 企業導入ガイドライン』（日経 BP 社・2015）
RPA の威力	安部慶喜『RPA の威力』（日経 BP 社・2017）
荒川編・営業秘密 Q & A	荒川雄二郎編『営業秘密 Q & A 80』（商事法務・2015）
荒木	荒木尚志『労働法〔第 3 版〕』（有斐閣・2016）
石嵜・労働契約解消	石嵜信憲『労働契約解消の法律実務〔第 3 版〕』（中央経済社・2018）
石嵜編・配転出向降格	石嵜信憲編『配転・出向・降格の法律実務〔第 2 版〕』（中央経済社・2016）
石嵜編・労働時間規制	石嵜信憲編『労働時間規制の法律実務〔第 2 版〕』（中央経済社・2010）
AI がつなげる社会	福田雅樹＝林秀弥＝成原慧編『AI がつなげる社会』（弘文堂・2017）

AIと憲法	山本龍彦編『AIと憲法』(日本経済新聞出版社・2018)
AIの法律と論点	福岡真之介編『AIの法律と論点』(商事法務・2018)
SNS・IT	小山博章編『労務専門弁護士が教えるSNS・ITをめぐる雇用管理』(新日本法規・2016)
川口	川口美貴『労働法〔第2版〕』(信山社・2018)
企業危機・不祥事対応	森・濱田松本法律事務所編『企業危機・不祥事対応の実務〔第2版〕』(商事法務・2018)
佐藤・指針と手順	佐藤久文『人事労務の法律問題 対応の指針と手順』(商事法務・2018)
職場の労務トラブル	アールケーシーアソシエイツ『職場の労務トラブル実践Q&A 198』(日本法令・2012)
自立とプライヴァシー	道幸哲也『職場における自立とプライヴァシー』(日本評論社・1995)
人事が変わる	労務行政研究所編『HRテクノロジーで人事が変わる』(労務行政・2018)
人事部のための個人情報保護法	労務行政研究所編『人事部のための個人情報保護法』(労務行政・2006)
事後対応の手引き	木曽裕『企業不祥事事後対応の手引き』(経済法令研究会・2016)
菅野	菅野和夫『労働法〔第11版補正版〕』(弘文堂・2017)
外井ほか・Q&A	外井浩志=森下治=渡邊岳『IT化時代の労務・税務Q&A』(税務研究会出版局・2002)
園部=藤原	園部逸夫=藤原静雄『個人情報保護法の解説〔第二次改訂版〕』(ぎょうせい・2018)
逐条解説公益通報者保護法	消費者庁消費者制度課編『逐条解説 公益通報者保護法』(商事法務・2016)
デジタルレイバー	池邉竜一『デジタルレイバーが部下になる日』(日経BP社・2018)
土田・労契法	土田道夫『労働契約法〔第2版〕』(有斐閣・2016)
テレワーク導入	今泉千明=中島康之『テレワーク導入・実践ガイド』(第一法規・2018)
ビジネス導入	株式会社ブレインパッド『失敗しないデータ分析・AIのビジネス導入』(森北出版・2018)
不祥事対応ベストプラクティス	長島・大野・常松法律事務所編『不祥事対応ベストプラクティス』(商事法務・2015)

毎熊・在宅勤務制度	毎熊典子『これからはじめる在宅勤務制度』（中央経済社・2018）
松尾・クラウド	松尾剛行『クラウド情報管理の法律実務』（弘文堂・2016）
松尾・プライバシー	松尾剛行『最新判例にみる インターネット上のプライバシー・個人情報保護の理論と実務』（勁草書房・2017）
丸わかり！RPA	日経コンピュータ編『丸わかり！RPA』（日経BP社・2017）
三柴・メンタルヘルス	三柴丈典『労働者のメンタルヘルス情報と法』（法律文化社・2018）
水谷・Q&A	水谷英夫『AI時代の雇用・労働と法律実務Q&A』（日本加除出版・2018）
水町	水町勇一郎『労働法〔第7版〕』（有斐閣・2018）
山田・トラブル防止	山田亨『Q&A+書式で解説 職場のトラブル防止100』（労務行政・2005）
山本・プライバシー	山本龍彦『プライバシーの権利を考える』（信山社・2017）
労働関係訴訟Ⅰ	山川隆一＝渡辺弘編『労働関係訴訟Ⅰ』（青林書院・2018）
労働関係訴訟Ⅱ	山川隆一＝渡辺弘編『労働関係訴訟Ⅰ』（青林書院・2018）
労働時間管理Q&A	石井妙子監修『労働時間管理Q&A 100問』（三協法規出版・2014）
ロボット・AIと法	弥永真生＝宍戸常寿編『ロボット・AIと法』（有斐閣・2018）
渡邊・「情報」管理	渡邊岳『「情報」管理と人事・労務』（税務研究会出版局・2005）

【ガイドライン等】

ガイドライン通則編	個人情報保護委員会「個人情報の保護に関する法律についてのガイドライン（通則編）」（2016年11月）
個人情報保護委員会Q&A	個人情報保護委員会「『個人情報の保護に関する法律についてのガイドライン』及び『個人データの漏えい等の事案が発生した場合等の対応

	について』に関する Q & A」(2017 年 2 月 16 日、2018 年 7 月 20 日更新)
職安法指針	労働省「職業紹介事業者、労働者の募集を行う者、募集受託者、労働者供給事業者等が均等待遇、労働条件等の明示、求職者等の個人情報の取扱い、職業紹介事業者の責務、募集内容の的確な表示等に関して適切に対処するための指針」(1999 年)
通則編パブコメ	「個人情報の保護に関する法律についてのガイドライン(通則編、外国にある第三者への提供編、第三者提供時の確認・記録義務編及び匿名加工情報編)(案)」に関する意見募集の結果について(平成 28 年 11 月 30 日公示)別紙 2-1「『個人情報の保護に関する法律についてのガイドライン(通則編)(案)』に関する意見募集結果」

第1章
人事労務情報管理の基礎

第1節　人事労務情報管理における基本的留意点

Q 人事労務情報管理とは何ですか？　一般的な情報管理とはどのように違うのでしょうか。

A 人事労務情報管理とは広く、使用者と従業員との関係の中で使用者である企業が行う情報の管理全般を指します。人事労務においては情報を適切に利活用することが必要ですが、人事労務において取り扱われる情報にはセンシティブ性の高いものも多く、プライバシー保護の観点からその管理に十分な留意が必要です。

1．人事労務における情報の重要性

　人事労務分野においては、情報が重要な役割を果たす。たとえば、労働大臣官房政策調査部総合政策課による「労働者の個人情報保護に関する研究会報告書」(1998年6月)[*1]は、労働者の個人情報を次のように類型化した。

①基本情報（住所、電話番号、年齢、性別、出身地、人種、国籍など）
②賃金関係情報（年間給与額、月間給与額、賞与、賃金形態、諸手当など）
③資産・債務情報（家計、債権、債務、不動産評価額、賃金外収入など）
④家族・親族情報（家族構成、同・別居、扶養関係、家族の職業・学歴、家族

*1　http://www.jil.go.jp/jil/kisya/daijin/980629_01_d/980629_01_d.html

の収入、家族の健康状態、結婚の有無、親族の状況など）
⑤思想・信条情報（支持政党、政治的見解、宗教、各種イデオロギー、思想的傾向など）
⑥身体・健康情報（健康状態、病歴、心身の障害、運動能力、身体測定記録、医療記録、メンタルヘルスなど）
⑦人事情報（人事考課、学歴、資格・免許、処分歴など）
⑧私生活情報（趣味・嗜好・特技、交際・交友関係、就業外活動、住宅事情など）
⑨労働組合関係情報（所属労働組合、労働組合活動歴など）

　その後、情報通信技術の進展により、企業に設置されまたは従業員の利用する通信機器に関連する情報、人事評価のためのアンケート情報等、ますます広い範囲の情報が利用されるようになっている。

　賃金計算、人事配置、人事処遇あるいは健康管理のため、使用者にはこのような情報の活用が必要である[*2]。たとえば、従業員への給与の支払いと税・社会保険料の正確な控除のためには家族構成や収入に関する正確な情報が必要であるし、労安衛法で義務付けられている健康診断によって健康情報を取得することもある。さらには、従業員の適正配置と賃金・昇進などの人事処遇に反映する人事評価に関わる資料[*3]など、適切な人事処遇の実施のためには、情報が重要である。

　本書では、「人事労務情報管理」について法律実務の観点からの検討を行うが、ここでいう人事労務情報管理とは、広く、使用者と従業員との関係において使用者である企業が行う情報の管理全般を指す。そこで、上記のような従業員についての情報の管理はもちろん、企業秘密その他の情報を管理するために従業員に対しどのような働きかけや管理をしていくかといったことも、人事労務情報管理に含まれる。そして、そのような人事労務情報管理の対象となる情報を、本書では人事労務情報と呼ぶこととする。

[*2] 東京大学労働法研究会編『注釈労働基準法 上巻』（有斐閣・2003）201頁〔和田肇執筆〕参照。なお、企業が企業というコミュニティの一員としての従業員のあらゆる情報を収集し、人事管理に活用してきたという荒木277頁の指摘も参照。

[*3] 角田邦重「労働者人格権の射程」角田邦重先生古稀記念『労働者人格権の研究上』（信山社・2011）13頁

これは、ガイドライン等では「雇用管理情報」等と呼ばれることがある。

2. プライバシー保護への留意の必要性

　これらの人事労務情報を管理していくにあたって、プライバシーに留意が必要である。『宴のあと』事件（東京地判昭和39年9月28日判時385号12頁）で東京地裁は、プライバシーを「私生活をみだりに公開されないという法的保障ないし権利」と定義した。学説上、プライバシー論は、「独りにしておいてもらう権利（the right to be let alone）[*4]」から個人に関する情報のコントロール[*5]、そして構造ないしアーキテクチャ全体のコントロールという側面の強調へと展開してきたとされる[*6]。

　労働契約は決して、労働に従事すべき期間において従業員が使用者のすべての指揮監督に服することをその内容としているのではない。確かに、従業員は企業秩序維持義務〔→324頁〕を負うものの、従業員は企業および労働契約の目的上必要かつ合理的な限りで企業秩序に服するのであり、企業の一般的支配に服するものではない（最判昭和52年12月13日民集31巻7号1037頁［富士重工業事件］）。そこで、労働関係においても従業員のプライバシーは守られなければならない（最判平成7年9月5日労判680号28頁およびその原審・大阪高判平成3年9月24日労判603号45頁［関西電力事件］参照）。人事の文脈において思想・信条等を理由とする差別を禁止する労基法3条は、プライバシーに係る事項を私的領域の問題としてそれに使用者が関与すべきではないという原則を明らかにしている[*7]。従業員の人格や自由に対する拘束は、事業の遂行上必要かつ相当な範囲内でのみ許容されているにすぎない[*8]。使用者は従業員の自由、名誉、プライバシーなどの人格

---

*4　Samuel Warren & Louis Brandeis, *The Right to Privacy*, 4 Harv. L. Rev. 193（1890）
*5　Alan Furman Westin, Privacy and Freedom（1967）; Charles Fried, *Privacy*, 77 Yale L.J. 475（1968）
*6　山本・プライバシー3頁以下（初出、ジュリスト1412号（2010））参照。なお、アーキテクチャとは、個人の行為を制約し、または可能にする物理的・技術的構造である（成原慧『表現の自由とアーキテクチャ』（勁草書房・2017）i頁）。
*7　自立とプライヴァシー19頁
*8　菅野151頁

的利益を尊重する義務を負うと解されている。[*9]

　日本には、「プライバシー法」という名称を有する法律は存在しないため、いかなる場合に企業が従業員のプライバシーを違法に侵害したとされるかの判断には微妙なところがある。もっとも、本人同意を得ないプライバシー情報取扱いの可否が問題となる場合、基本的には、当該情報のセンシティブ性の高低と、企業側の必要性等を衡量することになり、その際は個人情報保護法の規定が（直接適用されないものの）参考になる。[*10]

　そして、労働の文脈でも同様に、個人情報の保護のあり方は情報の内容、従業員の個人情報収集・管理に対する使用者側の必要性、収集手段・態様の相当性、そして従業員側の秘匿の理由等によって判断されるといわれている。[*11] ただし、人事労務の文脈では、企業側の必要性等については人事裁量の広狭といったことも関係してくるところに留意が必要であろう。そのうえで、違法と判断された場合には、企業は不法行為（民法709条）等として損害賠償責任その他の責任を負うことになる。本書では以下、このようなプライバシー法制について「プライバシー法」と呼ぶことがある。

　人事労務情報管理の過程で取り扱う情報の中に、秘匿性ないしはセンシティブ性が高い情報も多いことが重要である。たとえば、個人情報保護法2条3項はセンシティブ性が高い一定の情報を「要配慮個人情報」と定義するが、そのうち、病歴（同項）、心身の機能の障害（同法施行令2条1号）、健康診断等の結果（同条2号）等は、人事労務における取扱いが想定される。[*12] 従業員にとって、たとえば自分の病気についての情報など自己のプライバシー情報が使用者に不用意に取り扱われたくはない、といった要請は

---

*9 　水町234頁、上村哲史＝荒井太一＝北山昇『企業の情報管理』（労務行政・2016）65頁
*10　松尾・プライバシー246頁。ただし、千葉地判平成30年6月20日金判1548号48頁は、個人情報保護法20条および22条は、被告の具体的な注意義務を基礎付けるものではないとして、注意義務違反を否定した。
*11　水町234頁、和田肇『人権保障と労働法』（日本評論社・2008）23頁
*12　なお、労働組合加盟情報の扱いについて「金融分野における個人情報保護に関するガイドライン」（https://www.ppc.go.jp/files/pdf/kinyubunya_GL.pdf）5条および「個人情報の保護に関する法律に係るEU域内から十分性認定により移転を受けた個人データの取扱いに関する補完的ルール」（https://www.ppc.go.jp/files/pdf/Supplementary_Rules.pdf）(1)参照。

強く、丁寧な取扱いをしないと、企業は責任を負う可能性がある。[13]

実際、東京地判平成22年10月28日（労判1017号14頁）[日航事件]では、ある組合が、対立する組合の組合員の情報を収集し、データベース化して組合役員のパソコン等で管理していたという事案において、その収集・保管・利用等がプライバシー侵害にあたるとされた。この事例は、労働関係における個人情報の管理についてそれに対する適切な規制をしなければ重大な問題が生じることを示したものと評されている。[14] ほかにも、労働者派遣を業とする企業が、登録されている女性派遣労働者の容姿にランクを付けた名簿を作成しており、これが流出した事案（いわゆるテンプスタッフ事件）等がある。こうした不適切ないしは違法な人事労務情報管理によってプライバシーが侵害される事件は、多数発生している。

3. 2つの要請の調整

以上のように企業は、人事労働管理のために情報の収集、保管・管理・利用を行う必要がある反面、これらの情報にはセンシティブ性の高い従業員のプライバシー情報なども含まれていることから、慎重に取り扱うことが必要である。もっともこのことは、決して従業員がプライバシーを放棄しなければならないとか、使用者が人事労務情報管理をあきらめなければならないといった、一律・一面的なものではない。情報管理とプライバシーの2つの要請を適切に調和させることが肝要であり、[15] このような調整は時に困難ではあるものの、不可能ではないと筆者は考えている。

---

*13 先駆的研究として自立とプライヴァシー28〜31頁がある。それによれば、従業員として、思想・信条、交友関係、所属団体、家計や家の経済状態、家族・親族関係、肉体・精神的健康状態、そして学歴・職歴等の履歴について秘匿の要請があるところ、労働契約上の権利義務との関係で円滑な業務の遂行のためどの程度のプライバシー調査・開示が必要か、そして従業員の私的領域に関与すべきではない要請と業務命令について従業員の私的事項にも配慮すべきとの要請の調和、さらに人格権との関係（人格権を労働主体としての権利、またプライバシー権を企業に取り込まれない市民としての権利とする）等を論じている。

*14 角田・前掲注（3）13頁参照。

*15 島田陽一「情報と労働法」日本労働法学会誌105号（2005）12頁も参照。

第2節　個人情報の基礎と参照対象

Q 個人情報とはそもそも何ですか？　また個人情報に関して、人事労務管理の文脈において特に気をつけることはあるのでしょうか。

A 個人情報保護法は特定の個人を識別することができる情報を個人情報として、企業をはじめとする個人情報取扱事業者に対して義務を課しています。人事労務情報管理の文脈では、通常の個人情報の保護に加え、労働法等の追加的な考慮要素が存在することに留意が必要です。また、関係当局のガイドライン等への目配りも欠かせません。

1．個人情報に関する基本的規律

　人事労務情報管理の対象たる従業員は「個人」であることから、個人情報の管理が必然的に伴う。

　個人情報保護法（本節では以下「法」ともいう。なお施行令（政令）は「令」という）は、個人に関する情報を以下の3種類に分け、それぞれ異なる規律を設けている。

・個人情報
・個人データ
・保有個人データ

　1つ目が「個人情報」（法2条1項）であり、法2条1項により個人情報は従来型個人情報（同条1号）[*1]と個人識別符号型個人情報（同条2号および2

[*1] 「当該情報に含まれる氏名、生年月日その他の記述等（文書、図画若しくは電磁的記録（……）に記載され、若しくは記録され、又は音声、動作その他の方法を用いて表された一切の事項（……）をいう。……）により特定の個人を識別することができるもの（他の情報と容易に照合することができ、それにより特定の個人を識別すること

条2項[*2]）に分けられる。従来型個人情報と個人識別符号型個人情報の双方で共通するのは、生存する個人に関する情報であって、「特定」の個人を「識別することができる」という要件である（法2条1項1号、同条2項1号・2号）。つまり、一般人の判断力や理解力をもって、生存する具体的な人物と情報との間の同一性を認めるに至ることができるものが個人情報である[*3]。個人情報保護委員会のＱ＆Ａ[*4]によれば、「従業員に関する情報であっても、法第2条第1項の定義に該当する場合には、個人情報に該当するため、同法の規律に従って取り扱う必要があ」る（1-17）とされており、従業員情報も上記の要件に当てはまる限り、個人情報となる。

個人情報は、データベース[*5]化されていない情報（いわゆる「散在情報」）を当然に含む概念である。たとえば、企業の営業担当者が名刺交換をして相手の名刺を1枚受け取るとしよう。そこには「〇×商事株式会社　営業部長　山田太郎」という記載がある。これはまさに個人情報である[*6]。場合によっては、口頭で「私は山田太郎です」と自己紹介を受けるかもしれない。これも「個人情報」といえば個人情報である。ただ、個人情報がデータベ

　　ができることとなるものを含む。）」
[*2]　法2条2項「この法律において『個人識別符号』とは、次の各号のいずれかに該当する文字、番号、記号その他の符号のうち、政令で定めるものをいう。／一　特定の個人の身体の一部の特徴を電子計算機の用に供するために変換した文字、番号、記号その他の符号であって、当該特定の個人を識別することができるもの／二　……個人に発行されるカードその他の書類に記載され、若しくは電磁的方式により記録された文字、番号、記号その他の符号であって、……特定の……発行を受ける者を識別することができるもの」
[*3]　瓜生和久編『一問一答　平成27年改正個人情報保護法』（商事法務・2015）12頁
[*4]　ただし、「他の情報と容易に照合することができ、それにより特定の個人を識別することができることとなるもの」も含まれる（法2条1項1号）ことから、たとえば、顧客ID（0000334等）が付された購買履歴については、当該購買履歴情報だけからは特定個人への識別性がなくとも、当該事業者において、顧客管理データベースにおいて顧客IDと顧客氏名が対応していて、0000334番の者のことだとわかるという場合には、購買履歴そのものに顧客氏名が付されていなくとも、顧客管理データベースの情報と「容易に照合」できるとして、個人情報とされる可能性がある。
[*5]　デジタルデータベース（法2条4項1号）だけではなく、アナログデータベース等（令3条2項）も含まれる。なお、令3条1項の例外（主に市販の電話帳、住宅地図、ナビゲーション等が想定されている）も参照のこと。
[*6]　なお、氏名等の個人を識別する情報そのものだけではなく、購買履歴など当該識別情報に紐づけられた情報も広く個人情報とされる（松尾・プライバシー59頁）。

ース化されているかどうかで、その保護の必要性は大きく異なる。[*7]

そこで「個人データ」概念が出てくる。これは、個人情報データベース等を構成する個人情報（法2条6項）である。要するにデータベース化され、容易に検索等ができるように体系的に構成された個人情報については、その権利侵害の可能性が高いことから、これを「個人データ」として、個人情報一般よりもより強い保護を与えているのである。

そして、3つ目のキー概念「保有個人データ」は、個人情報取扱事業者が、開示、内容の訂正、追加または削除、利用の停止、消去および第三者への提供の停止を行うことのできる権限を有する個人データであり（法2条7項）[*8]、こうしたデータについては本人が自己の情報に適切に関与できるようにするべきという、本人の自己情報コントロールの要請を踏まえた開示、訂正、利用停止等の請求が認められている（法28条以下参照）。

なお、このような義務を負うのは、個人情報取扱事業者[*9]であるが、2015年改正後は、ほぼすべての企業が個人情報取扱事業者となったといっても過言ではないだろう。

そして、個人情報については主に、以下のような規律が適用される。

- ・利用目的に関する規律（法15条・16条・18条）
- ・適正な取得義務（法17条1項）
- ・要配慮個人情報の取得に関する規律（法17条2項）
- ・苦情の処理（法35条）

[*7] 「個人情報を本人の同意なく第三者に提供することは、それが直ちに本人の権利利益を侵害するとは必ずしもいえないが、近年の情報通信技術の発達によって個人情報の流通範囲、利用可能性が飛躍的に拡大する中、特に電子的に処理することが容易な個人データが本人の意思にかかわりなく第三者に提供されれば、本人の全く予期しないところで当該個人データが利用されたり、他のデータと結合・加工されるなどして、本人に不測の権利利益侵害を及ぼすおそれが高まることとなる」（園部＝藤原172頁）。

[*8] なお、その存否が明らかになることにより公益その他の利益が害されるもの（令4条1～4号）や6か月（令5条）以内に消去することとなるものは除かれる。なお、「補完的ルール」(2)〔→4頁注12〕も参照。

[*9] 法2条5項本文「この法律において『個人情報取扱事業者』とは、個人情報データベース等を事業の用に供している者をいう。」

個人データについては主に、以下のような規律が適用される。

・正確性の確保（法19条）
・安全管理措置（法20〜22条）
・第三者提供に関する規律（法23〜26条）

保有個人データについては主に、以下のような規律が適用される。

・保有個人データに関する事項の公表（法27条）
・開示、利用停止等（法28〜34条）

以上のような規律が適用されることを念頭に、企業は人事労務情報管理を実施していかなければならない。[*10]

2. 人事労務情報の管理に関する参照対象：ガイドライン等

人事労務関係の個人情報の管理においてはガイドラインや通達等を参照する必要がある。[*11]現行個人情報保護法のもとでは、まずは個人情報保護委員会による以下のものを含む現行ガイドライン等が参考になる。

・個人情報の保護に関する法律についてのガイドライン（通則編）
・個人情報の保護に関する法律についてのガイドライン（外国にある第三者への提供編）
・個人情報の保護に関する法律についてのガイドライン（第三者提供時の確認・記録義務編）
・個人情報の保護に関する法律についてのガイドライン（匿名加工情報編）
・個人データの漏えい等の事案が発生した場合等の対応について
・「個人情報の保護に関する法律についてのガイドライン」及び「個人データの漏えい等の事案が発生した場合等の対応について」に関するQ＆A

[*10] なお、このように、取得、管理・利活用および第三者提供の各場面で別個に規制が定められており、ある情報を適法に取得できたとしても、その利活用が制限されるといった場面が生じうることには留意が必要である。

[*11] 労働法の文脈における通達の価値について、菅野164〜165頁も参照。なお、責任〔→19頁以下〕との関係では、これらの個人情報に関するガイドラインは直接私法上の効果はなくても判断の参考になるとされている（水町236頁）。

・個人情報の保護に関する法律に係る EU 域内から十分性認定により移転を受けた個人データの取扱いに関する補完的ルール

またこのほか、「雇用管理分野における個人情報のうち健康情報を取り扱うに当たっての留意事項」[*12]は、従来の「雇用管理に関する個人情報のうち健康情報を取り扱うに当たっての留意事項について」（2004 年 10 月）[*13]という厚生労働省の通達をベースにしたものであるが、健康情報の取扱いについて参考になる〔→ 251 頁以下〕。

加えて、採用の局面では、職安法 5 条の 4 が求職者、募集に応じて労働者になろうとする者または供給される労働者の個人情報は、その業務の目的の達成に必要な範囲内で収集し、ならびに当該収集の目的の範囲内でこれを保管・使用しなければならないと規定している。また、厚生労働省の職安法指針、すなわち「職業紹介事業者、労働者の募集を行う者、募集受託者、労働者供給事業者等が均等待遇、労働条件等の明示、求職者等の個人情報の取扱い、職業紹介事業者の責務、募集内容の的確な表示等に関して適切に対処するための指針」（1999 年）[*14]は、特に求職者情報の扱い（第四）において、原則として、人種、民族、社会的身分、門地、本籍、出生地その他社会的差別の原因となるおそれのある事項、思想および信条ならびに労働組合への加入状況については取得してはならないこと、個人情報を収集する際には、本人から直接収集し、または本人の同意のもとで本人以外の者から収集する等、適法かつ公正な手段によらなければならないこと等を定めている[*15]〔→ 88 頁〕。

[*12] https://www.ppc.go.jp/files/pdf/koyoukanri_ryuuijikou.pdf
[*13] https://www.mhlw.go.jp/topics/bukyoku/seisaku/kojin/dl/161029kenkou.pdf
[*14] http://www.mhlw.go.jp/file/06-Seisakujouhou-12600000-Seisakutoukatsukan/0000168822.pdf
[*15] その他、「派遣元事業主が講ずべき措置に関する指針」（1999 年）、「送出事業主が講ずべき措置に関する指針」（2005 年）、「監理団体が労働条件等の明示、団体監理型実習実施者等及び団体監理型技能実習生等の個人情報の取扱い等に関して適切に対処するための指針」（2017 年 4 月）、「私的年金分野における個人情報の技術的安全管理措置」（2017 年 5 月）等も参照のこと。

3. 旧ガイドラインにみる人事労務情報管理への視点

　かつての個人情報保護法は、分野ごとに管轄官庁が分かれており、雇用分野は厚生労働省が管轄していた。2015年改正後、個人情報保護委員会による一元的管轄が志向され、従来の所轄官庁によるガイドラインは撤廃されたが、各分野の特殊性を反映したものとしてなお参照価値を有するので、紹介しておきたい。「雇用管理分野における個人情報保護に関するガイドライン」（2004年。以下「旧ガイドライン」という）[*16]の特徴的な内容は以下の通りである。

- 病歴、収入、家族関係等のセンシティブ性の高い情報を「機微に触れる情報」と定義（第2の2）
- 「特に雇用管理情報は、機微に触れる情報を含」むことから、公表等を行うに際し「事業者は、自らの置かれた状況に応じ、労働者等に内容が確実に伝わる媒体を選択する等の配慮を行う」、「本人が定期的に閲覧すると想定されるウェブサイトへの継続的な掲載、事業所内において広く頒布されている刊行物における定期的な掲載等により、本人が確実に知り得ると想定される状態に置く」といった特段の配慮を要請（第2の10および12）
- 労働組合（定義につき第2の16）との協議が求められる事項として、利用目的の特定（第4の1(1)）、保有個人データの非開示（第8の2(3)）、その他重要事項（第10）を列挙
- 可能な限り個人情報の項目ごとに利用目的を特定することが望ましいとする（第4の1(2)）
- 個人データの取扱いの再委託については、雇用管理情報の漏えい等の危険性が増大すること等からできる限り行わないことが望ましいとする（第6の4(3)②）
- 第三者提供の場合において(1)～(5)の措置を講じるべきとする（第7の5）
  (1)提供先において、その従業員に対し、当該個人データの取扱いを通じて知りえた雇用管理情報の漏えい・盗用を禁止
  (2)当該個人データの再提供（提供先が別の第三者に提供すること）を行うに

[*16] http://www.mhlw.go.jp/file/06-Seisakujouhou-12600000-Seisakutoukatsukan/0000105175.pdf

あたり、原則としてあらかじめ文書で当該事業者の了承を得ること
　(3)提供先における個人データの保管期間、管理方法、利用目的達成後の
　　個人データの処理方法の明確化
　(4)利用目的達成後の個人データの処理方法の明確化
　(5)提供先における個人データの複写等（安全管理上必要なバックアップを
　　目的とするものを除く）の禁止

　また、経済産業省もガイドラインを設けており、「雇用管理情報は、機微に触れる情報を含むため、事業者は、自らの置かれた状況に応じ、労働者等に内容が確実に伝わる媒体を選択する等の配慮を行うものとする」（経産省ガイドライン2-1-8）等、厚労省の旧ガイドラインと同様の観点から人事労務情報管理における対応指針を示していた。

　旧ガイドラインはすでに廃止済みであり、現行のガイドラインは個人情報保護委員会の手によるものである。たとえば旧ガイドラインにおいてセンシティブなものとして掲げられていた収入や家族関係は、2015年改正個人情報保護法における要配慮個人情報（法2条3項）の定義には入らなかったし、現行ガイドラインでは、第三者提供についての特別な措置等は求められていない（ガイドライン通則編3-4-1）。

　とはいえ現行ガイドラインのもとでも、たとえば安全管理措置について具体的な個人情報の内容等に応じた漏えい時のリスク等を踏まえるべき（ガイドライン通則編8）とされていることは、安全管理措置の内容において人事労務情報であることを考慮することを示唆している。

　加えて、パブリックコメントによれば、たとえば人事労務情報の利用目的の本人への通知または公表にあたり経産省ガイドラインに相当する配慮を行うことは望ましい取り組みとされている（通則編パブコメ328番）。また、利用目的の特定にあたり、利用目的の達成に必要な範囲か否かをめぐって、事業者と本人との間で争いとならない程度に明確にするために、あらかじめ労働組合等に通知し、必要に応じて協議を行うこと（通則編パブコメ369番）や第三者提供の際の配慮（同516番）、そして「雇用管理情報の開示の求めに応じる手続については、個人情報取扱事業者は、あらかじめ、労働

組合等と必要に応じ協議した上で、本人から開示を求められた保有個人データについて、その全部又は一部を開示することによりその業務の適正な実施に著しい支障を及ぼすおそれがある場合に該当するとして非開示とすることが想定される保有個人データの開示に関する事項を定め、労働者等に周知させるための措置を講ずる」こと（同 562 番）といった旧ガイドラインおよび経産省ガイドラインの規定する内容が、望ましい取り組みとされる。

　そこで、旧ガイドラインおよび経産省ガイドラインの規定は、人事労務情報管理という性質に応じた管理手法の例示として、今後も引き続き参考になるだろう。人事労務情報管理においては、現行のガイドラインとともに、これらの内容にも留意しておく必要がある。

第3節　情報管理の基礎知識（人事労務を念頭に）

Q　一口に「情報を管理する」といっても、実際にはどのようにすればよいのでしょうか？　詳しく教えてください。

A　人事労務情報管理を含む情報の管理においては、個人情報保護法など情報管理に関する法令を遵守すること、情報セキュリティを確保すること（すなわち、①権限ある者だけが、②改ざん等がされていない完全な情報に、③必要な時にはいつでも円滑にアクセスすることができる状況を確保すること）、そして、情報を自社の目的に応じて活用できるような形で体制を整えておくことが重要です。

1．はじめに：情報セキュリティとは何か

　人事労務情報をはじめとする企業で取り扱われる情報をどのように管理していけばよいのだろうか。情報管理について、ビジネスの観点からは、採用や健康管理など自社の目的に応じて活用できるように情報を管理することが重要であり、どのような情報が必要なのか、入手した情報をどのような技術を使ってどのように活用するか等が盛んに論じられている[*1]。しかし、法務の観点からは、コンプライアンスおよび情報セキュリティの観点を踏まえた体制作りが重要である。

　コンプライアンスの観点からは、情報の取扱いに関連する法令を遵守することが重要となる。取り扱われる情報が個人情報であれば個人情報保護法、雇用関係であれば労基法等の労働法が問題となる。加えて、情報セキ

---

*1　人事の文脈では、たとえば林明文『新版 人事の定量分析』（中央経済社・2016）、大湾秀雄『日本の人事を科学する』（日本経済新聞出版社・2017）、林明文＝古川拓馬＝佐藤文『経営力を鍛える人事のデータ分析30』（中央経済社・2017）、入江崇介『人事のためのデータサイエンス』（中央経済社・2018）等を参照。

ュリティの観点も重要である。個人情報保護法 20 条は個人データ〔→ 9 頁〕に対して安全管理措置を要求しており、情報セキュリティ対策を要求している。では、情報セキュリティとは何か。

情報セキュリティは一般に「情報の①機密性（Confidentiality）、②完全性（Integrity）および③可用性（Availability）の 3 要素を維持すること」と定義される[*2]。この 3 つはそれぞれの頭文字をとって CIA ともいわれるが、それぞれの具体的な内容は以下の通りである。

◆(1) 機密性（Confidentiality）　機密性とは、情報へのアクセスを認められた者だけがその情報にアクセスできる状態を確保することであり、たとえば第三者がアクセスすることによる情報漏えい事故が起こらないようにするということである。

◆(2) 完全性（Integrity）　完全性とは、情報が破壊、改ざんまたは消去されていない状態を確保することであり、たとえば、データ消失事故等が起こらないようにするということである。[*3]

◆(3) 可用性（Availability）　可用性とは、情報へのアクセスを認められた者が、必要時に中断することなく、情報および関連資産にアクセスできる状態を確保することであり、たとえば、顧客と連絡をとろうとした営業マンが、顧客名簿のデータベースにアクセスしたい時に、円滑にアクセスできるということである。逆にいえば、システム障害等が起こると可用性が阻害されることになる。

これらをまとめると、情報セキュリティとは、①権限ある者だけが、②改ざん等がされていない完全な情報に、③必要な時にはいつでも円滑にアクセスすることができる状況を確保することであるといえよう。[*4]

＊2　経済産業省「情報セキュリティ関係法令の要求事項集」（2011 年 4 月：http://www.meti.go.jp/policy/netsecurity/docs/secgov/2010_JohoSecurityKanrenHoreiRequirements.pdf）および松尾・クラウド 24 頁。なお、ISO/IEC 13335-1: 2004 などは、これら 3 要素に加え、否認防止（Non-repudiation）、責任追跡性（Accountability）、真正性（Authenticity）、信頼性（Reliability）を挙げる。

＊3　なお従業員は、業務上作成したデータについては、業務上の必要性が失われたなどの理由がない限り、独断で削除する権限等はないとした大阪地判平成 24 年 11 月 2 日労経速 2170 号 3 頁も参照。

＊4　なお、これらの 3 概念が相対的であることについては、岡村久道『情報セキュリテ

第 3 節　情報管理の基礎知識（人事労務を念頭に）

情報セキュリティ対策の方法論としては様々なフレームワークが存在し、このうち1つを履践しさえすればよいといった支配的な方法は存在しない。[*5] しかし、人事労務情報管理においては、特に従業員の個人情報の管理が重要であることから、以下では、個人情報の管理に関し、個人情報保護委員会が公表するガイドライン通則編のフレームワークに注目したい。

2. ガイドライン通則編のフレームワークの概要

個人情報保護法20条は、「個人情報取扱事業者は、その取り扱う個人データの漏えい、滅失又はき損の防止その他の個人データの安全管理のために必要かつ適切な措置を講じなければならない」と規定する。この安全管理措置の内容につき、ガイドライン通則編8は、以下の6つのフレームワークを定める。

①基本方針の策定
②規律の整備
③組織的安全管理措置
④人的安全管理措置
⑤物理的安全管理措置
⑥技術的安全管理措置

以下、従業員に関する情報を管理するという視点、および情報を管理するために従業員を管理するという視点〔→2頁〕のもとで、これらについて1つずつ説明していこう。

◆(1) **基本方針の策定** 　個人情報取扱事業者は、個人データの適正な取扱いの確保について組織として取り組むために、基本方針を策定すること

ィの法律〔改訂版〕』（商事法務・2011）5頁参照。
[*5] たとえば、営業秘密を念頭に置いた経済産業省「秘密情報の保護ハンドブック〜企業価値向上に向けて〜」（2016年2月：http://www.meti.go.jp/policy/economy/chizai/chiteki/pdf/handbook/full.pdf）が打ち出す〈接近の制御、持ち出し困難化、視認性確保、秘密情報に対する認識向上、信頼関係の維持・向上〉というフレームワークも興味深い。

が重要であるとされ、具体的に定める項目の例として、「事業者の名称」「関係法令・ガイドライン等の遵守」「安全管理措置に関する事項」「質問及び苦情処理の窓口」などが挙げられている（ガイドライン通則編8-1）。実務的にはこのような基本方針はプライバシーポリシーの中に規定され、これがウェブサイト上に公表されることもみられる。[*6]

　個人情報以外の情報についても、その管理についての基本方針を定めることが望ましい。対象となる情報が人事労務情報であれば、その「関係法令・ガイドライン等の遵守」の項目は、労働法の遵守も必要となるだろう。

◆(2) 規律の整備　　個人情報取扱事業者は、個人データの漏えい等の防止その他の個人データの安全管理のために、その具体的な取扱いに関する規律を整備しなければならない（ガイドライン通則編8-2）。典型的には、個人情報取扱規程等の制定であるが、中小企業の場合には、取扱方法が整備されていれば、規程・規則といった形式をとることまでは求められていない。

　個人データに限らず、人事労務情報については何らかの形で規律が整備されなければならない。人事労務情報管理に特化した規律を整備することも考えられるが、人事労務に関する各情報を特定したうえで、たとえば個人情報については個人情報取扱規程、営業秘密については営業秘密取扱規程等に加え、情報の種類ごとに規律を整備して情報を適切に管理していく方法でもよいだろう。

◆(3) 組織的安全管理措置　　組織的安全管理措置として、組織体制の整備、個人データの取扱いに関する規律に従った運用、個人データの取扱状況を確認する手段の整備、漏えい等の事案に対応する体制の整備、取扱状況の把握および安全管理措置の見直しが求められている（ガイドライン通則編8-3）。特定の担当者等が場当たり的に管理するのではなく、組織として個人データの管理にあたるべきことが規定されているとともに、PDCA

＊6　松尾剛行『士業のための改正個人情報保護法の法律相談』（学陽書房・2017）121～122頁。ただし、必ずしも公表が義務付けられているわけではない。

の考え方が取り入れられている。

　このような考え方は人事労務情報管理においても取り入れるべきものである。もっとも規律の整備と同様に人事労務情報管理に特化する体制を構築する方法以外に、個人情報、営業秘密など情報の種類ごとに体制を構築したうえで、組織的にPDCAを回していくということでもよいだろう。

◆**(4) 人的安全管理措置**　個人情報取扱事業者は、人的安全管理措置として、従業員に個人データの適正な取扱いを周知徹底し、適切な教育を行い、また個人情報保護法21条に従い監督をしなければならない（ガイドライン通則編8-4）。

　個人情報保護法21条は、「個人情報取扱事業者は、その従業者に個人データを取り扱わせるに当たっては、当該個人データの安全管理が図られるよう、当該従業者に対する必要かつ適切な監督を行わなければならない」とし、個人情報取扱事業者に対し、従業者への監督の義務を規定する。ここで「従業者」とは、個人情報取扱事業者の組織内にあって直接・間接に事業者の指揮監督を受けて事業者の業務に従事している者等をいい、雇用関係にある従業員（正社員、契約社員、嘱託社員、パート社員、アルバイト社員等）のみならず、取締役、執行役、理事、監査役、監事、派遣社員等も含まれる（ガイドライン通則編3-3-3）。

　その際、個人データが漏えい等をした場合に本人が被る権利利益の侵害の大きさを考慮し、事業の規模および性質、個人データの取扱状況（取り扱う個人データの性質および量を含む）等に起因するリスクに応じて、個人データを取り扱う従業員に対する教育・研修等の内容および頻度を充実させるなど、必要かつ適切な措置を講ずることが望ましいとされている（ガイドライン通則編3-3-3）。すなわち、従業員に対する教育や監督は、人事労務情報についても必要であるところ、その場合には、通り一遍のものではなく、個人情報や営業秘密など、各情報の種類に応じた監督および教育が行われなければならないということである。

◆**(5) 物理的安全管理措置**　個人情報取扱事業者は、物理的安全管理措置として、個人データを取り扱う区域の管理、機器および電子媒体等の盗

難等の防止、電子媒体等を持ち運ぶ場合の漏えい等の防止および個人データの削除、および機器・電子媒体等の廃棄の措置を講じなければならない（ガイドライン通則編 8-5）。

情報の盗難・紛失等のリスクとして、ハードウェアそのもの（たとえば情報入りのノートパソコンや携帯電話、USB メモリ等）が盗難されたり、紛失するというリスクがある。これらに対する対応が物理的安全管理措置である。このリスクは、個人情報特有のものではなく、人事労務情報についても当てはまるものであることから、このような物理的安全管理措置は人事労務情報を取り扱う機器や文書に対して同様に行うべきである。

◆(6) 技術的安全管理措置　　個人情報取扱事業者は、情報システム（パソコン等の機器を含む）を使用して個人データを取り扱う場合（インターネット等を通じて外部と送受信等する場合を含む）、技術的安全管理措置として、アクセス制御、アクセス者の識別と認証、外部からの不正アクセスや情報システムの使用に伴う漏えい等の防止のための措置を講じなければならない（ガイドライン通則編 8-6）。

情報システムに保存されている情報については、ハードウェアそのものの盗難・紛失だけではなく、外部からの不正アクセス等によるリスクも存在する。そして、このリスクも個人情報特有のものではなく人事労務管理情報についても当てはまるので、このような技術的安全管理措置も、人事労務管理情報を取り扱う情報システムに対して同様に行うべきである。

3. 情報管理と責任

情報管理に失敗した結果として、たとえば従業員の個人情報の漏えい等が生じた場合、使用者は誰に対しどのような責任を負うのだろうか。以下の通り、民事責任、行政法上の責任および刑事責任が問題となる。

◆(1) 民事責任　　(ア) 債務不履行責任と不法行為責任　　民事責任には主なものとして、債務不履行責任と不法行為責任とがある。

　　(i) 債務不履行責任　　債務不履行責任は、契約当事者間において当該契約上の債務を履行しなかったことを根拠に問われる。たとえば、労働

契約の付随的義務として企業は従業員の自由、名誉、プライバシーなどの人格的利益を尊重する義務を負うと解されている〔→3〜5頁〕ところ、たとえば特定の従業員の個人情報が漏えいすれば、使用者は当該従業員からこうした労働契約上の付随義務違反を主張されることがある。

債務不履行に基づく損害賠償（民法415条）[*7]の要件は、次の通りである。

・債務不履行の事実
・帰責性（帰責事由）
・因果関係
・損害

ここで帰責性とは、「債務者の責めに帰すべき事由」（民法415条1項）のことであり、伝統的には債務者の故意・過失または信義則上これと同視すべき事由と考えられてきた。[*8] しかし、今回の民法改正で、民法415条1項のただし書として「ただし、その債務の不履行が契約その他の債務の発生原因及び取引上の社会通念に照らして債務者の責めに帰することができない事由によるものであるときは、この限りでない」とされ、帰責事由は契約その他の債務の発生原因および取引上の社会通念に照らして判断されるものであり、債務者の故意・過失または信義則上これと同視すべき事由と必ずしも同一ではないことが明確にされた。[*9]

(ⅱ) 不法行為責任　不法行為責任は民法709条[*10]に基づき認められるもので、この場合には契約関係は不要である。不法行為に基づく損害賠償の要件は、次の通りである。

・権利または法律上保護される利益の存在

---

*7 「債務者がその債務の本旨に従った履行をしないときは、債権者は、これによって生じた損害の賠償を請求することができる。債務者の責めに帰すべき事由によって履行をすることができなくなったときも、同様とする。」
*8 我妻榮『新訂 債権総論』（岩波書店・1964）105頁以下。なお、それに対する批判等については中田裕康『債権総論〔第3版〕』（岩波書店・2013）131頁以下も参照。
*9 筒井健夫＝村松秀樹編『一問一答 民法（債権関係）改正』（商事法務・2018）74頁
*10 「故意又は過失によって他人の権利又は法律上保護される利益を侵害した者は、これによって生じた損害を賠償する責任を負う。」

・当該権利または法律上保護される利益の侵害
・故意または過失
・損害の発生および額
・因果関係
(・違法性)

(イ) **責任論と損害論**　債務不履行・不法行為いずれの請求原因であっても、主に責任論と損害論の2つのフェーズに分類することができる。

　(ⅰ) 責任論　責任論においては、債務不履行であれば、債務者の帰責性による債務不履行があるか、不法行為であれば、故意・過失による権利（または法律上保護される利益）の侵害があったか否かが問題となる。たとえば個人情報漏えいが問題となる場合であれば、その漏えいの存在と漏えいについての帰責性や故意・過失が認められるかが問題となる。

　(ⅱ) 損害論　損害論においては、因果関係ある損害が問題となる。つまり、被害を受けた従業員等は、発生した損害すべての賠償を受けられるのではなく、賠償は「相当因果関係」の範囲に限定される（民法416条）[11]。すなわち、当該債務不履行・不法行為によって「通常生ずべき損害」（通常損害）であれば害賠償が認められるものの、「特別の事情によって生じた損害」（特別損害）については原則として損害賠償が認められず、あくまでも債務者・不法行為者がそのような特別の事情を予見していた場合、または予見することができた場合に限られるというわけである。

(ウ) **最近の最高裁判決**　ここで情報漏えいに関する最近の重要な最高裁判決に、最判平成29年10月23日（判タ1442号46頁）がある。この事案では、通信教育事業者においてシステム保守を担当する受託者による大規模な個人情報漏えい事件が発生し、教育サービスを受けていた生徒の氏名、性別、生年月日、郵便番号、住所および電話番号ならびにその保護者の氏名が漏えいした。このような情報について、原審は不快感や不安を超える

---

[11]　「債務の不履行に対する損害賠償の請求は、これによって通常生ずべき損害の賠償をさせることをその目的とする。／2　特別の事情によって生じた損害であっても、当事者がその事情を予見し、又は予見することができたときは、債権者は、その賠償を請求することができる。」

損害を被ったことについての主張立証がされていないとして、請求を棄却した。ところが最高裁は、「本件個人情報は、上告人のプライバシーに係る情報として法的保護の対象とな」り、「漏えいによって、上告人は、そのプライバシーを侵害されたといえる」とし、原審はこのようなプライバシーの侵害による上告人の精神的損害の有無およびその程度等について十分に審理していないとして、原審に差し戻した。

　すでに、最判平成15年9月12日（民集57巻8号973頁）［江沢民事件］では、大学が中国国家主席の講演会への出席希望者をあらかじめ把握するため学生に提供を求めた学籍番号、氏名、住所および電話番号について学生の同意を得ずに警察に提供したことを理由に損害賠償が認められており、こうした比較的センシティブ性の低い情報でもその無断提供について損害賠償が認められることは判例上認められていた。ただし、江沢民事件は、中国国家主席の講演会への出席者に関する情報という事情があったところ、前掲最判平成29年10月23日は、さらにセンシティブ性が低いともいえる情報についてもその漏えいによる損害の発生を安易に否定すべきではないことを示している。[*12]

　（エ）その他　　民事責任としてはそのほかに、差止請求（たとえば不競法2条1項6号等参照）や、利用停止請求（たとえば個人情報保護法30条1項参照）等の請求も考えられる。[*13]

◆(2) 行政法上の責任　　個人情報を含む顧客情報データが外部に流出するなど、情報漏えい等の事故が発生した場合の行政上の責任については、主に個人情報保護法上の責任に加え、業法上の責任が考えられる。

---

*12　ただし同事件との関係では、別の当事者間ではあるものの、最高裁判決後も原告の請求を棄却する裁判例があり（東京地判平成30年6月20日第一法規28262746、千葉地判平成30年6月20日金判1548号48頁）、さらに裁判例の蓄積を待つ必要がある。千葉恵美子「判批」平成29年度重要判例解説77頁も参照。

*13　なお、当事者間で特約が結ばれていない限り、当然には漏えいした情報を回収せよとか、消失した情報を戻せと請求することはできないし（北岡弘章「データ消失のリスクを低減する方法」ビジネスロー・ジャーナル2012年10月号34頁参照）、仮に法律上請求権があるとしても、現実にはそのようなことが容易ではないことが、情報関係の紛争の大きな原因となっている。

まず個人情報保護法上の責任は、個人情報に関する問題であれば、どの業界であるかにかかわらず共通して適用される。前述〔→6頁〕の通り個人情報保護法は、個人情報の安全管理を求めるほか、委託先および従業者への適切な監督を求めている。そして、個人情報保護法違反行為の中止や是正措置をとるよう個人情報保護委員会から勧告、命令、緊急命令が出されることがある（個人情報保護法42条）。[*14]

　これに対し、金融機関等、業法による規制が厳しい分野では、銀行法等の業法上の責任も重要であるところ、この点は加藤伸樹＝松尾剛行編『金融機関における個人情報保護法の実務』（経済法令研究会・2016）に委ねたい。

◆(3) **刑事責任**　　刑事責任については、具体的に行われた行為が特定の構成要件に該当すれば責任を負うというのが基本的な枠組みである。たとえば、個人情報取扱事業者やその従業員等（退職した従業員等を含む）が、その業務に関して取り扱った個人情報データベース等を、自己もしくは第三者の不正な利益を図る目的で提供し、または盗用したときは、1年以下の懲役または50万円以下の罰金に処される（個人情報データベース等提供罪、個人情報保護法83条）。そこで、従業員情報のデータベースを金銭に換えるために第三者に売りさばいたというような場合には、個人情報データベース等提供罪で処罰される可能性がある。

　そのほかにも、営業秘密漏えいについての不競法違反の犯罪（不競法21条1項各号）、刑法および不正アクセス禁止法等が関係する。

---

*14　なお、どのような場合に行政上の責任を負うかにつきガイドライン通則編5を参照。

第4節 労働法と人事労務情報管理

Q 人事労務情報管理上のコンプライアンスにおいては、個人情報保護法などの情報法が重要であることはわかりました。では、それらにさえ気をつけていれば十分なのでしょうか。

A 個人情報保護法、プライバシー、秘密保護等の情報法だけではなく、労基法、労安衛法、職安法等の労働法にも十分に留意が必要です。

1. 人事労務情報管理

◆(1) 従業員の情報の管理　まず、人事労務情報管理において、従業員に関する情報を管理するという側面が重要であるが、この従業員に関する情報は、個人情報保護法上の個人情報である〔→7頁以下〕。

　もっとも、このような従業員の情報をどのように管理するかを考えるうえでは、単に個人情報保護法だけを考えるだけでは不十分である。すなわち、労働法についても検討が必要である。

　労働法において、採用の際に取得してはならない情報等の規定がなされている〔→87頁以下〕が、仮に（個人情報保護法17条等に違反しないことから）個人情報保護法が取得を許容していても、労働法上取得が認められないことがある。このような個人情報保護法とは異なる観点からの規制に留意が必要である。

　もう1つは、個人情報保護法上の正当事由としての働きである。すなわち、要配慮個人情報の取得（個人情報保護法17条2項1号）や第三者提供（同23条1項1号）等について、「法令に基づく場合」には例外的に本人の同意なく個人情報（個人データ）を取り扱うことができると規定されているところ、たとえば個人情報取扱事業者が、労安衛法に基づき健康診断を実

施し、これにより従業員の身体状況、病状、治療等の要配慮個人情報を健康診断実施機関から取得する（ガイドライン通則編3-2-2）ことが適法となる。

◆**(2) 情報管理のための従業員の管理**　また、前述〔→2頁〕の通り、人事労務情報管理には情報管理のために従業員を管理する側面もある。

たとえば、情報管理のためには従業員の利用する電子メールアカウント（典型的には社用メールアカウント）や、従業員に貸与するパソコンの利用履歴等をモニタリングすることが必要な場合があるものの、これは従業員のプライバシーとの衝突が生じうるため、その調整が必要である〔→193～195頁〕。また、営業秘密管理等の目的で従業員から誓約書を取得するといったことも一定の場合には必要であるが、限界もある〔→161～163頁〕。

このように、情報管理のためどこまで従業員を管理することができるのかという問題もまた、広義の人事労務情報管理の問題である。

◆**(3) 証拠収集・保全**　さらに、人事労務情報管理においては、証拠収集・保全という観点も考える必要がある。

たとえば、特定の従業員によるパワーハラスメントが疑われた場合に、事実関係を調査し、必要に応じて懲戒等の処分をするといった有事対応〔→第9章〕が必要となるが、適切な懲戒等の判断のためには、事実関係を裏付ける証拠の収集が重要である。また、仮にこの事案が裁判等で争われた場合には、使用者の対応（手続および判断）が正当であることを証明するためにパワーハラスメントの証拠を保全する必要がある。

このような証拠収集・保全もまた、情報管理の一環であり、広義の人事労務情報管理の問題である。

◆**(4) 業務の情報化の進展と労働法**　加えて、業務の情報化の進展という問題もある。

コミュニケーションツールとしてこれまで電子メールを利用していたのが社内SNSを利用するようになるとか、これまで営業部門の担当者に携帯電話（いわゆる「ガラケー」）を持たせていたのがスマートフォンを持たせるようになるといった、業務の情報化・デジタル化が進んでいる。将来的にはRPA〔→80頁以下〕等の形で業務の一部をソフトウェアやAIに任せ

ることも増えてくるようになり、いずれ従業員がAIと協働して仕事をこなしていくといった状況も生じるだろう。

このような中で、たとえば従業員がAIの利用を拒むことはできるのか、といった問題が生じうる。これに類する問題は、OA（オフィス・オートメーション）化の文脈ですでに出現しており、この際の議論が参考になるが、このような問題も広義の人事労務情報管理の問題である〔→78～80頁〕。

◆**(5) 情報提供等**　さらに、労働法が情報提供等を定めることがある。そもそも、従業員と使用者との間の交渉の対等性の確保等のためには、従業員が十分に情報の提供を受けなければならない。そこで、労基法の実効化のための使用者の義務[*1]として、以下のような様々な義務が課されている。

・募集時の明示義務（職安法5条の3）
・労働条件明示義務（労基法15条）
・就業規則周知義務（労基法106条）
・退職証明義務（労基法22条）

労基法の実効化のための使用者の義務[*2]としては、法令規則の周知義務（労基法106条1項、労基則52条の2）、従業員名簿の調製義務（労基法107条、労基則53条）、報告義務（労基法104条の2）、保存義務（同109条）等が挙げられる。また、就業規則作成における意見聴取義務（同90条）のように、労使の間でのコミュニケーションが労働法において求められることもある。これらも、広い意味での人事労務情報管理の問題である。

また、優良企業に認定マークを利用させる制度も導入されている（青少年の雇用の促進等に関する法律15条以下、次世代育成支援対策推進法13条以下[*3]）。情報提供へ向けてのインセンティブを与える興味深い施策である。

なお、内定取消しの通知・公表（職安則17条の4）の問題もある。[*4]

[*1]　菅野187頁
[*2]　菅野187頁
[*3]　水町323頁参照。
[*4]　菅野227頁参照。加えて、近時は労働基準関係法令違反に係る企業名の公開（平成29年3月30日基発0330第11号参照）が厚生労働省によってなされており、俗に

2. 人事権の行使としての人事労務情報管理

　人事労務情報管理は、人事権の行使として行われることも多い。そして、人事権の行使として正当化される範囲においては、必ずしも従業員本人の同意を得なければならないわけではない。

　ここで、人事権の行使の法的根拠は労働契約と解されている[*5]。よって、人事権の行使は権限行使が労働契約上許容されているか、許容されている場合には具体的権限の行使が権利濫用にあたらないか検討することになる[*6]。

　たとえば、業務の具体的な進め方については使用者に比較的広い裁量が認められる。情報システムを刷新し、従来使っていたシステムではなく新しいシステムを利用させるといったようなことは、業務を行ううえで必要な事項であり、労働契約上当然に予定されていることとして、労働契約上許容されている。そこで、具体的な新しいシステムによる業務内容の変更等、具体的権限の行使が権利濫用にあたらないかを検討することになる。

　これに対し、これまでモニタリングは一切行っていなかったのが、新しいシステムで一定のモニタリングをするという場合、当然に許容されるのではなく、それによる自由やプライバシーへの侵害の程度等が問われることになるだろう〔→第5章〕。

3. 同意にまつわる問題

◆(1) 同意主義とその限界　　上記の通り、一定範囲の人事労務情報管理は人事権の行使として（必ずしも本人の同意を得ずに）行うことができるものの、特にプライバシーと関係が深い事項等については、個人情報保護法や労働法が、本人の同意を得ることを求めている。たとえば個人情報保護法23条1項は、原則として個人情報の第三者提供について、本人の同意を求めている。

　「ブラック企業リスト」といわれることがある。
*5　人事権については、高井伸夫『人事権の法的展開』（有斐閣出版サービス・1987）も参照。
*6　山川隆一＝渡辺弘編『労働関係訴訟Ⅰ』（青林書院・2018）134頁〔白石史子執筆〕

しかし、プライバシーについてはすでに同意主義の限界が論じられている。すなわち、本人はどのような内容について同意をしているのかわからないまま同意することも多い。たとえば無料 Wi-Fi の利用規約に、こっそりとトイレ掃除等のボランティア活動への従事義務を規定したところ、2万人以上が何も読まずにこれに同意したといった事案がある[*7]。また、内容を理解したとしても、すでにプラットフォームとなっているサイトやアプリであれば、自分 1 人だけ「この利用規約に不満があるから同意できない」と言うことも難しい。

このように、プライバシーの世界において、同意主義の限界が論じられているところ、労働法の世界においても、従業員と使用者との関係に鑑みると、従業員としては本当は気が進まなくとも、使用者の要求に従って同意せざるをえないということが生じうる。そこで、労働法は本人の同意の有無にかかわらず取得してはならない情報等を定めている〔→ 88 頁〕。

◆(2) 公法上の同意と私法上の同意　ここで、法の定める「同意」とはどのような性質のものだろうか。たとえば個人情報保護法 23 条 1 項の同意は、あくまでも個人情報取扱事業者が、公法としての個人情報保護法に反しないために取得が求められているにすぎない。そこで、これは公法上の同意とされている[*8]。公法上の意思表示の有効・無効にも、一般論としては民法の意思表示の規定が適用されるものの（たとえば名古屋地判平成 19 年 3 月 23 日判時 1986 号 111 頁参照）、個人情報保護法をはじめとする行政法の関係では基本的に、あくまで当該関係を規律している法律の仕組みに即して事案を処理していく必要があるとされる[*9]。

もっとも、個人情報の取扱いに同意した場合、公法上（個人情報保護法上）の同意を与えたことになると同時に、プライバシーに関する請求権を行使しない、という意思の合致がみてとれるといわれる[*10]。

---

*7　https://purple.ai/blogs/purple-community-service/
*8　板倉陽一郎「個人情報の取扱いに関する利用規約上の定めに関する考察」情報処理学会研究報告 Vol. 2013-EIP-62 No. 4
*9　塩野宏『行政法Ⅰ〔第 6 版〕』（有斐閣・2015）406 頁
*10　板倉陽一郎「プライバシーに関する契約についての考察(1)」情報法制研究 1 号

◆(3) 集団的同意　それでは、このような「同意」はどのように取得すればよいのだろうか。利用目的変更の文脈で、労契法 10 条の不利益変更の要件を満たせば「同意を集団的に得る」ことも可能であると論じる実務家の見解が存在する。[*11]一連の最高裁判決を踏まえ、労契法 7 条[*12]は一定の場合に「労働契約の内容は、その就業規則で定める労働条件による」とし、労契法 10 条は就業規則の合理的な変更の拘束力を規定する。もし就業規則が労働契約となるという意味が、同意の擬制なのであれば、本人の同意を就業規則（その下位規範たる個人情報取扱規程）によって取得することも、まったく考えられないわけではない。

　ただし、個人情報保護委員会は、「本人の同意」について、「本人の個人情報が、個人情報取扱事業者によって示された取扱方法で取り扱われることを承諾する旨の意思表示をいう」との見解を示している（ガイドライン通則編 2-12）。そして、厚生労働省による旧ガイドライン〔→ 11～13 頁〕は「事業者が本人の同意を得るに当たっては、事業の性質及び雇用管理情報の取扱方法に応じ、本人が同意に係る判断を行うために必要と考えられる合理的かつ適切な方法による必要があり、当該本人に当該雇用管理情報の利用目的を通知し、又は公表した上で、当該本人が口頭、書面等により当該雇用管理情報の取扱いについて承諾する意思表示を行うことが望ましい」とする（旧ガイドライン 15）。現行のガイドライン通則編も「事業の性質及び個人情報の取扱状況に応じ、本人が同意に係る判断を行うために必要と考えられる合理的かつ適切な方法」で同意を取得すべきとする（ガイドライン通則編 2-12）。確かに黙示の同意がおよそ排除されるわけではない（個人情報保護委員会 Q & A 1-57）ことからは、個別に明示的な同意を取得することのみが唯一絶対的な方法とまでは解されないものの、上記の議論の

　（2017）35 頁。なおプライバシーに関する契約の限界につき、板倉陽一郎「プライバシーに関する契約についての考察(2)」情報法制研究 2 号（2017）67 頁以下参照。
*11　人事が変わる 158～159 頁〔板倉陽一郎執筆〕。同書は「従業員等に関しては、就業規則（個人情報取扱規程）の変更」が「公法上の意思表示の問題として問われ」、これは労契法 10 条の不利益変更の要件を満たす必要があるとする。
*12　菅野 193～212 頁

依拠する、就業規則の変更が労働者の同意の擬制であるという前提については、合理的な労働条件を定める就業規則が労働契約の内容となる（最判昭和61年3月13日労判470号6頁［電電公社帯広局事件］、最判平成3年11月28日民集45巻8号1270頁［日立製作所事件］）ということの意味を必ずしも同意の擬制と同一ではないと考えれば、その根拠が揺らぐことになる。特に本人の自由やプライバシー等の権利利益を制約するとして、人事権の行使として本人の同意なく行うことができないとされている事項について、このような集団的同意による処理をすべきかは慎重に検討すべきであり、実務上は（上記の実務家の見解を前提とすればいわば「保守的に」）明示の同意を得るべき場合が多いと思われる。[*13]

　集団的同意の例でもわかるように、AI・HRテックとの関係では様々な同意関係の問題が出てきて実務上混乱するが、まずは、個人情報保護法、労働法、そしてプライバシーその他の観点から同意や労働条件の変更等が必要かを検討すべきである。

　同意や労働条件の変更等が必要とされる場合、なぜ必要かの理由に応じて対応が変わる。個人情報保護法上「同意」が必要とされる場合には、上記の通り原則として何をどう変更するのか等、同意の対象を明示したうえで、従業員から個別の同意を得るべきである。

　これに対し、たとえばHRテックによる在宅勤務制度導入に伴う雇用条件の変更など労働法の要請であれば、就業規則の変更手続で足りる可能性もある。

　さらに、私法上の同意が必要とされる場合については、個人情報保護法に準じた個別の同意を得るべき場合も多いが、たとえば社内SNSの規約に違反した場合にアカウントを停止させるときには、初回ログイン時に規約を参照したければいつでも参照できるような状況で同意ボタンを押させる等、その状況に応じた柔軟な対応の余地もあるだろう。

---

*13　なお、これとは異なる問題として、就業規則の最低基準効（労契法12条）から、個別の当事者間の合意による対応に際しては、就業規則との関係にも留意すべきである（佐藤・指針と手順115頁）。

第2章
AI・HRテックに関する法律問題の基礎

第1節 AI・HRテックの法律問題を考える2つの視点

Q AIおよびHRテックに関する法律問題を考えるうえでは、主にどういう視点をもって臨むべきでしょうか。

A ①個人情報保護法やプライバシー法〔→4頁〕その他の情報法、そして労働法に留意すること、および②具体的な技術・サービスの内容に即して考えるべきであって抽象的・一般的に「AI・HRテックの法律問題」を検討することにあまり意味はないこと、という2つの視点をもつべきです。

1．はじめに：2つの視点

　本章では、AIおよびHRテックに関する総論的法律問題について検討する。この際には①個人情報保護法やプライバシー法その他の情報法、そして労働法に留意すること（重層的な法規範への留意）と、②具体的な技術・サービスの観点から考えるべきであって抽象的に「AI・HRテックの法律問題」を考えないこと、という2つの視点をもつべきである。本節ではまずイントロダクションとして、これら2つの視点について述べておくことにしたい。

2. 重層的な法規範

1つ目は、個人情報保護法やプライバシー法その他の情報法、そして労働法の存在に留意すべきことである。

まず、前章で述べた通り、従業員の情報は個人情報になるのだから、AIおよびHRテックを従業員の情報に適用する場合には、当然に個人情報保護法の観点から、適法性を検討しなければならない。

次に、個人情報保護法上の問題だけではなく、プライバシー法の問題も検討すべきである。たとえば、ある個人情報の取扱いが必ずしも個人情報保護法違反ではなくとも、プライバシー侵害（の不法行為）となることもある。たとえば、個人情報保護法23条は「個人データ」の第三者提供を禁止しているだけで、データベース化されていない個人情報を第三者に提供することについて規定していない〔→8頁〕。しかし、個人データでない個人情報の第三者提供であっても、その性質・内容によっては民法上の不法行為としてプライバシーの問題が生じうる。そこで、AIおよびHRテックに関係する法律問題に臨む際は、ただ個人情報保護法を形式的に遵守していればよいのではなく、当該技術の利用等がプライバシー侵害の不法行為とならないかという視点をももって検討しなければならない。

また、プライバシー法以外にも、たとえば営業秘密について少なくとも不競法の保護を受けられる程度に管理を行うべきこと〔→144頁以下〕等、様々な情報法の規定が存在することから、このような情報法の規定についても留意すべきである。

さらに、労働法も重要である。まず、個人情報保護法等において必ずしも禁止されていない行為が労働法によって禁止されることがある。たとえば職安法では、採用において一定の情報を取得することそのものが禁止される〔→105～106頁〕。これは、要配慮個人情報〔→46～48頁〕について本人の「同意」を得れば取得してよいという個人情報保護法の規制だけを考えてはならないことを示す。もう1つは、労働法への違反の結果、単に違法であるとして損害賠償が認められるだけではなく、場合によっては使用

者の人事権行使が権利濫用であって無効等とされ、実務が混乱するおそれがあることである。このような帰結がありうることにも留意が必要だろう。[*1]

3. 具体的な技術・サービスを前提にした考察の必要性

2つ目は、AI および HR テックの法律問題においては、具体的な技術やサービスがどのようなものかを考えることが重要であり、一般的・抽象的に考えるべきではないということである。

確かに、一定程度「AI の特徴」「HR テックの特徴」といったものは存在しよう。[*2]しかし、個別の技術やサービスごとに問題となる法律問題はまったく異なる。たとえば RPA〔→80頁以下〕の問題と、採用のため応募者の SNS 投稿を分析する AI の問題と、メンタルヘルス患者の復職を支援するシステムの問題とを「AI・HR テック」と一括りにして論じるのはあまりにも大雑把であろう。どのような技術をどのようなデータに対して用いるのか等の具体的な内容に基づき、情報法および労働法の観点から考察すべきである。

また、たとえば人事の分野において、大量のデータを AI やアルゴリズムによって処理して評価をするという点で類似していても、採用の自由によって相当程度広い自由が認められる採用の際の評価なのか、裁判官が厳しく合理性や濫用該当性（労契法16条）を審査する普通解雇を基礎付けるだけのローパフォーマーであること〔→239頁〕の評価なのかで、まったく異なる考察が必要である。人事裁量が狭ければ狭いほど、AI・HR テックの利用には慎重となるべきである。

本章は、あくまでも一定の類型の「AI・HR テック」に当てはまりうる問題を概観したものにすぎず、類似する「AI・HR テック」であっても、

[*1] なお、人事が変わる 109 頁〔倉重公太朗執筆〕は、労働法と情報法を比較して、後者の問題は慰謝料の損害賠償請求にとどまるとするが、実際には個人情報保護法違反には行政処分や刑事罰等も課されうるのであって〔→22〜23頁〕情報法を過小評価すべきではないだろう。

[*2] たとえば、大量のデータを取り扱うとか、予想外の誤りが生じうるといった特質等である。

具体的な AI・HR テックの内容をもとに、第 3 章以下の内容をふまえ、本章の議論がどこまで当てはまるかを慎重に検討すべきであることは強調しておきたい。

第2節　人事労務と関係する AI の利用

Q 人事労務分野における AI の利用について、一般的にはどのような留意点があるのでしょうか。

A 一口に AI といっても様々なものがありますが、①大量のデータを必要とすること、②予想外の結果や誤った結果が生じうること、③なぜそのような結果になったのかの説明を与えることに困難性があること等に留意が必要でしょう。

1. 人事労務分野での利用が始まる AI

現在は第 3 次 AI（人工知能）ブームといわれており、AI に関する様々な研究が行われている。[*1] 人事労務との関係では、多くの職業が AI やロボットにより代替されるという未来予測の発表が、多くの人に衝撃を与えた。[*2] 職場における AI の利用は、長期的には「仕事」の概念についての劇的変化を含む、労働法の激変をもたらすと予想され、たとえば 2035 年を見据えた労働法のあり方等についての研究が始まっている。[*3]

ただし、前述〔→ iii 頁〕の通り、本書はあくまで現時点における人事労務情報管理の実務を検討するものであり、AI についてもそのような観点から検討を行う。その意味で重要と思われる事項について、以下概説する。

[*1] 法学の分野では、弥永真生＝宍戸常寿編『ロボット・AI と法』（有斐閣・2018）、福田雅樹＝林秀弥＝成原慧編『AI がつなげる社会』（弘文堂・2017）、平野晋『ロボット法』（弘文堂・2017）、角田美穂子＝工藤俊亮『ロボットと生きる社会』（弘文堂・2017）、山本龍彦編『AI と憲法』（日本経済新聞出版社・2018）、ウゴ・パガロ（新保史生監訳）『ロボット法』（勁草書房・2018）等を参照。

[*2] 野村総合研究所「日本の労働人口の 49％ が人工知能やロボット等で代替可能に 〜601 種の職業ごとに、コンピューター技術による代替確率を試算〜」（2015 年 12 月 2 日：http://www.nri.com/jp/news/2015/151202_1.aspx）。

[*3] たとえば、大内伸哉『AI 時代の働き方と法』（弘文堂・2017）や、AI がつなげる社会 362 頁以下〔大内伸哉執筆〕等参照。

2. AIの種類

　AI（人工知能）やロボットと称されるものは、大きく2種類に分けることができる。*4 まず、システムの従うべき判断や操作の基準を論理整式やそれに準じる形式で記述することで、機械に一定の判断ないし操作を行わせるものであり、当該システムが特定の「ルール」に従って動くことから、ルールベースのシステムと呼ぶことができる。次に、システムに対し判断の対象となるデータを学習させることによってシステムに一定の判断を行わせるものであり、いわゆる学習系のシステムである。

　昨今のいわゆる第3次AIブームの背景となっている技術は、後者の学習系システムであるものの、前者のルールベースのシステムに関する技術も十分に有用なものであり、目的次第ではルールベースシステムの方が適していることもある。*5 たとえば、RPA（Robotic Process Automation）といわれるHRテックでは、ルールベースのシステムを利用して比較的単純な繰り返し作業を行わせる〔→80頁以下〕。

3. AIと人事労務との関係

　今後、企業の様々な業務においてAIが活用されることが想定される。職場にAIが導入されると、AIを利用し、協調しながら（人事に限られない）通常業務を行うことになる。たとえば、筆者が所属する法律事務所でもAI翻訳を導入しているが、人力による翻訳業務を行っていた職場において翻訳AIを利用するようになると、ビジネスプロセスが、「人間による翻訳」から「翻訳AIによる下訳→人間によるレビュー」へと変わったり、場合によっては「翻訳AIを支援するための教師データ作成」等の新たな業務が追加されることもあるだろう。少なくとも本書が対象とする現在から近未来にかけての段階では、一部の業務はAIに取って代わられる

＊4　AIの法律と論点8頁以下〔鈴木悠介執筆〕参照。
＊5　データがない場合や、理由・要因を説明・分析する必要がある場合（解釈性が要求される場合）等にはルールベースが優れていることにつき、ビジネス導入71頁、135頁参照。

ものの、あくまでもAIは従業員が業務上利用するものにすぎない。そこで、過去に生じたOA（オフィス・オートメーション）化等に関する議論の蓄積を活かしながら、業務にAIが導入される中、従業員がAIと協調して業務を行ううえでの問題について検討したい〔→66〜68頁〕。

また、たとえばゴールドマンサックス証券が500人いたトレーダーを3人まで減らした[*6]ように、将来的にはAIによる代替を理由とした配転〔→246頁〕、解雇〔→344頁〕の可能性がある。今後の立法論は盛んになされている[*7]が、本書では、現行法に基づく解釈論と実務対応の範囲でこのような問題を検討することとする。

さらに、HRテックの一環として、AIを利用したソフトウェア等を人事労務管理の分野で用いることもある。AIが利用されることにより、より広範な情報について、より高度な分析が可能となり利便性が高まる反面、それだけプライバシーと抵触する場面が増えてくることが指摘できる（この問題は、基本的にはHRテックに関連する個別の法律問題の一部であることから、第3章以下の各章で検討する）。

最後は、AIの保護のための人事労務管理の問題である。AIそのものは知的財産権等の保護を受けるところ、営業秘密による保護も考えられる[*8]。そこでたとえば、営業秘密としてのAIに関する情報の管理の問題が挙げられる〔→166頁〕。

4. AIの特徴と法的留意点

AIには様々な特徴があるものの、人事労務情報管理との関係では、①

[*6] "A Goldman Trading Desk That Once Had 500 People Is Down to Three"（May 1, 2018: https://www.bloomberg.com/news/articles/2018-04-30/goldman-trading-desk-that-once-had-500-people-is-down-to-three）

[*7] たとえば解雇規制につき大内・前掲注（3）122頁以下参照。

[*8] たとえば、奥邨弘司「人工知能における学習成果の営業秘密としての保護」土肥一史先生古稀記念『知的財産のモルゲンロート』（中央経済社・2017）216頁以下および知的財産戦略本部検証・評価・企画委員会新たな情報財検討委員会「新たな情報財検討委員会報告書」（2017年3月：http://www.kantei.go.jp/jp/singi/titeki2/tyousakai/kensho_hyoka_kikaku/2017/johozai/houkokusho.pdf）11頁参照。

大量のデータを必要とすること、②予想外の結果や誤った結果が生じうること、③なぜそのような結果になったのかの説明を与えるのが困難なことも少なくないこと、を重要な特徴として挙げることができるだろう。②は2種類のAIの双方に当てはまり、①と③は学習系AIに強く当てはまる。

まず、①データについては、特に学習系のシステムにおいては、学習の過程において大量のデータが必要であるし、学習済みモデルをビジネスに適用する過程でもデータが必要となる。このような必要なデータの増大は、人事労務情報管理の必要性を高めるとともに、たとえば、取得してはいけないデータの取得の問題〔→46頁以下、48頁以下〕や、データの利用目的の問題〔→54頁以下〕等、多くの法律問題に留意が必要となる。

次に、②予想外の結果や結果の誤りは様々な原因で生じるが、たとえばルールベースではルールの記述ミスやバグ等、学習系では学習ミスやデータのバイアスが指摘される。とりわけ、AIが大量・高速処理のために利用される場合には、誤りの結果が重大・大規模なものになりかねない。たとえば、過去の「採用後昇進した者と昇進しなかった者」のデータを比較して昇進しやすい特徴をもった者を採用するアルゴリズムを作ると、過去に女性で重役まで昇進した人が少なかったという事実から、採用の際に女性の評価等が不当に低くなるのではないかということが懸念されている。[*9]人事労務においてAIを利用する場合に、AIの誤りを看過して人事権を行使した場合、人事権行使の過誤として、これが違法・無効とされる可能

[*9] アルゴリズムが誤る主な理由として、①擬似的な（うわべだけの）相関関係を予測の基礎に使ってしまう、②データが少ないコミュニティ（たとえばスマートフォンを有している人が少ない貧乏なコミュニティ）が過少に代表され、データが多いコミュニティ（たとえばスマートフォンを有している人が多く豊富なデータが提供される裕福なコミュニティ）が過大に代表される（たとえば、スマートフォンのGPSデータを使った道路修補サービスにおいて、スマートフォンを所有できる裕福なコミュニティばかり修補されるようになる）、③現実社会に存在するバイアスがアルゴリズムに取り込まれバイアスが再生産される等と論じられている（ロボット・AIと法85頁〔山本龍彦執筆〕）。実際、2018年10月にはAmazonが、特に技術職についてこれまで男性が多かったことでバイアスが生まれ、不当な女性差別の問題が生じてしまったとして採用へのAIの利用を中止すると報道されている（https://jp.reuters.com/article/amazon-jobs-ai-analysis-idJPKCN1MLODN）。なお、本書では統計学的意味ではなく「偏見」の意味で「バイアス」を用いている。

性がある。たとえば、誤ったデータが入力されたことによって、人事考課AIが誤った考課成績を表示し、これを担当者が看過した場合、人事考課制度の枠内における裁量を逸脱したとして違法とされる可能性がある。[*10] [*11]

　さらに、③なぜそのような結果になったのかの説明を与えるのが困難なことも少なくないことについては——どのようなAIシステムを利用するかによっても変わるものの——人間にとって理解可能な理由の説明がほとんどされないAIシステム（解釈性の低いAIシステム）であれば、人間の担当者が最終的な人事権を行使する際に、AIの判断に間違いがないかを検証することが困難となり、事実上AIの判断に無条件に従うことになりかねない。[*12] また、裁判等でなぜそのような人事権を行使したのかを正当化することが求められる局面において、その説明が十分にできず、正当化に失敗する可能性がある。もちろん、たとえば不正調査を行う際に大量のデータからAIを使って関連度の高そうな情報を引っ張ってくる場合等、そのAIがなぜその情報を選んだのかの理由が問われない（ないしは重要ではない）局面もあるだろう。[*13] しかしAIがブラックボックスになってその誤りを看過してしまった場合や、なぜそのような（とりわけ一見すると不当なようにみえる）結果が生じたのか、AIが誤ったのではないか等と問われた場合において、その説明が十分になされないAIシステムを利用した人事権の行使が違法と判断される場面も想定されることに、留意が必要であろう。

---

*10　菅野415頁参照。
*11　AIの法律と論点279～280頁〔菅野百合執筆〕参照。
*12　解釈性につき「機械学習における解釈性（Interpretability in Machine Learning）」人工知能学会（https://www.ai-gakkai.or.jp/my-bookmark_vol33-no3/）参照。AIと憲法70頁〔山本龍彦執筆〕は、AIの意思決定プロセスがブラックボックス化すると、会社側も応募者側も採用／不採用の理由がわからず、唯一の理由が「AIがそう評価したからだ」、というシュールな状況がもたらされることを示唆する。
*13　なお、この場合には、モニタリングの問題が別途生じることは、第5章〔→173頁以下〕で述べる通りである。

第3節　HRテックの利用

Q 最近新聞やニュース等でHRテック、HRテクノロジー等が話題になっていますが、そもそもHRテックとは何なのでしょうか。

A HRテックとは概ね、人事労務分野においてAI、データ、クラウド、モバイルデバイス等のテクノロジーを利用し、人的資源管理の効率化や高度化を図るものということができます。

1．HRテックの意義

　HRテック（HRテクノロジー）とは、人事労務分野においてAIやデータといったテクノロジーを活用すること[*1]、人的資源を意味するHR（Human Resource：ヒューマンリソース）に適用するテクノロジー[*2]、あるいはAIやビッグデータ、クラウド等を活用して採用、育成、給与計算、人事評価・配置などの人事労務管理業務を効率化し、業務改善により一元管理を目指す言葉[*3]、などと称される[*4]。概ね、人事分野においてAI、データ、クラウド、モバイルデバイス等のテクノロジーを利用し、人的資源管理の効率化や高度化を図るものとまとめることができるだろう。

　近時、タレントマネジメント[*5]といって、リーダー候補人材をはじめとしたトップタレントを獲得し育成するための企業全体での仕組みや取り組みの一環としてデータ分析等が行われるようになった。ビッグデータを利用して職場の生産性を向上させるピープルアナリティクス[*6]も普及している。

---

*1　人事が変わる14頁〔伊藤禎則執筆〕
*2　岩本隆『HRテクノロジー入門』（ProFuture・2017）3頁
*3　水谷・Q＆A133頁
*4　ただし、手間を省く省力化、効率化だけではなく、その高度化を狙うものも存在することには留意が必要であろう。
*5　エド・マイケルズほか（渡会圭子訳）『ウォー・フォー・タレント』（翔泳社・2002）参照。

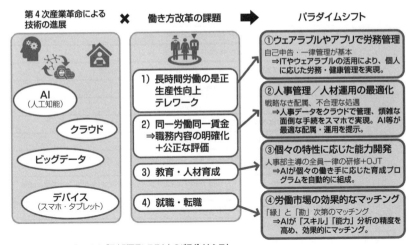

図表1 IT／データ活用による「日本型雇用システム」のパラダイムシフト
(出典) 経済産業省「新産業構造部会人材雇用パート (討議資料)」(2017年2月13日：http://www.meti.go.jp/shingikai/sankoshin/shinsangyo_kozo/pdf/013_07_00.pdf) 55頁

　政府においても、働き方改革の流れの中で、AIやHRテックを利用した日本型雇用システムのパラダイムシフトが提言されている (**図表1**)。[*7]

　HRテックの具体的な内容については、経済産業省が後援する「HRテクノロジー大賞」入賞企業の試み等を参照されたいが[*8]、たとえばデロイト・トーマツ・コンサルティングにてシニアコンサルタントを務める酒井雄平氏は、HRテックによって、①自動化、②いつでもどこでも化、③見える化、④モデル化が行われると指摘する (**図表2**)。

　また、①人事機能、②HRデータ、③分析手法の3つの組み合わせによってHRテックを整理することも試みられている (**図表3**)。

2. HRテックの人事労務情報管理上の意義

　HRテックの利用を人事労務情報管理の観点からみれば、管理対象の情報がより豊富になり、また、その利用方法がより高度になると総括でき、

＊6　ベン・ウェイバー『職場の人間科学』(早川書房・2014) 参照。
＊7　人事が変わる24頁 〔伊藤禎則執筆〕
＊8　カタログ的なものとして、HRテクノロジーコンソーシアム『HRテクノロジーサービス100選』(ProFuture・2017) も参照。

①自動化	RPAによる、複雑でもルール化が可能な人事業務（人員・人件費集計、福利厚生手続等）の自動化	
	人事システムの直観的なわかりやすさ・操作性の向上による思考の効率化	
	行うべき手続内容をシステムが提案することによる、判断の自動化	
②いつでもどこでも化	ビジネス型チャットツールによる、ストレスのないリアルタイムなコミュニケーションの促進	
	eラーニングコンテンツの双方向化による学習効果の向上	
	コンテンツの細分化・最小化（Microlearning）による利便性の向上	
	より対面に近い環境を提供するWeb会議システムによる、コミュニケーションコストの低減	
③見える化	パルスサーベイを通じた、従業員のよりリアルタイムな意識の把握	
	音声情報を解析して感情を可視化・分類するシステムや、目の動きを測定して集中力や落ち着きの程度を測る眼鏡型のデバイス等による、感情や行動の可視化	
	健康状態・その日のモチベーション等を入力・管理できるモバイルアプリや、多様な人事・検診データを集約して俯瞰・分析できるシステムによる、生産性向上や健康経営の推進	
	質問内容や人の動き・コミュニケーション履歴に基づく、組織内の人的ネットワークの見える化	
④モデル化	従業員満足度の構成要因や退職の発生原因に関するモデル化・将来予測	
	AIによる、各企業のニーズにマッチする面接候補者の提案	

図表2 HRテクノロジーが実現する4つの機能
（出典）労務行政研究所編『HRテクノロジーで人事が変わる』（労務行政・2018）46頁

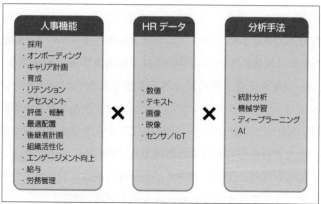

図表3 HRテクノロジーの種類の増加
（出典）岩本隆『HRテクノロジー入門』（ProFuture・2017）74頁

HRテックの活用によってより正確かつ幅広い情報を利用し、より適切かつ有効に人事労務管理を行うことができることが期待される。しかし、個人情報保護法やプライバシー法上手厚い保護がされている、よりセンシティブな情報が、より広範かつ深堀りして利用され、また、労働法の定める各労働者（情報）保護規定とも抵触しうる事態が増加する、という点は忘れてはならない。

第4節 AI・HRテックに関する総論的法律問題（1）：情報の取得

Q AIおよびHRテックに関して情報の取得の問題がまず重要であることは直感的にも理解できるところですが、具体的にはどのような問題があるのでしょうか。ざっくりと教えてください。

A AIおよびHRテックに関する情報の取得の問題としては、主に、利用目的、「蓄積」「分析」、公開情報等の問題があります。

1. 生データの収集および利用目的に関する問題

　AIやHRテックとりわけデータ分析等を行うものを利用するうえでは、大量のデータが必要である。したがって、AI・HRテックの文脈では、一般に、データの取得方法が問題となる。

　ここで、学習のためのデータの利用の文脈においても知的財産権法が関係するところ、営業秘密〔→第5章〕を除く知的財産権法の問題については、本書では取り扱わない。[*1] むしろ、人事労務においては、従業員（採用の場合は応募者）自身のデータが問題となることから、知的財産の問題よりも、個人情報・プライバシーの問題が生じることが多い。よって本節では以下、個人情報・プライバシーの観点から検討を行う。

◆**（1）利用目的の特定**　個人情報を含むデータを収集する際、利用目的を特定する必要がある（個人情報保護法（本節では以下「法」ともいう。なお同法施行令は「令」という）15条）。原則として当該目的の範囲内でしか個人情報を利用できない（法16条）ことから、利用目的の特定は重要である。

　まず、「個人情報が個人情報取扱事業者において、最終的にどのような

[*1] AIの法律と論点22頁以下〔福岡真之介執筆〕が一定程度参考になる（その後著作権法のいわゆる2018年改正が行われたことに留意が必要である）。

事業の用に供され、どのような目的で個人情報を利用されるのかが、本人にとって一般的かつ合理的に想定できる程度に具体的に特定」するのが望ましいとされており（ガイドライン通則編 3-1-1）、情報と利用目的の対応関係を明示すべきことも推奨されている[*2]。HR テックであれば人事労務管理のために個人情報が利用されるところ、個人情報保護法は特定のゴールに向かって個人情報が取り扱われる際に、当該ゴールを「利用目的」としており、そこに至る過程での個々の取扱いプロセスを利用目的とすることまでは求めていない[*3]ので、AI での利用や機械学習の利用を利用目的に入れる必要がないとする実務家も存在する[*4]。もっとも、「できるだけ特定」（法15条1項）を求めた法の趣旨からは、AI が重要となる場面では、AI への言及を含め利用目的として特定することが求められるともいわれており[*5]、たとえば応募者の情報を AI・HR テックで処理して採否を決める場合において、「取得した個人情報を分析・解析した上、当社の人事採用のために利用します」といった表現をプライバシーポリシー等に盛り込んでおくことが考えられる[*6]。

◆(2) 公表・説明・同意等　利用目的について、法律上は原則として特定をして、取得の前にあらかじめこれを公表するか、または取得時に本人に通知もしくは公表することが求められている（法18条1項）。ただし、本人から直接申込書等の書面[*7]に記載された本人の個人情報を取得する場合には、あらかじめ本人に対し、その利用目的を明示しなければならない（同条2項）。

＊2　人事が変わる 155～156 頁〔板倉陽一郎執筆〕
＊3　園部＝藤原 137 頁参照。
＊4　菱山泰男＝吉峯耕平「医療・ヘルスケアと AI」ビジネスロー・ジャーナル 2018 年 9 月号 106 頁
＊5　野呂悠登「AI による個人情報の取扱いの留意点」ビジネスロー・ジャーナル 2018 年 6 月号 58 頁
＊6　人事に限らない AI の利用と利用目的一般につき、関原秀行『ストーリーと Q＆A で学ぶ改正個人情報保護法』（日本加除出版・2017）305 頁参照。
＊7　この「書面」は、ホームページ上の入力画面を含むので、たとえば、応募者に情報をフォーム上に入力して送付させる場合には明示義務がかかる可能性があることに留意が必要である（個人情報保護委員会 Q＆A 3-13 参照）。

「公表」とは、広く一般に自己の意思を知らせること（不特定多数の人々が知ることができるように発表すること）をいい、公表にあたっては、事業の性質および個人情報の取扱状況に応じ、合理的かつ適切な方法によらなければならない（ガイドライン通則編 2-11）。エントリーサイトにおける掲示等が考えられる。

　公表にあたっては、事業の性質および個人情報の取扱状況に応じ、合理的かつ適切な方法によらなければならない。たとえば個人情報保護委員会Q＆Aは、店頭販売を中心とする店舗において「そのホームページが合理的に把握可能であることを含め、わかりやすい場所への掲載が求められる」としており（1-55）、採用であれば、その情報がどのくらい応募者にとって見やすく、わかりやすいところに掲載されているかが問題となる。

　また、レピュテーションリスクや炎上防止（この点については、後述〔→84～85 頁〕も参照）の観点からは、採用において AI が重要な役割を果たすといった場合には、事前に応募者本人に説明して明示的に同意を取得することで、応募者本人の理解を促進することが望ましいと思われる。[*8] たとえば、ウェブサイトの画面上で応募者が自己の情報を提供して応募する際、「応募の際にご提供いただく情報について AI によって処理・解析を行い、採否の決定の参考とさせていただきます。ご同意いただける場合には、同意をクリックして応募してください」といった表示をして応募を受け付ける、といった方法が考えられる。

◆**(3) 適正取得義務**　個人情報保護法 17 条 1 項は、偽りその他不正の手段による個人情報の取得を禁止する。AI との関係では、AI アシスタントや AI スピーカー等が本人の想定しない範囲で個人情報を取得することが同条違反となりうると論じられている。[*9]

　加えて、AI・HR テックのために必要な大量の情報について第三者から提供を受ける場合には、いわゆる名簿屋対策に留意が必要である。近時は、

---

*8 　なお、AI の文脈ではないが、利用目的を通知する際に、後日の紛争の予防のためにも書面の交付をした方がよいとする人事部のための個人情報保護法 69 頁も参照。
*9 　野呂・前掲注 (5) 57～58 頁

第 4 節　AI・HR テックに関する総論的法律問題 (1)：情報の取得　　45

情報漏えい事件で流出した名簿等、不適切な経緯で入手された個人情報が名簿屋によって流通することが問題となり、2015年改正個人情報保護法では名簿屋対策が導入された。

まず、個人データの三者提供を受ける際には、提供側・受領側双方に確認・記録義務（法25条・26条）が課されるようになった。ここで、確認の対象には「当該第三者による当該個人データの取得の経緯」（法26条1項2号）が含まれている。そして「相手方が不正の手段により個人データを取得したことを知り又は容易に知ることができたにもかかわらず当該個人データを取得する場合」にも、適正取得義務違反になるとされている（個人情報保護委員会Q&A3-2）。

また、名簿業者等が第三者に個人データを提供する際に、本人の同意を得ることなく、いわゆるオプトアウト（法23条2項）によって情報を提供することが多いが、その場合オプトアウト規定による届出が必要となるため（同条3項）、個人情報保護委員会のホームページ上で、当該名簿業者が届出をしていることを確認するべきである（個人情報保護委員会Q&A3-2）。

AIやHRテックの利用には大量の情報が必要であるが、信頼できる企業から、十分な調査をしたうえで提供を受けるべきであり、安易な対応は避けるべきである。

◆(4) 要配慮個人情報　個人情報保護法は、人種、信条、社会的身分等の一定の情報を「要配慮個人情報」（法2条3項）として特別の取扱いをすべき旨、規定を設けている。[*10] 具体的には、「取得」について原則として本人の同意が要求されている（法17条2項）。[*11]

要配慮個人情報について、個人情報保護法2条3項は次の通り定める。「この法律において『要配慮個人情報』とは、本人の人種、信条、社会的身分、病歴、犯罪の経歴、犯罪により害を被った事実その他本人に対する不当な差別、偏見その他の不利益が生じないようにその取扱いに特に配慮

---

*10　園部＝藤原71頁参照。
*11　なお、要配慮個人情報については、例外的に第三者提供についてオプトアウトを使ってはならないという規制も存在する（法23条2項括弧書）。

を要するものとして政令で定める記述等が含まれる個人情報をいう」。以下、1つずつみていこう。

　(ア) **人種**　人種（法2条3項）とは、人種、世系または民族的もしくは種族的出身を広く意味する（ガイドライン通則編2-3(1)）ものの、国籍、外国人であること、肌の色は人種に該当しない（同2-3(1)）。

　(イ) **信条**　信条（法2条3項）とは、個人の基本的なものの見方、考え方を意味し、思想と信仰の双方を含むとされる（ガイドライン通則編2-3(2)）。思想には政治上の主義も含まれるので、政党の党員であることは要配慮個人情報に該当する（通則編パブコメ204番）。

　(ウ) **社会的身分**　社会的身分（法2条3項）はある個人にその境遇として固着していて、一生の間、自らの力によって容易にそれから簡単に脱しえないような地位であり、単なる職業的地位や学歴は含まない（ガイドライン通則編2-3(3)）。典型的には被差別部落出身であること、非嫡出子であることが挙げられる。

　(エ) **病歴**　病歴（法2条3項）は病気に罹患した経歴を意味するもので、特定の病歴を示した部分である（ガイドライン通則編2-3(4)）。たとえばガンに罹患していること、統合失調症を患っていること等が該当する（同2-3(4)）。なお、風邪等の一般的かつ軽微な疾患については病歴から除外するよう求める見解も強かったが、病歴に含まれる（通則編パブコメ156番）。

　(オ) **犯罪の経歴**　犯罪の経歴（法2条3項）は前科、すなわち有罪の判決を受けこれが確定した事実とされている（ガイドライン通則編2-3(5)）。有罪判決確定に至るまでの情報は「犯罪の経歴」には該当しないものの、(ケ)で後述する刑事事件手続に該当する可能性がある。

　(カ) **犯罪により害を被った事実**　犯罪により害を被った事実（法2条3項）は身体的被害、精神的被害および金銭的被害の別を問わず、犯罪の被害を受けた事実である（ガイドライン通則編2-3(6)）。

　(キ) **心身の機能の障害**　心身の機能の障害（令2条1号）は、個人情報保護法施行規則5条が列挙する心身の機能の障害があること、または過去にあったことを特定させる情報である（ガイドライン通則編2-3(7)）。医師等に

よる診断の事実や障害者手帳等の所持等だけではなく、本人の外見上明らかに障害があることも要配慮個人情報に該当する（同 2-3(7)）。

　　（ク）健康診断等の結果等　　健康診断等の結果（令2条2号）、健康診断等の結果に基づく指導・診療・調剤等（同条3号）も要配慮個人情報である。

　　（ケ）刑事手続・少年保護事件手続　　刑事手続（令2条4号）は、本人を被疑者または被告人として刑事事件に関する手続が行われたという事実である（ガイドライン通則編 2-3(10)）。

　以上のような要配慮個人情報について法17条2項柱書は、原則としてあらかじめ本人の同意を得ない限り、取得を禁じている。もっとも、その例外として、本人の同意を得ずに要配慮個人情報を取得できる場合が同項各号に定められている。すなわち、①法令に基づく場合、②人の生命、身体または財産の保護のために必要がある場合であって、本人の同意を得ることが困難であるとき、③公衆衛生の向上または児童の健全な育成の推進のために特に必要がある場合であって、本人の同意を得ることが困難であるとき、④国の機関もしくは地方公共団体またはその委託を受けた者が法令の定める事務を遂行することに対して協力する必要がある場合であって、本人の同意を得ることにより当該事務の遂行に支障を及ぼすおそれがあるとき、⑤当該要配慮個人情報が、本人、国の機関、地方公共団体、法76条1項各号に掲げる者その他個人情報保護法施行規則で定める者により公開されている場合、⑥その他上記①〜⑤に掲げる場合に準ずるものとして政令で定める場合、である。そして、政令では、目視・撮影により外形上明らかな要配慮個人情報を取得する場合（令7条1号）および委託・承継・共同利用の場合（同2号）が規定されている。これらの例外に該当しない限り、少なくとも個人情報保護法上の要求として、本人同意を得なければ要配慮個人情報を取得することはできない。

◆**（5）労働法の観点からの規制**　　人事労務の分野においては、個人情報保護法に加え、労働法の観点からの規制についても留意が必要である。たとえば採用の場面においては、仮に個人情報保護法上適法であってもなお収集が禁止される情報の類型が定められていたり、取得の方法についても、

本人から直接収集し、または本人の同意のもとで本人以外の者から収集するなど、適法かつ公正な手段で取得しなければならないとされている〔→102頁〕。

そこで、人事労務情報のAI・HRテックによる処理においては、単に個人情報保護法に基づいて適法かつ適切にデータを取得しているだけでは足りず、上記のような労働法の観点からの規制にも留意が必要である。

◆(6) すでに取得済みの情報のAI・HRテックでの処理　　すでに取得済みの情報のAI・HRテックでの処理については後述する〔→54頁以下〕。

◆(7) 他の情報からの推知　　これらの情報をAI・HRテックにより他の情報から推知することについても後述する〔→50〜51頁〕。

2．AI・HRテックにおける「蓄積」「分析」の重要性

◆(1)「蓄積」「分析」の重要性とプライバシー侵害　　AI・HRテックの法律問題において重要な位置を占めるプライバシーについては、単なる「取得」だけではなくその「蓄積」「分析」にもフォーカスすべきことが指摘されている。

「取得」と「蓄積」「分析」との違いについて憲法学者の山本龍彦は、「激痛」と「鈍痛」の比喩を用いる。すなわち、これまでは、私生活の秘密の公開・暴露、差恥心や屈辱感など、取得等の瞬間における強く激しい精神的苦痛（激痛）が重視されていた。たとえば、指紋押捺に関する最高裁判決（最判平成7年12月15日刑集49巻10号842頁）は、指紋押捺という瞬間にフォーカスしている。しかし、指紋押捺制度の現代的問題の核心は、その指紋収集によって生じる恥辱心や屈辱感にはなく、その情報がデジタル化され、データベースに組み込まれた後の利用のされ方や利用状況の不確実性に基づく実質的不安にある[*12]。高度にネットワーク化されたデータベースにおいて、自分の情報がどこにどの程度いつまで保存されているのか、ネットワーク上をどのように飛び交い、誰にどのように取り扱われている

---

*12 山本・プライバシー51頁

かを正確に知ることができない。このような実質的不安を山本は「鈍痛」と呼び、データベースあるいは高度情報技術の発展による情報の蓄積や分析等による情報の取扱いをめぐる不確実性の問題の重要性を指摘している。[*13]

　単純な情報でも個人の様々な属性を名寄せし、特定のアルゴリズムを用いて解析すれば、かなりの精度で当該個人の好みや傾向を割り出すことができる。[*14]これは、AIやHRテックにおいて強く当てはまるものであり、単なる生データの収集・取得時における規制のみに留意すればよいというわけではなく、その後の蓄積・分析についてもそれが「鈍痛」としてプライバシーを侵害するものではないかどうかに、留意が必要であろう。

◆(2) 要配慮個人情報規制の潜脱の可能性　　AIを利用することで、そもそも取得ができないはずの要配慮個人情報〔→46～48頁〕を高確率で推知することができる。このため、もともと要配慮個人情報ではなかった個人情報から要配慮個人情報をプロファイリングにより推知し「取り出す」という行為が、要配慮個人情報の「取得」に該当し、法17条2項に基づく事前の同意を要するのではないか。

　この点、解釈論として、プロファイリングを「取得」(法17条2項)と同視するという解釈は「一般的に難しい」とする見解が有力であるように思われる。[*15]特に、人種、信条、社会的身分等を「推知」することができるにすぎない情報は、要配慮個人情報ではないとされている[*16]ことから、AIが人種、信条、社会的身分等の要配慮個人情報に該当する項目を推知しても、それはあくまでも「推知」情報にすぎず要配慮個人情報ではないという議論は、現行法の解釈としては説得的であるように思われる。[*17]

---

*13　山本・プライバシー49頁、55頁
*14　山本・プライバシー61頁
*15　たとえば、宇賀克也=藤原静雄=山本和徳〔鼎談〕個人情報保護法改正の意義と課題」行政法研究13号(2016)11頁〔藤原発言〕。
*16　園部=藤原71頁
*17　なお、人事が変わる120頁〔板倉陽一郎執筆〕は「いまだ違法と断ずるには至らない」ものの具体的利用実態において後述の放送ガイドライン(後掲注(19))のような推知禁止等の規律がされることも十分に考えられることから、HRテックを活用する側としても無関心ではいられないとする。

しかし山本は、『宴のあと』事件（東京地判昭和39年9月28日下民集15巻9号2317頁）が私生活上の「事実」に関する情報だけではなく「私生活上の事実らしく受け取られるおそれのある」情報も保護すべきとしたことを踏まえ、精度の高い要配慮個人情報の予測がコンピュータ上に出力されたとき、社会通念上、人に「事実らしく受け取られるおそれ」があるものについては、その段階で、法17条2項の要配慮個人情報の「取得」に含め、このようなプロファイリングについて事前の本人同意を必要とすべきとしている。[*18]

個人情報保護法の解釈としてそこまで広げることができるかは確かに疑問がある。しかし前述〔→32頁〕の通り、プライバシー保護の観点、つまり、民法上の不法行為にならないかという観点からも検討が必要である。そして、要配慮個人情報ほどにセンシティブ性がある情報について、それを取得するのと同程度にプライバシーに対する侵襲性が高い行為をAI・HRテックを通じて行うことで、法の定める事前同意規制を潜脱する行為に対しては、プライバシー法上も受忍限度を超えた違法なプライバシー侵害と考えられる場合が多いだろう。よって、上記の山本の解釈は、プロファイリングによって無許可でセンシティブな情報を推知することも、その精度が高く、取得と同視できるならば、無許可でセンシティブな情報を取得する場合と同様にプライバシー侵害の不法行為となる可能性が高い、という限りでは、十分に説得力があると思われる。

従業員のプライバシーを尊重し、プライバシー侵害の不法行為となる状況を回避するという観点からは、センシティブな情報については、その「取得」だけではなく、AI・HRテックによる分析・処理についても注意をし、その結果として精度の高いセンシティブな情報が生成されうる場合には、事前に説明し、同意を得る方向で検討すべきであろう。[*19]

---

*18　AIと憲法92頁〔山本龍彦執筆〕
*19　野呂・前掲注（5）58頁も同旨と思われる。なお、総務省「放送受信者等の個人情報保護に関するガイドライン」（2017年4月27日：http://www.soumu.go.jp/main_content/000483164.pdf）34条も参照。

3. 公開情報の取得と処理

　AI・HRテックでは、公開情報を取得し、処理することも多い。たとえば、採用においてインターネット上から応募者の情報を取得し、それをもとに応募者の評価をすることが考えられる。この場合、報道機関等の第三者が公開したのかSNS投稿など本人が公開したのか等、それらの情報の性質を検討しながら判断・処理していく必要がある。以下検討しよう。

◆(1) 公開情報も個人情報であること　個人情報としての保護の必要性の高低という観点からは、公開された情報については保護の必要性は相対的に低いとはいえる。しかし、「その利用目的や他の個人情報との照合など取扱いの態様によっては個人の権利利益の侵害につながるおそれがある」(個人情報保護委員会Q&A1-5)[*20]ことから、なお個人情報として、個人情報保護法により保護される。

◆(2) 利用目的による規制　公開情報も個人情報であることから、収集において利用目的の規制が入る。利用目的については、前述1.〔→43頁〕を参照のこと。

◆(3) 適正取得義務　適正取得義務(法17条1項)については本節1.〔→45頁〕で述べたが、名簿等の取得の文脈以外――たとえば公開情報の取得――も含め、取得全般に適正取得義務がかかってくる。

　公開情報については、サイト管理者がクローリング拒否設定にしていたのにクローリングで個人情報を取得する場合、あるいは本人同意なしにライフログを取得する場合などには不適切とされる可能性がある。[*21]

　また、公開情報を取得する場合には、公開をした者が法を遵守している

[*20] 福岡地判平成30年3月13日第一法規28262103は、犯罪歴がインターネット上に掲載されていたことで就職を断られた等として検索結果の削除を求めた事案であるところ、結果的に就職できていること等から「過去に就職を断られた不利益」を過度に重視すべきではないとして、結論としては裁判所は検索結果の削除を認めていない。しかし実務上、使用者が検索エンジンで氏名を検索する等の行為をしており、実際にそれにより就職を断られるという事案が稀ではないことを示すものであるといえる。

[*21] AIがつなげる社会227頁〔新保史生執筆〕。ただしユーザが公開し、閲覧を認めている範囲の情報のクローリングがいかなる場合に不適正取得(法17条)となるかは、さらに検討が必要であろう。

かについても無関心ではいられない。インターネット上に個人情報を公開することは第三者提供に該当し、その場合には、たとえば本人の同意を得る、オプトアウトを利用する等の法23条の規定に適合した対応がなされていなければ当該公開は法に反する。これは、直接的には公開者の責任の問題ではあるものの、取得者側についても、情報の公開の態様（公開されているサイトの内容、公開主体と情報の本人の関係について推測できる事情等）から、本人同意等の適切な手続を経ずに公開された個人情報を取得する行為は、「その他不正の手段」（法17条1項）による取得に該当すると評価される可能性も否定できない。

　なお、ガイドライン通則編では、（法17条1項の文脈において）「個人情報を含む情報がインターネット等により公にされている場合であって、単にこれを閲覧するにすぎず、転記等を行わない場合は、個人情報を取得しているとは解されない」とされており（3-2-1）、閲覧だけであれば、取得ではないとされているが、これをどこまで広く解釈できるかは疑問が残る。

◆(4) 自己が公開したことの効果　　公開情報のうち、本人が公開したものについて、その公開の趣旨から一定範囲でその利活用に関する同意を推認する余地もある。

　たとえば、公開情報である企業の代表者名等についても個人情報として扱わなければならないとすれば不便だ、という問題があるが、個人情報保護委員会Q&Aは、「ある企業の代表取締役の氏名が当該会社のホームページで公開されていて、当該本人の役職（代表取締役）および氏名のみを第三者に伝える場合等、提供する個人データの項目や提供の態様によっては、本人の同意があると事実上推認してよい場合もある」としている（5-13）。これは、（実質的に）自ら公開している情報について、一定範囲で本人の同意を推認することもありうることを示唆する。

　ただ、AI・HRテックとの関係では、単なる氏名のような情報だけではなく、人事労務に関するセンシティブな情報を扱うことが多く、しかもそれが当初SNS等で友人と共有したいといった趣旨で公開された情報を、それと異なる目的（採用の判断材料等）で利用することから、この法理を

AI・HR テックの場面で利用できる場合はあまり多くないと思われる。

◆(5) 労働法の観点からの規制　　以上は、あくまでも個人情報保護法に基づく検討であるが、労働法の観点からの規制、たとえば採用の場面での情報取得規制の問題があるので、これらについては、本書の各章（特に第3章）を参照のこと。

4. 幅広いデータの人事労務目的での利用

◆(1) より多くのデータが必要とされること　　AI 化した社会においてはより多くのデータが求められる。[*22] 人事において、これまでは、人事評価に関する情報をもとに人事評価を行うなど、特定の目的のために特定のデータを収集し、処理してきた。しかし、たとえば HR テックの文脈では、ハイパフォーマンス従業員のモデルを作成して、そのモデルに当てはまる従業員の良さを伸ばしたり、当てはまらない従業員を教育しようとか、あるいは逆に、早期退職する従業員のモデルを作成して、そのモデルに当てはまる従業員を教育しようといった動きも出ている。このように、HR テックや AI による分析を通じて、これまで人事部門に関係してくるとは考えられていなかった大量のデータの中から、人事に関係する重要な傾向や相関関係等を抽出し、これを人事に活かすといった動きが出ている。

そこで以下、このような幅広いデータの人事目的での利用についての法的問題について検討する。

◆(2) 利用目的規制の意味　　前述〔→43 頁以下〕の通り、個人情報保護法は利用目的規制を定めている。これは、まず利用目的達成に必要な範囲で情報を収集したうえでそれを利活用しなければならないということである。たとえば、将来的に人事評価に使えるかもしれないというだけで、現時点では関係のないバイタルデータや勤務中の動画等のデータを収集するのは利用目的達成に必要といえるか疑問とされている。[*23] これはまた、人事労務

---

*22　AI と憲法 74 頁〔山本龍彦執筆〕
*23　人事が変わる 156 頁〔板倉陽一郎執筆〕

と無関係に取得してきた個人情報をAI・HRテックで処理して人事労務のために利用するといったことが、本来の利用目的の範囲を超えるとして、利用目的の変更が必要になる可能性があるということを意味する。

　この場合はまず、利用目的の解釈上、AIでの処理やHRテックにおける利用を利用目的の範囲内と解することができるかを検討すべきことになる。仮に、利用目的の範囲外だとすれば、利用目的の変更（法15条2項）を検討することになる。しかし、法15条2項の要件を満たさないとすれば、あらかじめ本人の同意（法16条1項）を得ることを検討すべきである。その結果、本人の同意も得られないということであれば、それ以外の方法を検討することになるが、そもそもそのような目的で利用することをあきらめざるをえない場合もある。

　以下、各ステップについて詳述する。

◆(3) 利用目的の解釈　　まず、今回AIでの処理やHRテックに利用したい個人情報について、どのような利用目的が定められているかを確認する必要がある。

　前述の通り、AI・HRテックによる分析は手段であるから、たとえば利用目的上、AIによる処理のために利用をする旨の明記がなくとも、従前の利用目的の達成に必要な範囲である限りにおいて、AIによる処理のために利用することができる可能性がある。もっとも、前述〔→44頁〕の通り注意喚起等のために分析・解析をすることを明示すべき場合もある。

◆(4) 利用目的の変更　　個人情報取扱事業者はすでに定めた利用目的を変更することができるが、「変更前の利用目的と関連性を有すると合理的に認められる範囲」（法15条2項）内で行わなければならない。これは、「社会通念上、本人が通常予期し得る限度と客観的に認められる範囲内」を意味するといわれるが（ガイドライン通則編3-1-1）、さらにこの「本人が通常予期し得る限度と客観的に認められる範囲」とは、本人の主観や事業者の恣意的な判断によるものではなく、一般人の判断において、当初の利用目的と変更後の利用目的とを比較して予期できる範囲をいい、当初特定した利用目的とどの程度の関連性を有するかを総合的に勘案して判断され

る（同3-1-1＊1）。

　人事労務とはあまり関係がないものの、利用目的の変更が許容される場合として、個人情報保護委員会Q＆Aは以下のものを挙げている（2-8）。当初利用目的との関連性は少なくともこの程度は求められよう。

> ○「当社が提供する新商品・サービスに関する情報のお知らせ」という利用目的について、「既存の関連商品・サービスに関する情報のお知らせ」を追加する場合
> ○「当社が提供する既存の商品・サービスに関する情報のお知らせ」という利用目的について、「新規に提供を行う関連商品・サービスに関する情報のお知らせ」を追加する場合
> ○「当社が取り扱う既存の商品・サービスの提供」という利用目的について、「新規に提供を行う関連商品・サービスに関する情報のお知らせ」を追加する場合
> ○「当社が取り扱う商品・サービスの提供」という利用目的について、「当社の提携先が提供する関連商品・サービスに関する情報のお知らせ」を追加する場合

　同様に、人事労務とはあまり関係がないものの、利用目的の変更が許容されない場合として、個人情報保護委員会Q＆Aにおいては以下のものが挙げられている（2-9）。

> ○当初の利用目的に「第三者提供」が含まれていない場合において、新たに、法23条2項の規定による個人データの第三者提供を行う場合
> ○当初の利用目的を「会員カード等の盗難・不正利用発覚時の連絡のため」としてメールアドレス等を取得していた場合において、新たに「当社が提供する商品・サービスに関する情報のお知らせ」を行う場合

　このような「相場観」を参考に、具体的な事案において、AIによる分析や解析という目的を追加することが「社会通念上、本人が通常予期し得る限度と客観的に認められる範囲内」かを検討することになるだろう。たとえば人事の文脈では、小売業者が「当社が取り扱う商品・サービスの提供」という利用目的で収集した顧客の購買情報から、購買歴のある従業員

を抽出し、当該従業員の購買情報から推知される本人の性格や健康状態を人事労務管理に利用するといった場合は、利用目的の変更が許容されない場合に該当することが多いと思われる。

◆(5) 本人同意その他　　以上(3)(4)の検討の結果、利用目的の変更として認められないとしても、HRテックの場合には、自社の従業員という比較的コミュニケーションをしやすい者の個人情報が問題となることから、従業員に対してその必要性および濫用を防ぐ措置が講じられていること等を説明すれば、あらかじめ本人同意を得る（法16条1項）ことができる可能性もある。そこで、対象となる人数等を踏まえて合理的に可能な場合には、本人同意を得る方向で検討する余地がある。

ただし、大企業など対象人数があまりにも多すぎるといった場合には本人同意が現実的でないこともありうる。この場合、統計データへと加工したうえで当該統計データを利用する方法を使えないかどうかも検討の余地がある。個人情報に該当しない統計データは個人情報の利用目的規制の対象とならないし、統計データへの加工を行うこと自体を利用目的とする必要もないと解されている（個人情報保護委員会Q&A2-5）からである。

とはいえ、利用目的の変更も、同意取得も、統計情報化等も使えないのであれば、最終的には過去データについてそもそもそのような目的で利用することをあきらめ、改めて利用目的を定めたうえで、その後に収集する新たなデータについてのみAI・HRテックで利用するという決断をせざるをえない場合がある。

◆(6) 利用目的以外の考慮要素　　最後に、利用目的以外の要素を考慮する必要性についても、検討が必要である。

まず、情報セキュリティ上の問題も検討が必要である。これまでは最小権限の原則として、必要な者のみに必要な権限のみを与えていた。逆にいえば、データを利用目的ごとに区切っていたわけである。しかし、多くのデータを保存してそれを分析させると関連性が出てくるという状況においては、このような従来のデータ管理手法とは異なる状況が生じる。たとえば、情報伝達のために利用していた社内SNSや、業務の進捗状況を報告

させるために利用していた営業管理システムのデータをピープルアナリティクス〔→40頁〕のために利用するという場合、人事部門にこれらのデータを扱う権限を設定することになる。特に、HRテック以外も含めた幅広い業務のためのビッグデータ活用を行い、全社において様々な場面でデータを分析するとなると、ほとんどの部門が全社に存在する幅広いデータに相互にアクセスできる状態になりうるが、これは漏えい等のリスクが高まるという点で情報セキュリティ上の問題をはらむ。そのため、追加的な対応を講じるべきではないか、検討が必要である。[*24]

また、営業秘密の保持の観点も検討が必要である。たとえば、営業管理システム上に、客先との秘密保持契約[*25]によって当該客先とのビジネス遂行の目的のためにしか利用できないデータが蓄積されていた場合に、営業管理システム上のデータをHRテックにおいて利用することが当該客先との間で契約違反になる可能性もある。

さらに、新技術に不安をもつ従業員が安心できるよう、事実上の配慮や説明についても留意が必要である。

[*24] たとえば、いつ誰がどのデータにアクセスしたのかといったログをより詳細にとることや、生データに直接アクセスさせるのではなく、ツールを通じて生データにアクセスさせ、他の部門の従業員はツールの分析結果を見ることしかできないようにすべきではないか等を検討すべきであろう。

[*25] 秘密保持契約書には、利用目的の限定があることが多い。

第5節　AI・HRテックに関する総論的法律問題（2）：情報の取得以外の諸問題

Q AI・HRテックに関する情報の取得以外の問題としては、どのようなものがあるのでしょうか。

A AIによる判断、AI企業・HRテック企業への委託・第三者提供、業務のAI化と労働法などがあります。GDPRが示唆する人間の介入の必要性、アルゴリズムの誤りの可能性を踏まえた「ケンタウルス」モデルや、第三者提供として適法にAI企業・HRテック企業へ委託するための要件など、それぞれの留意点をしっかり押さえておいてください。

1．AI（アルゴリズム）による判断

◆(1) AI（アルゴリズム）による判断の問題点　採用活動においてはすでに、ES（エントリーシート）をAIで判定し、面接に呼ぶかどうかを決定するといったシステムを採用する企業もある。このようなAIやアルゴリズムによる判断は、人間による判断とは違った特徴を有する。すなわち、前述〔→38頁〕のような①大量のデータを必要とすること、②予想外の結果や誤った結果が生じうること、③なぜそのような結果になったのかの説明が十分になされないことも少なくないこと等が挙げられる。

たとえば採用の場面では、アルゴリズムによる自動化された決定による結果として、面接にすら呼んでもらえないという応募者にとって不利益な判断がされ、また、なぜそのような結果になったのかの根拠が十分に説明されず、訂正の機会も与えられないといった状況が生じうる。人間による判断であれば、誤った理由で評価された場合、それを訂正等することができることもあるが、そのような機会（人間が関与する機会）が与えられない

まま重要な決定がされ、彼らから再挑戦の実質的機会を奪うことになるのではないか、というような形で問題視されている。[*1]そこで、人間の関与の機会を確保することは重要である。[*2]

◆**(2) GDPR の対応**　日本法では、この問題への対応が比較的進んでいないのに対し、EU では、このような問題への対応が進んでいる。今後の日本の立法や実務にとってこのような EU の動きは示唆的であると思われることから、以下、EU の対応、すなわち GDPR（EU 一般データ保護規則）の対応である①中止請求権、②自動処理のみに基づき重要な決定を下されない権利、③透明性の要求について概観したい。

　(ア) 中止請求権　　GDPR 21 条は以下のように定めている。[*3]

1. データ主体〔筆者注：本人のこと。以下同じ〕は、自己の特別な状況と関連する根拠に基づき、第 6 条第 1 項(e)又は(f)に基づいて行われる自己と関係する個人データの取扱いに対し、それらの条項に基づくプロファイリングの場合を含め、いつでも、異議を述べる権利を有する。管理者は、データ主体の利益、権利及び自由よりも優先する取扱いについて、又は、訴えの提起及び攻撃防御について、やむをえない正当な根拠があることをその管理者が証明しない限り、以後、その個人データの取扱いをしない。
2. 個人データがダイレクトマーケティングの目的のために取り扱われる場合、データ主体は、いつでも、そのようなマーケティングのための自己に関係する個人データの取扱いに対して、異議を述べる権利を有する。その取扱いは、そのようなダイレクトマーケティングと関係する範囲内で、プロファイリングを含む。

---

*1　この問題は「確率という名の牢獄」や「バーチャル・スラム」と称されている。ロボット・AI と法 91 頁〔山本龍彦執筆〕。採用の文脈では不採用の理由の回答は不要とされてきた〔→ 85 頁〕ものの、これまでは利用された情報が少ないために推測できることも多かった。今後は AI が大量の情報を利用することで、推測することさえ難しくなる（AI と憲法 72 頁〔山本龍彦執筆〕）。
*2　人間が関与し、最後は人間が判断することの重要性とそのための方策については、AI がつなげる社会 127～134 頁〔河島茂生・久木田水生・平野晋・高橋恒一発言〕参照。
*3　以下、個人情報保護委員会の訳に従っている（https://www.ppc.go.jp/files/pdf/gdpr-provisions-ja.pdf）。

> 3. データ主体がダイレクトマーケティングの目的のための取扱いに対して異議を述べる場合、その個人データは、そのような目的のために取扱われてはならない。
> 4. 遅くともデータ主体への最初の連絡の時点で、第1項及び第2項に規定する権利は、明示的にデータ主体の注意を引くようにされ、かつ、他の情報とは明確に分けて表示されなければならない。
> 5. 情報社会サービスの利用の過程において、かつ、指令 2002/58/EC にかかわらず、データ主体は、技術的な仕様を用いる自動化された仕組みによって異議を述べる自己の権利を行使できる。
> 6. 第89条第1項により科学的研究若しくは歴史的研究の目的又は統計の目的で個人データが取扱われる場合、データ主体は、公共の利益のための理由によって行われる職務の遂行のためにその取扱いが必要となる場合を除き、自己の特別な状況と関連する根拠に基づき、自己と関係する個人データの取扱いに対して、異議を述べる権利を有する。

本人（GDPR ではデータ主体（subject）と呼ぶ）は、その取扱いの目的が公共の利益（6条1項 e）または正当の利益（同項 f）のためであれば、プロファイリングに対して異議を唱える権利（right to object）が認められており（21条1項）、この権利をデータ管理者は本人に告知しなければならない（4項）。データ管理者は、主体の利益等を乗り越えるやむをえない正当な[*4]根拠（compelling legitimate grounds）を示さない限り、プロファイリングのための情報処理を中止しなければならない（1項）。29条作業部会の「個人に関する自動化された意思決定及びプロファイリングに関するガイドライン[*5]」（本節において以下、単に「ガイドライン」という）によれば、管理者の単なる経済的利益はこれにあたらないとされる一方、伝染病蔓延を予測するプロファイリングはやむをえない正当な利益にあたりうるとされる。[*6]

*4　なお、個人情報保護委員会は「やむをえない」と訳しているが、「やむにやまれぬ」（AI と憲法 100 頁〔山本龍彦執筆〕）と訳されることもある。Compelling の訳については、大島義則『憲法ガール Remake Edition』（法律文化社・2018）11 頁注 1 参照。
*5　執筆時点の最新版は Guidelines on Automated individual decision-making and Profiling for the purposes of Regulation 2016/679 (http://ec.europa.eu/newsroom/article29/item-detail.cfm?item_id=612053)
*6　このような制度はデータ主体の申出があるまでは実行できるという、いわゆるオプ

(イ) 自動処理のみに基づき重要な決定を下されない権利　「自動処理のみに基づき重要な決定を下されない権利」というのは聞き慣れない。しかし、このような例を考えてみてほしい。――2020 年、履歴書は電子的に送付し、AI プログラムがこれを評価することが通例となった。一部のネットユーザの間でプログラムの隙をついて冗談でフェイクの履歴書を送り、「こんな履歴書なのにもかかわらず、有名企業の面接に呼ばれた」等と話題にすることが流行した。このような状況下、プログラム側も、ある応募者の履歴書がジョークで送られた履歴書なのか、本気で採用を求める履歴書なのかを評価する対策を講じることとした。そこで、その対策の一環として、学歴に「国際信州学院大学」*7 とあればジョークで履歴書を送ってくる者とみなすこととした。この場合、本来「国際」かつ「信州」かつ「学院」と、3 つのキーワードが「かつ」で並んだ場合にこれをジョークとみなすべきなのに、プログラムミスにより、「国際」または「信州」または「学院」のいずれかが大学名に入っている場合すべてフェイクの履歴書とみなしてしまうという誤った評価基準を設けてしまい、その結果、当該プログラムを利用する企業においては、この 3 つのキーワードのいずれかが大学名に入っているだけで一切面接に呼ばれなくなるようになった――。

　これは単なる仮想事例であるが、人間の目で見れば明らかに普通の履歴書なのに、プログラムが誤っていることから異常な低評価になる、このような事態も近未来には生じうる。*8 こういう事態において、「機械のみで判断せず、人間の目で見てくれ！」という主張をしたくなることは十分に理解できるだろう。

　この問題との関係で、GDPR 22 条は次のように定めている。

　トアウトに近い制度と評されており、日本における方向性を検討するうえでも示唆的とされる（AI と憲法 100〜101 頁〔山本龍彦執筆〕）。
*7　これはインターネット上のジョークとして考案された大学であり、もちろん実在しない大学である。
*8　実際、筆者はあるプラットフォームの AI に誤って「スパム」認定され、不利益を受けた依頼者のサポートをしており、このような事態が単なる SF ではなく、現実に十分ありうると考えている。

> 1. データ主体は、当該データ主体に関する法的効果を発生させる、又は、当該データ主体に対して同様の重大な影響を及ぼすプロファイリングを含むもっぱら自動化された取扱いに基づいた決定の対象とされない権利を有する。
> 2. 第1項は、以下のいずれかの決定には、適用されない。
>   (a)データ主体とデータの管理者の間の契約の締結又はその履行のために必要となる場合。
>   (b)管理者がそれに服し、かつ、データ主体の権利及び自由並びに正当な利益の安全性を確保するための適切な措置も定めるEU法又は加盟国の国内法によって認められる場合。又は、
>   (c)データ主体の明示的な同意に基づく場合。
> 3. 第2項(a)及び(c)に規定する場合においては、そのデータの管理者は、データ主体の権利及び自由並びに正当な利益、少なくとも、管理者の側での人間の関与を得る権利、データ主体の見解を表明する権利及びその決定を争う権利の保護を確保するための適切な措置を実装するものとする。
> 4. 第9条第2項(a)又は(b)が適用され、かつ、データ主体の権利及び自由並びに正当な利益の保護を確保するための適切な措置が設けられている場合を除き、第2項に規定する決定は、第9条第1項に規定する特別な種類の個人データを基礎としてはならない。

　要するにこの規定は、データ主体に対し、プロファイリングなどの自動化された取扱いのみに基づき当該データ主体に関する法的効果をもたらすかまたはそれと同様の重大な影響をもたらす決定に服しない権利を認めたものである。

　ここでいうプロファイリングなどの自動化された取扱い「のみ」に基づくというのは、決定プロセスにいかなる人間の関与も存在しないということを意味するが、前述のガイドラインによれば、管理者は人間の関与をでっち上げることにより本条を潜脱することは許されず、AIを用いた自動的決定を覆す権限・能力のない者の形式的監督にすぎなければ、自動化された取扱い「のみ」に基づくとみなされる。よって、自動化された取扱い「のみ」ではないというためには、自動的決定を変更する権限と能力をもつ者によって実施される実質的なレビューが行われることが保証されなけ

ればならない、とされている[*9]。これは、人間の関与を要求することで、データの偏りなどを原因とする AI の誤りを人間がチェックすることで最善の判断を志向する、いわゆる「ケンタウルス」モデル[*10]と一致しているといわれる[*11]。いかなる人間の関与もないデジタル化された採用活動は、GDPR 22 条 1 項のいう「重大な影響」をもたらすものとされる[*12]。ただし、①本人とデータ管理者との間で締結された契約を履行するために必要な場合、② EU または加盟国の法によって承認されている場合、③主体の明示的な同意に基づく場合にはなお、プロファイリングなどの自動化された取扱い「のみ」に基づき、採用活動等の決定を行うことができる。

　しかし、このような例外的場合でも、管理者は、本人の権利・自由等を保護するために適切な措置を講じなければならず、少なくとも人間の関与を得る権利、自らの見解を表明する権利、自動決定を争う権利を保障しなければならないとされる（GDPR 22 条 3 項）。このような適切な措置の具体例として、ガイドラインの別紙 1 は、データ管理者が考慮するべきグッドプラクティスを以下の通り示している。

・本人が公平に扱われ、特別な種類の個人データ〔筆者注：要配慮個人情報に近いもの〕その他を理由にした差別がされないことを確保するためのシステムにおける品質保証確認を定期的に行うこと。
・アルゴリズム監査——機械学習システムにより利用・開発されるアルゴリズムが、意図された通りに実働し、差別、誤答または不当な結論を導き出していないことを示すための検査を行うこと。
・プロファイルおよびプロファイルを作成または適用するために利用される個人データについて明確な保存期間を設けることでデータの最少化のための具体的対策を講じること。
・プロファイリングの文脈で匿名化または半匿名化技術を利用すること。
・データ主体（本人）が見解を表明し、決定に異議を述べることを認める方法を講じること。

---

*9　ガイドライン IV. A 参照。
*10　AI と人間が両者の短所を補い合いながら協働するモデル。
*11　AI と憲法 103 頁〔山本龍彦執筆〕
*12　ガイドライン IV. B 参照。

> ・一定の場合における人間による介入メカニズムを構築すること。たとえばデータ主体（本人）に自動化された決定が伝達された場合における異議申立てプロセスへのリンクの提供、合意されたレビュー期間および質問に対する個人名が明示された連絡先の提供等が考えられる。

　GDPR 22条の規定は、セグメント・類型化に基づくAIの統計的・確率的判断に拘束されず、個人一人ひとりの評価に原則として人間の関与を求めるなど時間とコストをかけることを要請する点で、個人の尊重原理と深く結びついており、AIの予測能力に基づき個人が効率的に分類・仕分けされていく世界を否定し、なお個人の主体性の実現を試みるものとされている。[*13]

　（ウ）透明性の要求　　自動化された処理に不満をもつ人は、どうしてそのような結果になったのか等を知りたいと思うだろう。たとえば、上記の履歴書評価プログラムであれば、どうして自分がいつも面接に呼ばれないのか、どういうロジックで評価されているのかを知りたいはずである。
　そこで、GDPR 13条2項は以下のように規定する。

> 2. 第1項に定める情報に加え、管理者は、個人データを取得する時点において、データ主体に対し、公正かつ透明性のある取扱いを確保するために必要な以下の付加的な情報を提供する。
> 〔中略〕
> (f)プロファイリングを含め、第22条第1項及び第4項に定める自動的な決定が存在すること、また、これが存在する場合、その決定に含まれている論理、並びに、当該取扱いのデータ主体への重要性及びデータ主体に生ずると想定される結果に関する意味のある情報。

　また、GDPR 15条1項は以下のように規定する。

> 1. データ主体は、管理者から、自己に関係する個人データが取扱われているか否かの確認を得る権利、並びに、それが取扱われているときは、その個人データ及び以下の情報にアクセスする権利を有する：
> 〔中略〕

---

*13　AIと憲法 105頁〔山本龍彦執筆〕

> (h)プロファイリングを含め、第22条第1項及び第4項に定める自動的な決定が存在すること、また、それが存在する場合、その決定に含まれている論理、並びに、そのデータ主体への重要性及びデータ主体に生ずると想定される結果に関する意味のある情報。

　GDPR 13条2項(f)は、自動決定の存在だけではなく、論理に関する意味ある情報や処理の重大性および本人に及ぼす想定される帰結を本人に告知しなければならないと規定しており、また15条1項(h)はこれらの情報に対する本人のアクセス権を規定している。

　ガイドラインは、「論理に関する意味のある情報」について、用いられるアルゴリズムの複雑な説明を試みたり、完全なアルゴリズムを開示したりするのではなく、当該決定にたどり着くうえで依拠した基準やその背景となる根拠について本人に告知するシンプルな方法を探すべきであるとし、決定にたどり着くうえで考慮された主な特性の詳細や情報の源泉と重要性が、こうした情報にあたるとされる。[*14]

◆(3) 日本における実務対応の方向性　　GDPRの適用範囲については本書では詳論に入らないものの[*15]、日本企業の採用活動においてGDPRが適用されないことも多く、そのような場合にはGDPRの通りに対応しなくとも直ちに違法とはならない。しかし、GDPRの考え方は、上記の履歴書評価プログラムの例からもわかるように、誤ったアルゴリズムによる判断に対して人間の目による再考を求めたり、透明化を求めたりする等、アルゴリズムによる判断の抱える問題に対する1つの有力な解決案である。

　また、総務省・AIネットワーク社会推進会議の「国際的な議論のためのAI開発ガイドライン案」(2017年7月28日)[*16]は、「透明性の原則──開発者は、AIシステムの入出力の検証可能性及び判断結果の説明可能性に留意する」を挙げ、「開発者は、AIシステムに対する利用者を含む社会の理解と信頼が得られるよう、採用する技術の特性や用途に照らし合理的な

---

*14　ガイドライン IV. E 参照。
*15　なお日本語の情報としては個人情報保護委員会のウェブサイト (https://www.ppc.go.jp/enforcement/cooperation/cooperation/GDPR/) が参考になる。
*16　http://www.soumu.go.jp/main_content/000499625.pdf

範囲で、AI システムの入出力の検証可能性及び判断結果の説明可能性に留意することが望ましい」とする。また、同「報告書 2018―AI の利活用の促進及び AI ネットワーク化の健全な進展に向けて―」(2018 年 7 月 17 日)[*17]は、利活用原則案を提唱し、AI サービスプロバイダおよびビジネス利用者のなすべきことを提唱しているところ、その中でも「透明性の原則」として、「AI サービスプロバイダおよびビジネス利用者は、AI システムまたは AI サービスの入出力の検証可能性及び判断結果の説明可能性に留意する」としており、主な論点として、① AI の入出力の記録・保存としては、「AI の入出力の検証可能性を確保するため、入出力を記録・保存することが期待されるのではないか」とし、②説明可能性の確保としては「AI の判断結果の説明可能性を確保することが期待されるのではないか」としたうえで、「特に、医療、人事評価・採用、融資など個人の権利・利益に重大な影響を及ぼす可能性のある分野において利活用する場合には、AI の判断結果の説明可能性を確保することが期待されるのではないか」(強調付加)[*18]とされている。このように日本においても、AI の開発そして人事労務を含む利活用において、入出力の検証可能性および判断結果の説明可能性等への留意が提言されているのである。

　検証可能性や説明可能性を確保するための 1 つの方向性としては、あくまでも AI の役割を支援にとどめ、最後は人間が判断するという対応がありうる。上記の通り「ケンタウルス」モデルとして、人間と AI がそれぞれ相手の欠点を補い合いながら決定していくことは、重要な方向性である[*19]。

　たとえばある企業では、エントリーシート (ES) を AI がレビューする際に、以下のような対応をしているといわれる。すなわち、AI の評点が

---

*17　http://www.soumu.go.jp/main_content/000564147.pdf
*18　たとえば、深層学習は予測精度が高いが、判断結果の説明が困難であるという現状等にも留意することが必要である。
*19　なお、これは法律の観点だけではなく、AI の実務の観点からも、ビジネスへの適用では人の判断介入の余地を残すべきと指摘されていることは興味深い (ビジネス導入 39～41 頁)。なお、人間が高い倫理観や人間観をもって最終的意思決定をするのが原則とする中崎隆ほか編『データ戦略と法律 攻めのビジネス Q＆A』(日経 BP 社・2018) 215 頁も参照。

一定以上の者については面接に呼んで面接の過程で人間が評価する。その一方で AI の評点が一定未満の者についてはそれだけで終わりではなく人間が ES を読む、という扱いをしているとのことである。このように人間が介入することで、AI が誤って優秀な者を低評価としてしまうことを防ぐことができるし、このような介入をしなければならないとしても、人間でも AI でも評価が高い応募者の ES をレビューする手間を省くことができるので、AI による省力化の効果を享受することができる。[*20]

2. AI 企業・HR テック企業への委託・第三者提供

　AI や HR テックを活用する場合、自社に人事労務分野への適用が可能な最新のデータ分析技術や AI 技術を保有している場合には、自社の有する自社の従業員の情報を自社で処理をすることが可能である。自社で処理する限りにおいて、個人データの第三者提供（個人情報保護法（本節において以下「法」ともいう）23条）の問題は存在しない。[*21]

　一方、AI や HR テックに関する最新技術を自社で保有していない企業も多いだろう。そのような場合には、AI 企業・HR テック企業に業務を委託することになる。しかし、その場合には、保護の要請が強い個人データを含む自社の人事労務情報を AI 企業・HR テック企業に提供するといった場面も多いだろう。このような場合には、個人データの第三者提供（法23条）の問題が生じる。

◆(1) 第三者提供に関する規律　　法23条1項は第三者提供について、「個人情報取扱事業者は、次に掲げる場合を除くほか、あらかじめ本人の同意を得ないで、個人データを第三者に提供してはならない」として、原則として本人の同意を得るべきことを定める。もっとも同項各号は、法令

[*20] 人事が変わる108頁〔金澤元紀執筆〕は「AI に対して応募者が不信感を抱かないようにする配慮、つまり、企業側にとっては効率化に資する一方で、応募者側にとっては選考プロセスへの不信感につながる（その結果、応募に繋がりにくくなる）事態を回避するための配慮が働いていると推測される」と評する。
[*21] なお、すでに取得済みの情報の AI・HR テックでの処理につき前述〔→54頁以下〕を参照。

に基づく場合など一定の場合には、本人の同意を得ずに個人データの第三者提供ができることを定める。

次に、同条2項柱書は「個人情報取扱事業者は、第三者に提供される個人データ（要配慮個人情報を除く。……）について、本人の求めに応じて当該本人が識別される個人データの第三者への提供を停止することとしている場合であって、次に掲げる事項（……）について、個人情報保護委員会規則で定めるところにより、あらかじめ、本人に通知し、又は本人が容易に知り得る状態に置くとともに、個人情報保護委員会に届け出たときは、前項の規定にかかわらず、当該個人データを第三者に提供することができる」として、オプトアウトによる個人データの第三者提供について定める（同項各号および3項・4項も参照）。

また同条5項は委託・承継・共同利用の3つの場合について本人の同意なく個人データの第三者提供をすることができることを定める。委託については、同項1号が「個人情報取扱事業者が利用目的の達成に必要な範囲内において個人データの取扱いの全部または一部を委託することに伴って当該個人データが提供される場合」と定める。共同利用については3号が「特定の者との間で共同して利用される個人データが当該特定の者に提供される場合であって、その旨ならびに共同して利用される個人データの項目、共同して利用する者の範囲、利用する者の利用目的および当該個人データの管理について責任を有する者の氏名または名称について、あらかじめ、本人に通知し、または本人が容易に知りうる状態に置いているとき」と定める。

なお「第三者」とは、一般に、当該個人データによって特定される本人でも、当該個人データを提供しようとする個人情報取扱事業者でもない者をいい、自然人、法人その他の団体を問わない（個人情報保護委員会Q＆A 5-1）。ここで、第三者かどうか等は法人格単位で判断されるので、同一法[*22]

---

*22　個人情報保護委員会Q＆A 5-2 は「同一事業者内での個人データの提供は、『第三者提供』には該当しないため、第三者提供に関する本人の同意は必要ありません」とする。

人の別事業部門に渡しても第三者提供にはならないものの[*23]、同一グループであっても法人格が異なれば、「第三者」への提供となる。

以上をまとめよう。すなわち法23条によれば、個人データの第三者への提供は、次の場合にのみ認められる。

> ①本人の同意を得た場合（法23条1項）
> ②個人情報保護法23条1項各号の事由が存在する場合
> ③オプトアウトの手続を行った場合（法23条2項以下）
> ④委託に伴う提供の場合（法23条5項1号）
> ⑤事業の承継に伴う提供の場合（法23条5項2号）
> ⑥共同利用の場合（法23条5項3号）

これらのうち、HRテック企業等に人事情報の処理分析を委託するといった場合との関係では、主に上記④の委託に伴う提供（法23条5項1号）が問題となる。そこで以下では、まずは委託の定義および委託元による監督について説明したうえで、⑥共同利用について補足する。

◆(2) 委託の定義　法23条5項1号で本人の同意なく第三者に個人データの提供が認められる「委託」に伴う提供とは、どのような場合であろうか。一般には「個人データの取扱いの委託」とは、契約の形態・種類を問わず、個人情報取扱事業者が他の者に個人データの取扱いを行わせることをいう。具体的には、個人データの入力（本人からの取得を含む）、編集、分析、出力等の処理を行うことを委託すること等が想定される（ガイドライン通則編3-3-4*1）。

ここで、個人情報取扱事業者が第三者と何らかの契約を結んだとしても、その第三者の行う業務の内容に「個人データの取扱い」が含まれていなければ、（それはたとえ「業務」の委託であっても）個人情報保護法上は「個人データの取扱いの委託」ではないとされている[*24]。したがって、AIやHRテック企業といった第三者と契約をする場合には、具体的な契約の内容が「個人データの取扱いの委託」であるかどうか、具体的には入力、編集、

---

*23　ただし、利用目的の変更がある場合には前述〔→55～57頁〕参照。
*24　個人情報保護委員会Q＆A 5-35および5-26等参照。

分析、出力等、個人データの取扱いを行わせることを委託しているかを確認する必要があるだろう。

とはいえ、AI 企業や HR テック企業に人事労務情報の処理・分析を委託する場合、このような編集、分析、出力等は個人データの取扱いであるとして、「委託」にあたる可能性が高い。そこで、このような場合には、個人データの第三者提供について本人の同意を得る必要はなくなる。

◆(3) 委託元の監督義務　このように同意は不要であっても、法 22 条は、委託の場合に、委託元が委託先を監督すべき義務を規定する。たとえば、ある企業がその人事データ（個人データを含む）の分析を HR テック企業に委託するなら、その企業は HR テック企業に対して「必要かつ適切な監督」を行わなければならない。

もし委託先が、委託元の個人データを異なる利用目的（たとえば自社 AI の制度向上）で取り扱ってしまえば、利用目的規制が潜脱される。そこで、このような違反がないよう、委託先は適切に監督しなければならない。その水準としては、法 20 条に基づき自らが講ずべき安全管理措置と同等の措置が講じられるよう、監督を行わなければならない（ガイドライン通則編 3-3-4）[25]。

具体的にガイドラインが例示するのは、以下の措置である。

(ア) 適切な委託先の選定　委託先の選定にあたっては、委託先の安全管理措置が少なくとも法 20 条およびガイドライン通則編で委託元に求められるものと同等であることを確認するため、講ずべき安全管理措置の内容に定める各項目が、委託する業務内容に沿って確実に実施されることについて、あらかじめ確認しなければならない（ガイドライン通則編 3-3-4(1)）。

(イ) 委託契約の締結　委託契約には、当該個人データの取扱いに関する必要かつ適切な安全管理措置として、委託元、委託先双方が同意した内容とともに、委託先における委託された個人データの取扱状況を委託元が

---

[25]　ただし、委託元が法 20 条の求める水準を超える高い水準の措置を講じている場合に、委託先はこれと同等の措置を講じることまで法により義務付けられるわけではなく、法律上は、委託先は法 20 条が求める水準の安全管理措置を講じれば足りると解される（個人情報保護委員会 Q & A 4-9）。

合理的に把握することを盛り込むことが望ましいとされている（ガイドライン通則編3-3-4(2)）。

この場合、「委託契約」といっても、安全管理措置の内容を盛り込むべき書面のタイトルが「契約」書であることまでは求められておらず、委託先における安全管理措置の内容に関する委託元・委託先間の合意内容を客観的に明確化できる手段であれば、書式の類型を問わない（個人情報保護委員会Q&A4-7）。なお、自社の内規と委託先の約款等との間に差異があり、委託先の内規では個人データの安全管理が図られないのであれば、自社の内規を遵守するよう求める覚書を追加的に締結する等の対応が望ましい。もっとも、委託先の約款等を遵守することにより当該個人データの安全管理が図られると判断される場合には、当該定型的業務を委託することについて、必ずしも追加的に覚書を締結する必要まではないと考えられる（個人情報保護委員会Q&A4-10）。

（ウ）委託先における個人データ取扱状況の把握　委託先における委託された個人データの取扱状況を把握するためには、定期的に監査を行う等により、委託契約で盛り込んだ内容の実施の程度を調査したうえで、委託の内容等の見直しを検討することを含め、適切に評価することが望ましいとされている（ガイドライン通則編3-3-4(2)）。

個人データの取扱状況を把握する手段として、必要に応じて個人データを取り扱う場所に赴くことも考えられるが、取扱いを委託する個人データの内容や規模に応じて適切な方法（口頭による確認も含む）を講じれば足りるものと考えられる（個人情報保護委員会Q&A4-8）。

また、委託先が再委託を行おうとする場合も、委託を行う場合と同様である。すなわち委託元は、委託先が再委託する相手方、再委託する業務内容、再委託先の個人データの取扱方法等について、委託先から事前報告を受けまたは承認を行うこと、および委託先を通じてまたは必要に応じて自らが定期的に監査を実施すること等により委託先が再委託先に対して22条の委託先の監督を適切に果たすこと、および再委託先が法20条に基づく安全管理措置を講ずることを十分に確認することが望ましい。また、再

委託先が再々委託を行う場合以降も、再委託を行う場合と同様である。委託元が委託先について「必要かつ適切な監督」を行っていない場合で、再委託先が不適切な取扱いを行ったときは、元の委託元による法違反と判断されうるので、再委託をする場合は注意を要する。

実務的には、(AI企業やHRテック企業に限らない)個人データ取扱いの委託の際における委託先の選定チェックシート、委託契約雛形等を定めているところもあると思われる。とはいえ、人事労務情報管理の文脈においては、通常のデータよりもセンシティブなデータの取扱いを委託する場合も想定されることから、より厳しい選定基準や契約上の義務規定を設けるべきではないかという観点から検討すべきである。

◆(4) 共同利用　なお、グループ内のAI・HRテック企業など、特定の者との間で共同して利用される個人データを当該特定の者に提供するといった場合として、共同利用（法23条5項3号）を検討する余地がある。

「共同利用の趣旨」は、本人からみて、当該個人データを提供する事業者と一体のものとして取り扱われることに合理性がある範囲で、当該個人データを共同して利用することである（ガイドライン通則編3-4-3(3)③）。そこで、たとえば親子兄弟会社の間で取得時の利用目的の範囲内で個人データを共同利用する場合（同3-4-3(3)事例2）のような場合であれば共同利用が可能であるが、無限定に誰とでも共同利用することができるわけではないことに留意が必要である。

なお「共同」利用といっても、ガイドライン通則編が「共同利用の対象となる個人データの提供については、必ずしも全ての共同利用者が双方向で行う必要はなく、一部の共同利用者に対し、一方向で行うこともできる」（ガイドライン通則編3-4-3(3)＊1）としていることに留意されたい。そこでたとえば、グループ本社がグループ内のHRテック企業に一方的に個人データを提供して分析することも可能と解される。

ただし、共同利用の場合には、以下の情報をあらかじめ本人に通知し、[26]

＊26　個人データの共同利用が開始される前を意味する（個人情報保護委員会Q&A5-29）。

または本人が容易に知りうる状態に置いていなければならず、たとえば共同利用の目的が自明であってもその義務は免除されない（個人情報保護委員会Q＆A 3-12）。

1　共同利用をする旨
2　共同して利用される個人データの項目
3　共同して利用する者の範囲
4　利用する者の利用目的
5　当該個人データの管理について責任を有する者の氏名または名称

◆(5) 労働法による規制　　加えて、労働法による規制にも注意が必要である。たとえば健康情報については、第8章を参照のこと。

3. 業務へのAI・RPAの導入と労働法

◆(1) 業務にますます導入されるAI　　これまでは、主に従業員の情報をAI・HRテックで分析することを主眼として検討してきたが、それだけではなく、従業員が会社の業務でAI等を利用する側面も重要である。総務省『平成28年度版情報通信白書』によれば、すでにAIが職場に導入されている企業が5.0％、計画検討中が5.6％であったが[*27]、毎日新聞の2018年の報道によれば、同社のアンケートでは5割弱が一部業務ですでに導入していると回答し、具体的な導入予定がある企業と合わせると7割近くに達したとのことである[*28]。調査対象が異なっており、単純な比較は困難であるが、今後ますますAIが業務に導入されていくことが予想される。

すでに述べたように〔→36～37頁〕、AIによりすべての業務が一瞬で代替されるという。むしろ、かつて従業員がパソコンを使って業務を行うことになったように、従業員がAIを使って、つまりAIとともに業務を行う時期が（少なくともしばらくは）続くだろう。ここで、労働政策研究・研

*27　http://www.soumu.go.jp/johotsusintokei/whitepaper/ja/h28/html/nc143310.html
*28　「主要121社調査 AI導入企業47％ 効率化へ研究進む」（2018年1月5日：https://mainichi.jp/articles/20180106/k00/00m/020/124000c）

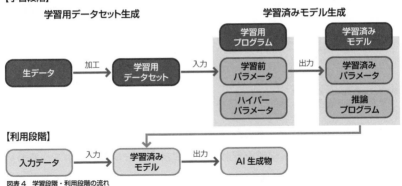

図表4　学習段階・利用段階の流れ
(出典) 経済産業省情報経済課『AI・データの利用に関する契約ガイドラインと解説』(商事法務・2018) 262頁

修機構の調査によれば、アンケートに回答した労働者のうち「導入に消極的」の方が「積極的導入を希望」を上回っており、労働者がAI導入に不安を感じていることを示している。[*29] このような中で、AIの業務への導入はどのように実施していけばよいのだろうか。

　ここで、近時「AI」と呼ばれるものには学習系システムとルールベースシステムの2種類があることに留意すべきことは、すでに述べた〔→36頁〕ところであるが、以下ではまず、学習系AI導入について(2)で説[*30]明し、そのうえで、ルールベースAIの導入としてその代表例であるRPAにつき(3)で説明する。

◆(2) AI導入のポイント　　(ア) AI導入のプロセス　　学習系AIの開発プロジェクトについては、経済産業省「AI・データの利用に関する契約ガイドライン AI編」(2018年6月)[*31]は、学習段階のあと利用段階を経ることを想定している(図表4)。

---

*29　Business Labor Trend 2017年8-9月号 (http://www.jil.go.jp/kokunai/blt/backnumber/2017/0809/024-033.pdf) 30頁
*30　なお、本書はAIの定義論には入らないものの、AIの定義については、AIがつなげる社会5頁以下〔福田雅樹執筆〕、ロボット・AIと法5頁以下〔宍戸常寿執筆〕、平野晋『ロボット法』(弘文堂・2017) 55頁以下、および、ウゴ・パガロ (新保史生監訳)『ロボット法』(勁草書房・2018) 2頁以下等を参照。
*31　http://www.meti.go.jp/press/2018/06/20180615001/20180615001-3.pdf

第5節　AI・HRテックに関する総論的法律問題(2)：情報の取得以外の諸問題

```
①アセスメント → ②PoC → ③開発 → ④追加学習
```

- 課題設定
- KPI設定
- 必要データ設定
- モデル作成可否判断

- KPI達成可能性判断
- 開発移行可能性判断
- 学習済みモデルの帰属判断（ある場合）

- 学習済みモデルの帰属・利用条件判断
- KPI達成度判断
- 事業利用への具体化

図表5 「探索的段階型」の開発方式
（出典）経済産業省情報経済課『AI・データの利用に関する契約ガイドラインと解説』（商事法務・2018）293頁

　要するに、既存のデータまたは第三者から入手したデータから学習用データセットを作成し、学習を行わせて学習済みモデルを作成する。その後作成された学習済みモデルに新たなデータを入力して、利用するというプロセスである。

　実際には、すぐに本格的な学習を開始するのではない。たとえば、アセスメント・PoC（概念検証）[*32]、開発（学習）、そして利用（保守・運用）段階へと至るような、段階的進行を行うことも多い（**図表5**）。

　すなわち、まずアセスメント段階で、課題設定やKPIの設定等を行う。たとえば、出勤と退勤について事業場入口のカメラで顔認証をして記録するAIシステムであれば、たとえば、非常に頻繁に不正確な読み取り結果となり何度も読み取りをし直す必要があるとか、場合によっては誤ったデータが記録される等の状況では、実業務に導入することが困難である。そこで、「○○％以上の正解率が必要であり、これを実現できそうなら本格導入をする」といった形で目標等を定める（実務的には、偽陽性・偽陰性それぞれについて検討されることになるだろう）。そしてその後、PoC（概念検証）段階において、限定されたデータ等で試行をする。たとえばサンプルとして人事部門の100名の従業員について学習をさせて顔認識を実施してみたところ○○％の正解率を達成したので、これはアセスメント段階で定めた求められる正解率より高いことから開発をして業務に使おう、といった形で本格的開発に進むかを判断する。そして開発段階に進むとなれば、開発（学習系の場合には学習）を実施して、開発（学習）が完了すれば利用（追加開

[*32] 「トライアル」フェーズや「仮説検証」（本橋洋介『人工知能システムのプロジェクトがわかる本』（翔泳社・2018）32頁、36〜38頁）といわれることもある。

発を含む保守・運用）段階へと至る。

　このようなシステム的な対応に加え、業務的な対応も必要である。AI リテラシーが特に高いとはいえない一般の従業員を AI 導入に協力させる状況を想定すると、一般論としては確かに（AI を含む）特定のシステムやツールを利用することについては原則として企業がその裁量によって決定することができるものの、実際にこれを利用するのは従業員であるから、AI 導入後の業務で誰が何をすべきかといった新業務プロセスを使用者が適切に定義し、従業員がどうすればいいのかを的確に指示できるようにしなければならない。また、少なくとも現段階において AI システムはそのような一般の従業員にとって容易に利用できないものである場合も多いから、従業員に対して教育・研修等を行って、適切に利用できるようにサポートをすることが必要である。

　具体的には、AI によるデータ分析の業務活用プロジェクトを念頭に、まず、どのような部門のどのような業務に AI（によるデータ分析）を導入するか、そして業務における具体的な活用状況（ユースケース）を明確にして PoC 段階で本当にビジネスに適用できるかを検討し、その場合のリスクを把握したうえで、ビジネス適用をする場合でも人間による判断の介入の余地が残るよう、たとえば人間のチェックプロセスを入れるといった業務プロセス設計手順が提言されている[*33]。要するに、業務上のユースケースの洗い出しを行ったうえで、AI の入った新業務プロセスにおいて人間と AI がどのように業務において協働するのかをよく検討すべきである。たとえば、AI にデータ分析をしてもらうためのデータの抽出作業等の前捌きを人間が行ったうえで[*34]、AI が分析をして、分析結果を人間がチェックする等、どの部分を AI が担い、どの部分を人間が担うのかを定義し、AI システム導入後に具体的に誰が何をするかを定めて、当該担当者が当該業務をこなすことができるように教育・研修を行うことになる。

＊33　ビジネス導入 38〜41 頁
＊34　なお、この部分はシステム上で自動で対応できるようにすることもあるし、基幹システムからデータを CSV 形式で抽出して AI システムに入れるといった単純な繰り返し作業であれば、RPA〔→ 80 頁以下〕等で対応することも考えられる。

（イ）AI の利用に抵抗感をもつ従業員への配慮　前述〔→ 75 頁〕のように、AI に不安をもつ従業員は少なくないことが予想される。従業員、特に情報技術一般に慣れていない従業員の中には、AI への不安感・抵抗感から、AI を用いたくないといった希望をもつ者も少なくないだろう。

　実はこれと似た状況が、業務の OA（オフィス・オートメーション）化の文脈において生じていた。そこで行われた議論は参考になるだろう。いわゆる VDT[*35] 作業については厚生労働省労働基準局長による「VDT 作業における労働衛生管理のためのガイドライン」（2002 年 4 月 5 日）が出されており、このうち AI の導入との関係でも参考になるだろうと思われるものとして、以下のものがある。

・高年齢の作業者については、照明条件やディスプレイに表示する文字の大きさ等を作業者ごとに見やすいように設定するとともに、過度の負担にならないように作業時間や作業密度に対する配慮を行うことが望ましい。
・また、作業の習熟の速度が遅い作業者については、それに合わせて追加の教育、訓練を実施する等により、配慮を行うことが望ましい。
・したがって、各事業場においては、個々の作業者の特性に応じた VDT 機器、関連什器等を整備するほか、VDT 作業の実態に基づいて作業負担の少ない業務計画を策定すること等、細かく配慮することが望ましい。
・管理者は、適切な作業時間管理を行い、VDT 作業が過度に長時間にわたり行われることのないようにする必要がある。
・個々の作業者の能力を超えた業務量の作業を指示した場合、作業者は作業を休止したくても休止することができず、無理な連続作業を行わざるをえないこととなるため、業務計画を策定するにあたっては、無理のない適度な業務量となるよう配慮する必要がある。

　もちろん、かつての VDT 作業の導入時における重要な変化の 1 つは紙媒体からディスプレイへの変化であるところ、AI は（インターフェースにも

---

*35　Visual Display Terminals のこと。ディスプレイ、キーボード等により構成されるコンピュータの出力装置の 1 つで、文字や図形、グラフィック、動画などを表示する装置をいう。

よるが）そのような特徴をもたないことも多い。また、AIに対する不安を、単なる業務の電子化に対する不安と同一視できないとも考えられる。このように、従来の議論をそのまま当てはめることはできない。しかし、従業員にとって慣れないAIによる作業が過度の負担にならないようにするための配慮の必要性はVDT作業導入時と一定程度類似しており、その限りにおいてやはり参考になるだろう。

そこで従業員に対し、AIについて説明・教育し、AIを理解し、必要以上に不安をもたせないようにし、適切にAIを利用した業務を遂行できるだけの能力をつけさせるとともに、労務管理上も配慮を行うべきである。また、AI作業の種熟度に応じて教育・研修を行うべきである。なお、OA化の文脈において一定範囲での教育・研修命令は可能と解されていることから、[36]このような議論がAIにおいても参考になるだろう。[37]

さらに、作業時間管理の観点から、AIを利用した作業時間が過度なものにならないよう、また、作業者の能力を超えた業務量の作業を指示しないよう配慮が必要である。そして、慣れないAIを利用した作業が生じさせるであろう心理的なストレスへの配慮も必要であろう。

（ウ）**業務改革と配慮の必要性**　なお、労働法の問題というよりはビジネスの問題であるが、AIではなく、これまでの通常の業務用システムの導入においても類似の問題が発生していた。

すなわち、既存のシステムを利用して業務を行っている従業員の中には、そのシステムが入れ替わることでこれまで慣れ親しんだユーザインターフェース（UI）が変わってしまうことに加え、業務の方法そのものも変化していくといった業務改革に対し、抵抗感をもつ者も少なくないのである。しかし、従業員が決然と新システムの導入に反対し、協力を拒んでしまうと、最終的には多額の投資をしたシステムを利用できなくなってしまう結果が生じうる。そこで、従業員に対して上記のような配慮をするとともに、

---

[36]　外井ほか・Q＆A 16頁
[37]　なお、AIを利用しなければならなくなることと職業能力開発について、職業能力開発促進法10条以下の規定参照。

第5節　AI・HRテックに関する総論的法律問題（2）：情報の取得以外の諸問題

教育・研修等で抵抗感を解いて従業員に協力を求め、業務改革を実現する必要があるといわれてきた。[*38]

　業務におけるAIシステムの導入においては少なくともこれらの点は当てはまるし、AIに対してはより一層の配慮が必要であろう。AIシステムが導入されることで、やはり従業員の業務は多かれ少なかれ変わるだろう。そこで、法律上必要な配慮という観点だけではなく、業務改革への協力を得るというビジネス上の観点からも、十分な配慮をする必要がある。

◆(3) RPA導入のポイント　　(ア) RPAの特徴　　近時では「AIの一種」「AI・ロボットの一種」として喧伝され、AIブームに乗って導入企業も増加しているものの、上記で述べた学習系AIとは少し異なるのが、RPAである。RPAは「Robotic Process Automation」の略語で、デジタル技術を活用し、主にホワイトカラーの業務領域で業務の効率化を図り、生産性の向上を図ることであるとか、従来は人間のみが行うことができると考えられていた作業を代行するもので、高度化するソフトウェア、およびそれらを利用した業務改革手法[*40]といわれる。人間のPCの操作を記憶する等によって、ルーチンワーク（繰り返し作業）を自動化するところに主眼が置かれ、デジタルレイバー[*41]とも呼ばれる。[*42]少なくとも現在の主流は繰り返し業務等を自動化するルールベースシステムである。

　RPAの得意とするものとしては、大量のデータを業務システムやクラウド等へ投入する作業、データを業務システムやインターネットから出力して定型的文書にする作業、ある業務システムやインターネットからデータを取り出して、これを別の業務システムに受け渡す作業等が挙げられる。[*43]一般には、入力作業、分析作業、照合作業、定型メール送受信、情報検索等がRPAの主な適用業務領域とされる。[*44]

[*38] 難波修一ほか『裁判例から考えるシステム開発紛争の法律実務』（商事法務・2017）31頁以下
[*39] デジタルレイバー34頁
[*40] RPAの威力17頁
[*41] 丸わかり！RPA 1頁
[*42] デジタルレイバー34頁
[*43] デジタルレイバー80頁

学習系AIは適用範囲が広いものの、成果をあげるまで時間がかかり費用もかかるのに対し、ルールベースのRPAであれば、ルール内の処理しかこなせないものの、ルール内の処理については早期に効果を出すことが期待される[*45]。なお、単なるルールベースではなく、処理内容を自動学習するような機能を備えたRPAも試行されており、今後はRPAの高度化ないし自律化が期待されている[*46]ものの、本書ではルールベースRPAについて論じる。

　（イ）RPA導入のプロセス　RPAの導入においては、導入のための適切な準備作業を行う必要があるし、その導入に伴う業務の見直しが必要である。概ね、計測→選別→RPA化の3手順が必要である[*47]。

　まず、現場のスタッフにおいて、作業を書き出して所要時間を計測する必要がある。この場合には漏れなく手順を書き出す必要があるし、それがどのような業務か（繰り返し業務か）等も記載してもらう必要がある。たとえばメールで来た注文を自動で処理して発送したいという場合、どういうフォーマットでメールが来るのか、ひとくちに「発送処理」といっても、宛先データを作成すればいいのか、宛名ラベルをプリントアウトして貼り付けることが必要か、（宛名ラベルを貼った）商品を集荷場まで運搬することまで必要なのか等を確認する必要があるし、メールサーバのトラブルの場合には電話でのやり取りに切り替える等、人間が無意識に行う業務も含めて洗い出す必要がある[*48]。

　そのうえで選別、つまりどの手順を自動化するのか（自動化できるのか）について検討する必要がある。たとえば、複雑な手順は自動化できない（すべきではない）場合もあるし、また、量が少なく頻度も低い作業については、従来通り人手による作業にした方が効率が良い（そのような作業のた

[*44]　丸わかり！RPA 106頁
[*45]　RPAの威力 26頁
[*46]　大角暢之『RPA革命の衝撃』（東洋経済新報社・2016）25頁以下
[*47]　丸わかり！RPA 11頁を参照している。なお、西村泰洋『RPAがよ～くわかる本』（秀和システム・2018）132頁は、全体計画→机上検証→PoC→評価・修正→導入・構築を提案している。
[*48]　デジタルレイバー 128頁

めに RPA 導入のための対応等をするコストと、RPA による効率化の効果が見合わない）こともある。RPA が何が得意で何が苦手かを理解したうえで、業務のうち、RPA の得意な部分をうまく切り出して RPA と人が協働して業務を行うような形にすると、広い範囲で RPA の適用が可能となる。また、RPA に効率的に仕事をしてもらうための前捌きや、RPA の出した結果の確認・チェック等の新たな業務が必要となることもある。

　そのような判断のうえ、RPA 化のため、新たな業務手順を考え、ロボット（ソフトウェア）にその業務手順を教える（概ね、人間の作業を記憶させたうえで、フローチャートでルールを修正する）ことになる。

　ここで、業務を見直さずに、人の行っていた業務を単純に RPA に対応させることも技術的には可能な場合があるが、その場合には、むしろ RPA に仕事を受け渡すための前捌き作業が増えるだけで、効率が悪化することもある。[*49]例を挙げよう。RPA は、夜間など人間が働いていない時間であっても作業を自動で進め、翌朝出社したときに必要なレポート等を提出する等の作業形態が可能である。そこで、効率化するために業務手順を考え、たとえば、リアルタイムで行っていた業務の一部を「RPA が夜間に行うべき業務」として定義し、その前の段階の業務まで人間が勤務時間中に行って RPA に引き渡して、翌朝の出勤時に受け取る等、業務改革を行うことで、より RPA の特性を引き出した大きな効率化を実現できる可能性がある。ただ、逆に処理の工数や規模の大きな業務を RPA 化しようとすると、それだけ大きな業務改革が必要になり、省力化のために RPA を導入するはずが、そのテストや受け入れ準備で仕事が増えるといった不満を招くことにもなりかねない。まずはスモールスタートがよいだろう。[*50]

　またソフトウェアの誤作動等の異常事態に備え、異常時の対応手順を準備することが重要である。たとえば、人為ミスがなくなるといっても、元のデータが誤っていることによるミスを人間であれば見つけられるが、ロ

＊49　丸わかり！ RPA 13 頁の失敗例参照。
＊50　丸わかり！ RPA 126 頁

ボットなのでそのまま進めてしまうということが起こりうる。[*51]

　さらに、RPAの運用には情報システム部門ではなく各部門が責任をもつべきといわれるが、[*52]エクセルのマクロ等が増えて保守が困難になった教訓を活かし、類似のRPAが乱立する事態が生じないよう、RPAツールの一元管理等、管理部門を決めることが望ましい。またRPAの導入は全社の情報システムに関係する（たとえばIDの付与ルール等）ので、やはり情報システム部門が主管となるか、主管部門と情報システム部門とが早期から協調する必要がある。[*53]

　このような手続で一度RPAを導入したら、その後も改善を繰り返し、たとえば条件分岐を増やして判明した例外に対応するとか、RPA化の範囲を広げるとか、PDCAサイクルを回していくべきである。

　（ウ）**RPA導入に特有の人事労務上の配慮**　では、RPAを導入する際に人事労務との関係ではどの点に留意が必要であろうか。

　RPAに対しても従業員が必要以上に不安を感じることもありうる。そこで、前述〔→78〜79頁〕のような配慮をする必要がある。RPAに関する説明としては、たとえば、作業内容は変わるものの、人間の業務はやはり必要であること、付加価値の高い仕事を人間が行うようになるだけで、単調な繰り返し作業等が減るのだといった説明をすることで、従業員を安心させることが考えられる。そして、従業員のうち主に付加価値の高い仕事を行っており、付随的に行っていた繰り返し作業がRPA化によって代替されるだけの従業員については、新たな教育・研修の必要性や業務への配慮の度合いはそこまで高くなくてもよいことが多いと思われる（もっとも上記の通りRPA導入に伴って業務改革が行われることから、その限りでの配慮と教育・研修は必要であろう）。とはいえ、これまで比較的簡単な繰り返し作業を行っていた従業員について、RPAで従来の業務を代替し、当該従業員にはこれまでと異なるより高度な作業をさせるといった場合には、このよう

[*51]　丸わかり！RPA 30頁参照。
[*52]　デジタルレイバー 84頁
[*53]　RPAの威力 62頁以下

な業務の高度化（高付加価値化）が、当該従業員にとっての負荷になることは否めない。そこで、特にこのような場合には教育・研修や業務への配慮の必要性は高いだろう。

また一般には、RPAの場合には従来の業務の変更が最小限で済むといわれるものの、実際には、RPAの導入においても業務が変更されることから、業務改革が重要である。たとえば前述〔→82頁〕の通り、前捌き作業やRPAの作業結果のチェック業務等が追加されるだろう。そこで、このような業務改革に協力を得るため、学習系AIと同様の配慮が必要である。

4. 法的問題以外の考慮要素

最後に、法的問題以外にも、AIやHRテック（ないしRPA）の導入に伴うレピュテーションリスクや過剰反応への対応について、十分に考慮をする必要があることを述べておきたい。

◆(1) 社内における協力の取得　繰り返しになるがAIやロボットの導入にあたっては従業員の協力が必要である。ロボット・AIによる業務の劇的代替の可能性等が報道され、「AIが導入されることで自分が失業するのではないか」と懸念する従業員もいる中で、過剰反応を防ぎ、従業員（および労働組合）の協力を取り付けるうえでは、丁寧な説明と十分な配慮を行う必要がある。

◆(2) メディアでの取り上げられ方等　また、ロボットやAIの適切な活用は、先進的取り組みとして注目される反面、従業員に対する過度な監視や人格の尊厳への介入が生じるのではないかといった懸念から、メディアにおける批判的な報道がなされ、レピュテーションリスクが生じる可能性もある。2018年7月には、オフィスにおいて業務効率を上げるために室温を調整するシステムが、業務への集中度等を測定するため従業員のまぶたの動きを追う部分を捉えて、これを「まぶた監視」であり過度な監視であるといった旨、一部メディアにおいて批判された。

◆(3) AIの利用は隠すべきか　こうしたレピュテーションリスクを避けるためには、AIの利用を説明する義務がない場合にはAIの利用を説明

しない方がよいという趣旨の説明がされることがある。たとえば、採用活動において不採用理由につき法的に説明をする義務がない〔→ 60 頁注 1〕ことから、（実際には AI が判断してそれによって不採用になっても）「総合的判断の結果」と説明したり、「お祈りメール」といわれる「これからのご活躍を祈念いたします」という内容のメールを送るだけで構わないとし、「AI の判断により」と説明すれば紛争のもとする論者もいる。[*54]

しかし、たとえば AI や HR テックを利用した採用のプロセスにもしも不当なところや誤りがあったとすれば、内部の従業員がこれを「告発」の意図で SNS に投稿して炎上する等、何らかの形で外部に公開され、社会的非難を浴びる可能性があるだろう。

その意味では、（説明するかどうか以前に）まずは AI や HR テックの導入の際に、AI や HR テックには誤りや不透明性等の特徴〔→ 37～39 頁〕があることを前提に、人事プロセスが公正に行われることを担保するためにどのような施策を講じるかを検討すべきである。たとえば、すでに述べた「ケンタウルス」モデル〔→ 64 頁〕、つまり、人間が実質的チェックをすることでバイアスの蓄積等による結果の誤りをできるだけ排除すること等が考えられる。そのうえで、実際の利用過程で AI や HR テックが想定通りに機能しているかを確認し、PDCA を回していくべきであろう。

そのような前提のもと、レピュテーションリスクの観点から、説明の要否および適切な説明の程度を検討すべきであろう。その場合には、そもそも利用目的の公表・通知（法 18 条）のように法律上一定の開示ないし説明をする義務があるのではないかという観点と、仮に法的に開示が不要であっても、適切な説明をした方がよりレピュテーションを高めることができるのではないかという 2 つの観点から検討すべきである。[*55]

[*54]　人事が変わる 111 頁〔倉重公太朗執筆〕
[*55]　たとえば 100 パーセント AI が採否を判断する場合、現在の AI の精度に鑑みると、人事プロセスの公正が問われうるだろう。逆に、前述〔→ 67～68 頁〕した ES の事例のように AI の判断は参考に留めるのであれば、具体的事案にもよるのかもしれないが、これを事前に説明した方が、応募者の安心やレピュテーションリスクの観点から望ましい場合もあるように思われる。

第3章
雇用関係の開始（採用）と情報管理

第1節　採用をめぐる情報管理への基本的視座

Q　採用に関しては、どのような人事労務情報管理上の問題がありますか？　まずはざっくりと教えてください。

A　企業には採用の自由や調査の自由があるものの、様々な制約もあります。とりわけ、職安法が採用に関する個人情報の収集や利用に対して規制を課していることに留意が必要です。

1．はじめに

　雇用関係の開始の局面において、使用者はできるだけ多くの情報を収集し、どの人材を従業員として採用するかについてより適切な判断をしたいと考えるだろう。そして、特に正社員として採用した従業員については、とりわけ長期雇用システムのもとにおいて、当該従業員を簡単に解雇等して雇用関係を解消することができないことから、使用者が採用時において慎重な判断をしたい、というのは理解可能である。そこで、後述の通り、採用の自由および調査の自由等が認められているわけである。
　もっとも、だからといって使用者が応募者の人格権等の権利を侵害する行為をしてはならないことは当然であり、採用の自由および調査の自由等には一定の制約が存在する。ここで、調査の自由というものは情報収集の問題である。したがって、調査の自由とのその制約の問題は、まさに採用

における人事労務情報管理の中核をなすといえるだろう。

2. 職安法

　上記のような採用の局面における調査の自由とのその制約の問題として重要なのは、職安法の規定である。

　職安法4条11項は個人情報を「個人に関する情報であつて、特定の個人を識別することができるもの（他の情報と照合することにより特定の個人を識別することができることとなるものを含む。）をいう」と定義する。そのうえで、同5条の4第1項は「公共職業安定所、特定地方公共団体、職業紹介事業者及び求人者、労働者の募集を行う者及び募集受託者並びに労働者供給事業者及び労働者供給を受けようとする者（……）は、それぞれ、その業務に関し、求職者、募集に応じて労働者になろうとする者又は供給される労働者の個人情報（……）を収集し、保管し、又は使用するに当たつては、その業務の目的の達成に必要な範囲内で求職者等の個人情報を収集し、並びに当該収集の目的の範囲内でこれを保管し、及び使用しなければならない。ただし、本人の同意がある場合その他正当な事由がある場合は、この限りでない」として、求人企業（「労働者の募集を行う者」）等に対し、原則としてその業務の目的の達成に必要な範囲内で求職者等の個人情報を収集し、ならびに当該収集の目的の範囲内でこれを保管し、および使用しなければならないという義務を負わせている。採用における個人情報の取扱いにあたっては、個人情報保護法上の規制以外に、職安法もまた遵守しなければならない。[*1]

　この条項は確かに抽象的ではあるが、職安法指針において具体化されている（職安法指針の詳細は次節以下に委ねる）。このような職安法の規定は、労働法の観点からいえば、上記の通り調査の自由への重要な制約であるし、情報法の観点からいえば、個人情報保護に対する規制といえるだろう。

---

*1　この義務への違反行為は、厚生労働大臣の指導助言（職安法48条の2）、改善命令（同48条の3）の対象となる。

3. 本章の内容

　本章では次節以下、まず、採用・調査の自由について説明したうえで（第2節）、採用のプロセスについて押さえておく（第3節）。そしてそれらを前提に、応募者にとっての情報に関する義務である真実告知義務について説明し（第4節）、また採用の局面における取得・利活用・第三者提供等の規律について説明し（第5節）、さらに使用者が提供すべき情報について説明し（第6節）、最後に採用の領域におけるAIの活用およびHRテックと関係する論点について説明する（第7節）。

第2節　採用の自由・調査の自由

Q 採用における AI・HR テックの利用に関する議論をみていると、しばしば「採用の自由があるから問題ない」などといわれることがありますが、それは本当なのでしょうか。そもそも「採用の自由」とは何なのでしょうか？

A 採用の自由とは、「自己の営業のために労働者を雇傭するにあたり、いかなる者を雇い入れるか、いかなる条件でこれを雇うかについて」の決定に関する自由です（三菱樹脂事件判決参照）。雇入れ人数決定の自由、募集方法の自由、選択の自由、契約締結の自由および調査の自由をその内容とします。

1. はじめに

前節で述べた通り、採用に関する雇用関係情報管理の実務においては、採用の自由および調査の自由が重要である。採用の自由は、労働契約関係において使用者の有する契約の自由の根幹的内容と捉えられており[*1]、重要である。ただしこれらは、あくまでも公共の福祉、労働者保護、人権などの原理に基づく法律による制限に反しない限りで認められるにすぎない[*2]。そこで、採用の自由に対しても制約が存在する。

そこで以下、まずは三菱樹脂事件判決について概説したうえで、採用の自由の内容を説明し、それに対する制約を説明する。

2. 三菱樹脂事件判決

採用の自由に関するリーディングケースは三菱樹脂事件（最大判昭和48

[*1] 菅野213頁
[*2] 菅野214頁

年12月12日民集27巻11号1536頁）である。新卒採用された従業員は、採用面接で大学在学中に学生運動に参加したかどうかを尋ねられた際、これを否定した。その後試用期間中に当該従業員が安保闘争に参加していたことが発覚し、使用者は従業員の本採用を拒否したので、従業員は地位確認等を求めて提訴した。第二審の東京高裁判決（東京高判昭和43年6月12日民集27巻11号1580頁）は、従業員の訴えを認めたことから、使用者が上告した。最高裁は、雇用契約締結の際の思想調査およびそれに基づく雇用拒否は当然に違法ではないものの、試用期間における留保解約権〔→98頁〕を行使できる場合であるかどうかの審理が原審において十分尽くされていないとして、原判決を破棄し、高裁に差し戻した。

最高裁は、採用の自由について、「憲法は、……財産権の行使、営業その他広く経済活動の自由をも基本的人権として保障している。それゆえ、企業者は、かような経済活動の一環としてする契約締結の自由を有し、自己の営業のために労働者を雇傭するにあたり、いかなる者を雇い入れるか、いかなる条件でこれを雇うかについて、法律その他による特別の制限がない限り、原則として自由にこれを決定することができるのであつて、企業者が特定の思想、信条を有する者をそのゆえをもつて雇い入れることを拒んでも、それを当然に違法とすることはできない」と判示した。

そのうえで、調査の自由について、「企業者が雇傭の自由を有し、思想、信条を理由として雇入れを拒んでもこれを目して違法とすることができない以上、企業者が、労働者の採否決定にあたり、労働者の思想、信条を調査し、そのためその者からこれに関連する事項についての申告を求めることも、これを法律上禁止された違法行為とすべき理由はない。もとより、企業者は、一般的には個々の労働者に対して社会的に優越した地位にあるから、企業者のこの種の行為が労働者の思想、信条の自由に対して影響を与える可能性がないとはいえないが、法律に別段の定めがない限り、右は企業者の法的に許された行為と解すべきである。また、企業者において、その雇傭する労働者が当該企業の中でその円滑な運営の妨げとなるような行動、態度に出るおそれのある者でないかどうかに大きな関心を抱き、そ

のために採否決定に先立つてその者の性向、思想等の調査を行なうことは、企業における雇傭関係が、単なる物理的労働力の提供の関係を超えて、一種の継続的な人間関係として相互信頼を要請するところが少なくなく、わが国におけるようにいわゆる終身雇傭制が行なわれている社会では一層そうであることにかんがみるときは、企業活動としての合理性を欠くものということはできない」と判示した。[*3]

要するに、三菱樹脂事件判決は使用者に採用の自由、つまり、特定の応募者を従業員として採用するか否かを判断する自由が認められ、また、調査の自由も認められることを示した判決といえる。

3. 採用の自由の内容

上記の採用の自由の具体的内容としては、雇入れ人数決定の自由、募集方法の自由、選択の自由、契約締結の自由および調査の自由等がある。

◆(1) 雇入れ人数決定の自由　まず、使用者はその事業のために従業員を雇い入れるか否か、雇い入れるとして何人の従業員を雇い入れるかを決定する自由がある。[*4]

◆(2) 募集方法の自由　従業員を採用するにあたって、従業員をいかなる方法で募集するかの自由がある。たとえば、公募にするか縁故募集とするかも自由とされる。[*5]

◆(3) 選択の自由　いかなる者をどのような基準で採用するか、すなわち選択の自由も認められ、これは採用の自由の中心的内容とされる。[*6] どのような者を雇い入れるかは企業の業績を左右する重要な決定であり、企業経営のリスクを負う使用者に包括的に委ねられるべきとされている。[*7]

◆(4) 契約締結の自由　使用者は特定の応募者との労働契約締結を強制

[*3] 継続的な人間関係として相互信頼が要請されることを理由として調査を許容する部分は「HRテクノロジーを活用した採用という観点からも改めて評価すべき先例であろう」と評されている（人事が変わる111頁〔板倉陽一郎執筆〕）。
[*4] 菅野215頁
[*5] 菅野216頁
[*6] 菅野216頁
[*7] 菅野216頁

されないという自由も、採用の自由のもう1つの核心である[*8]。その結果、労働契約が成立する以前の段階において、仮に違法に応募者の採用を拒否しても、原則として不法行為を成立せしめるにすぎない[*9]。

◆**(5) 調査の自由**　応募者の採否を判断する過程では、一人ひとりの応募者について判断材料を得ることが必要になり、本人から一定事項について告知を求めるなどの調査が必要となるところ、これについては応募者に対する選択の自由から派生する調査の自由が認められる[*10]。

4. 採用の自由の制約

上記の通り、使用者の採用の自由は、公共の福祉、労働者保護、人権などの原理に基づく法律による制限に反しない限りで認められるものにすぎない〔→ 90 頁〕。以下、主な制約について説明する。

◆**(1) 選択の自由に関する制約**　選択の自由に関してはまず、労働組合との関係で、労働組合に加盟せず、もしくは労働組合から脱退することを雇用条件とすることが禁止されている（労組法7条1項）[*11]。

次に、「事業主は、労働者の募集及び採用について、その性別にかかわりなく均等な機会を与えなければならない」（男女雇用機会均等法5条）。

また、障害者雇用促進法36条の2は「事業主は、労働者の募集及び採用について、障害者と障害者でない者との均等な機会の確保の支障となっている事情を改善するため、労働者の募集及び採用に当たり障害者からの申出により当該障害者の障害の特性に配慮した必要な措置を講じなければならない」として合理的配慮を求めるが、これもまた採用の自由への制約である。

[*8]　菅野 218 頁
[*9]　菅野 218 頁。契約の申込みが擬制される場合（派遣法 40 条の 6 等）は限られた例外であり、いわゆる採用における AI・HR テックの利用が問題となる場合においては、現状では採用拒絶が違法だとしても、不法行為に基づく損害賠償の支払いを命じられることになるだけで、原則として雇用は強制されないものと解される。
[*10]　菅野 218 頁
[*11]　なお、それ以外に採用において特定の労働組合の組合員を不利に取り扱うことが不当労働行為（労組法 7 条 1〜3 号）になるかにつき、菅野 216 頁および 971 頁参照。

さらに、労働者の募集および採用については、その年齢にかかわりなく均等な機会を与えなければならない（雇用対策法 10 条）。

なお、外国人であることを理由とした内定取消しが差別的取扱いとなるとされた裁判例がある（横浜地判昭和 49 年 6 月 19 日労民集 25 巻 3 号 277 頁 [日立製作所事件]）。これら以外にも、LGBT[*12]その他の社会的マイノリティに対する差別は民法上の不法行為を構成しうる。[*13]

◆(2) 調査の自由に関する制約　　調査の自由についても、応募者の人格的尊厳やプライバシーとの関係で、その方法と事項の双方について当然の制約を免れない。[*14]

まず、調査の方法については、応募者に対する調査は社会通念上妥当な方法で行われることが必要で、応募者の人権やプライバシーなどの侵害になるような態様での調査は慎まなければならない。[*15]確かに、特に正社員の就職面接等では、単にその者が現在もつ実務能力のみを知ればよいわけではなく、その者の協調性や潜在能力といったことをも試す必要がある以上、労働能力と無関係な事項に関する質問を直ちに違法と評価することはできない。もっとも、どのような事項でも質問したり調査できるわけではない。[*16]

また、調査事項も応募者の職業上の能力、技能や従業員としての適格性に関連した事項に限られると解すべきとされる。[*17]確かに、三菱樹脂事件判決の文言上は、「労働者の採否決定にあたり、労働者の思想、信条を調査し、そのためその者からこれに関連する事項についての申告を求めること

---

*12　なお、採用面接でLGBTであるか否かを確認することの当否につき、岡芹健夫＝帯刀康一「判例・事例から学ぶ職場におけるLGBTへの対応」労務事情 1318 号（2016）16 頁参照。
*13　人事が変わる 111 頁〔板倉陽一郎執筆〕
*14　菅野 218 頁
*15　菅野 218 頁
*16　山田省三「雇用関係と労働者のプライバシー」日本労働法学会編『講座 21 世紀の労働法第 6 巻 労働者の人格と平等』（有斐閣・2000）61 頁
*17　菅野 218 頁。なお実務家からは、犯罪歴の確認をするのは海外勤務・出張がある場合（入国拒否）、破産の場合、法定欠格事由の場合等である（日本組織内弁護士協会監修『事例でわかる 問題社員への対応アドバイス』（新日本法規・2014）3 頁）等の見解が示されている。

も、これを法律上禁止された違法行為とすべき理由はない」とされている。そして、調査官解説によれば、思想・信条に関し告知を求められた応募者は沈黙することは自由であるが、それによる不利益は甘受すべきで、応答する以上は虚偽の告知が背信行為とされるものの、[*18]虚偽告知により示される不誠実性を理由に解雇（留保解約権の行使）をするのではなく、真実は当該応募者の思想・信条を嫌忌し、これを排除することを目的としてなされたものであった場合には、留保解約権の行使は濫用として是認されないと整理されている。[*19]

　この三菱樹脂事件判決調査官解説の文言をそのまま読めば、留保解約権の行使の濫用の有無のところで一定の制約はあるものの、調査の事由という意味では、広い範囲での調査の自由が認められるようにも思われる。しかし、三菱樹脂事件判決の判示は世界観ないしは思想・信条が職業と関連性を有していた幹部職員の採用事案における判旨と理解すべき等[*20]、同判決の射程を限定する考えも有力であり、応募者の職業上の能力・技能や従業員としての適格性と直接関連していない事項の調査については、慎重な検討が必要である。[*21]

　なお、後述〔→ 105～106 頁〕の通り、取得できる情報という観点からも調査の自由は制約されている。

---

*18　冨澤達「判解」最高裁判所判例解説民事篇昭和 48 年度 316～317 頁
*19　冨澤・前掲注（18）317～318 頁
*20　菅野 219 頁注 11
*21　たとえば、職務内容や職業能力との関連性なく思想・信条を理由として採用拒否をすることを公序違反で違法と主張する水町 133 頁や、私的事項など無関係な事項について聞くことそのものが違法な可能性があるし、それで虚偽の内容を申告したからとして採用内定取消し等をすることが不合理とされるおそれもあるとする光前幸一ほか『Q＆A 現代型労働紛争の法律と実務』（日本加除出版・2013）34 頁参照。

第3節 採用のプロセス

Q 人事労務情報管理の観点から、採用のプロセスにおける留意点について教えてください。

A 採用のプロセスは、就職活動期間→内定期間→試用期間→本採用という過程を経ますが、各段階を経るごとに徐々に関係解消が困難になります。人事労務情報管理との関係では特に、どのような情報に基づく関係解消が正当化され、どのような情報に基づく関係解消が正当化されないかを、各段階ごとに理解する必要があります。

1. はじめに

採用は、就職活動期間→内定期間→試用期間→本採用という過程を経る[*1]（**図表6**）。人事労務情報管理との関係では、このようなプロセスの過程で徐々に情報が集まることで、評価・判断がしやすくなるものの、それに応じて応募者の期待も高まっていくことから、一定の段階を過ぎると、関係の解消が困難になるという点に留意が必要である。

2. 内々定

採用内定開始日よりもかなり前に企業が採用を望む学生に口頭で採用内々定を表明し、10月1日に書面で採用内定を通知するという慣行が形成されている。[*2] 内々定では、いまだ双方当事者において労働契約の確定的拘束関係に入ったという意識ないしは意思の合致には至っていないものと

[*1] 石嵜・労働契約解消589頁以下。なお、人事が変わる110頁〔倉重公太朗執筆〕は「募集→エントリー→書類選考→選考手続（試験・面接）→採用内々定→内定→入社→試用期間→本採用」としている。

[*2] 菅野224頁

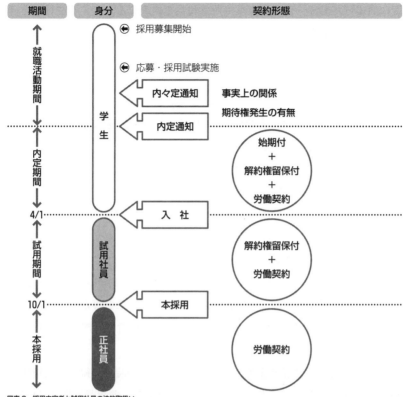

図表6 採用内定者と試用社員の法的取扱い
(出典) 石嵜信憲編『労働契約解消の法律実務〔第3版〕』(中央経済社・2018) 590頁

して、労働契約成立を否定する見解が多数とされる。[*3]とはいえ、人事の最終決定権者が応募者に採用意思を明確に伝えた場合や技能習得研修を求めた場合、[*4]あるいは他社接触禁止などの強い拘束を加える場合等に、例外的に労働契約の成立が肯定される可能性も、完全には否定できない。[*5]

また、仮に労働契約が成立していなくても、予定された内定の直前に行われる採用内々定の取消しは労働契約締結への期待が法的保護に値する程

[*3] 菅野224頁、労働関係訴訟 I 62頁〔天川博義執筆〕。否定例として東京高判平成16年1月22日労経速1876号24頁〔新日本製鐵事件〕、福岡高判平成23年3月10日労判1020号82頁〔コーセーアールイー第2事件〕等。
[*4] 西谷敏=根本到編『労働契約と法』(旬報社・2010) 70頁
[*5] 下井隆史『労働基準法〔第4版〕』(有斐閣・2007) 107頁

度に高まっており、信義則違反で期待利益を侵害するとして不法行為を構成するとした裁判例も少なくない（前掲福岡高判平成23年3月10日［コーセーアールイー第2事件］など）。

3. 内定

新卒採用の過程では、入社前年の10月1日等に内定式を行い、その後別途の採用の意思表示がないまま、翌年の4月等に入社するという慣行がある。最判昭和54年7月20日（民集33巻5号582頁）［大日本印刷事件］は、このような、採用内定の後に特段の意思表示をすることが予定されていない場合[*6]について、採用内定通知による始期付解約権留保付労働契約の成立を認めた。ここで「始期付」というのは、内定時点から開始するのではなく、翌年4月に開始するという意味で「始期」が付されているということである。また、「解約権留保付」というのは、（当該事案において）採用内定取消事由が記載された誓約書が提出されていること等から、当該取消事由[*7]があれば内定が取り消される、つまり、使用者が「解約権」を「留保」しているとされたということである。

そして、人事労務情報管理との関係では、いつの時点で得られた情報に基づく内定取消しが正当化されるかが重要である。前掲最判昭和54年7月20日［大日本印刷事件］は「採用内定の取消事由は、採用内定当時知ることができず、また知ることが期待できないような事実であつて、これを理由として採用内定を取消すことが解約権留保の趣旨、目的に照らして客観的に合理的と認められ社会通念上相当として是認することができるも

[*6] 労働関係訴訟Ⅰ58頁〔天川博義執筆〕
[*7] なお、漠然とした表現の取消事由は解約権留保の趣旨・目的に照らして客観的に合理的と認められ、社会通念上相当として是認することができるものに限って認められる。逆に、最判昭和55年5月30日民集34巻3号464頁［電電公社近畿電通局事件］が、上記基準を満たす場合に、取消事由として明示的には記載されていない事由である〈過去に公安条例等違反による逮捕・起訴猶予という経歴があったこと〉を理由とする留保解約権行使を有効としているように、取消事由が不十分であれば、そのような社会通念上相当として是認することができる事由をもって留保解約権行使ができるとして、解約事由の補充がされている（菅野225頁参照）。

のに限られると解するのが相当」とした。この事案では、グルーミー（陰鬱）な印象であるため不適格と思いながらも採用を内定し、その後不適格性を否定する材料が出なかったとして採用内定を取り消すことが解約権の濫用として無効とされた。内定以前にすでに知っているまたは知ることが期待された事由を理由として採用内容を取り消すことは困難であり、使用者は内定の前に知ることが期待できる事実も含めて十分に情報を収集し、内定の有無を判断しなければならない。

特に、かかる解約権の行使が違法である場合には、単に損害賠償請求が認められるだけではなく、[*8]解約権行使が無効であるとして地位確認が認められる可能性もある。[*9]そこで、内定による（始期付解約権留保付）労働契約成立以前に十分な情報を収集することが重要である。[*10]

4. 試用期間

◆(1) 試用期間の意義　入社後一定期間を「試用」ないし「見習い」期間とし、この間に当該従業員の人物・能力を評価して本採用（正社員）とするか否かを決定する制度がよくみられる。このような本採用の前に行われる正規従業員としての適格性判定のための試みが「試用」である。[*11]

試用期間の法的構成には争いがあるが、前述〔→ 90〜92 頁〕の三菱樹脂事件判決は「試用契約の性質をどう判断するかについては、就業規則の規定の文言のみならず、当該企業内において試用契約の下に雇傭された者に対する処遇の実情、とくに本採用との関係における取扱についての事実上の慣行」を重視するとしたうえで、当該事案における具体的実態を踏まえ、試用契約を解約権留保付労働契約とした。一般の人事労務管理との関係ではこの具体的な実態ないし実情の重視という点が重要であろうが、人事労

---

*8　菅野 225 頁参照。
*9　荒木 335 頁、水町 135 頁参照。
*10　なお、内定段階の者の情報の取扱いも問題となる。同僚の清掃員として稼働することとなる者に内定者の障害を伝えたことが、同僚として稼働することになる者に対する情報提供として相応の範囲にとどまるものと評価できるとされた例がある（東京地判平成 26 年 3 月 7 日労経速 2207 号 17 頁［東京ビジネスサービス事件］）。
*11　菅野 284 頁

務情報管理との関係で、三菱樹脂事件判決の判示のうち重要なのは以下の2点である。

◆(2) 契約解消の困難性の程度　　まず、契約解消の困難性の程度である。三菱樹脂事件判決は、試用期間における契約終了は「雇入れ後における解雇にあたり、これを通常の雇入れの拒否の場合と同視することはできない」とした。上記の内定期間も、始期が付いているという点で試用期間との相違があるものの「解約権留保付労働契約」であるが、内定期間と試用期間では性質が異なると解されており[*12]、試用期間の方が内定期間よりも解約が困難である。しかし、だからといって、試用期間が終了し、本採用した後の普通解雇と同程度に困難とはいえない。三菱樹脂事件判決は、試用期間においては通常の解雇よりも「広い範囲における解雇の自由が認められてしかるべき」とし、「解約権留保の趣旨、目的に徴して、客観的に相当であると認められる場合」には契約を解消できるとした。要するに、内定期間→試用期間→本採用と移行するに従って、徐々に契約解消が困難となっていく、ということである。

◆(3) 留保解約権を行使する要件と人事労務情報管理　　そうすると、解約権留保の趣旨、目的が問題となるが、試用期間は、従業員を試みに用いてその間の観察により従業員としての適格性を判定するという実験観察の期間であるのみならず、適格性に関する身元調査の補充期間としても把握し、試用期間中に補充的身元調査によって判明した新事実はそれ自体で解約事由となりうるとしているようにみえると評される[*13]。ただし、本来身元調査は採用内定以前の段階で済まされるべきであって、それを試用期間にまで持ち込むことは使用者の地位を不安定なものとし、採用内定と試用の本質的な違いを看過することになるという有力な批判もある[*14]。

人事労務情報管理との関係では、採用内定段階までには基本的には身元調査等の情報収集・分析を終えておくことで、試用期間が適格性に関する

---

*12　土田・労契法 227 頁注 53
*13　菅野 287 頁
*14　菅野 287 頁

身元調査の補充期間か否かの争いを避けるべきであろう。

5. 採用のプロセスに従った人事労務情報管理

　このように、就労開始に向けて、徐々に従業員の期待とそれに対する法的保護が高まり、内定以降は地位確認が認められる可能性もあることに鑑み、資質、性格、能力など判断への影響が大きい情報をできるだけ早い段階で収集し、契約を解消したい場合はできるだけ早い段階で判断すべきである。前掲最判昭和54年7月20日［大日本印刷事件］のような、不適格と思いながら採用内定をするといった状況は避けなければならない。

　そのうえで、内定期間中に関係を解消したい場合には、上記の判例等に従い適法な対応をすべきである。その場合には、時間との勝負という部分もあることから、必要があれば早めに専門家に相談すべきである。[*15]

---

*15　なお、試用期間の延長等については、菅野289〜290頁参照。

第4節　真実告知義務

Q 応募者が学歴を偽っていたことが発覚しました。応募者は真実を告知する義務を負うのでしょうか。

A 応募者は、応募にあたって重要性のある事項について正確に告知をする義務を負います。学歴も多くの場合には重要性のある事項とされます。かかる義務違反が就労開始後に発覚した場合、その程度に応じて経歴詐称等による懲戒事由となりえます。

1.　はじめに

　通常の採用でも、AI・HRテックを利用した採用〔→119頁以下〕でも、企業は、応募者の情報を取得し、これをもとに採否を決定することになる。近時では、応募者から直接情報を取得する以外の方法で取得することも増加しているものの、後述〔→105頁〕の通り職安法指針が、個人情報を収集する際には本人から直接収集し、または本人の同意のもとで本人以外の者から収集するなど適法かつ公正な手段によらなければならないことを定めていることから、履歴書、エントリーシート、面接等の形で応募者から収集する情報が重要な役割を占めている。それらの情報の内容の正確性は、適正な採用を行ううえで非常に重要である。そこで、真実告知義務が問題となる。

2.　真実告知義務

　応募者は真実告知義務を負うか。典型的には、虚偽の事実を説明した結果、当該応募者が採用され、そして採用後にかかる虚偽が発覚したことを理由に使用者が解雇等の懲戒処分を行うという局面で問題となる。
　たとえば、最判平成3年9月19日（労経速1443号27頁）〔炭研精工事

件〕では、学歴「高等学校卒業」、賞罰「なし」などと記載し、面接でもそのように説明した従業員について、2回にわたり懲役刑を受けており大学中退の学歴であった[*1]ことが発覚したことから、使用者が経歴詐称の懲戒解雇事由に該当するとして解雇した事案について、その他の言動等も情状として考慮し、当該解雇が解雇権の濫用にあたらないとされた[*2]。

不利な情報については、応募者は自発的に告知する義務まではなく、また告知を強要することは許されない[*3]。しかし、労働契約が労使双方の信頼関係に基礎を置く継続的契約である以上、使用者が質問し、応募者が回答することを選んだ場合、信義則上応募者がその回答については真実を告知すべき義務を負う[*4]。そこで裁判実務上真実告知義務違反があれば、当該違反の内容に応じ、懲戒処分を課しうると解されている[*5]。

3. 詐称された経歴が重要であること

応募者が真実告知義務を負うとしても、軽微な間違いすら許されないのだろうか。たとえば経歴詐称が懲戒事由となるためには、詐称された経歴は重要なものであることを要するとされている[*6]。東京地判昭和54年3月8日（労判320号43頁）〔スーパーバッグ事件〕は、継続的労働関係における当事者の信頼の観点から、学歴および職歴の重要な部分を意識的に詐称するようなことは、契約締結の当初から当事者間の信頼関係を著しく損ね

---

*1 なおここでは、低い学歴を高く告知するという典型的経歴詐称ではなく、高い学歴を低く称する場合が問題となっている。裁判所がこのような場合でも経歴詐称として懲戒事由としているのは、信頼関係を破壊するからだといわれている（菅野665頁）。

*2 その他、東京地判昭和60年1月30日労民集36巻1号15頁〔大森精工事件〕も参照。

*3 長谷川聡「プライバシーと人格権の保護」日本労働法学会編『講座労働法の再生第4巻 人格・平等・家族責任』（日本評論社・2017）43頁参照。

*4 荒木461頁参照。

*5 菅野665頁参照。学説につき東京大学労働法研究会編『注釈労働基準法 上巻』（有斐閣・2003）258頁〔土田道夫執筆〕参照。なおこの点については、回答をしないと言えばそれは不利益に推定されるので回答せざるをえず、それが虚偽であることを理由に懲戒等を課されるのは問題だといった批判もある。自立とプライヴァシー40〜41頁。なお、冨澤達「判解」最高裁判所判例解説民事篇昭和48年度316〜318頁も参照。

*6 菅野665頁

るものであって、信義則上許されないとして、使用者から学歴および職歴等の告知を求められた場合、少なくともそのうちの重要な部分については、これを正確に告知する信義則上の義務を負うとした。

　なお、何が重要性のある部分かにつき、経歴詐称が使用者による応募者の能力や人物評価を妨げ、継続的な労働契約関係における信頼関係を損なうようなものであるからこそ懲戒等の対象となる[*7]、という議論がある。継続的な労働契約関係における信頼関係が真実告知義務の基礎である以上、真実告知義務の対象もまたそのような信頼関係への影響を踏まえて重要と判断されるものとなるだろう。[*8]

4. 真実告知義務と情報収集

　加えて、後述〔→ 105〜106 頁〕の通り、職安法指針により人種、民族、社会的身分、門地、本籍、出生地その他社会的差別の原因となるおそれのある事項等の取得が原則として禁止されている。例外的に取得が可能な場合でもないのにこのような事項について使用者が質問した場合、応募者の回答をもって応募者の方から信頼関係を破壊したとみなすことは困難だろう。

[*7] 水町 172 頁

[*8] なお、名古屋地判昭和 56 年 7 月 10 日労判 370 号 42 頁［豊橋総合自動車学校事件］は、18 年前の刑罰歴秘匿を理由とした懲戒解雇を無効としており、古い事由に関しては慎重に対応すべきである。

第5節 採用関係情報の取得・利活用に関する規律

Q 採用において、AIを取り入れた面接をすることを考えています。AIによる処理のために応募者から面接時や準備過程で多くの情報を取得することが必要になりそうですが、採用関係情報の取得・利活用においてどのような点に留意する必要がありますか。

A AIが適切な質問をしてくれればよいのですが、たとえば人種、民族、社会的身分等の差別を招くおそれのある事項について質問するなど、取得が禁止されている情報を取得してしまうと問題が生じます。これに加え、準備過程における情報の収集方法に応じた規制がなされていることに留意が必要です。

1. 取得に関する規律の概観

　職安法指針第四の一（二）は、「個人情報を収集する際には、本人から直接収集し、又は本人の同意の下で本人以外の者から収集する等適法かつ公正な手段によらなければならない」としている。そこで、収集方法、とりわけ応募者本人から提供を受けるか否かが重要であることに鑑み、本節では、採用に関して何が収集の禁止される情報かについて述べた後、収集方法ごとの規制について①応募者本人から直接提供を受ける情報、②本人が公開した情報、③第三者から提供を受ける情報、に分けて説明する。

2. 情報収集の禁止

　職安法指針は、採用に関し一定の情報の収集を禁止している（第四の一（一））。収集が禁止される情報としては、以下のようなものがある。

> イ　人種、民族、社会的身分、門地、本籍、出生地その他社会的差別の原因となるおそれのある事項
> ロ　思想および信条
> ハ　労働組合への加入状況

　これらの内容を個人情報保護法における要配慮個人情報（個人情報保護法2条3項）と比較すると、労働組合への加盟や本籍、門地、出生地は要配慮個人情報には含まれないと解されている〔→ 46～48頁〕ので、職安法指針では要配慮個人情報よりも広く規制をかけていることがわかる。

　なお、例外として特別な職業上の必要性が存在することその他業務の目的の達成に必要不可欠であって、収集目的を示して本人から収集する場合は、この限りでないとされている。なお職安法指針は「特別な職業上の必要性」の意味を明らかにしていないものの、厚生労働省によるかつての「労働者の個人情報の保護に関する行動指針の解説」[*1]が、以下のような場合について「特別な職業上の必要性」に言及していることが参考になる。

> ・政党機関紙の職員としての適性を検討するうえで、その政治信条に関する情報を収集する場合等
> ・医師、看護師等について結核等の感染症に感染していないことを確認する場合、パイロットやバス、トラック等輸送機関の運転手について視力が一定水準以上であること等を確認する場合
> ・パイロットやバス、トラック等の輸送機関の運転業務に従事する者に対してアルコール検査を行う場合や医師、薬剤師等の医療職等に対して薬物検査を行う場合

　また、要配慮個人情報はあくまでも本人の同意なき収集が禁止されている（個人情報保護法17条2項）にすぎないが、職安法指針ではそもそも収集が原則として禁止されているという意味でも、規制が加重されている。

---

*1　https://www.mhlw.go.jp/www2/kisya/daijin/20001220_01_d/20001220_01_d_kaisetu.html

3. 利用目的

前述〔→43頁〕の通り、個人情報保護法は、利用目的をできる限り特定すること（15条1項）、利用目的の範囲で取り扱うこと（16条）、取得に際し利用目的を通知等すること（18条）等を定めている。そして従業員の情報も個人情報である（個人情報保護委員会Ｑ＆Ａ1-17）から、採用段階においても、この規制が適用される。このような利用目的規制については、第2章〔→54頁以下〕を参照されたい。

4. 応募者から直接提供を受ける情報

応募者本人から直接提供を受ける情報の取得については、どのような規制がされているのだろうか。

確かに、応募者本人が提供することに同意をしてこれを自ら提供しているのであれば比較的問題は少ない[*2]。しかし、採用の場面では、応募者本人から直接提供を受ける場合でも一定の制限があり、高等学校もしくは中等教育学校または中学校もしくは義務教育学校の新規卒業予定者から応募書類の提出を求めるときは、職業安定局長の定める書類（職業相談票（乙）および全国高等学校統一応募書類[*3]）により提出を求めることになる（職安法指針第四の一㈢）。なお、それ以外の場合でも新規大学等卒業予定者用標準的事項の参考例[*4]やJIS規格の様式例に基づいた履歴書[*5]の利用が推奨されている。

自社のフォーマットを設定してそのフォーマットに合わせて情報を書き込むことを要求する場合には、その内容が適性・能力と無関係なものとならないように配慮が必要である。添付資料についても、たとえば戸籍謄本、住民票、現住所略図等を提出させることは、同和関係の情報を引き出そう

[*2] 本人自身による提供と同意の推定についてガイドライン通則編3-2-2＊2参照。
[*3] 「新規高等学校卒業者及び新規中学校卒業者の採用選考に係る応募書類の様式の一部改定について」(http://www.mext.go.jp/a_menu/shotou/career/05010501/005.htm) 参照。
[*4] http://www2.mhlw.go.jp/topics/topics/saiyo/dl/saiyo-06.pdf
[*5] http://www2.mhlw.go.jp/topics/topics/saiyo/dl/saiyo-07.pdf

としているのではないかといった疑念を生じさせる。

　また、採用にあたっては面接を行うことが多いところ、その質問が応募者の従業員としての適性や能力と関係があればそれは正当な質問であるが、それと無関係である場合には、就職差別につながる情報を聞き出そうとしているのではないかといった形で問題となりうる。たとえば、以下のような事項については、特に業務との関係で必要性がなければ採用の際に質問等すべきでないとされることには、十分留意が必要であろう。[*6]

・本籍・出生地に関すること
・家族に関すること
・住宅状況に関すること
・生活環境・家庭環境などに関すること
・宗教に関すること
・支持政党に関すること
・人生観、生活信条に関すること
・尊敬する人物に関すること
・思想に関すること
・労働組合に関する情報（加入状況や活動歴など）、学生運動など社会運動に関すること
・購読新聞・雑誌・愛読書などに関すること
・身元調査などの実施
・合理的・客観的に必要性が認められない採用選考時の健康診断の実施

　なおこれらのうち、家族について質問する、思想について質問する、生活環境・本籍地・出生地等について質問するといった事案が就職差別につながる事象としてよく報告されている。[*7]

　性差別との関係では、厚生労働省「労働者に対する性別を理由とする差別の禁止等に関する規定に定める事項に関し、事業主が適切に対処するための指針」（平成27年厚労省告示458号最終改正）[*8]により「採用面接に際して、

[*6] 厚生労働省「公正な採用選考の基本」（http://www2.mhlw.go.jp/topics/topics/saiyo/saiyo1.htm）
[*7] 同前
[*8] https://www.mhlw.go.jp/file/06-Seisakujouhou-11900000-Koyoukintoujidoukateik

結婚の予定の有無、子供が生まれた場合の継続就労の希望の有無等一定の事項について女性に対してのみ質問すること」（第2・2(2)ハ④）、求人の内容の説明等募集または採用に関する情報の提供について男女で異なる取扱いをすること（同ホ）等が、男女雇用機会均等法5条違反とされていることにも留意が必要である。[*9]

5. 応募者が公開した情報

　これまでは採用活動上重要な情報を本人が公開することは少なかったものの、近時はSNS等で普通の一般人も多くの情報を公開するようになり、応募者が公開した情報が有用なものとして認識され始めている。特に、なにげない情報の蓄積をAI等を利用して分析して採用に活かすHRテックの文脈で注目を集めていることから、本章第7節でこれについて論じる。

6. 第三者から提供を受ける応募者の情報

　第三者から情報提供を受ける場合としては、リファレンスチェック、探偵・興信所による身元調査等がある。
　上記の通り、採用に関する情報の取得は、本人から直接収集し、または本人の同意のもとで本人以外の者から収集する等適法かつ公正な手段によらなければならない（職安法指針第四の一㈡）。第三者からの収集のためには少なくとも本人の同意を得ることが必要である。
　外資系企業等で「リファレンスチェック」（前職照会等ともいう）として前の勤務先の関係者に在籍期間や実績、人物像などの回答を依頼することがある。この場合にも、本人の同意を得る必要がある。[*10]
　また実務上、探偵・興信所を使った身元調査を行うこともないわけでは

---

yoku/0000106202.pdf
　*9　ただし、ポジティブ・アクションとして女性労働者が男性労働者と比較して相当程度少ない雇用管理区分における募集もしくは採用、または役職についての募集もしくは採用にあたって、当該募集または採用に関する情報の提供について女性に有利な取扱いをすること等は問題ない（第2・14(1)イ）。
　*10　人事部のための個人情報保護法70～72頁

ない。探偵・興信所を使った調査が「本人の同意の下で本人以外の者から収集する等適法かつ公正な手段」といえるかは、その調査の目的にもよる。しかし、適性や能力と関係ある事項の調査、たとえば「本当にその大学を卒業したのか」「本当にその会社を退職したのか」を知りたいのであれば、卒業証明書、退職証明書の提出を求める等、探偵・興信所を使った調査以外の方法を考えるべきである。このような方法では調査できず、探偵・興信所を使わなければ調査できない事項が果たして適性や能力と関係があるのかについては、より慎重に考察すべきであろう。[*11]

7. 採用関係情報の保管・利活用

◆(1) 保管・利活用に関する規律の概観　ここまで述べてきた通り、企業は応募者の情報を適法に取得すべきであるが、このように取得した応募者の情報については、一定以上の規模の企業であれば、履歴書を五十音で並べるといった方法で特定の個人情報を容易に検索することができるように、データベースを体系的に構成していることが多いだろう。この場合の応募者の情報は個人データに該当する（個人情報保護委員会Q&A 1-45）。また、エントリーシート（ES）等を電子的に取得してシステム上で管理している場合も、応募者の情報は個人データに該当する。

　次に、採用関係情報の保管・利活用については、利用目的の規律および安全管理義務という、主に2種類の規律が存在する。

　個人データとなっていない情報も含めた個人情報に対しては、個人情報保護法16条等の利用目的規制が適用される。そこで、採用目的の情報は採用以外の目的では利用してはならないし、採用以外の目的の情報を採用の目的で利用してはならないのが原則である。利用目的規制については第2章〔→54～57頁〕を参照されたい。

　個人情報保護法20条は個人データに対し安全管理のための措置を講じる義務を負わせている。安全管理措置については、第1章〔→17～19頁〕

---

*11　なお、探偵業の業務の適正化に関する法律9条1項は「違法な差別的取扱い」等のための探偵業務を禁じている。

を参照されたい。なお、同条は「個人データ」についてのみ安全管理義務を負わせているが、だからといって個人データとなっていない応募者情報を漏えい等させてよいわけではないことから、データベース化されていない個人情報についても個人データに準じた安全管理をすべきである。

◆(2) 採否の判断における留意点　採否の判断との関係では、上記の採用の自由とその制約との関係が重要である。すなわち、原則として採用の自由、とりわけ選択の自由や契約締結の自由が存在することから、どのような情報をどのように利用して（たとえば、応募者情報をどのような基準にどのように当てはめて）、どの応募者に対し採用／不採用の判断をするかは原則として当該使用者の自由である。しかし、採用の自由は公共の福祉、労働者保護、人権などの原理に基づく法律による制限に服するものであった〔→90頁〕。個人情報保護法の規制によって、たとえば、採用と異なる目的で集めた情報を採否の判断のために利用することは許されない（16条）が、これは法律による制限の1つである。また、職安法によって取得が禁止された情報や、職安法上認められない方法で取得された情報をもとに採否の判断をすることも制限を受ける。

◆(3) 第三者提供に関する規律　採用における第三者提供としては、まずは、リファレンスチェックや興信所の利用等のために、前の職場や興信所等に応募者の情報を提供する場合が考えられる（Aという応募者の前職における業務内容等を教えてください、と前職に連絡すること自体が、Aについての個人情報の第三者提供にあたる）。この場合には本人の同意が必要であること、および興信所の利用については慎重であるべきことはすでに述べた。

　それ以外の場合、採用の文脈で個人データ等を第三者に提供することはあまり多くないが、たとえば外国人雇用の届出（雇用対策法28条1項）[*12]は、法律上の義務であるから、本人の同意は不要である。

　なお、AI企業およびHRテック企業への委託等に伴う第三者提供については、第2章〔→68～74頁〕を参照のこと。

[*12]　菅野122頁

◆(4) 採用・不採用の判断後　個人情報保護法 19 条は「個人情報取扱事業者は、利用目的の達成に必要な範囲内において、個人データを正確かつ最新の内容に保つとともに、利用する必要がなくなったときは、当該個人データを遅滞なく消去するよう努めなければならない」と定める。採用・不採用の判断後は、不採用者の情報は利用目的外になるので返却か破棄をすべきである（「個人向け」[13] Q＆A 3-1）[14]。

　なお、採用者の情報のうち、採用後の人事労務管理に必要な情報もあるところ、これを一度消去してまた取得し直すことは煩瑣であり、そのような情報の利用目的としては採用目的だけではなく（採用された場合には）人事労務管理目的もまた含まれると利用目的を特定しておけば、採用後は人事労務管理のために引き続き利用することができる。

◆(5) 採用時における同意取得　なお、以上の「採用活動の過程で取得済みの情報の処理」とは異なる話であるが、入社後の個人情報の取扱いについて、入社時に本人から同意書等を取得する企業も多い。ここで、一度入社時に同意をとったらその後に別途同意を取得するつもりがない企業が多いように思われるが、今後の AI・HR テックの利用に伴う情報のより幅広い活用をにらみ、包括的に同意をとることを志向して、同意書フォーマットを改訂する企業も増えるだろう。確かにある程度包括的な同意取得も可能だが、「合理的かつ適切な方法」で取得すべきこと（ガイドライン通則編 2-12）を踏まえ、その限度を超えないよう、必要に応じて専門家の助力を得ながら行うべきである[15]。

---

*13　渡邊・「情報」管理 120～121 頁
*14　個人情報保護委員会「よくある質問（個人向け）」(https://www.ppc.go.jp/personal/faq/kojin/#k3-1)
*15　本節全体について、橋詰卓司「インターネット上に存在する応募者のプライバシー情報を企業の採用選考において取得・利用することについての法的検討」情報ネットワーク・ローレビュー 10 号（2011）90 頁以下参照。

第6節　使用者が応募者等に提供すべき情報

Q 採用にあたって、使用者側が応募者に提供すべき情報というのはあるのでしょうか？

A これまでは、募集にあたって提供すべき情報として、募集時の労働条件明示（当初の明示）と労働契約締結時の労働条件明示が義務付けられていました。さらに2017年改正職安法により、当初の明示と異なる条件で契約を締結する際は締結前に新たな明示をすることが義務付けられるようになりました。

1. 募集にあたって使用者が提供すべき情報

募集に際しては前節の通り従業員等から情報を取得するが、使用者の側が情報を提供することもある。

◆(1) 当初の明示義務　まず、使用者は、募集にあたって労働条件の明示（当初の明示）が必要である（職安法5条の3）。職安法5条の3第1項は「公共職業安定所、特定地方公共団体及び職業紹介事業者、労働者の募集を行う者及び募集受託者並びに労働者供給事業者は、それぞれ、職業紹介、労働者の募集又は労働者供給に当たり、求職者、募集に応じて労働者になろうとする者又は供給される労働者に対し、その者が従事すべき業務の内容及び賃金、労働時間その他の労働条件を明示しなければならない」として当初の明示を義務付ける。その趣旨は、労働市場の労働力需給調整機能が適切に機能し労働者が自己の希望と適性に合った職業を選択できるためには、求人等に関する情報が適正に開示される必要があるからである。[*1]

当初の明示の対象となる労働条件は以下のものである。[*2]

---

*1　菅野63頁
*2　労働新聞社『職業安定法の実務解説〔改訂第5版〕』（労働新聞社・2018）282頁。

①労働者が従事すべき業務の内容に関する事項
②労働契約の期間に関する事項
③就業の場所に関する事項
④始業および終業の時刻、所定労働時間を超える労働の有無、休憩時間および休日に関する事項
⑤賃金（臨時に支払われる賃金、賞与および労働基準法施行規則8条各号に掲げる賃金を除く）の額に関する事項
⑥健康保険法による健康保険、厚生年金保険法による厚生年金、労働者災害補償保険法による労働者災害補償保険および雇用保険法による雇用保険の適用に関する事項

また、職安法指針の第三で明示方法が記載されており、具体的には以下の点に留意が必要である。

❶明示する労働条件等は、虚偽または誇大な内容としないこと
❷求職者等に具体的に理解されるものとなるよう、労働条件等の水準、範囲等を可能な限り限定すること
❸求職者等が従事すべき業務の内容に関しては、職場環境を含め、可能な限り具体的かつ詳細に明示すること
❹労働時間に関しては、始業および終業の時刻、所定労働時間を超える労働、休憩時間、休日等について明示すること
❺賃金に関し賃金形態（月給、日給、時給等の区分）、基本給、定額的に支払われる手当、通勤手当、昇給に関する事項等について明示すること
❻明示する労働条件等の内容が労働契約締結時の労働条件等と異なることとなる可能性がある場合は、その旨を併せて明示するとともに、労働条件等がすでに明示した内容と異なることとなった場合には、当該明示を受けた求職者等に速やかに知らせること
❼労働条件等の明示を行うにあたって労働条件等の事項の一部を別途明示することとするときは、その旨を併せて明示すること

◆(2) 実務的留意点　　実務的には、当初の明示、たとえば求人票の記載

職安則4条の2第1項各号参照。

については、以下のことを注意すべきである。

　（ア）**法律に違反しない**　　実務上、最低賃金以下の給与が記載されている場合もみられる。特に高校生アルバイト等については、同じ企業の中でも給料が低く設定される結果、最低賃金を下回ることがありうるが、これは違法であり、たとえばインターネット上に公開されればこれが多くの人に閲覧され、会社のコンプライアンス意識が低いといった非難を浴び、レピュテーションの問題が生じる。2016年には最低賃金未満の求人が大手サイトに掲載され、新聞で報道されるといった炎上事例もある。[*3]

　また、性別や年齢を限定する表現も、「高年齢者等の雇用の安定等に関する法律」や男女雇用機会均等法で規制されており、例外に該当しない限り用いてはならない。

　（イ）**誤解を招く記載をしない**　　真実の労働条件を明示することはもちろんだが、それだけではなく、誤解を招く表現は可能な限り避けるべきである。たとえば「年収〇〇万円以上可能」とするが、それを実現するには長時間の残業や不可能に近い歩合目標達成が必要であるとか、「年収300万円から600万円」と書いているが、実際には300万円を超える金額で雇うつもりがない等の誤解を招く記載は、そもそも職安法5条の3に違反する可能性があるし、少なくとも不適切である。[*4]

　（ウ）**「ブラック」を推認するといわれる表現に注意**　　さらに最近では、「未経験者歓迎」「アットホームな職場」「若手が活躍」等の表現を使うと、これは、経験者が寄り付かない（すぐに辞めてしまうので若い人しかいない）、職場の雰囲気以外に売りがない等としてその企業が「ブラック」であることを推認させるといわれる。[*5] このようなキャッチコピーが用いられる企業がすべて労働環境に問題のあるブラック企業だとは思わないものの、このよう

---

　*3　「〈民間求人サイト〉最低賃金未満、大手で73件掲載」（2016年12月25日：http://mainichi.jp/articles/20161225/k00/00m/040/118000c）
　*4　職安法指針第三の一「明示する労働条件等は、虚偽又は誇大な内容としないこと」など参照。
　*5　中澤佑一編『ブラック企業と呼ばせない！労務管理・風評対策Q&A』（中央経済社・2016）230〜234頁

な評価が一部でされていることを考えて、表現に注意すべきだろう。

2. 労働契約締結時に使用者が提供すべき情報

◆(1) 労働条件明示義務　　ここまで述べてきた通り、募集時に労働条件を明示する（当初の明示）義務があるが、法は、使用者に労働契約締結時にも改めて労働条件を明示する義務を負わせている。すなわち、労基法15条1項は「使用者は、労働契約の締結に際し、労働者に対して賃金、労働時間その他の労働条件を明示しなければならない。この場合において、賃金及び労働時間に関する事項その他の厚生労働省令で定める事項については、厚生労働省令で定める方法により明示しなければならない」としており、明示された労働条件が事実と相違する場合には、従業員は即時に労働契約を解除することができる（労基法15条2項）。

募集時においては、たとえば賃金については、求人ないし募集の時点の現行賃金額を記載すればよいが[*6]、労働契約締結時には、実際に当該労働契約上賃金がいくらか等を改めて明示する必要がある。労基則5条1項は、期間、就業場所、従事すべき業務、労働時間、賃金、退職に関する事項について書面の交付により明示すべきことを求める[*7]。

労基法15条1項違反があっても、契約は有効に成立する[*8]。ただし、信義則違反による不法行為責任等が認められることがある（東京高判平成12年4月19日労判787号35頁）。

◆(2) 就業規則周知義務　　就業規則については周知（労契法10条）が必要である。ただしその方法は限定されておらず、周知方法がいかなるものであれ当該労働者が採用時または採用直後において当該就業規則の内容を知

---

*6　菅野221頁参照。

*7　逆にいうと、労働契約書を作成することは義務付けられておらず、実務上は当該明示事項を定めた「労働条件通知書」を交付することが多い。ただし、契約内容の理解促進も義務付けられており（労契法4条1項）、できる限り書面で確認するものとされている（同条2項）ことに留意が必要である（水町141頁参照）。なお、労働条件の通知がメールで可能になる予定である（https://www.nikkei.com/article/DGKKZO36233950X01C18A0NN1000/）。

*8　厚生労働省労働基準局『労働基準法　上』（労務行政・2010）234頁

りうるのであればよいとされている。[*9]

3. 求人票と労働条件の相違と職安法2017年改正

◆(1) 求人票と労働条件の相違　ところで、募集の際の当初の明示、たとえば求人票に記載された労働条件と、実際に労働契約において合意された労働条件が異なることは少なくない。反対説も強いが、裁判例[*10]（東京高判平成22年5月27日労判1011号20頁［藍澤證券事件］、東京高判昭和58年12月19日判時1102号24頁［八州事件］、東京高判平成12年4月19日労判787号35頁［日新火災海上保険事件］等）は、概ね、求人票に給与等の見込み額が記載されても、当該記載には拘束力がなく、契約時の労働条件が法的拘束力をもつとする。

　もっとも、不正確な情報により応募者を集め、その後実際にはそれと異なる条件で契約をする等の場合には、信義則に違反した違法行為として慰謝料支払いが認められる可能性がある。[*11]

◆(2) 職安法2017改正　2017年3月31日に成立・公布の「雇用保険法等の一部を改正する法律」は、職安法の改正を含んでいる。職安法の改正点のうち、一定の労働法規違反を繰り返す求人者等の求人を受理しないことを可能にすること、および募集情報等提供事業対策なども含まれておりこれらも重要であるが、使用者が提供すべき情報との関係では、求職者等が労働契約の締結の前に、当該契約の中に職業紹介・募集広告で示された労働条件と異なる内容等が含まれているかどうか確認できるよう求人者等に新たな明示義務を課す改正が重要である。[*12]

　前述の通り、職安法5条の3第1項は職業紹介・募集時の当初の労働条件の明示義務（当初の明示）を課していたところ、その後交渉があって労働

---

*9　菅野199〜200頁。イントラネットへの掲示と掲示先の教示等が考えられる。
*10　菅野221頁参照。
*11　菅野221〜222頁
*12　「雇用保険法等の一部を改正する法律の概要（平成29年3月31日成立）」(https://www.mhlw.go.jp/file/06-Seisakujouhou-11600000-Shokugyouanteikyoku/0000080011_2.pdf) 参照。

図表7 職安法2017年改正の概要

```
改正の趣旨
  求職者等が、労働契約の締結の前に、当該契約の中に、職業紹介・募集広告で示され
  た労働条件と異なる内容等が含まれていないかどうか確認できるよう、求人者等に新た
  な明示義務を課すこととする。

現行の内容・改正の内容【2018年1月1日施行】

職業紹介・募集時の        求人者等と求職者等との        労働契約締結時の
労働条件明示                   交渉等                  労働条件明示
（当初の明示）         以下の①〜④の場合、          （労働条件通知書）
【職安法5条の3第1項の義務】  契約締結の前に          【労基法15条1項の義務】
                    新たな明示を義務付け（※）
〈明示が必要な事項〉                              ※明示が必要な事項や明示の方法は、
業務内容、契約期間、就業場所、                     「当初の明示」と同様とされる予定
労働時間・休日、賃金、                             【省令】
社会保険・労働保険の適用

① 「当初の明示」と異なる内容の労働条件を提示する場合
   例）当初：基本給30万円／月 ⇒ 基本給28万円／月
② 「当初の明示」の範囲内で特定された労働条件を提示する場合
   例）当初：基本給25万円〜30万円／月 ⇒ 基本給28万円／月
③ 「当初の明示」で明示していた労働条件を削除する場合
   例）当初：基本給25万円／月、営業手当3万円／月
       ⇒ 基本給25万円／月
④ 「当初の明示」で明示していなかった労働条件を新たに提示
   する場合
   例）当初：基本給25万円／月
       ⇒ 基本給25万円／月、営業手当3万円／月

〈明示の方法〉
書面の交付
※求職者等が希望した場合には
  電子メールも可
```

(出典) 厚生労働省「雇用保険法等の一部を改正する法律の概要（平成29年3月31日成立）」(https://www.mhlw.go.jp/file/06-Seisakujouhou-11600000-Shokugyouanteikyoku/0000080011_2.pdf) 6頁

契約が締結され、労働契約の内容が確定した労働契約については、労働条件通知書等での明示が労基法15条1項の義務として義務付けられている。しかし、応募者としてはこの当初の明示と契約締結時の間で労働条件が変化したのかどうかを理解しにくく、契約締結前にその違いを理解したうえで契約を締結できるようにすることが必要である（**図表7**）。

そこで、2017年改正職安法（職安法5条の3第3項）は①当初の明示と異なる内容の労働条件を提示する場合、②当初の明示の範囲内で特定された労働条件を提示する場合、③当初の明示で明示していた労働条件を削除する場合、④当初の明示で明示していなかった労働条件を新たに提示する場合に契約締結前に改めて明示をすることを義務付け（具体例については**図表7**参照）、これによって、応募者が労働条件を理解したうえで雇用契約を締結できるようにした。[*13]

---

*13 労働新聞社・前掲注（2）284頁以下

第7節 採用をめぐるAI・HRテックの実務的課題

Q 今後AI・HRテックを採用に利用していきたいと考えているのですが、どのような点に留意が必要ですか？

A 採用においてAI・HRテックを利用すること自体は採用の自由の範囲内ではあるものの、適切なAI・HRテックの利用のためには、採用のプロセスを理解したうえで、本章の各節でみてきた情報の利活用の規制を踏まえた対応をすることが必要です。

1. はじめに

採用分野においては、AIによる処理およびHRテックに関する新たな技術が、多く開発されている。その理由として、以下のようなことが挙げられている。[*1]

①人材不足による採用の激化とそれに伴うマーケット規模の拡大
②新卒採用における1年サイクルという試行のしやすい環境
③中途採用市場が発展する余地の大きさと、市場が開発されるサイクルの速さ

そのほかにも、たとえば、これまでの面接に効果がなかった[*2]等、従来の採用手法に限界を感じている企業が多いこと、中途採用者等多様な人材にアプローチする[*3]ために幅広い情報を収集することへのニーズが高まってい

---

*1 人事が変わる104頁〔金澤元紀執筆〕
*2 Frank L. Schmidt & John E. Hunter, *The Validity and Utility of Selection Methods in Personnel Psychology,* 124 Psychological Bulletin 262（1998）, *available at* http://citeseerx.ist.psu.edu/viewdoc/download?doi=10.1.1.172.1733&rep=rep1&type=pdf
*3 企業が欲しい人材を獲得するために、求職者の応募を待つだけではなく、企業側から主体的に働きかける採用手法（人事が変わる104頁〔金澤元紀執筆〕）。

ること、ユーザエクスペリエンスならぬ「応募者体験」を向上させて採用の際のブランディングを図り採用競争力を高めたい、応募者についてさらに広く情報を知ることで今後の採用におけるより正確な判断に活かしたい、といった事情が指摘できるだろう。たとえば、AI面接により人間がリアルな面接を実施しただけでは到底読み取れないような要素まで評価対象にできるとされている。[*5]

また、採用のためのターゲティング広告やダイレクトリクルーティング、SNSを利用した採用等において収集する情報の範囲の拡張、AIを利用したエントリーシート評価やマッチング等のテクノロジーを利用した分析、面接や評価におけるAIやHRテックの利用も行われている。

本節では、このような採用の側面におけるAIによる処理およびHRテックの問題について検討しよう。

2. HRテック企業のコンプライアンス

本書は、基本的にはAI・HRテックを活用するユーザ側となる企業を念頭に置いているものの、そのような企業でも、採用に関する業務を委託するHRテック企業が職安法上の許可等必要な資格を有しているかについては、無関心ではいられないところだろう。このように、採用、とりわけマッチング事業については職安法が関係するので、以下検討してみよう。

ある事業が「有料職業紹介」であれば、許可制度（職安法30条）に服するし、「募集情報等提供」事業（同4条6項）であれば募集内容の的確な表示等の一定の責務を負う（同42条・42条の2等）。「職業紹介」は、「求人及

[*4] なお、AI・HRテックとは異なるが、一部のBtoC企業は自社製品を不採用者に送付することで応募者体験を向上させる（「就活学生、ご縁なくてもお客様 自社製品を配る企業続々」（2010年4月22日：http://www.asahi.com/edu/university/shushoku/TKY201004210270.html）参照。なお、採用ブランディングだけではなく将来の顧客候補の確保という意味もあるだろう）。この場合、自社製品の送付が応募者情報の利用目的の範囲内かが問題となる。将来の顧客候補の確保という目的があれば、事前にその目的を特定することが望ましいが、不合格通知の際に応募のお礼の品を送る程度であれば、採用に関する連絡という利用目的の範囲内という解釈もできると思われる。

[*5] 人事が変わる99頁〔民岡良執筆〕

び求職の申込みを受け、求人者と求職者との間における雇用関係の成立をあつせんすること」である（同4条1項）。そこで、求人情報または求職者情報を提供するのみで、求人および求職の申込みを受けず、雇用の成立の斡旋を行わないいわゆる情報提供は、職業紹介に該当しない。[*6]

厚生労働省「民間企業が行うインターネットによる求人情報・求職者情報提供と職業紹介との区分に関する基準について[*7]」は、インターネット上の求人・求職者情報提供の職業紹介該当性について、以下のように定める。[*8]

> III インターネットによる求人情報・求職者情報提供は、次の1から3までのいずれかに該当する場合には、職業紹介に該当する。
> 1 提供される情報の内容または提供相手について、あらかじめ明示的に設定された客観的な検索条件に基づくことなく情報提供事業者の判断により選別・加工を行うこと。
> 2 情報提供事業者から求職者に対する求人情報に係る連絡または求人者に対する求職者情報に係る連絡を行うこと。
> 3 求職者と求人者との間の意思疎通を情報提供事業者のホームページを介して中継する場合に、当該意思疎通のための通信の内容に加工を行うこと。
> IV IIIのほか、情報提供事業者による宣伝広告の内容、情報提供事業者と求職者または求人者との間の契約内容等から判断して、情報提供事業者が求職者または求人者に求人または求職者をあっせんするものであり、インターネットによる求人情報・求職者情報提供はその一部として行われているものである場合には、全体として職業紹介に該当する。

連絡は本人と求人企業間で行うことを前提とすると（上記III 2.）、情報提供者自身の判断が入るか否かがポイントとなる。したがってHRテックとの関係では、マッチングサービスは、人材を実際に選考するかの判断をあくまでサービスを利用する企業に委ね、サービスを提供するHRテック企

[*6] 人事が変わる114頁〔倉重公太朗執筆〕
[*7] https://www.mhlw.go.jp/www2/topics/seido/anteikyoku/minkan/
[*8] 同IIはこれを「情報提供事業者がホームページ上で求人情報又は求職者情報（いずれも事業所名、所在地、氏名、住所等個別の求人者又は求職者を特定できる情報を含む……）を求職者又は求人者の閲覧に供することをいう」とする。

業は「情報提供」を行っているにすぎないという立て付けにすることが必要という実務家の指摘がある。ただし、形式として「判断」を利用企業に委ねればよいのではない。今後、AIシステムによるマッチングサービスの精度が高まるにつれ、たとえば当該サービス提供者がすでに「情報提供」の枠を超えて、「評価」ないし「判断」をして雇用関係成立のための便宜を図ると指摘されうる実体がないか等は、慎重に検討すべきであろう。

また、職業紹介でなくとも「募集情報等提供」は「労働者の募集を行う者若しくは募集受託者（……）の依頼を受け、当該募集に関する情報を労働者となろうとする者に提供すること又は労働者となろうとする者の依頼を受け、当該者に関する情報を労働者の募集を行う者若しくは募集受託者に提供すること」であり（職安法4条6項）、これに該当する場合、募集情報等提供事業への規制を遵守する必要がある。

なお、実務上AI・HRテック企業との契約条項において必要な資格について表明する条項が入っているか、使用者として確認すべきである。

3. 採用プロセスを踏まえた採用の自由とAI・HRテックとの関係

◆(1) 採用の自由の帰結　使用者には採用の自由があることはすでにみた通りである〔→90～92頁〕。このことは、採用にAI・HRテックを利用するか否か、どのようなAI・HRテックを利用するか、どの局面でAI・HRテックを利用するか、どの程度AI・HRテックに判断を委ねるかについて、基本的には使用者がその裁量により判断することができるということを意味している。

AIによる分析が間違っていた場合やAIによる分析結果を過度に重視してしまったような場合、あるいは、AIによる分析の信頼性を検証しなかったりその手法を理解しないで利用した場合でも、採用の自由により直ちに違法になったり不法行為が成立したりしないと説明されることがある。

これは確かに、直ちに違法にならない、という限りでは正しいが、常に

---

*9　人事が変わる114頁〔倉重公太朗執筆〕
*10　AIの法律と論点276頁〔菅野百合執筆〕

違法とならないわけではないだろう。採用過程における信義則に違反すれば契約締結上の過失として損害賠償を請求されることがありうる。これまでの裁判例は説明義務違反（たとえば、東京高判昭和 61 年 10 月 14 日金判 767 号 21 頁［かなざわ総本舗事件］、大阪高判平成 13 年 3 月 6 日労判 1818 号 73 頁［ワイワイランド事件］、東京高判平成 12 年 4 月 19 日労判 787 号 35 頁［日新火災海上保険事件］、大阪地判平成 17 年 9 月 9 日労判 906 号 60 頁［ユタカ精工事件］などの事案）が多いものの、内々定の不当破棄が信義則違反とされて損害賠償請求が認められた福岡高判平成 23 年 3 月 10 日（労判 1020 号 82 頁）［コーセーアールイー第 2 事件］等の通り、その信義則違反の具体的形態は説明の過誤に限られない。HR テックの利用によって信義則に違反する事態が生じれば、説明の過誤以外でも損害賠償責任が生じうる。また、取得禁止情報の取得ないしは取得方法規制違反は単なる職安法という行政規制違反にとどまらず、民事的にもプライバシー侵害の不法行為となりうる。

　なお、HR テックを用いた採用の場合、HR テックにすべて任せた結果差別的採用となれば法的トラブルの可能性があるが、「最後は人間が」判断することにすれば、使用者の採用の自由の問題に帰着するため、法的問題となることは少ないという説明がされることがある。この点、トラブルの防止やレピュテーションリスク対応という観点から「最後は人間が」判断することは重要である（第 2 章〔→ 64 頁〕で述べた「ケンタウルス」モデル参照）。しかし、違法と判断されるか、ないしは、法的問題になるかという観点からより重要なのは、採用過程における信義則や法令に違反しているか否かであって、採用の自由にも上記のように限界があることから、「最後は人間が」判断したからといって常に法的問題がなくなるわけではない点に留意が必要であろう。

◆**(2) 採用プロセスに違法があった場合の帰結**　　上記の通り、その時採用プロセスのどこにいるかが、採用プロセスに違法があった場合の帰結を左

---

*11　荒木 333～334 頁
*12　なお、個人情報保護法違反とプライバシー侵害の不法行為の関係について松尾・プライバシー 244～246 頁参照。
*13　人事が変わる 112 頁〔倉重公太朗執筆〕

右する。採用プロセスの初期段階であればあるほど関係解消は容易であり、後の方に行けば行くほど関係解消は困難になる〔→96頁以下〕。

上記とも関係する点として、地位確認の可否の問題もある。AI・HRテックに関係する限りで、労働契約締結以前の段階において違法行為や信義則違反行為があった場合の民事的責任は損害賠償（慰謝料等）であり、それらの結果として労働関係が成立する場面は原則として存在しない。これに対し、前述〔→98～99頁〕の通り内定（例外的には内々定も）については、その具体的な事案に応じてではあるものの、始期付きの解約権留保付労働契約が成立したと解されうることから、不当な関係の解消により地位確認が認められる可能性が出てくる。その可能性は、試用期間、本採用に行くにつれて上がっていく。

◆(3) AI・HRテックにより誤って不適格な人を高く評価した場合　AI・HRテックにより誤って不適格な人を高く評価したため、内々定、内定等とプロセスを進めてしまう、という事態はありうる。この場合に会社は、不適格だったので関係を解消したいと考えるかもしれないが、前述〔→96頁以下〕の通り、プロセスが進めば進むほど関係解消は困難になる。

たとえば、試用期間中の観察により従業員としての適格性を判定した結果それでも不適格と判断されず本採用に至った場合、事後的にAI・HRテックの過誤が存在していたことが判明しても、それだけを理由に契約を解消する（解雇する）ことはもはや困難であろう。むしろ、AIの判断ミスの原因が経歴詐称など真実告知義務〔→102頁以下〕違反によるものかという点が問題になるものと思われる。逆に、内々定の前であれば、採用の自由が働き、（たとえばエントリーシート（ES）で落とすべき者をAIの過誤により面接に呼んでしまったために無駄に時間を使わせてしまったという面があっても）不採用とすることが違法となる状況はかなり例外的であるように思われる。[*14]

*14　仮に違法となるとすると、男性のみを採用したいと思って、評価の高い男性5人を面接に呼ぶようAI・HRテックを用いて履歴書を選別したところ、AI・HRテックが女性1人を面接に呼ぶ者として選び出したので、当該応募者が面接に来た際に、「AI・HRテックが間違って女性のあなたを呼び出してしまった。当社はあなたを採用するつもりはない」と述べるといった場合が想定されるところ、それが違法となりうる理由

その中間である内々定、内定や試用期間の場合には、まさに前述〔→ 96頁以下〕の内々定、内定や試用期間といった各段階における契約解消のための正当な理由があるかによるだろう。たとえば、内定においてその当時知ることができず、また知ることが期待できないような事実であり、かつ解約権行使が客観的に合理的と認められ社会通念上相当なものか（最判昭和 54 年 7 月 20 日民集 33 巻 5 号 582 頁）という観点［大日本印刷事件］に鑑みると、内定の前に人間によるチェックを入れていれば知ることが期待できた不適格性を基礎付ける事実が存在したが、AI・HR テックに内定を 100％ 任せていたために AI・HR テックのバグで内定を出してしまった場合、（他の事情も総合しての判断ではあるものの）内定取消しの難易度は高いように思われる。

◆(4) AI・HR テックが誤って適格な人を低く評価した場合　　この場合、企業としては採用すべき人を AI・HR テックの誤りによって逃してしまったということで、このような過誤がないように改善に努める必要がある。[*15]

もっともそれ以上に、AI・HR テックが誤って適格な人を低く評価して採用しなかったことそのものが（AI・HR テックさえ使わなければ採用されていたかもしれない）応募者との関係で不法行為となる局面はあまり多くないだろう。それは、採用の自由があることから、応募者が企業に対して「採用してもらう権利」のようなものを主張することが困難だからである。

とはいえ、AI・HR テックを使った採用過程で、企業が応募者に対して信義則違反行為をする場合がある。たとえば、中途採用希望者に対して、企業が最初は「間違いなく採用する」と信じさせるような言動をして本人が元の勤務先を退社した後、AI・HR テックを使ったチェックの結果なぜか極めて評価が低く、それに従い企業が内定を撤回したところ、後になって、その極めて低い評価というのが AI・HR テックの誤りによるものだとわかった、といった状況下では、やはり法的問題が生じう。[*16]

　　　は AI・HR テックの過誤そのものではなく、性差別が原因である。
*15　なお、AI・HR テック企業への損害賠償請求等の問題もあるが、ここでは論じない。
*16　なお、「間違いなく採用する」と信じさせるような言動が内定や内々定と評価されるか、そこまで評価されなくとも信義則違反に該当するか等で帰結は変わりうる。

前述〔→96頁以下〕の通り、応募者の期待はプロセスが進めば進むほど大きくなり、また、違法の帰結も単なる損害賠償にとどまらず地位確認が認められることもありうることに、留意が必要であろう。

◆(5) レピュテーションの考慮　なお、上記は違法になるかならないかというレベルであって、たとえば、AIやHRテックが全面的に信頼できるレベルのものではないのであれば、採用のすべてをアルゴリズムに委ねることは、レピュテーションリスク等も踏まえれば不適切と考えられる。どこかで人間によるレビューの余地を入れるべきであろう。

4. 真実告知義務とAI・HRテックによる処理

前述〔→102頁以下〕の通り、真実告知義務の対象は企業の採用活動において重要性のある事項である。

これまでであれば、比較的何が重要な事項かについて応募者側も使用者側も比較的理解しやすかった。しかしAIによる処理およびHRテックを利用することで、たとえば、ハイパフォーマンス社員が採用時に共通してもっていた因子を探った結果、これまで重要ではないと思われていた要素が重要視される可能性がある。そのため、「HRテクノロジーを用いた採用の場合、採用担当者としては『どの因子がどの程度採否判断に影響するか』まで把握する必要はないが、労働契約締結における『重要な部分』を峻別する意味でも『どの因子が採否判断に影響を与えるか』という程度にはテクノロジーの中身を理解しておく必要があろう」[*17]という指摘もある。

しかし難しいのは、通常瑣末だと思われる点について応募者が不正確な説明をしたところ、実は会社が利用するAI・HRテックにおいて非常に重要なポイントだった、といった事案である。この場合、応募者から、それが重要部分だとわからなかった（ので少なくとも懲戒事由に該当する経歴詐称ではない）、と主張される余地がある。とはいえ、そのような主張を避けるため何が重要かを明示的に説明すると、対策がしやすくなり、うまく評価

---

*17　人事が変わる113頁〔倉重公太朗執筆〕

ができなくなってしまう可能性もある。

　企業側として、採用後にそうした事情が明らかになった場合に真実告知義務違反で懲戒等の処分をする可能性を高めたいのであれば、応募者に対し「あなたが些細だと思っている情報がAI・HRテックによって重要視される可能性もあるのだから、情報の正確性には特に留意し、些細なことについても正確な情報を提供してほしい」「（適法にSNSの情報を取得できるように対応する〔→109頁、128頁〕ことを前提に）SNSの記事に虚偽や誇張がある場合に、その虚偽や誇張部分を前提にあなたを高く評価して採用したことが後でわかった場合には、経歴詐称に準じるものと判断せざるをえない場合がある」等と説明し、応募者に対して、正確性に注意する機会を与えるべきであろう。

　もっとも、具体的な情報が一般人にとってどう考えても些細だとしか思えないものであれば、それでも本当にその虚偽をもって懲戒解雇等の重大な結論に結びつけることができるかは、疑問が残るところである。

5. 採用関係情報の取得・保管・利活用とAI・HRテック

◆(1) 取得・活用される情報の増大　　AI・HRテックの利用は、採用において取得・活用される情報を増大させる。たとえば、応募者のSNS上の投稿データを分析してその発言から本人の人間性、性格、社会性等を知るといったHRテックが存在する。[*18] また、AIが質問をしたり、面接結果をAIが分析するといったHRテックも存在する。[*19]

　このような情報の取得・活用については、個人情報保護法と労働法の双方を考慮する必要がある。

◆(2) 個人情報保護法　　個人情報保護法については、第2章を参照されたい。利用目的の特定および特定された利用目的の範囲内での活用や、要配慮個人情報の取得規制等が、ここでの主な規制となる。

◆(3) 労働法による規制（主に職安法）　　採用関係情報のAI・HRテック

---

*18　人事が変わる93〜94頁〔民岡良執筆〕
*19　山崎俊明『AI面接#採用』（東京堂出版・2017）参照。

による取得・保管・利活用についても、前述〔→ 105 頁以下〕の通り、労働法による規制を考えなければならない。

(ア)SNS 等の情報の取得　前述〔→ 105 頁〕の通り、職安法では、採用に関する情報は本人から直接収集し、または本人の同意のもとで本人以外の者から収集するなど適法かつ公正な手段によらなければならない（職安法指針第四の一(二)）とされる。

たとえば、応募者の SNS への投稿を継続的に追跡する試み（アプリカント・トラッキングシステム）は正面から職安法に違反する可能性があり、適法かつ公正な基準が示されるまでは、同意なしに応募者の情報として収集することを職安法上適法と解することは困難であるとされる。[20]

そこで、実務的には、応募者の任意の同意を得る必要があるだろう。具体的には、「採用選考に際し、応募者の人物・職業能力・就労安定性評価の一助とし、また応募者から提出された個人情報・プライバシー情報の真実性・正確性を検証するため、インターネット上で取得可能な応募者の個人情報・プライバシー情報を取得等する可能性があること」について採用ウェブサイトまたはエントリーフォーム等に明記し公表しておくか本人に通知したうえで、同意を取得することが必要とする見解がある。[21]

とはいえ、このような同意を盾に無制限に情報を得ることはできず、あくまでも、採用に関係のある合理的範囲の情報のみを取得すべきである。[22]

なお、これとは異なる観点であるが、採用担当社員の SNS 上の誤った

---

[20] 人事が変わる 122 頁〔板倉陽一郎執筆〕
[21] 橋詰卓司「インターネット上に存在する応募者のプライバシー情報を企業の採用選考において取得・利用することについての法的検討」情報ネットワークローレビュー10 号（2011）105 頁
[22] 「長期雇用を前提とする幹部正社員雇用においては、思想・信条・趣味・嗜好といった人物評価のための情報、並びに履歴書に記載される学歴・職歴といった職務遂行能力評価のための情報〔の取得〕については……広く認められる余地があると考える。一方、家族関係、病歴、資産または犯罪歴といった就労安定性のための情報については、たとえば海外出張を頻繁に伴う業務において家庭環境にその支障となる状況はないか、職務の安定的な継続に著しく影響を与えるような病気に罹患していないか、金融関係の職種や現金出納を伴う職種において破産歴や横領歴等の犯罪歴がないかを検証する場合などにおいて、その適法性を慎重に判断して取得・利用すべき」（橋詰・前掲注（21）105 頁）という見解が示されている。

表明等があれば使用者責任を問われる可能性があることにも留意が必要である。[*23]

（イ）AIによる質問・面接等　AIによる質問や、AIによる面接の分析は、誰が面接官を担当するかによって発生するばらつきをなくし、絶対的尺度に基づき評価することができるとか、人間よりもじっくりと質問ができるといったメリットがあるといわれる。

しかし、前述〔→105〜109頁〕の通り、取得禁止情報を取得してしまうと、違法とされる可能性がある[*24]。たとえばAIを利用した面接では、AIに対してきちんと質問禁止事項をプログラムしておかないと、知らないうちに取得禁止情報に関する質問をしてしまうおそれがある。AIが行ってはならない質問が何かを決めて、それを適切にプログラムするとともに、万が一そのような質問をした場合の対応を事前に検討しておくべきである。

（ウ）AIによる分析の結果としての取得禁止情報の推知　第2章〔→50〜51頁〕で述べたことと同様に、AIによる分析の結果としての取得禁止情報の推知について、職安法指針の文言上は「収集」を規制するからといって、推知が一切問題ないと考えるべきではなく、精度の高い推知は収集と同様に扱うべきである。

採用の局面では、職安法指針が当該情報が不当な偏見等を招きかねない等としてあえて収集を禁止していることにも鑑みれば、AIが推知した精度の高い取得禁止情報をもとに評価を行うことには、裁判所に違法と評価されるリスクがあるだろう。[*25]

6．AIやHRテックを利用していること等の開示の要否

最後に、企業は応募者に対し、AIやHRテックを利用していることや、どのようなデータをAIやHRテックでどのように処理し、どのような基準で採用しているかを開示する必要はあるのだろうか。

---

*23　SNS・IT 202頁
*24　AIの法律と論点278頁〔菅野百合執筆〕も参照。
*25　人事が変わる123頁〔板倉陽一郎執筆〕参照。

まず、法律的にいえば、調査の自由から、企業には採用基準を開示しない自由もあるとされている。たとえば、東京高判昭和50年12月22日（労民集26巻6号1116頁）では、採用の自由に「採否決定の理由を明示、公開しないことの自由をも含む」としている。そのことを踏まえるならば、選考にAIやHRテックを用いているのかについて説明する義務はないし[*26]、どのようなデータをAIやHRテックでどのように処理し、どのような基準で採用しているかを開示する義務もないことになるだろう[*27]。

　もっとも、第2章〔→85頁〕で述べた通り、まず、AIやHRテックを用いるにあたり、人事プロセス、ここでは採用プロセスが公正に行われることを担保するための施策を講じることが前提となる。そのような前提のもと、①法的に義務付けられているか（たとえば「利用目的」に「分析」等の文言を入れるべきかどうか）や、②レピュテーションリスク対応として説明すべきではないか、の2つの観点から検討をすべきであろう。

　たとえば、AIやHRテックを用いることで採用プロセスの変更があること（たとえば、必要書類やその書式が変わる）等から、AIやHRテックを用いていることが推測される場合に、応募者が疑心暗鬼になって不安が募ることを防ぐ等の観点から、仮に法的に開示が不要であっても、適切な説明をした方がよりレピュテーションを高めることができる可能性がある。

　なお、第2章〔→51頁〕で述べた通り、AIによる処理・分析の結果、要配慮個人情報等を相当以上の精度で推知する場合には、要配慮個人情報に準じて本人の同意を得るべきところ、同意取得の過程でAIやHRテックの利用について事実上開示が必要となることもあるだろう。

[*26]　AIの法律と論点276頁〔菅野百合執筆〕
[*27]　人事が変わる111頁〔倉重公太朗執筆〕参照。

第4章
人的安全管理措置と営業秘密

第1節　人的安全管理措置とは

Q 個人情報の保護を含む情報管理全般について人的安全管理措置を講じることが大事だ、といわれますが、まず人的安全管理措置とはどのようなものなのでしょうか？

A 個人情報保護法に関するガイドライン通則編のフレームワークの1つで、個人データの安全管理のために必要な措置として「人」、すなわち従業員に対して講じるべき措置をいいます。

1. 個人データの安全管理のためのフレームワーク

　第1章〔→ 16～19頁〕ですでに述べた通り、個人情報保護法に関するガイドライン通則編が定める①基本方針の策定、②規律の整備、③組織的安全管理措置、④人的安全管理措置、⑤物理的安全管理措置、⑥技術的安全管理措置というフレームワークは、営業秘密等の他の種類の情報についても応用することが可能である。

　そして、このうち④人的安全管理措置は、従業員に対する措置を内容としており、人事労務と密接な関係がある。具体的には、個人データの適正

---

*1　組織内にあって直接・間接に事業者の指揮監督を受けて事業者の業務に従事している者等をいい、雇用関係にある従業員（正社員、契約社員、嘱託社員、パート社員、アルバイト社員等）のみならず、取締役、執行役、理事、監査役、監事、派遣社員等も含まれる（ガイドライン通則編3-3-3）。

な取扱いを周知徹底すること、適切な教育の実施、個人情報保護法21条に従った監督をすること等が挙げられている（ガイドライン通則編8-4）。同法21条は従業員に対する監督を定めるところ、当該監督は同法20条に基づく安全管理措置を遵守させるよう（3-3-3）実施されなければならない。

2. 情報管理のための人事労務上の措置

使用者が安全管理措置として行われる各事項（ガイドライン通則編8参照）を従業員に遵守させるための監督を含む情報管理措置として、以下のような人事労務上の措置を講じる必要があることになる。

◆(1) **基本方針の周知と教育・研修**　使用者が定めた（個人データに限られない）情報の安全管理に関する基本方針を周知徹底し、従業員に対する教育・研修を通じて理解度の向上を図ることが求められる。

◆(2) **整備された規律の周知と教育・研修**　就業規則をはじめ、使用者の定めた（個人データに限られない）情報の安全管理に関する規程その他の規律を周知徹底し、従業員に対する教育・研修を通じて遵守させる必要がある。

◆(3) **組織的安全管理措置**　組織体制、情報の取扱状況を確認する体制および漏えい等の事案に対応するための体制を整備し、当該整備された体制や規律に従った運用がされているか、取扱状況を把握し、その結果に基づき安全管理措置を見直すという形でPDCAを回すことが求められている。このような体制整備、運用、取扱状況の把握、そして安全管理措置の見直しという一連の過程は、人事労務上の措置の一環として実現される。[*2]

◆(4) **人的安全管理措置**　従業員に定期的な研修等を行うことを通じて情報の適正な取扱いを周知徹底し、適切な教育を行う。また、秘密保持に関する事項を就業規則等に盛り込むべきである。

◆(5) **物理的安全管理措置**　個人データを取り扱う区域の管理、電子媒体等を持ち運ぶ場合の漏えい等の防止および個人データの削除、機器・電子媒体等の廃棄の措置等について、従業員に周知徹底し、これを遵守させ

[*2] なお、取扱状況の把握の際にはモニタリング等を行う可能性があるが、この点については、第5章を参照のこと。

るべきである。なお、第3節で後述する営業秘密としての保護との関係では、アクセス制限が重要になるが、鍵の利用や当該鍵の管理等は物理的安全管理措置として重要である。

◆(6) 技術的安全管理措置　技術的安全管理措置について、これを潜脱したり不正アクセス等をしないように教育・研修等を行い、たとえば、IDとパスワードを第三者に伝えたり、複数人で1つのIDとパスワードを共有するといった技術的安全管理措置がうまく働かなくなる事態が生じないようにしなければならない。なお、第3節で後述する営業秘密としての保護との関係では、物理的安全管理措置としてだけではなく、技術的安全管理措置としてのアクセス制限が重要になるところ、アクセス制限については、使用者の設備に対する管理権に由来して、「使用者は業務上の必要性に応じて労働者のサーバへのアクセスを任意に制限することができる」とされている（東京地判平成25年3月27日第一法規29024821）[*3]。そこで、アカウント管理、適切なアクセス制限の設定およびログの記録等は技術的安全管理措置として重要である。[*4]

3. 本章の構成

このように、企業における情報の管理という問題を考えた場合、人事労務に関係する情報はもちろん、人事労務に直接関係のない内容の情報であっても、これらを適切に管理するためには、適切な人事労務上の措置を講じていく必要がある。そこで本章では、従業員の守秘義務について概観したうえで（第2節）、個人情報とは異なる規律がなされる営業秘密とその保護について説明し（第3節）、これらを踏まえた実務対応について説明したい（第4節）。そして最後に、AI・HRテックとの関係について述べる（第5節）。

---

*3　なお、この事案では、従業員が業務を行うために必要なサーバに対してもアクセスを制限してしまったようだが、翌営業日には対処が行われていることからすれば、使用者が意図的に従業員の業務を妨げたとまでは認め難いとされた。

*4　実務的には、利便性との関係で、たとえば毎日営業秘密を利用するならばアクセス権限を与えるべきで、年に一度未満であればアクセスを制限し必要な際にその都度申請すればよいといった形で、適切なアクセス制限に関する判断をしていくことになる。

第2節 従業員の守秘義務

Q 従業員が会社の機密情報を第三者に開示することを何とか防ぎたいのですが、そもそも従業員は守秘義務を負うのでしょうか？

A 従業員は、労働契約を締結したことで当然に従業員が負う労働契約上の付随義務として、使用者の営業上の秘密を保持すべき義務（守秘義務）を負うと解されています。しかし、その内容や期間等に限界があるといわれており、労働契約を締結したことで当然に従業員が負う守秘義務に委ねるのではなく、就業規則や誓約書等の規定により明確化すべきです。

1. 従業員の負う守秘義務

　労働契約においては、その人的・継続的な関係に由来して、信頼関係が要請される[*1]。その具体的な内容として、当事者双方が相手方の利益に配慮して誠実に行動することが要請されているところ、その一環として従業員は労働契約の存続中、その付随義務として、使用者の営業上の秘密を保持すべき義務を負っているとされる[*2]。要するに従業員は、労働契約上当然の付随義務として、当然に使用者の営業上の秘密を保持すべき義務（守秘義務）を負うと解されている（東京高判平成12年4月27日第一法規28050878、知財高判平成23年11月21日第一法規28174960、名古屋高判平成17年2月23日労判909号67頁参照）。そこで、顧客情報を含む情報漏えいは典型的な規律違反行為であるとされる[*3]。たとえば、東京高判昭和55年2月18日（労民集31巻1号49頁）［古河鉱業事件］は機密漏えいを違法とした。

---

*1　菅野151頁。なお労法法3条4項も参照。
*2　菅野151頁、我妻榮『債権各論　中巻2』（岩波書店・1962）569頁
*3　菅野668頁

しかし、次項以下で述べる通り、このような労働契約によって当然発生するとされる範囲の守秘義務には限界があると指摘されている。

2. 守秘義務の時的限界

まず、労働関係終了後にもなお当然に守秘義務を負うかについては、労働関係終了により労働契約の付随義務としての守秘義務も終了するという見解と、信義則上の義務として存続しうるという見解との対立が存在する。[*4]

裁判例上も肯定例がある。古くは不法行為による損害賠償を認めた事例（東京地判昭和62年3月10日判タ650号203頁［アイ・シー・エス事件］）があり、その後も「特約がない場合であつても、……退職、退任による契約関係の終了後も、信義則上、一定の範囲ではその在職中に知り得た会社の営業秘密をみだりに漏洩してはならない義務をなお引き続き負うものと解するのが相当」とした大阪高判平成6年12月26日（判時1553号133頁）が存在する。これに対し、退職後に守秘義務に基づく履行責任を負うことはないとした大阪高判平成14年10月11日（裁判所HP）［サンワコーポレーション事件］（ただし開示が認定できないとされた）等も存在する。

確かに、一定の肯定例があることから、事後対応の観点からは、退職後の守秘義務に関する特約がない事案については、これらの肯定例に依拠して議論をしていくしかないだろう。しかし、予防法務の観点からは、否定例の存在に鑑み、退職後も裁判所に守秘義務を認めてもらいやすいよう、その旨の特約を設ける等の対応を検討すべきである。

3. 守秘義務の内容的限界

加えて、守秘義務の内容的限界も重要である。秘密であることをうかがわせる表示はなく、従業員であれば自由にアクセスし、ファイルをコピーし、プリントアウトすることができ、プリントアウトしたものの使途につ

[*4] 菅野152頁、否定説として荒木280頁。小畑史子「営業秘密の保護と雇用関係」日本労働研究雑誌33巻11号（1991）39頁も参照。なお、損害否定例に東京地判平成27年3月27日労経速2246号3頁［レガシー事件］。

いても特段の制約は設けられていなかった等の状況下、これを「労働契約に基づいて信義則上発生する付随義務としての守秘義務の対象たり得ない」とした知財高判平成26年8月6日（裁判所HP）がある。

このように、会社が主観的に守秘義務の対象としたいと考えていさえすれば必ず信義則上の付随義務として守秘義務が認められる、というわけではないのであって、その内容面の限界が存在する。そして、一般にこのような守秘義務の内容ないし範囲は不明確になりがちであるところ、明文によらない信義則上の付随義務としての守秘義務にもっぱら依拠していたのであれば、その内容が守秘義務の範囲内と認められる可能性は低くなる。そこで、誓約書等で何が守秘義務の対象かを明示することは、守秘義務の内容ないし範囲を明確にするという意味があるだろう。[*5]

4. 情報管理・秘密管理対応の必要性

このような、労働契約上の付随義務としての守秘義務の限界は、特約を結んで時的適用範囲を明確にし、また、その内容を明示するといった対応の必要性を示唆する。そこで、第4節で情報管理・秘密管理の実務について論じる前に、一定の要件を満たせば法律上保護が与えられるものの、当該保護要件に一定の情報管理上の対応（とりわけ「秘密管理性」の要件を満たすための対応）が含まれる営業秘密の保護について、次の第3節で検討しておきたい。

[*5] とはいえ、何でも守秘義務の対象となるわけではない。あくまでも実質的に守秘義務を課すことが合理的な内容について、それが守秘義務の対象であることを誓約書等で明確にすることで、後で守秘義務の対象だとは知らなかった等という紛争を減らすことができる、という意味にとどまることには留意が必要である。なお、誓約書の「機密」を限定解釈した事案として知財高判平成26年10月29日裁判所HP。

第3節 営業秘密の保護

Q 従業員が会社の機密情報を第三者に開示することを防ぎたいのですが、そもそも営業秘密として保護されるのはどのような情報なのでしょうか？

A ある情報が営業秘密として保護されるかどうかは、公知性・有用性・秘密管理性の有無で判断されます。特に情報管理の意味で重要な秘密管理性について、具体的にみていきましょう。

1. 人事労務情報管理およびAI・HRテックとの関係での営業秘密の重要性

　前節で述べた通り、企業が情報を守るうえで、労働契約を締結したことで当然に従業員が負う守秘義務だけに頼ることは不適切である。そこで、次の第4節で後述する就業規則や誓約書等の実務対応を行う必要があるわけであるが、これに加え、AI・HRテックとの関係で人事労務情報管理を行ううえでは、営業秘密に対する民事上および刑事上の保護を規定している不競法上の制度および実務についても理解することが必要である[*1]。その理由としては、以下の4点を指摘することができる。

　まず、不競法上の「営業秘密」として保護されるための一定の要件を満たさなければ、そもそも当該情報が不競法上「営業秘密」として保護を受けることができないということである。そして、人事労務情報管理との関係では、特に営業秘密における秘密管理性の要件（後述）との関係で、従

[*1] 不競法2条1項4号から10号までが、営業秘密に関する不正取得行為等の一定の行為類型を列挙したうえでそれらが「不正競争」になると定めており、不正競争行為に対しては差止請求（不競法3条）、損害賠償請求（同4条）、刑事罰（同21条以下）等の、不競法が定める内容の保護を受けることができる。なお、技術的制限手段に関する不競法2条7項の改正と同条1項11号以下の規定については、第5節参照。

業員に対して一定の措置を講じなければならないことも重要である。

　次に、上記と関係するが、人事労務情報管理の一環として、営業秘密に該当する重要な情報について従業員が不正持ち出し、開示、漏えい等をしないよう適正に管理する必要がある。これは、自社の競争力を守る（たとえば、ライバル会社への転職時に従業員が「お土産」として自社の秘密を持ち出す事例を参照）ために必要であるとともに、第三者から秘密保持契約を締結して受領した情報の保護といった観点からも適正に管理を行う必要がある。[*2]

　さらに、AI や HR テックに係るデータや技術そのものが営業秘密となる場合がある。学習系 AI システムの開発の際には、データを集め、AI システムで利用できるよう前処理をして、AI ソフトウェアに対し学習用データで学習させ、学習済みモデルを作成し、当該学習済みモデルを利用して実データを処理させるといった経緯をたどる〔→ 36 頁〕。そこで、これらのデータ、AI ソフトウェア、学習済みモデル等はそれぞれ営業秘密として保護されることが多い。とりわけ、これらのうち著作権など他の知的財産制度によって保護される部分も存在するものの、営業秘密以外で保護することが困難と解される部分も少なくないことから、営業秘密の果たすべき役割は極めて大きい。この問題は第 5 節で論じる。

2. 営業秘密の保護要件

◆(1) 営業秘密の保護要件　　(ア) 3 要件が必要であること　　営業秘密とは、①秘密として管理されている（秘密管理性）、②生産方法、販売方法その他の事業活動に有用な技術上または営業上の情報（有用性）であって、③公然と知られていないもの（非公知性）である（不競法 2 条 6 項）。これらの 3 要件すべてを満たすことが、法に基づく保護を受けるために必要となる。[*3]

[*2]　たとえば、外国の航空機製造会社から日本の航空機製造会社へ転職した従業員が営業秘密を持ち込んだとして、ワシントン州 Western District Court へ 2018 年 10 月に訴訟（ケース番号：2: 18-cv-01543）が提起された（https://ecf.wawd.uscourts.gov/cgi-bin/iqquerymenu.pl?265689。ただし被告は強く否定している）。

[*3]　『営業秘密』とは、秘密として管理されている生産方法、販売方法その他の事業活動に有用な技術上又は営業上の情報であって、公然と知られていないものをいう。」

以下、人事労務情報管理との関係で最も重要な①秘密管理性については項を改めて述べることとして、まずは②有用性および③非公知性について簡単に説明しておく。

　（イ）有用性　　有用性は、当該情報により財・サービスの生産・販売、研究開発、費用の節約、経営効率の改善等の現在または将来の経済活動に役立てることができるものであるということ、ないしはそれを使用する者がそれを知らない者に対して有利な地位を占めるということを意味する。[*4]この有用性の概念は比較的広いものの、公知情報を超える効用が得られない場合（大阪地判平成14年7月30日裁判所HP）や、内容が公序良俗に反するなど法的保護に値しない場合（東京地判平成14年2月14日裁判所HP）には、有用性が否定されることがある。[*5]

　（ウ）非公知性　　非公知性は、不特定の者が不正な手段によらずして知りうる状態にないことであり、逆にいえば、たとえば企業Aと企業Bが共同開発のために秘密を共有したとしても、この範囲で秘密が守られていれば、非公知性は認められる（相対的秘密）。[*6]実務上は、「ない」ことの証明の困難性に鑑み、営業秘密の侵害を主張する原告が第三者の知りうる種類の情報でないことや一般の入手が困難であることを相当程度示せば、後は、被告側が新聞雑誌などの刊行物やインターネットに掲載されている等の公知性の立証をする必要があるという考えが有力である。[*7]

◆**(2) 秘密管理性に関する議論**　　営業秘密は「秘密として管理されている」必要がある。これが秘密管理性の要件である。

　秘密管理性の判断については、従来より、①当該情報にアクセスできる者が限定されていること（アクセス制限）と②当該情報にアクセスした者に当該情報が秘密であることが認識可能であること（認識可能性）という2つ

---

*4　小野昌延編『新・注解不正競争防止法　下巻〔第3版〕』（青林書院・2012）851頁
*5　荒川編・営業秘密Q&A 52～54頁
*6　小野編・前掲注（4）853頁
*7　荒川編・営業秘密Q&A 56～57頁。なお、最近の非公知性が否定された事例に、知財高判平成30年7月3日裁判所HPや知財高判平成27年12月24日裁判所HP等がある。

の要素が重要であると指摘されていた。ここでいうアクセス制限というのは、たとえば鍵付きのロッカーにしまうであるとか、ID・パスワードで管理するといったものが考えられる。

　問題はこの2つの要素の関係であり、議論が分かれていた。[*8] 大きな方向性としては、①アクセス制限と認識可能性とはともに重要な別個独立の要件として考えるべきという考え方と、②認識可能性がより重要であって、アクセス制限はあくまでもその認識可能性を担保するものにすぎないのだから、アクセス制限は独立の要件ではないという考え方がある。前者の立場からは営業秘密としての保護を求めるためにはアクセス制限を適切に実施しその証跡を残す等の対応が必要となるのに対し、後者の立場からは必ずしもそのような対応をとらなくとも営業秘密として保護されうることとなり、これを単なる理論上の問題と片付けることはできない。

　秘密として管理するための努力を積んで初めて不競法で保護するだけの価値があると考えるならば、アクセス制限がされていたか、されていたとしてどのような態様のものであるかはやはり重要であるとして、前者の立場に傾くであろう。[*9] これに対し、秘密とする意思がある情報の範囲を明確にすることで、従業員等の予見可能性や経済活動の安定性を確保するために秘密管理性要件が設けられているのだと考えれば、重要なのは従業員等にとって何が秘密かという認識可能性の確保であり、アクセス制限の有無自体は決定的な要素にはならないとも考えられる。[*10]

　裁判例も矛盾するとも思われる判断を示しており、どのように考えるかが問題となっていた。[*11] もっとも、裁判例において具体的な秘密管理方法の

---

*8　荒川編・営業秘密 Q & A 30 頁

*9　小野昌延＝村松信夫『新・不正競争防止法概説〔第 2 版〕』（青林書院・2015）325〜326 頁参照。

*10　経済産業省知的財産政策室『逐条解説不正競争防止法』（2017 年 1 月更新：http://www.meti.go.jp/policy/economy/chizai/chiteki/pdf/28y/full.pdf）41〜43 頁参照。

*11　裁判例は、当初は比較的容易に秘密管理性を認定していたところ、2000 年代当初から秘密管理性の認定が厳しくなり、その後 2000 年代終盤からまた揺り戻し期に入っているとの分析がなされている（田村善之「営業秘密の秘密管理性要件に関する裁判例の変遷とその当否」知財管理 64 巻 5 号（2014）93 頁以下）。

内容は様々な考慮要素の1つにすぎず、当該事案において合理的な秘密管理方法であるかを個々の事実関係を考慮して慎重に検討すべきとする見解からは、具体的な秘密管理方法のみに着目した裁判例の分析は的外れとの批判がなされている。[*12]

◆(3)「営業秘密管理指針」の改訂(2015年1月28日)　経済産業省は2015年に「営業秘密管理指針」を全面改訂した。[*13]この改訂は、営業秘密管理のベストプラクティスを示すものから、法律上秘密管理性が認められる最低限の要件を示すものへと位置付けを変えるという点で大きな変更であったが、[*14]これに加えて重要なのは、秘密管理性の判断基準を認識可能性に一元化し、アクセス制限を秘密管理性判断の独立の要件ではなく、単なる認識可能性を担保する1つの手段にすぎないと整理した点である。

すなわち、「営業秘密保有企業の秘密管理意思(特定の情報を秘密として管理しようとする意思)が、具体的状況に応じた経済合理的な秘密管理措置によって、従業員に明確に示され、結果として、従業員が当該秘密管理意思を容易に認識できる(換言すれば、認識可能性が確保される)必要がある」(5頁)としたうえで、「『アクセス制限』は、『認識可能性』を担保する一つの手段であると考えられる。したがって、情報にアクセスした者が秘密であると認識できる(『認識可能性』を満たす)場合に、十分なアクセス制限がないことを根拠に秘密管理性が否定されることはない」(5頁注5)とした。

要するに改訂営業秘密管理指針は、アクセス制限は認識可能性と異なる独立の要件ではなく、単なる認識可能性担保の手段と位置付けたわけである。ただし、ここで2点を指摘しなければならない。

まず、この立場でも、認識可能性を担保する程度の「秘密管理性」はなお必要である。この意味は、「秘密管理措置の対象者たる従業員において

[*12]　髙部眞規子編『著作権・商標・不競法関係訴訟の実務〔第2版〕』(商事法務・2018)492～493頁〔西田昌吾執筆〕

[*13]　経済産業省「営業秘密管理指針」(2003年1月30日(全部改訂：2015年1月28日)：http://www.meti.go.jp/policy/economy/chizai/chiteki/pdf/20150128hontai.pdf)

[*14]　なお、ベストプラクティスについては、「秘密情報の保護ハンドブック～企業価値向上に向けて～」(2016年2月：http://www.meti.go.jp/policy/economy/chizai/chiteki/pdf/handbook/full.pdf)を参照。

当該情報が秘密であって、一般情報とは取扱いが異なるべきという規範意識が生じる程度の取組」（改訂営業秘密管理指針7頁）と指摘される。

そして、アクセス制限が独立の要件ではないとしても、アクセス制限の存否（およびその具体的内容や程度）は、「認識可能性」を担保する1つの手段として、認識可能性、ひいては「秘密管理性の有無を判断する重要なファクター」（改訂営業秘密管理指針5頁注5）であることは否定されない。

◆**(4) 営業秘密管理指針改訂以降の裁判例**　この改訂営業秘密管理指針の立場は、実務でも注目された。しかし、この改訂営業秘密管理指針は行政の見解にすぎず、裁判所の法律解釈に変更があるかが注目されていた。

そこで筆者は、指針改訂後、すなわち2015年1月28日以降の裁判例を調査した。この中には、当事者が改訂営業秘密管理指針のアクセス制限に関する記載を引用して主張した事案（知財高判平成28年12月21日裁判所HP）等が含まれており、当事者の主張立証や裁判所における改訂営業秘密管理指針の認知度という意味でも、すでに機が熟していると評することができるだろう。これらの裁判例からは次のようなことがいえる。

まず、刑事事件であるが、アクセス制限を認識可能性との関係で独立の要件とみるのは相当でないとして、改訂営業秘密管理指針と同様の立場を明示した東京高判平成29年3月21日[*15]（判タ1443号80頁）のように、アクセス制限が独立の要件ではないことを明確に打ち出した裁判例があることは注目に値する。通信教育等を業とする企業の委託先としてシステム開発等に従事していた被告人が約3000万件の顧客情報を持ち出したという事案において、秘密管理性を認めた一審の有罪判決（東京地立川支判平成28年3月29日労判1180号133頁）に対して被告人が控訴し、相当高度な管理方法を採用して実践しない限り秘密管理性を認めるべきではないところ、アクセス制限の不備など様々な不備があったのだから秘密管理性を認めるべきではなかった等と主張された。

東京高裁は、「客観的認識可能性こそが重要であって、〔アクセス制限〕

---

*15　石毛和夫「判批」銀行法務21 825号（2018）70頁

の点は秘密管理性の有無を判断する上で重要な要素となるものではあるが、〔認識可能性〕と独立の要件とみるのは相当でない」としたうえで、顧客情報へのアクセス制限に不備があったとはいえ、一定のアクセス制限の措置がとられていたことを併せ考慮すると、本件において、秘密管理性の要件は満たされていたということができるとして、秘密管理性を認めた。

　同判決は、アクセス制限等を独立要件ではないとしたものの、一定のアクセス制限の措置がとられていたことも併せ考慮しており、アクセス制限がまったく考慮されていないわけではない。このような、アクセス制限を考慮に入れつつも認識可能性を重視する判断は比較的多くみられる。

　大阪高判平成30年5月11日（裁判所HP。原審・大阪地判平成29年10月19日裁判所HP）は、従業員が退職直前に営業秘密をコピーして持ち出した事案であるところ、大阪高裁は「秘密管理の在り方としては十分なされていなかった」にもかかわらず、問題となる従業員を含む、開発課の従業員は「その取扱い対象の本件電子データ〔注：営業秘密〕が秘密として管理されていることを当然認識していた」こと等を理由に、営業秘密の管理について問題がありアクセス制限の点で不十分であっても、従業員の認識を根拠に秘密管理性を肯定している。

　同様に、知財高判平成30年3月26日（裁判所HP）は、①就業規則による従業員の守秘義務、②従業員に対する情報セキュリティ教育、③資産台帳上で公開レベル「秘密」と区分し、④社内ファイルサーバの一部のフォルダをアクセス制限し、ユーザ名とパスワードで管理されていたところ、問題となる情報がかかるアクセス制限の対象となるフォルダに保管されていたことを認定し、従業員において使用者の秘密情報であると認識していたものであるとともに、秘密として管理していることを十分に認識しうる措置が講じられていたと認められるとして秘密管理性を認めた。

　知財高判平成30年1月24日（裁判所HP）が是認した東京地判平成29年2月9日（裁判所HP）も、靴の木型の設計情報について、従業員は使用者の秘密情報であると認識していたとしたうえ、就業規則や誓約書上の秘

密保持の規定は秘密管理措置にあたるといえる、としている。[*16]

その他、大阪高判平成29年7月20日（裁判所HP）が是認した大阪地判平成29年1月12日（裁判所HP）も、雇用契約書の規定、パスワードやキャビネット保管等から、従業員しか情報を利用できず、他に漏らしてはならない営業上の情報であると認識できたものといえ、秘密として管理されていたものと認められるとしており、また、大阪地判平成30年3月5日（裁判所HP）も、営業所内でアクセス制限が設けられていないとしても、それをもって対社外的にも秘密でない扱いがされていたとはいえないとしたうえで、顧客情報に接した者にそれが秘密であると認識しうるようにしていたといえることから、秘密管理性を認めている。[*17]

このように、かなりの数の裁判例は、認識可能性を重視し、当該認識可能性の認定においてアクセス制限を一定程度考慮している。もちろん、これらとは系統が異なると思われる裁判例も存在する。たとえば、横浜地判平成28年10月31日（第一法規28250768）は、秘密保持の意思および秘密の客観的認識可能性に加え、当該情報にアクセスできる者が制限されていることなど合理的な管理方法がなされていること（アクセス制限等の存在）、が必要である」としたうえで、公訴事実の一部について合理的な管理方法がとられていないとして一部無罪を言い渡した。[*18] これは、アクセス権限を独立要件とする見解と理解される。

3. 実務対応

◆**(1) 予防法務と事後対応の視点**　これらの裁判例は、実務対応にどのような示唆を与えるだろうか。事後対応と予防法務という2つの視点からみていくべきであろう。

◆**(2) 事後対応の視点**　不競法の保護を求めたい情報がすでに漏えいし

[*16] ただし、一定の重要情報について従業員が取り扱えないようにされていたことも併せて指摘している。
[*17] その他類似する流れの裁判例として、大阪地判平成28年6月23日第一法規28243387等参照。
[*18] なお、検察側が控訴しなかったため、控訴審である東京高判平成30年3月20日第一法規28262016は判示をしていない。

た、ないしは漏えいしたおそれがあるという状況において、当該情報が不競法上の「営業秘密」（不競法2条6項）であるかどうかについては、現に存在する（ないしは過去に存在した）秘密管理措置を前提に、これをもって秘密管理性があると主張せざるをえない。かかる場合には、アクセス制限が（やや）不十分でも、前掲東京高判平成29年3月21日等を根拠に、認識可能性があった以上秘密管理性があった、と主張していくことになるだろう。[*19]

◆**(3) 予防法務の視点**　これに対し、今後重要な情報を安全に管理運用していこうという予防法務の視点からは、やはり認識可能性だけではなく、アクセス制限についても合理的な範囲で確保できるよう工夫をしていく必要がある。その理由は以下の3つである。

まず、裁判所が前掲横浜地判平成28年10月31日のようなアクセス権限を独立要件とする立場をとっても、なお秘密管理性が認められるようにするという意味で、アクセス制限をきちんと行うことが望ましい。

次に、裁判所が仮にアクセス制限を重視しない立場をとるとしても、アクセス制限が何の意味ももたないということではなく、これによって認識可能性が担保され、より営業秘密と認定されやすくなる。

そして、そもそも営業秘密の保護を主張しなければならないのは、営業秘密が流出したり流出のおそれがある局面であるから、アクセス制限によってそのような局面をできる限り回避することが望ましい。

このような認識可能性とアクセス制限の双方について対応する場合、具体的には、従業員に対して、営業秘密の管理対象を明示すること、および物理的措置（施錠など）や技術的措置（アクセス制限の設定など）等を講じたうえで、アクセス権を与える従業員に対しては、目的外利用や漏えいをしないよう、秘密保持契約（誓約書）に署名させる等の対応をすることが重要である。[*20]なおここで、何が管理対象の営業秘密であるかを明示しない、[*21]

[*19]　なお、このような企業にとって比較的有利な立場を前提にしても、なお秘密管理性を認めることが困難である場合には、後述〔→147頁〕の競業避止義務の問題や、秘密保持義務の問題（第4節参照）を検討するしかないだろう。

[*20]　当該営業秘密を利用して日常的に業務を行わなければならない者が想定される。

[*21]　土田・労契法122頁や前掲注（14）「秘密情報の保護ハンドブック」参照。

たとえば「機密を守ること」という形で抽象的に義務を課しただけでは、従業員として何が「機密」かわからず、認識可能性が否定される可能性もあることに留意が必要である。この点、知財高判平成28年3月8日（裁判所HP）では、就業規則等の秘密保持義務の対象が曖昧不明確であり、アクセス制限等の状況と併せて営業秘密性が否定された。

加えて、一度ルールを作れば終わりなのではなく、そのルールを形骸化させず、実効性が保たれるよう管理していくべきである。知財高判平成28年12月21日（裁判所HP）は、雇用契約書等で守秘義務が定められ、プライバシーマークの付与を受け、役職員を対象とした研修を実施していること等が認められたものの、裁判所は、当該措置は実効性を失い、形骸化していたといわざるをえず、もはや秘密管理性は認められないとした。何かルールがあっても、それが形骸化して実際には誰も守っていなければ、もはや秘密管理性は認められないとされる可能性が高い。[*22]

◆**(4) 契約による保護と営業秘密の保護の双方の獲得**　このように、企業として営業秘密と考える範囲については、できるだけ不競法上の営業秘密と認定されるような対応をすべきであるが、保護の要件が厳しい営業秘密と異なり、従業員が使用者に対して労働契約上の付随義務として負う守秘義務の範囲は、営業秘密よりも広くなりうる。とりわけ、その内容や時的範囲について使用者と従業員との間で特約を結ぶことで、営業秘密より広い範囲の内容について相当なレベルの保護を受けられる可能性が広がる。

たとえば、知財高判平成24年3月5日（裁判所HP）では、秘密管理性が否定され、不競法上の営業秘密にあたらないとされた本件顧客情報が、守秘義務の対象となるとした。

このような意味で、契約（守秘義務）による保護と不競法（営業秘密）による保護の双方をできるだけ獲得できるようにし、最低でも契約上で保護されるようにすべきである。具体的対応は第4節で述べる。

[*22]　なお、改訂営業秘密管理指針7頁は「一時的ないし偶発的な管理不徹底に過ぎず、当該企業の秘密管理意思に対する従業員の認識可能性に重大な影響を与えない場合まで『形骸化』と評価することは適切ではない」としている。

4. 競業避止義務

◆(1) 秘密保持と競業避止　営業秘密は不競法や守秘義務違反で一定の対応が可能であるが、営業秘密に準じるほどの価値を有するものの、営業秘密として管理することが難しいノウハウ等については、不競法や守秘義務による保護を得ることは容易ではない。また、競業をされた場合、漏えいした営業秘密等を流用して競業している可能性があっても、その旨の証明がしにくい点もあげられる。[23] このような状況のもと、競業避止義務によって、実質的に営業秘密ないしそれに準じる秘密を守るという対応が志向されることがある。[24]

労働契約の存続中、従業員は使用者の利益に著しく反する競業行為を差し控える義務があり、[25] 在職中の競業は非違行為に該当しうる。[26] しかし、労働契約終了後は、元従業員に職業選択の自由があるので、何の合意もない場合に、退職後にも競業が当然に禁止されるものではない（知財高判平成26年10月29日裁判所HP、東京地判平成25年4月16日第一法規29026051等参照）し、合意があっても、合理的な範囲でしか制限できない。[27]

なお、当事者間の特約が存在しない場合であっても、退職後に、自由競争の範囲を逸脱するような態様で競業行為を行った場合には、責任を負う可能性がある（最判平成22年3月25日民集64巻2号562頁参照。最近の認容例

---

*23　土田・労契法111頁以下参照。
*24　なお、競業避止義務を課す目的には、秘密保護以外に、たとえば、教育機関などにおける教師と生徒といった人的関係の構築が、当該企業の信用や、業務としてなされたものである場合の顧客との人的関係等に関する企業の利益保護ということも存在することには留意が必要である（経済産業省「参考資料5　競業避止義務契約の有効性について」（http://www.meti.go.jp/policy/economy/chizai/chiteki/pdf/handbook/reference5.pdf）7頁）。
*25　菅野153頁
*26　たとえば、在職中の労働契約に付随する信義則上の競業避止義務違反につき、広島高判平成26年4月16日判時2230号36頁および原審・広島地福山支判平成24年11月28日判時2230号42頁。なお、東京地判平成27年2月12日判時2265号59頁、東京地判平成26年9月25日第一法規29042747、東京地判平成26年3月5日労経速2212号3頁等も参照。
*27　菅野153頁

として東京地判平成27年2月12日判時2265号59頁）。しかし、これは例外的場合であって、少なくとも予防法務の観点からは、このような例外的状況が存在すると主張しなければならない事態を避けるための対応策を講じておくべきである（実際、前掲知財高判平成26年10月29日でも、そのような例外的場合には該当しないとして、競業は禁止されなかった）。

次項以下では、特約が存在することを前提に、その有効性に関する裁判例を概観したうえで、実務対応を検討したい。

◆(2) 判断のポイント　　(ア)「競業避止義務契約の有効性について」の分析
平成24年以前の裁判例については、前記「秘密情報の保護ハンドブック〜企業価値向上に向けて〜」〔→141頁注14〕の参考資料5である「競業避止義務契約の有効性について」が、裁判例を分析している（図表8）。[*28]

「競業避止義務契約の有効性について」の分析によれば、①守るべき企業の利益があるかどうか、これを前提として競業避止義務契約の内容が目的に照らして合理的な範囲にとどまっているかという観点から、②従業員の地位が、競業避止義務を課す必要性が認められる立場にあるものといえるか、③地域的な限定があるか、④競業避止義務の存続期間や⑤禁止される競業行為の範囲について必要な制限がかけられているか、⑥代償措置が講じられているか、といった項目について判断し、企業側に守るべき利益があることを前提として、競業避止義務契約が過度に職業選択の自由を制約しないための配慮を行い、企業側の守るべき利益を保全するために必要最小限度の制約を従業員に課すものであれば、当該競業避止義務契約の有効性自体は認められるとされる（3〜4頁）。

①については、営業秘密以外にもこれに準じて取り扱うことが妥当な情報やノウハウについては、競業避止義務契約等を導入してでも守るべき企業側の利益と判断されている（6〜7頁）。

②については、形式的に特定の地位にあるかどうかが重要というのではなく、企業が守るべき利益を保護するために、競業避止義務を課すことが

[*28] http://www.meti.go.jp/policy/economy/chizai/chiteki/pdf/handbook/reference5.pdf

判例	競業避止義務契約の形態	有効性判断のポイント ①企業の利益	②従業員の地位	③地域的限定	④期間	⑤禁止行為の範囲	⑥代償措置	⑦有効性の判断	備考
東京高判 H24.6.13 ☆	誓約書(在職時)	●	●		●	●	●	●	
東京地判 H24.1.13 ☆		△	●	●	● 2年	●		●	目的に一応の正当性が認められるものの、本事案の事情のもとでは目的の正当性を過大視することはできないとされた。
大阪地判 H24.3.15	就業規則		●		● 2年	●		●	6か月は場所的制限なし。6か月～2年は場所的制限あり。
東京地判 H24.3.13	就業規則&誓約書(入社時)	●	—	—	—	—	●	●	元従業員が元使用者の業務上の秘密を使用する立場になく競業禁止の前提を欠くことおよび代償措置がないことをもって効力を否定。
東京地判 H24.1.23	誓約書(退職時)	○	○	●	● 5年	●	●	●	
大阪地判 H23.3.4 ☆	就業規則				● 1年	—	●	●	
大阪地決 H21.10.23	就業規則	○			○ 1年	○	○	○	
東京地判 H22.10.27	誓約書(退職時)				○ 3年	—	／	○	
東京高判 H22.4.27 ☆	就業規則	△			—	△	●	△	限定解釈により限定的に有効としたうえで、問題となった行為については限定された範囲を外れているとして違反を否定(控訴審)。
東京地判 H21.11.9 ☆	就業規則	●		●	○ 1年	●		●	
東京地判 H20.11.18	誓約書(退職時)						○	○	独立支援制度の存在と厚遇措置が代償措置として認められた。
東京地判 H19.4.24	誓約書(退職時)	○	○	○	○ 1年	○		○	
東京高判 H15.12.25	誓約書(締結時期不明)	○			○ 6月	○		○	
東京地判 H14.8.30	就業規則&誓約書(在職時)	○		○	○ 2年	○		○	
大阪地判 H8.12.25		△		—	—		●	●	規定の適用範囲を限定的として義務違反を否定した事案。
東京高判 H12.7.12	誓約書(入社時)	○			○ 6月	○		○	義務違反は認められたが義務違反と因果関係のある損害が認められず請求棄却。
東京地判 H11.10.29	誓約書(入社時)	○			○ 6月	○		○	同上
東京地判 H.6.9.29	誓約書(退職時)				○ 1年	○	／	○	

※○：肯定的に判断、●：否定的に判断、△：判断が実質的になされていないまたは不明確、—：規定は存在するが判例中に判断なし、／：代償措置の定めはないがその点について特段の言及なし、空欄：そもそも規定なしまたは不明、☆：退職金減額または不支給が争われる中で競業避止義務の定めの効力が問題となっている事案

図表 8　競業避止義務契約の具体的な内容について判断を行っている判例
(出典) 経済産業省「協業避止義務契約の有効性について」(前掲注 (28))

第 3 節　営業秘密の保護

必要な従業員であったかどうかの実質的判断である（10頁）。

③については、判例は地理的な制限がないことのみをもって競業避止義務契約の有効性を否定しない傾向があるとされている（11頁）。

④については、退職後、競業避止義務の存続する期間についても、形式的に何年以内であれば認められるというわけではなく、元従業員の不利益の程度を考慮したうえで、業種の特徴や企業の守るべき利益を保護する手段としての合理性等が判断されている（12頁）。

⑤について、一般的・抽象的に競業企業への転職を禁止するような規定は合理性が認められないことが多い一方で、禁止対象となる活動内容（たとえば在職中担当した顧客への営業活動）や従事する職種等が限定される場合、有効と認められやすくなる（14～15頁）。

⑥代償措置は、裁判所が重視していると思われる要素であるが、複数の要因を総合的に考慮する考え方が主流であり、代償措置の有無のみをもって有効性の判断が行われているわけではない（16～17頁）。

以上を踏まえて、「競業避止義務契約の有効性について」は、以下のようなポイントを抽出した（19頁）。

【競業避止義務契約締結に際して最初に考慮すべきポイント】
・企業側に営業秘密等の守るべき利益が存在する
・上記の守るべき利益に関係していた業務を行っていた従業員など特定の者が対象

【競業避止義務契約の有効性が認められる可能性が高い規定のポイント】
・競業避止義務期間が1年以内となっている
・禁止行為の範囲につき、業務内容や職種等によって限定を行っている
・代償措置（高額な賃金など「みなし代償措置」といえるものを含む）が設定されている

【有効性が認められない可能性が高い規定のポイント】
・業務内容等から競業避止義務が不要である従業員と当該義務について契約している
・職業選択の自由を阻害するような広汎な地理的制限をかけている
・競業避止義務期間が2年超となっている

・禁止行為の範囲が、一般的・抽象的な文言となっている
・代償措置が設定されていない
【労働法との関係におけるポイント】
・就業規則に規定する場合は、個別契約による場合がある旨を規定しておく
・当該就業規則について、入社時の「就業規則を遵守します」等といった誓約書を通じて従業員の包括同意を得るとともに、十分な周知を行う

　確かに、この枠組みは比較的理解しやすいし、50以上の裁判例の分析の成果であることから、説得力もある。とはいえ、公表からすでに5年以上が経過している。そこで以下では、その後の裁判例を踏まえて競業避止義務期間が2年超の場合や地理的範囲に制限のない場合が本当に「有効性が認められない可能性が高い」のかを検討したい。

　(イ) その後の裁判例の調査　筆者がその後の裁判例を調査したところ、以下の通り、判断の枠組み自体については、その後の裁判例についても同様の枠組みが維持されている。もっとも、上記の①〜⑥はあくまでも「要素」にすぎず、これらの要素を総合して判断がされていることがより明確になった。

　まず、肯定例を挙げよう。

　大阪地判平成30年3月5日（裁判所HP）は、置薬営業をする企業において、①営業上の秘密である顧客情報やそれを基礎とする取引先の維持という正当な目的のため、⑤自らが担当した薬箱が配置されている顧客に医薬品を重ねて販売する行為に限定されていること等から、④3年間の競業避止義務期間が必ずしも短期間とはいい難く、⑥代償措置が講じられたとは認められないことを考慮しても、なお有効とした。[*29]

　知財高判平成29年9月13日（裁判所HP。なお、原審・東京地判平成29年1月26日裁判所HP）は、①営業秘密やその他会社の業務を通じて知りえた知

[*29] なお、そもそも元従業員が競業避止義務を負う範囲について「置き合わせ」禁止という曖昧な文言を、裁判所が解釈により（現に医薬品（薬箱）を配置している顧客に対して）重ねて医薬品を販売する行為へと合理的に限定したことが前提であり、そのような合理的限定が前提となっていることには留意が必要である。

識を用いて競業行為を行うことにより企業に不利益が生じることを防止する必要があり、②雇用関係にあるプログラマーとの間で④契約期間中およびその終了後12か月間、⑤会社の業務内容と同種の行為を自らまたは第三者をして行うことを禁じる競業避止条項を有効とした。

東京地判平成28年1月15日（労経速2276号12頁）は、①商品に関する技術上の秘密、ノウハウ等を維持することを目的として、従業員に対し退職後の競業避止義務を課したものと認められ、そのような利益（競業制限の目的）は、保護されるべきものであるということができ、また②従業員が商品に関する技術上の秘密、ノウハウ等を最もよく知る立場にあり、相応の営業能力を備えていたことから競業避止義務を課す必要が高く、そして⑤同条項において競業行為が「機密情報や業務上知り得た特別な知識を利用した競業的行為」と一応限定されていることが認められ、その他の範囲についても合理的に限定しうるものであり、⑥早期退職制度の適用を受けた被告に対し、同制度に基づき、通常退職金に加えて、割増退職金の支払等3000万円余りの優遇措置が付与されたこと等から、退職後の競業行為の制限に、期間、場所的範囲、制限の対象職種の範囲の限定がないことを踏まえてもこれが合理的であるとした。東京高判平成28年9月28日（第一法規28243928）もこの判断を是認している。[*30]

東京地判平成29年9月20日（第一法規29031469）は、②対象となる従業員が書店システムを統括する取締役であった者で退任後も書店システム営業部の部長として月額賃金を100万円を受け取っており、⑤顧客情報、ノウハウなどの営業秘密などを利用した競業・競合行為を禁止し、または④退職後2年という限定で同業他社への就職、同種開業を禁止する等行為態様や期間といった限定を加えていることに照らせば公序良俗に違反するものとまではいえないとした。[*31]

大阪地判平成27年3月12日（裁判所HP）は、①講師と塾生の信頼関係

---

*30 ただし、この東京高裁判決は結論として競業避止義務に違反する競業行為がないとしている。

*31 ただし競業行為を否定。

は、当該講師が純粋に個人的に構築したものではなく、企業たる学習塾と塾生との関係を踏まえて成立するものであり、当該学習塾が投下した資本の上に成り立つものであって、②そのような講師についての競業禁止は投下資本の回収の機会を保護するための合理的なものであるところ、③会社で指導を担当していた教室から半径2キロメートル以内（2キロメートルより遠くなると小中学生にとって通塾に適さないという趣旨と思われる）の限度で、④2年間に限り、⑤自塾を開設することのみを禁ずることは、⑥特段の代償措置が講じられていなかったとしても合理的とした。

次に、否定例を挙げよう。

東京地判平成28年12月19日（第一法規29020529）は、①特殊な業界を背景に、退職者に競業避止義務を負わせることにより、顧客や取引先、各種商品の仕様や製造単価などの内部情報の無断利用ないし流出を防ぎ、既存顧客を維持するなどの利益確保の必要性は認めることができるが、④退職後3年間という比較的長期にわたり、③地域的な制限もなく、⑤競合企業に雇用されたり、競合事業を起業したり、競業行為を行うこと、会社の顧客と交渉したり、受注することを広範囲に禁止するものであるのに⑥これに対する代替措置は何ら講じられていないとしてこれを無効とした。

東京地判平成27年10月30日（判時2307号99頁）は、①労働者派遣事業を行うために企業が負担する顧客開拓・維持の費用あるいは業務拡大の期待利益については一応保護に値する利益と考えられるが、②従業員は1年間勤務したにすぎず、⑤競業避止規定が定める要件は抽象的な内容で幅広い企業への転職が禁止されるし、④禁止される期間も、就業規則の3年間の競業避止期間は従業員の勤続期間1年と比較して非常に長く、誓約書および覚書については期間の限定がまったくないうえ、⑥本来受けるべき対価としての賃金を十分に受け取っていないものと認められるとして、転職を禁止することに合理性があるとは到底認められないとした。

大阪地判平成26年3月18日（裁判所HP）は、②単に営業職であったにすぎず競業避止義務を甘受すべき地位、職務にあったとは認められず、④3年間、③地域、⑤業務に何ら制限なく同業者（その関連企業も含む）への

就職や起業、コンサルティング業務等までをも禁止する広汎なもので、⑥十分な代償措置を講じたこと等についての立証は何らされていないことから、これを無効とした。

東京地判平成26年1月9日（第一法規29039421）は、④退職後180日間にとどまり、⑤禁止される行為の対象は家事・清掃等のサービスと解され、その対象は就業していた店舗の顧客と限定されているものの、②いずれも時給約1000円のパートタイム労働者で⑥代償措置を得ていないし、より高い報酬の正社員が競業避止義務を負っていないのは合理性を欠くとした。[*32]

（ウ）裁判例の特徴　　(i) 総合判断の重要性　　まず、いずれの裁判例も特定の要件だけをみるのではなく、総合的に判断していることが重要である。たとえば、態様が十分に限定されていれば、3年（前掲大阪地判平成30年3月5日）、場合によっては無期限の合意であっても有効となりうる（前掲東京地判平成28年1月15日）。逆に、180日であっても、パートタイマーなら無効になりやすい（前掲東京地判平成26年1月9日）。その意味で、「競業避止義務期間が2年超となっている」場合に有効性が認められない可能性が高い、「競業避止義務期間が1年以内となっている」場合に有効性が認められる可能性が高いと具体的数字を示して判断する「競業避止義務契約の有効性について」の前掲ポイントは、ややミスリーディングかもしれない。

(ii) 地理的範囲と業態の関係　　また、地理的範囲については、業態に応じているものといえ、たとえば、学習塾では塾生の移動の可能性等から合理性が問われる（前掲大阪地判平成27年3月12日）。現在では、インターネット等の利用によりそもそも全国的に営業をしている企業も多く、その場合には、地域的制限なく競業を制限することだけでは合理性が否定されないことも多いだろう。

(iii) 代償措置不要の判断をする事例の存在　　さらに、総合考慮を

[*32] なお、就業規則について合理的解釈をした知財高判平成24年7月4日第一法規28181545や、合意を否定し傍論として「退職金等の補償措置もなければ期間も範囲も無限定の合意は、そもそも有効と認める余地がない」とした大阪地判平成29年8月24日第一法規28254046等も参照。

するということは、代償措置以外の部分で合理性が高ければ、特段代償措置が講じられていなくとも有効とされる場合があるということである（前掲大阪地判平成30年3月5日、前掲大阪地判平成27年3月12日）。

　　(ⅳ) 平等性　　なお、他の者が類似の義務を負うのかといった平等性についても問われることがある（前掲東京地判平成26年1月9日）。

◆**(3) 実務対応**　　**(ア) 6要素を踏まえた検討**　　上記の通り、「競業避止義務契約の有効性について」が示す6要素は後の裁判例を参照してもなお重要性がある。とはいえ、総合判断の重視ということが特にその後の裁判例ではより明確にされていることも前述の通りである。これらを踏まえ、競業避止義務を課すのか、課すとして誰にどのように課すかを慎重に検討することから始めるべきである。その場合、まずは制限の必要性と程度がいかほどのものかを検討したうえで、そのような必要性に見合った程度の競業避止義務とすることが重要である。

　商品に関する技術上の秘密、ノウハウ等を維持したい場合その目的を果たすためにどのような規制をするべきかを踏まえ、当該秘密・ノウハウをよく知っているポジションにある者に対し、機密情報や業務上知りえた特別な知識を利用した競業的行為のみを制限するといった方策を講じ、代償措置を講じるのであれば、期間等の他の要素は比較的緩やかでも有効性が認められる場合がある（前掲東京地判平成28年1月15日）。たとえば、塾が費用をかけて作った講師と塾生の信頼関係をもとに、塾生を奪われることを防ぐのであれば、講師に対し、学生の通塾距離に鑑みた2キロメートルという範囲で2年間自塾を開設することのみを禁ずることは特段の代償措置が講じられていなかったとしても合理的とされる場合がある（前掲大阪地判平成27年3月12日）。つまり、必要性に見合ったものであれば、その地理的範囲、時間的範囲を単独で取り出して広すぎるとか長すぎるといった判断がされる可能性は低いと思われ、あくまでも、競業避止義務の内容がその必要性と見合っているかの判断であろう。逆に、制約の必要性が十分に裏付けられていない場合、たとえば時給1000円のパートタイマーに競業避止義務を課す行為は有効性が否定される可能性が高い（前掲東京地判

平成26年1月9日)。

　なお上記の通り、代償措置がなくとも有効とされる事例が散見される。代償措置がない事案における事後対応としては、これらの事例をもとに代償措置は不要だと主張すべきだが、どのように制度を設計するかという予防法務としては、制約に見合った代償措置を検討すべきだろう。

　(イ) 就業規則か誓約書か　　特約の方法としては、就業規則のみでも有効とする例（たとえば大阪地決平成21年10月23日労判1000号50頁）もあるが、従業員側との明確な意思の合致が必要であるとする見解（東京地判平成25年11月14日第一法規29030898等）も踏まえると、予防法務としては、就業規則と誓約書の併用を考えたいところである。[33]

---

[33] なお、労契法12条につき本書第2章〔→30頁〕および「競業避止義務契約の有効性について」(前掲注(28)) 6頁参照。退職金返還について本書第10章〔→340～341頁〕参照。

第4節 情報管理・秘密管理の実務

Q 情報管理・秘密管理について実務上、どのような対応をすべきでしょうか。具体的に教えてください。

A 当然に守秘義務を負うから何も対応する必要がないとかをくくるのではなく、①就業規則等の規定、②入社時・秘密接触時・退社時の誓約書・秘密保持契約等の総合的対応をしましょう。

1. 当然に守秘義務を負うから何も対応する必要がない！？

　第2節において、従業員は労働契約上の付随義務として守秘義務を負うことを述べた。そして、このような守秘義務が労働契約上当然に生じるのであれば、特に使用者として情報管理・秘密管理のための対応を行う必要はないのではないか、と考える読者もいるかもしれない。しかし、やはり様々な対応を行う必要がある。この点については前節までにおいてもすでに述べてきたが、以下、守秘義務や営業秘密に対する法的保護があってもなお情報管理・秘密管理のための対応を行うべきことを説明する。

◆(1) 注意喚起・教育として　まず、従業員に対する注意喚起ないし教育の目的である。従業員は、一般的に秘密を保持しなければならないといったことは理解していても、当該従業員が実際に取り扱う情報について具体的にどうすべきか、十分に理解していないことがある。サービス業の従業員がSNSで安易に有名人の来訪を投稿して炎上するといった例がみられるが、これは従業員が情報の取扱いについて理解していないことから生じていることが多い。たとえば、具体的な情報を明示してその具体的な取扱いを明確に規定する旨の情報取扱いルールが明記されていたり、そのような具体的な取扱いを記載する秘密保持契約（誓約書）への署名をすれば、それを通じて従業員に対して注意喚起をし、また、どのように対応するべ

きかを教えることができる。

◆**(2) 対象事項の明確化**　次に、守秘義務の内容ないしは対象に関する争いを減らす目的である。何の具体的規定もなければ、実際に漏えい等された情報が守秘義務の対象となるかについて従業員との間で深刻な争いとなることも少なくない。そこで、具体的な情報を列挙することで、当該事項が守秘義務の対象となることを明確にするのが望ましい。

◆**(3) 守秘義務の時的限界への対応**　さらに、守秘義務の時的限界への対応という意味もある。前述〔→ 135 頁〕のように、労働契約終了後も、元従業員について労働契約上の付随義務としての守秘義務が存続するかについて対立がある以上、特約を結んでおくことに実務的意味がある。

◆**(4) 守秘義務の有効性の担保**　加えて、守秘義務の有効性の担保という意味もある。すなわち、従業員にとって不意打ちないしは予測可能性を害することを避けるため、当該情報が守秘義務の範囲内にあることを客観的に明確にすべきという趣旨の裁判例が存在する。たとえば、東京地判平成 28 年 12 月 26 日（第一法規 29020771）は、当該情報が守秘義務の範囲内にあることが客観的に明確にされており、従業員の予測可能性を害する不当な制約にならない限りで、使用者はそうした義務を負わせることができるものと解するのが相当としたうえで、具体的事案において守秘義務の対象であることを否定した。[*1]

◆**(5) 法令遵守**　最後に、法令遵守の目的である。前述〔→ 138～139 頁〕の通り営業秘密の定義に当てはまるとして不競法上の保護を受けるために、情報管理・秘密管理措置を講じることが特に秘密管理性の要件との関係で重要である。加えて、個人情報取扱事業者としての従業員に対する監督義務（個人情報保護法 21 条）や人的安全管理措置（同 20 条）の履行として、情報管理・秘密管理措置を講じることが必要である。[*2]

[*1]　なお、退職後であることを重視した判示であることには留意が必要である。また、営業情報について、個人に帰属するともみられる情報も秘密保持の対象に含めるならば、それが秘密保持の対象であることを明確にする必要があるとしたものとして、東京地判平成 24 年 6 月 11 日判時 2204 号 106 頁も参照。

[*2]　なお、個人情報保護委員会Ｑ＆Ａは、従業員との雇用契約において守秘義務を定め

このような情報管理・秘密管理措置を適切に講じないと、いざ秘密が漏えいした場合に、十分な保護を受けられなくなる。たとえば、大阪地判平成 25 年 6 月 21 日（労判 1081 号 19 頁）では、従業員がハードディスクを無断で自宅に持ち帰り、これを咎めた際に反省の色がみられなかったので当該従業員を懲戒解雇としたが、裁判所は解雇を無効とした。ハードディスクが従業員の私物であったところ、備品か従業員の私物か等について特段の注意を払っておらず、備品や情報の管理が徹底されていたとはいい難いこと、ハードディスクに保存された情報が外部に流出したか否かは確認されておらず損害が発生したと認めるに足りる証拠がないこと等から、就業規則に定められた懲戒解雇に値する「事案が重篤なとき」には該当しないとされた。

　これに対し、東京地判平成 24 年 3 月 13 日（労判 1050 号 48 頁）［ヒューマントラスト事件］では、個人データの社外持ち出しがなされた事案において、社内の情報管理規程が個人データの社外への持ち出しを原則として禁止しており、やむをえない場合でも持ち出し管理簿による授受確認を行って記録を残すよう求めているほか、個人情報を利用したり、保管またはバックアップしたりする者の範囲を業務に応じて極力限定し、盗難等防止の観点から、個人情報が入力されまたは記された記憶媒体や帳簿を、自宅を含む社外に持ち出さないよう求めているとしたうえで、社内の情報管理規程に反して、社外への持ち出しが原則として禁止されているデータを無許可で持ち出し、保有していたことが懲戒事由に該当するとされた。

　また、取引先リストや従業員の昇給に関するデータをプリントアウトして社外に持ち出した行為を懲戒事由とした大阪地判平成 24 年 11 月 2 日（労経速 2170 号 3 頁）も、就業規則に機密情報管理に関する遵守事項等が定められていた事案である。[*3]

　　ることが義務付けられるかという質問について、「人的安全管理措置として、義務付けられるわけではありません。ただし、人的安全管理措置及び従業者の監督（法第 21 条）の一環として、従業者との雇用契約において守秘義務を定める等の対応を取ることも、有効な取組と考えられます。なお、関係業法において守秘義務が定められている場合もあるため、留意が必要です」と述べている（7-12）。

　*3　ただしこの事案では、従業員の誰もが自由にアクセスできる共有フォルダに入って

日頃の情報管理・秘密管理が甘ければ、いざ情報の無断持ち出し等の事態が発生しても、それに対して企業が期待するような保護を裁判所から受けられなくなる可能性があるのに対し、適切に管理することで適切な保護を受けられる可能性が高まるということは心に留めておいていただきたい。

2. 就業規則と秘密保持契約（誓約書）

◆(1) 就業規則その他の社内規定　　(ア) **基本的な情報管理ルールを就業規則で定めるべきであること**　　就業規則は、原則として一律に適用が可能であり、企業における基本的な情報管理ルールを定めるうえでの利用価値が高い。加えて、懲戒をする場合には「罪刑法定主義」から、懲戒事由を就業規則に明記しておくべきであるところ、確かに守秘義務違反は、(多くの就業規則の懲戒事由に記載される)「非違行為」ではあると解されるものの、このような一般条項に委ねるのではなく、より具体的に就業規則違反その他の社内規則違反行為を記載するようにすべきである。

　(イ) **作成すべき規程類とその内容**　　では、規程類にどのように記載すべきだろうか。

　まず、就業規則上、一般に従業員が情報管理ルールに従うべきこと、およびそれに対する違反について懲戒処分等の処分をすることを明記すべきである。また、当事者間で情報管理等について特約を結びうることも規定すべきである（労契法12条参照）〔→30頁〕。

　そして、就業規則そのものに詳細な情報管理ルールを記載するよりも、情報管理規程、個人情報管理規程等の下位規程に委任したうえで、当該下位規程を適切に整備することが実務的であろう。これらの下位規程においては、たとえば、重要な情報へのアクセス権限の設定に関するルール、個人情報、営業秘密等の重要情報を含む媒体の持ち出しを管理するためのルール等を記載すべきである。

いたファイルが漏えいしていた。本事案から得られる予防法務的教訓としては、アクセス制限等の情報管理を適切に行うなど、使用者側としてこのような漏えいを防ぐためのさらなる措置を講じるべき、ということであろう。

また、業務委託に関する委託先選定基準、情報の適正管理に関する条項の入った雛形、委託したデータ取扱状況を確認するためのチェックリスト等の整備が考えられる。さらに、定められた規程等に従って業務手続が適切に行われたことを示すアクセスログ等の証跡を残しておく必要がある。[*4]

　（ウ）**就業規則制定・改訂手続を踏むべきこと**　ここで、裁判例上は、就業規則上の守秘義務、競業避止義務等の存在が主張されたものの、踏むべき手続を踏んでいないとして効力が否定される例が散見される。[*5]就業規則が法的規範としての性質を有するものとして拘束力を生ずるためには、その内容を適用を受ける従業員に周知させる手続がとられていることを要する（最判平成15年10月10日集民211号1頁）。そこで会社は、周知等の手続を踏まなければならない。

　なお、就業規則の変更については、その変更が合理的であれば個別交渉なく変更しても拘束力があることにも留意が必要である。[*6]

◆**（2）秘密保持契約（誓約書）**　（ア）**就業規則だけでは不十分であること**　上記の通り、基本的ルールを定めるうえで就業規則は有用だが、就業規則だけでは不十分である。たとえば、従業員に特定の情報が秘密である旨をきちんと理解させ、特別な対応を心がけさせるためには、重要な情報を取り扱うに至った段階で、具体的に当該情報を明示した秘密保持契約（誓約書）を取得することが効果的である。

　さらに、退職時には、返却すべき情報を返却したか等を確認するとともに、すでに誓約済みの秘密保持義務の内容およびこれが退職後も継続することを再度確認し、秘密保持義務違反の状況が発生することを可及的に防止するという意味もある。

---

*4　情報システム利用申請書、ある従業者に特別な権限を付与するための権限付与申請書、情報システム上の利用者とその権限の一覧表、建物等への入退館（室）記録、個人データへのアクセスの記録（たとえば、誰がどのような操作を行ったかの記録）、教育受講者一覧表等が考えられる。
*5　知財高判平成24年2月29日裁判所HP、東京地判平成28年5月31日裁判所HP（控訴審・知財高判平成28年12月12日裁判所HPも是認）、東京地判平成26年3月19日第一法規29040079　等
*6　労契法10条参照。

(イ) 入社時の秘密保持契約（誓約書）　入社時には、秘密保持契約（誓約書）に署名させることで、情報管理意識を高め、また、退職後もかかる義務が継続することを明確にすべきである。とはいえ、これだけですべての用が足りるわけではない。入社時にはまだ明確にはどのような情報に触れるかがわからない。その意味では、秘密保持契約は抽象的な規定にならざるをえないのである。だからこそ、次に述べる重要情報取扱開始時および退社時の秘密保持契約（誓約書）も取得する意味がある。

(ウ) 重要情報取扱開始時の秘密保持契約（誓約書）　これに対し、具体的に（一般の従業員が取り扱わないような）重要情報を取り扱わせるにあたっては、当該重要情報の具体的な内容とその取扱方法について、さらに秘密保持契約（誓約書）を取得することが考えられる。たとえば、（上場企業を念頭に）社長秘書として、インサイダー情報等も含めて取り扱うことになる従業員に対しては、そのような情報の外部漏えいはもちろん、たとえば株式購入や売却等の目的外利用が重大な非違行為（法令違反および上場企業における自社株等の取引についての規定違反）になることを教示し、これを確認する意味で秘密保持契約（誓約書）を取得することが考えられる。

(エ) 退職時の秘密保持契約（誓約書）　退職時においては、秘密保持契約（誓約書）への署名を求めるべきである。その内容としては、在職中に得た情報の秘密保持と目的外利用の禁止等を定めるべきであるが、退職者が具体的に有している情報の内容に鑑み、特に秘密保持が求められる情報を具体的に列挙することで、注意を喚起することが重要である。

　なお、この中で、情報（が含まれる媒体）および機器を返却済みであることを表明保証させるべきであり、また、単に署名をするだけではなく、「家に資料を持ち帰っていませんか？」等と質問し、重要資料の持ち去りを防ぐべきである（なお退職については、第10章も参照）。

◆**(3) 署名をしようとしない場合**　秘密保持契約（誓約書）については、従業員がこれを署名しない場合がある。そのような場合について懲戒ができるかについては議論がある。[*7] 実務上、入社時および重要情報取扱開始時については、その必要性を説明すれば、任意に同意してもらえることが多

い。問題は、退職時である。[*8]

　そもそも、署名拒絶に対して懲戒ができると解しても、退職時において懲戒をすることの意味はあまり大きくない。そもそも、上記の通り、退職時の秘密保持契約（誓約書）の目的は、具体的にどのような情報を退職者がどのように管理すべきかを伝えるという告知ないし注意喚起の意味が大きい。よって、署名がなくとも秘密保持契約（誓約書）を見せて再度注意喚起をしたことそのものが重要といえるだろう。

　なお実務上、退社時の秘密保持契約（誓約書）に署名しない従業員に対しては、その理由を確認する必要があり、その理由に応じて説得をすべきである。たとえば、転職が不当に制約されると思って署名をしないのであれば、不当な制約にはならないことを丁寧に説明するといったことで理解を得て、署名をもらえることもある。

　そして上記の通り、告知および注意喚起が重要であるから、最後は、その退職者の負う義務を明示した書面を本人に手渡して、受領についての署名をもらうことでこれに代える等、具体的事情に応じて対応すべきである。

3. マニュアル作成・研修

　上記の通り、就業規則（下位規程を含む）や秘密保持契約（誓約書）で明確に規定すべきではあるものの、これだけ十分ではないことには留意すべきである。

◆(1) 具体的な業務手順へブレークダウンすべきこと　　情報管理ルールを含む社内規程をたとえばイントラネット上に公開する企業も多い。しかし、社内規程をそのまま読んでもよく理解できないことも多いし、具体的場面においてどうすればよいかわからないという事態が生じることも多い。こ

---

*7　誓約書不提出のタクシー運転手の試用期間中の解雇を有効とした名古屋地判昭和40年6月7日労民16巻3号459頁［名古屋タクシー解雇事件］、身元保証書提出拒否を理由とする即時解雇を有効とした東京地判平成11年12月16日労判780号61頁［シティズ事件］等。渡邊・「情報」管理160～161頁

*8　なお、個人情報取扱誓約書の不提出自体を理由とする懲戒は難しいが、その理由を確認し誤った解釈や実務を知ったら是正を命じるべきとする（山田・トラブル防止328～329頁）も参照。

第4節　情報管理・秘密管理の実務

のような場面に備えるため、さらにブレークダウンした情報利用マニュアル、ハンドブックやＱ＆Ａ集を作成することも有益である。

なお、いくら事前に準備しても、想定していない事態が生じることは少なくない。そこで、マニュアル、ハンドブックやＱ＆Ａ集等には、不明点がある場合にどの部門に照会すればよいのかを案内することが望ましい。[*9]

◆**(2) 教育・研修の重要性**　教育・研修の重要性は論をまたない。個人情報保護法に関するガイドライン通則編は、従業員の監督について「個人データを取り扱う従業者に対する教育、研修等の内容及び頻度を充実させるなど、必要かつ適切な措置を講ずることが望ましい」としている(3-3-3)が、具体的な情報の内容とその重要性に鑑みて、充実した教育・研修を行うべきことは、すべての情報管理において非常に重要である。

企業によっては、一定以上の重要情報を取り扱うための権限を設定してもらうためには、ｅラーニング等の課程を修了し、そのあとのテストで一定の得点を取らなければならないといったように、重要情報を取り扱う従業員の理解を担保する施策を講じるところもあり、参考になる。[*10]

4．人的以外の安全管理措置との組み合わせ

さらに、論をまたないところではあるが、本章がこれまで論じてきた情報管理・秘密管理はそのうちの人的安全管理措置という一部分にすぎない。しかし、人的安全管理措置のみで情報管理・秘密管理が実現するのではなく、基本方針、規律整備、組織的安全管理措置、物理的安全管理措置、技術的安全管理措置等が有機的に組み合わさって初めて実現するものである。

これらの安全管理措置は「人事」からは多少離れるものの、これらが総合的に構築されて初めて情報や秘密の安全管理が実現することには十分に留意が必要である。[*11]

[*9] この場合法務部門、人事部門やIT部門等、当該会社の状況に応じて適切な部門を案内すべきである。

[*10] ただし、これらの施策は運用が硬直的になりすぎないよう、当該会社の実情に合わせたものとすることが重要であろう。

[*11] また、それらも人事労務と無関係ではないことは前述〔→ 132頁〕の通りである。

5. 情報管理・秘密管理の限界

　このように、情報管理・秘密管理を徹底しても、一定の場合についてはそもそも守秘義務の対象であるかどうかが問題となるだけではなく、仮に形式的に守秘義務を負うとしても、一定の場合には、従業員が情報を第三者等に開示等することができることがあることにも留意が必要である。たとえば、東京地判平成15年9月17日（労判858号57頁）は、従業員が助言を仰いでいる弁護士への事情説明のため秘密資料を開示、交付したのは、自己の救済を求めるという目的のためであり、それは不当な目的とはいえないこと、弁護士から諸資料は当該従業員の同意なしに第三者に開示しないとの確約書を得ていることを併せ考えると、当該従業員が弁護士に本件各書類を開示、交付したことについては、特段の事情があるというべきで、守秘義務に違反したとはいえず、懲戒事由にはあたらないとした。[*12]

　要するに、従業員としても、一定の正当な場合には第三者に情報を開示することができるのであり、企業はそのような限界に留意する必要がある。[*13]

---

*12　なお、顧客リストを外部に送信した事実は認められたものの、これは営業促進のためとして懲戒解雇を無効とした東京地判平成24年8月28日労判1060号63頁［ブランドダイアログ事件］も参照。
*13　また、誓約書等で同意している内容について、従業員と使用者間の力関係等から限定解釈がされるおそれもある。なお、内部告発に伴う開示については第9章を参照のこと。

第5節　人的安全管理措置・営業秘密をめぐる AI・HRテックの実務的課題

Q 当社は、当社の従業員に関するデータを読み込ませて独自のAIシステムを構築しました。このようなAIおよび関連するデータ等の情報の保護について、どのようなことに留意すべきでしょうか。

A 人事に関するデータや、それを処理するAIそのものが営業秘密であることも多く、企業は、前節までで説明したような人的安全管理措置や営業秘密の保護措置等を講じ、その保護に留意する必要があります。なお、近時の改正で、ID・パスワード等により管理したうえで業として第三者に提供されるデータなど、特定のデータが不競法で保護されることになりました。

1. 営業秘密としてのAI

前述〔→138～139頁〕の通り、営業秘密は「秘密として管理されている生産方法、販売方法その他の事業活動に有用な技術上又は営業上の情報であって、公然と知られていないもの」（不競法2条6項）と定義されている。AIの学習成果はノウハウにあたるものが多いことから、ノウハウを保護する営業秘密による保護が検討されている。著作権等の対象とならない価値あるデータをコントロールできる知的財産制度上の法的な枠組みは不競法上の営業秘密としての保護しかない状況であるとも指摘されている。[*2]

[*1]　奥邨弘司「人工知能における学習成果の営業秘密としての保護」土肥一史先生古稀記念『知的財産のモルゲンロート』（中央経済社・2017）216頁以下
[*2]　知的財産戦略本部検証・評価・企画委員会新たな情報財検討委員会「新たな情報財検討委員会報告書―データ・人工知能（AI）の利活用促進による産業競争力強化の基盤となる知財システムの構築に向けて―」（2017年3月：http://www.kantei.go.jp/jp/）

ハードウェア、ソフトウェア、そして学習成果たる情報（関数、プログラム、データの集合体等）の3点（いわゆる「人工知能3点セット」）が人工知能を構成する。[*3]ディープラーニングでいう学習成果は、「AIのプログラム」の一種であるニューラル・ネットワークの構造と各ニューロン間の結びつきの強さであるパラメータ（係数。いわゆる「重み」）の組み合わせたる学習済みモデルである。[*4]

　技術上または営業上の情報であること、および生産方法、販売方法その他の事業活動に有用なものであることについて、人工知能3点セットは技術上の情報であり事業活動上有用な情報であることも多い。[*5]ただし、内容によっては有用性があるか疑問が残るものもあることは否定できないだろう。

　次に、秘密管理性については前節で述べた通りである。工場内では秘密管理性の確保が比較的容易だが、AIを搭載した量産品を販売する場合が問題となるとされる。確かに、消費者への販売（BtoC）では、秘密保持契約締結は考えにくい。ただし、モニターでの秘密表示や特殊ネジでの密封等の対応によりこの要件を満たすことができるとされる。[*6]

　とはいえ、購入者が秘密保持義務を負わなければ、非公知性は問題となる。たとえば、市販された製品などから営業秘密が一般に知られうる状態にあれば非公知性が破られるし、[*7]リバースエンジニアリングで容易に取得できる場合にも非公知性が否定されうる。[*8]ハードウェアそのものは保護されない可能性があり、ソフトウェアや学習成果を暗号化・難読化すれば、

---

singi/titeki2/tyousakai/kensho_hyoka_kikaku/2017/johozai/houkokusho.pdf）11頁
* ＊3　奥邨・前掲注（1）217頁
* ＊4　「新たな情報財検討委員会報告書」（前掲注（2））25頁注47。なお、当該学習モデルを作るための学習用データそのものの営業秘密としての保護の問題もあるが、これはあくまでもデータの営業秘密としての保護という従来から存在する問題の延長線であるので、ここでは論じない。
* ＊5　奥邨・前掲注（1）218頁
* ＊6　奥邨・前掲注（1）219〜220頁
* ＊7　小野昌延＝村松信夫『新・不正競争防止法概説〔第2版〕』（青林書院・2015）345頁
* ＊8　奥邨・前掲注（1）221頁

非公知性を維持できると論じられている。とはいえ、いわゆる「蒸留」——すなわち、AIを学習させるのに、別のAIのプログラムを模倣することはせずに、そのAIの入力値と出力値を使って学習させる手法——は合法的リバースエンジニアリングとされ、「蒸留」をして作成したAIシステムが公開され、当該内容が公知化すれば、非公知性は否定されうる。これへの対応としては、契約上の禁止くらいしかないだろう。

2. データについての幅広い保護（不競法2018年改正）

　契約を結んだ第三者に一定のデータを提供するビジネスが増加している。AIとの関係では、AIの元となる学習用データ、AIによる処理用の生データ、AIによる処理結果データ等がありうる。HRテックに活かすために、どのようなジョブ（職務）を全うするためにどのような知識・技能・能力・行動特性等が必要か（コンピテンシー）を定義する場合には、自社ではなく他社のベストプラクティスを学ぶべきとされているので、このようなデータが提供されることも想定される。

　このようなビジネスの対象となるデータが不競法上も保護されるのか。特にデータを第三者と共有することによる秘密管理性の否定が懸念されてきた。2018年改正で一定のデータについて不競法の対象とすることを明示し、営業秘密の役割を補完しようとしている。

　改正不競法2条7項は「この法律において『限定提供データ』とは、業として特定の者に提供する情報として電磁的方法（……）により相当量蓄積され、及び管理されている技術上又は営業上の情報（秘密として管理されているものを除く。）をいう」としている。業として特定の者に提供する情報として電磁的方法により相当量蓄積され管理されている技術上または営

---

*9 奥邨・前掲注（1）222〜223頁
*10 AIの法律と論点68頁〔福岡真之介・仁木覚志・沼澤周執筆〕
*11 奥邨・前掲注（1）226頁
*12 人事が変わる99〜100頁〔民岡良執筆〕
*13 松本慶「不正競争防止法改正案の概要と実務対応」ビジネス法務2018年7月号110頁

業上の情報は、たとえ秘密として管理されておらず、「営業秘密」としての保護が否定されても、「限定提供データ」として、営業秘密と類似する不正取得等の行為が行われた場合、これが不正競争（不競法2条1項11号以下）として保護の対象とされることになった。①業として特定の者に提供する情報であること（限定的外部提供性）、②その情報が電磁的方法により相当量蓄積されていること（相当量蓄積性）、③その情報が電磁的方法により管理されていること（電磁的管理性）、④その情報が技術上または営業上の情報に該当すること（有用性）が要件となっており、秘密管理性が要求される営業秘密より緩い要件のもとで保護が図られる。

2018年11月20日に「限定提供データに関する指針（案）[*14]」（以下、本節において「指針（案）」という）がパブリックコメントに出されたので、以下、その情報も織り込みながら説明したい。

まず、①限定提供データといえるためには外部提供性をもつ必要があり（「提供する情報として」）、原則として社外へと公開せず、社内で秘密裏に管理されることが予定される営業秘密とは異なっている。他方で、限定提供データといえるためにはそれが特定の者に対してのみ提供されるような情報である必要があり（「特定の者に」）、不特定の者に対して提供することが予定されている情報は保護されない。また、これらの提供行為は反復継続して行われることが予定されている必要がある（「業として」）。

②の相当量蓄積性要件についてはいわゆるビッグデータを念頭においた要件であって単独のデータを排除するものである[*15]。この要件が対象となるデータに対して一定の有用性ないし価値を要求するものだと解するものもある[*16]。あまりに少量でデータとしての取引上の価値をもたないようなものはこの相当量蓄積性要件を充足しない結果、限定提供データとしての保護

[*14] http://www.meti.go.jp/shingikai/sankoshin/chiteki_zaisan/fusei_kyoso/pdf/010_03_00.pdf
[*15] 吉羽真一郎「ビッグデータ等のデータの保護と利活用の促進」ビジネスロー・ジャーナル2018年9月号31頁
[*16] 経済産業省知的財産政策室「不正競争防止法平成30年改正の概要」NBL1126号（2018）16頁

を受けることができなくなる。保護されるのは、「個々のデータの性質に応じて、当該データが電磁的方法により蓄積することによって生み出される付加価値、利活用の可能性、取引価格、収集・解析に当たって投じられた労力・時間・費用等が勘案されるものと考えられる」と指摘されている[*17]。

指針（案）は、相当蓄積性の具体例として以下のものを挙げた（指針（案）9〜10頁）。

> ・携帯電話の位置情報を全国エリアで蓄積している事業者が、特定エリア（例：霞が関エリア）単位で抽出し販売している場合、その特定エリア分のデータについても、電磁的方法により蓄積されていることによって取引上の価値を有していると考えられるデータ
> ・自動車の走行履歴に基づいて作られるデータベースについて、実際は分割提供していない場合であっても、電磁的方法により蓄積されることによって価値が生じている部分のデータ
> ・大量に蓄積している過去の気象データから、労力・時間・費用等を投じて台風に関するデータを抽出・解析することで、特定地域の台風に関する傾向をまとめたデータ
> ・その分析・解析に労力・時間・費用等を投じて作成した、特定のプログラムを実行させるために必要なデータの集合物

③の電磁的管理性要件は、営業秘密における秘密管理性に相当する要件である。すなわち、この要件はIDやパスワードなどを利用して外部者に対して当該情報が「特定の者に提供する」ようなものであることが判別可能になっていることで、外部者の予見可能性や経済活動の安定性を担保するような役割を有する。たとえば、アクセス管理が適切になされていないがために、意図はどうあれ事実上当該情報については限定提供データとしての保護を受けることができないということがありうる。

指針（案）は、電磁的管理性について、対応する措置としては、データ保有者と当該保有者から提供を受けた者（特定の者）以外の者がデータにアクセスできないようにする措置、つまりアクセスを制限する技術が施さ

[*17] 経済産業省知的財産政策室・前掲注（16）16頁。指針（案）9頁も同旨。

れていることが必要とし（指針（案）10頁）、複製ができないような措置がなされているがアクセス制御はされていない場合は、「電磁的管理性」には該当しない（指針（案）11頁）とした。

④有用性に関しては、営業秘密の有用性について述べたところ〔→139頁〕を参照されたい。

データの保護については、営業秘密だけではなく、上記の各要件を踏まえ、限定提供データとしての保護も検討すべきである。

なお、指針（案）は2019年に正式確定して公表される予定であるから、その後の実務では正式確定版を参照すべきである。

第 5 章
業務における情報技術の利用と人事労務

第 1 節　業務における情報技術の利用

Q AI や HR テックに限らず、業務における情報技術の利用の増大は、人事労務にどのような影響を与えますか？

A まず、業務内容やその遂行方法に変化が発生することに関し、教育・研修が必要になります。また、新たな就労状況に対応するための労務管理上の課題が発生するほか、管理対象の情報や情報端末の増大への対応が必要です。さらに、情報法や労働法による制約にも留意が必要です。

1．業務における情報技術の利用の増大

　情報通信技術の発達に伴い、業務遂行方法は日々変化している。日本企業はすでに OA 化、すなわち、紙の上で手作業で行っていた事務作業のコンピュータ化を経験しており、近時では、クラウド・モバイルデバイス等の利用が進んでいる。さらに将来は、業務における（広義の）AI の利活用も進むと想定される。

　このうち、業務における AI（RPA を含む）の利活用に関する人事労務上の問題については、すでに第 2 章〔→ 80 頁以下〕で検討した。そこで本章では、それ以外の業務における情報技術の利用全般について検討しよう。

2. 業務における情報技術の利用に対する視点

　業務における情報技術の利用の進展については、人事労務との関係でどのような点に留意すべきであろうか。

　まず、新しい情報技術の利用は企業側にとっては効率化・生産性向上といった利点があり、従業員にとっても利便性向上等の利点がある。もっとも、従業員は慣れない新しいシステムや情報通信機器を利用することになり、そのために業務内容にも少なからず変更が生じることから、少なくとも初期においては従業員の負荷を高めることになり、企業側も研修等の対応が必要となる（この点は、教育・研修の問題として、第6章で取り上げる）。

　次に、たとえ技術的には可能であり、効率性や人事労務管理の質の向上に貢献するであろう事項でも、たとえばモニタリング等、それを安易に導入するべきではなく、労働法やプライバシー法による制限に留意しなければならないことも存在する。本章ではこのことを、私的利用（第2節）とモニタリング（第3節）に関連して論じる。

　さらに労務管理という観点からみれば、新たな情報技術により、情報通信機器を利用した執務状況のモニタリング等、労務管理上の選択肢が増えるものの、テレワーク等の多様な形態での就労状況に対応するため、労務管理上の課題やルール作り等の負担が発生する。本章では主に、モニタリング（第3節）とテレワーク（第5節）についてこのことを論じる。

　加えて、企業が保有する情報（や情報通信機器・端末）が増加することは、データが増えることによりAIやHRテックによる処理・分析等をしやすくなるという利点（第6節参照）があるものの、管理対象の情報や情報通信機器・端末が増大し、情報管理の負担も増大するという側面がある。情報管理そのものは総論的な議論につき第1章で、人的安全管理につき第4章でそれぞれ扱ったので、本章ではBYODやCOPE等の端末管理の問題を扱う（第4節）。

第2節　私的利用

Q 従業員の中に、会社のメールアカウントを私的なやり取りに使っている者がいるようなのですが、どのように対処すればいいでしょうか。

A 会社の通信設備等は業務のために利用させているのですから、従業員はこれを原則として業務のためにのみ利用しなければなりません。しかし、規程を明確に定めていない場合や、事実上私用が野放しとなり実態として黙認されている場合には、規制が困難になるので、きちんと規程を明確に定め、実態としても禁止していくべきでしょう。なお、些細な私的利用に対しても懲戒等の処分ができるかは別の問題です。

1. 通信設備等の私的利用

　企業における業務上の情報技術の利用の増大が、情報通信機器の利用の拡大を生じさせている。これまでも、社用パソコンを従業員に業務上貸与したり、従業員にメールサーバ等の会社の通信設備を業務上利用させたりといった利用形態は一般的であった。[*1] そして、情報技術の利用の増大とともに、たとえば、携帯電話、スマートフォン、タブレット等の携帯端末および移動通信設備の利用等、より多くの通信設備等が従業員によって業務上利用されるようになった。

　これらの通信設備等については、あくまでも業務上利用するものであっ

---

*1　なお、メールサーバを利用させる場合には、会社のメールアカウントを利用させることを伴う。このメールアカウントのように、必ずしも「設備」の範疇に入らないものについても同様の考察が必要であることから、本章では「通信設備等」という表現を、物理的な通信設備以外にメールアカウント等の物理的「設備」ではないものも含む概念を表すために用いることとする。

て、原則として私的利用は想定されていない。その調達費用、保守管理費用そして通信費用等も会社が負担することが原則である（なお、BYODやCOPE等の問題は、第4節参照）。したがって通信設備等は、基本的に業務のためにのみ利用すべきであり、たとえば業務用携帯電話で私用電話をかけるとか、社用パソコンを用いて（仮に私物のパソコンであっても会社のアカウントを用いて）私用メールをしたりすることは、本来許されないはずである。

ところが、従業員の中には、業務との関係が微妙な目的のためにこれらの通信設備等を利用したり、場合によっては完全な私的目的のために用いたりする者が存在する。このような通信設備等の私的利用について、法律上および実務上の問題を検討したい。

2. 私的利用はなぜ制限されるべきか

通信設備等の私的利用については、様々な理由で制限が必要である。具体的には、①職務専念義務違反、②通信設備等の（貸与）目的外利用、③企業の名誉信用の保護、④その他があるので、以下順番に論じる（なお、労働時間との関係は第7章を参照のこと）。

◆(1) 職務専念義務違反　労働契約の権利義務の最も基本的なものは、従業員における労働力の提供を行う義務（労働義務）と、使用者における報酬を支払う義務である。[*2] 労働義務は誠実労働義務を包含し、従業員は労務を誠実に遂行する義務を負い、[*3] 労働時間中は職務に専念し、私的活動を差し控える義務（職務専念義務）を負う。[*4]

このように従業員は、業務時間中は職務専念義務を負うわけであるが、業務時間中に通信設備等の私的利用がされると、その時間において労務は提供されていない。そこで、私的利用が業務時間内に行われたのであれば、職務専念義務違反となる。[*5]

---

*2　菅野149頁
*3　菅野149頁参照。
*4　菅野923頁
*5　ただし、特に組合業務等との関係では、職務専念義務を限定的に解する見解があることには留意が必要である（たとえば、リボン闘争についての最判昭和57年4月13

◆(2) 目的外利用　　社用パソコンや電子メールアカウントをはじめ、多くの場合、企業はその通信設備等を従業員に利用させている。しかし当然ながら、企業は従業員の私的な利用のために貸与するのではなく、あくまでもその業務に利用するために貸与しているわけであるから、私的利用は目的外利用にあたる。

◆(3) 名誉・信用の保護　　社用メールアドレス、回線等が私的に利用されることで、企業の評判が落ちることがある。たとえば、ストーキングや脅迫を内容とするメールが社用メールアドレスから送られれば、それによって企業の評価が害される（福岡高判平成17年9月14日労判903号68頁［K工業技術専門学校事件］参照）。また、会社の回線を使うことで、たとえばWikipedia等のように投稿元のIPアドレスが公開されるサイトでは、職場から書き込んだことが公開され、内容に問題があれば、そのような投稿をする従業員がいる企業だという意味で企業の評価が害されるし、仮に内容に問題がなくても、職場からおよび／または就業時間中の投稿であれば、（就業時間中に）私的利用をする者がいるということで企業の評価が害される。

◆(4) その他　　その他たとえば、アダルトサイト等の危険なサイトへのアクセスによってウィルスに感染したり、最近では仮想通貨のマイニングのために会社のリソースが使われたりといった事態が生じうる（なお、マイニングについては、後掲注(13)参照）。また、私的利用の目的によっては、たとえば守秘義務違反[*6]、違法な兼業や、競業行為等の問題も生じうる[*7]。

3. 私的利用への規制の限界

このように、通信設備等の私的利用に対しては企業としてこれを制限す

日民集36巻4号659頁の伊藤正己裁判官補足意見参照）。
*6　同業他社の営業活動に利用する意図で情報を電子メールによって送信したことをもって守秘義務違反とした東京地判平成23年6月15日労判1034号29頁［長谷エライブネット事件］参照。
*7　業務時間に送信したメールの内容により第三者の業務支援を行っていたことが推認されるとして、これが重大な非違行為に該当するとの評価は免れえないとした事例として、東京高判平成27年8月27日第一法規28233196。

る必要性があるものの、軽微な私的利用を常に懲戒等の対象とできるわけではない。裁判例上、私的利用の規制には一定の限界がみられる。

　たとえば東京地判平成13年12月3日（労判826号76頁）[F社Z事業部事件]は、「〔特定の事実関係の下では〕会社のネットワークシステムを用いた電子メールの私的使用に関する問題は、通常の電話装置におけるいわゆる私用電話の制限の問題とほぼ同様に考えることができる。……会社における職務の遂行の妨げとならず、会社の経済的負担も極めて軽微なものである場合には、これらの外部からの連絡に適宜即応するために必要かつ合理的な限度の範囲内において、会社の電話装置を発信に用いることも社会通念上許容されていると解するべきであり、このことは、会社のネットワークシステムを用いた私的電子メールの送受信に関しても基本的に妥当する」と論じた。

　要するに、一定の範囲では、私的メールなど会社の通信設備等の私的利用について、使用者が規制をしたり、私的利用を理由に懲戒等の制裁を加えることができない場合がありうるということである。具体的に、その「一定の範囲」というのはどの範囲だろうか。また、このような限界があることを踏まえ、どのような実務対応を行うべきであろうか。次項で検討したい。

4. 実務対応

◆(1) 規程の制定と周知　　東京地判平成15年9月22日（労判870号83頁）[グレイワールドワイド]事件は、懲戒解雇の有効性が争われた事案である。懲戒事由の1つとして就業時間内の私的メールが主張された。裁判所は1日あたり2通程度のメールの送受信そのものは職務専念義務に違反せず、懲戒事由にならないとした。その際に、「労働者といえども個人として社会生活を送っている以上、就業時間中に外部と連絡をとることが一切許されないわけではなく、就業規則等に特段の定めがない限り、職務遂行の支障とならず、使用者に過度の経済的負担をかけないなど社会通念上相当と認められる限度で使用者のパソコン等を利用して私的メールを送

受信しても上記職務専念義務に違反するものではないと考えられる」と判示した。この判示は、「就業規則等に特段の定め」をするかどうかが、私的メールの懲戒事由該当性の判断のうえで重要だ、ということを示唆する。

東京地判平成 19 年 6 月 22 日（労経速 1984 号 3 頁）[トラストシステム事件]も、業務上のパソコンのメッセンジャー機能を利用して 6 か月の間に 1700 件余りのやり取りを行ったり、社用パソコンを利用して、他の従業員に対し競馬の話題についての電子メールを送信していたりしたことは、服務規律に反し、職務専念義務にも反するものだが、当該事案の具体的な事情に鑑みて、「故意に会社に損害を与え、もしくは業務の運営に支障を及ぼしたとき」（就業規則）としての解雇を無効とした。使用者においてメール等の利用限度につき特段の指導や基準の設定をしていたというような事情もうかがわれないことが、上記の判断の重要な理由とされている[*8]。なおこの点については、前掲東京地判平成 13 年 12 月 3 日 [F 社 Z 事業部事件] はガイドラインが一応存在したにもかかわらず、これが周知されていなかったことを私的利用に対する寛容な判断の重要な要素としており、単に規程等を作るだけではなく、周知対応もきちんと行うべきであるとした。

もっとも、東京地判平成 19 年 9 月 18 日（労判 947 号 23 頁）[北沢産業事件] は、私的メールのやり取りも、社会通念上許容される範囲を超え、職務に支障が生じさせる程度のものであった場合に初めて就業規則違反を問えるとしている。このことから、単に就業規則等に全面禁止である旨を明記すれば直ちにその通りの効力が認められるとは限らず、その規定内容が

---

*8　職場環境を良好なものとするためには、ある程度私的な会話等を交わすことが有益であり、コンピュータ等の情報機器の利用にあたって、一定の限度において私的な利用を行うことは通常黙認されていることからすると、上記私的利用は、その頻度や内容において、通常の限度をいささか超えるものとみられないではないものの、これまで何ら問題とされずに訴訟に至って初めて使用者が指摘することとなったものであること、使用者において利用の限度について特段の指導や基準の設定をしていたこともうかがわれず、また、他に同種の行為を理由として懲戒処分が行われた形跡もないこと、私的利用が取引先等と何らかの問題が生じたわけでもないことなどの事情をも考慮すると、この点に関する従業員の行為をもって、服務規律違反、職務専念義務違反による解雇理由として過大に評価することは疑問が大きいといわざるをえないとした。

裁判所の合理的解釈の対象となりうることには留意が必要である。[*9]

◆**(2) 注意指導**　前掲東京地判平成19年6月22日［トラストシステム事件］では、一定の私的利用は通常黙認されているとしたうえで、ほかに同種の行為を理由として懲戒処分が行われた形跡もないという点を強調している。単に規程を作っても何の運用もせず形骸化させてしまえば、黙認等と判断されるだろう。札幌地判平成17年5月26日（労判929号66頁）［全国建設工事業国民健康保険組合北海道東支部事件］も、パソコンの私的使用に対し注意や警告がなされたこともなかったことを重視している。[*10]

やはり、使用者は、規程を定めたうえで注意指導等を行い、規程違反行為に対して毅然とした対応をみせるべきである。具体的には、まずは注意等を与え、[*11]それでもやめなければまずは戒告等の軽めの懲戒処分を課し、徐々に処分の程度を上げていくべきである。その場合、頻度や内容等から、[*12]適切な処分を判断すべきである。

なお、アダルトサイト閲覧によるウイルス感染や、仮想通貨のマイニング対策としてアクセス制限等の技術的措置も検討すべきである。[*13]

◆**(3) 名誉・信用への影響**　たとえば、社用メールアカウントで破廉恥なメールが送付されれば企業の名誉が毀損される。福岡高判平成17年9

[*9]　なお、口頭での噂話については「同僚間で他の職員についてのうわさ話をしたことが直ちに処分対象になるとは言い難い」とした大阪地決平成14年4月18日労経速1815号13頁［西浦会事件］。

[*10]　私的利用の黙認が労使慣行になる可能性にも留意が必要である（職場の労務トラブル154頁）。労使慣行の要件は大阪高判平成5年6月25日労判679号32頁［商大八戸ノ里ドライビングスクール事件］。ただし、労使慣行は就業規則で変更可能である（山田・トラブル防止65～67頁）。

[*11]　なお、書面やメール等、注意や警告の証拠を残すべきである。

[*12]　たとえば、会社のメールアカウントを使ったことで会社の名誉や信用が害されたとか、その内容が名誉毀損的であるといった場合には懲戒処分の有効性が高まる。

[*13]　SNS・IT 177～180頁。なお、マイニングのために使われるリソースが多く、会社の通信設備等の動作に支障をきたすような負荷を与えるものであれば、業務上閲覧することがおよそ不要とまでいえないサイトでも、会社の通信設備等の維持管理のために技術的措置を講じたり、注意、指導をすることが正当化される。これに対し、使われるリソースが微々たるものであれば、業務上閲覧することが想定される一般のサイトにおける動画広告等と何が本質的に異なるのか、という問題はあるが、少なくとも、そのサイトを閲覧する業務上の必要性がなければ、やはり、技術的措置を講じたり、注意・指導をすることが正当化される。

月14日（労判903号68頁）［K工業技術専門学校事件］では、専門学校の講師が学校のパソコンから出会い系サイトに投稿してメールを送受信したことについて、学校のものであることを推知しうるアドレスを用いてSM行為の相手を求める旨の内容のメールを送信していたものであり、かかるメールが第三者に閲覧可能な状態に置かれただけで学校の名誉等を傷つけうる等として、結果的に懲戒解雇が認められた。[*14]

また、大阪地判平成14年11月29日（労経速1843号3頁）［日本ビー・ケミカル事件］は、雇用されていた企業の社長らを誹謗中傷するメール等を親会社・関連会社の役員・取引先等に送付したところ、当該行為は解雇事由に該当するとされた。さらに、社内チャットの内容が名誉毀損に該当するとして不法行為とした事案もある（東京地判平成28年12月28日労判1161号66頁［ドリームエクスチェンジ事件］）。[*15]

◆**(4) その他の判断要素**　私的なメールの送信の事案におけるメール送受信の回数等、上記以外の事情も判断に影響する。富山地判平成28年6月1日（第一法規28242061）は、開封およびメール着信確認をそれぞれ一度行い「越権行為」という言葉の意味を検索したこと程度では、いまだ雇止めに客観的に合理的な理由があることを基礎付けるものとはいえないとした。これに対し、東京地判平成27年4月17日（第一法規29022677）では、連日のように勤務中に業務用パソコンで匿名掲示板を閲覧し、同僚に指摘されたのは「勤務怠慢、素行不良」と評価するよりほかないとされた。

また、前掲東京地判平成13年12月3日［F社Z事業部事件］のよう

[*14] ただし、原審・福岡地久留米支判平成16年12月17日労判888号57頁は、学校にはパソコンに関する使用規程はなく、他の職員も少なからず私用していた実情もあり、本件結果を招いた経緯において、学校には適宜対処しなかった落ち度がないともいえない等として解雇を無効としており、非常に微妙な事案であった。
[*15] ただし、東京地決平成16年8月26日労判881号56頁［モルガン・スタンレー・ジャパン・リミテッド事件］は、主に使用者に無断で訴訟を起こしたことが問題となった事案の傍論で、社用メールアカウントを使ってこれを喧伝したことにつき、社用メールアカウントが使用されたからといって通知の内容について使用者が承諾しているとかその指示によるものであるなどと認識するとはいえず、かかる行為によって企業の信用等が毀損されたとか、そのおそれがあるということもできない等として、解雇は無効であるとした。

な従来の電話の私的利用が社会通念上黙認されうる場合に類するかどうかも、裁判所の態度にも影響する。東京地判平成21年8月31日（労判995号80頁）［アクサ生命保険ほか事件］は、自宅のパソコンのバックアップ等のため大量のデータを添付したメールを送る等の行為が「電話や私書に代えて、会社の業務上のアドレスを使って会社内外の者と私的なメールの送受信をするという範疇を超えている」として、従業員が職場で業務に専念せず自己の利益を求める行為を行っていたというほかないとした。

なお、調査の公正性も問題となり、前掲札幌地判平成17年5月26日［全国建設工事業国民健康保険組合北海道東支部事件］は、職員のパソコン内の調査についていついかなる調査を行ったかは明らかでなく、その調査結果も明らかでないなどの事情のもとで、公正性に疑問があるとされ、このことも懲戒処分無効の1つの理由とされた。

◆(5) 関連する複数の違反の発生の可能性　　また、内容等を考えずに、単純に職務専念義務に違反したり、会社の通信設備等を目的外に利用したことのみを取り出すと、その情状が軽いとしても、それによって別の関連する規律違反を生じさせることもよくみられる。

前掲東京地判平成15年9月22日［グレイワールドワイド］事件では、メールの送受信そのものは職務専念義務に違反しないとしたが、取引先等に「アホバカCEO」「気違いに刃物」など上司に対する批判が含まれているメールを送付したことは、懲戒事由に該当するとしている。また、たとえば東京地判平成14年2月26日（労判825号50頁）［日経クイック事件］は、メール調査の必要性の文脈であるが、社内の従業員を受信者としたメールは受信者に私用メールを読ませることにより受信者の就労を阻害することにもなるとしたうえで、当該事案ではさらに当該メールに対して返信を求める内容があったことについて、自分が職務専念義務等に違反するだけではなく、受信者に返事の文章を考え作成・送信させることにより、受信者にその間職務専念義務に違反させ、私用で会社の設備を使用させるという企業秩序違反行為を行わせるものであるとしている。

さらに東京地判平成27年12月1日（第一法規29015683）では、企業の

代表者への抗議等を内容とするメールを社用パソコンで受発信をしたことについて、業務時間中に発信したのは2通であるが、職務専念義務違反のみが問題とされているものではないとして、実施された行為の内容を踏まえ、解職処分が有効とされた。

◆(6) 内容が問題となること　このように、名誉・信用への影響や、その他の違反の可能性等を考えると、たとえば、私用メールの文脈では、いつどのような内容のメールが何通送信されたのか等ということが問題となる。実際、私用メールのやり取りの内容が不明であるため証拠収集ができず、それが監査室長としての適格性に影響を及ぼすものとは認められず、結論として配転命令が人事権の濫用として無効となったケースもある（京都地判平成30年2月28日労判1177号19頁［KSAインターナショナル事件]）。

　逆に、内容の立証ができたことで使用者に有利な判断がされた例として、東京地判平成27年10月9日（労経速2270号17頁）［キングスオート事件］は、試用期間中の従業員が貸与パソコンを使って転職情報、デリバリーヘルスのサイトを閲覧し、これを目撃した女性従業員が苦情を述べたことを1つの理由として本採用拒否が適法とされた。その際、従業員は業務と無関係なサイトを閲覧したことはないと主張したが、インターネット閲覧履歴により会社の主張する事実が認定された。

　このように内容が重要であることは、モニタリングの必要性（第3節参照）を裏付けるものであろう。

第3節　モニタリング

Q AI・HR テックなどの情報技術を用いて従業員のメールや業務遂行状況をモニタリングしたいのですが、このような場合、何に気をつけるべきでしょうか。

A 従業員の人格権、とりわけプライバシーに配慮する必要があります。その場合には、会社の通信設備等の利用を対象としたモニタリングなのかどうかを区別する必要があります。

1. はじめに：従業員に対するモニタリングと受忍限度

◆(1) 人格権とモニタリングとの必要性のバランス　　前述〔→ 3~4 頁〕の通り、労働関係においても従業員のプライバシーや人格権は尊重されなければならず、従業員の人格や自由に対する拘束は、事業の遂行上必要かつ相当な範囲内でのみ許容されている。相当な理由なく秘密の監視活動を行うことは人格権やプライバシーの侵害である[*1]。一方で使用者は、従業員の業務遂行状況、法令・規程等遵守状況、労働時間等を把握する必要性がある。よって、このような目的で実施する従業員に対する（広義の）モニタリングは、従業員にとっての受忍限度を超えない範囲において（そしてその限りで）認められる[*2]。従業員への監視そのものは遠い昔から存在したが、IoT 時代である現在、オフィス内の各所に存在するセンサーや社用車でますます多くの情報が取得されるところ、これらの情報を労務管理に活かそうという動きが存在することから、モニタリングは現代的問題である。

　従業員に対する（広義の）モニタリングのリーディングケースは、最判昭和 43 年 8 月 2 日（民集 22 巻 8 号 1603 頁）[西日本鉄道事件]である。こ

---

*1　自立とプライヴァシー 71 頁
*2　渡邊・「情報」管理 169 頁以下も参照。

の事案では、電車運転士について、乗車賃の不正隠匿等の防止のため、靴の着脱を伴う所持品検査を求めたところ、運転士がこれを拒否したことを理由に懲戒解雇を行った。裁判所は、所持品検査に対する受忍義務の一般論について、「いわゆる所持品検査は、……労働基準法所定の手続を経て作成・変更された就業規則の条項に基づいて行なわれ……ても、そのことの故をもつて、当然に適法視されうるものではない。問題は、その検査の方法ないし程度であつて、所持品検査は、これを必要とする合理的理由に基づいて、一般的に妥当な方法と程度で、しかも制度として、職場従業員に対して画一的に実施されるものでなければならない」とした。裁判所はこのように述べたうえで、靴の中の検査も受忍すべき範囲に含まれ、本件の具体的場合において、その方法や程度が妥当性を欠いたとすべき事情が認められないとして、懲戒解雇を認めた原審（福岡高判昭和42年2月28日民集22巻8号1661頁［西日本鉄道懲戒解雇事件］）の判断を是認した。裁判所は、なぜ調査やモニタリングを行うべきかという必要性とその方法、および従業員のプライバシー等の権利利益への制約の程度等という相当性の2点に鑑み、ある調査やモニタリングが従業員の受忍すべき範囲内かを判断しているようである。[*3] 合理的理由に基づく所持品検査が就業規則等の明示の根拠に基づく場合、従業員はその方法や程度が妥当を欠く等の特段の事情がない限り、検査を受忍すべきである。

◆(2) 使用者によるモニタリングに関する主な判断　これまで、使用者が行うモニタリングに関する主な判断としては、以下のようなものが存在する。[*4]

・組合との対立という文脈のもと使用者が従業員のロッカーを無断で開け

---

*3　なお裁判例は、従業員の所持品の検査、会話の録音、電話の録音などは原則としてプライバシーの侵害として違法性を有するが、これらが合理的理由に基づいて妥当な方法によって事前に従業員に説明した場合など合理性があれば違法性が阻却されるとしているとするものに、鎌田耕一「労働者の人格的利益と差止請求」角田邦重先生古稀記念『労働者人格権の研究　上』（信山社・2011）260頁。

*4　なお、政党の党員であるかの調査に関する最判昭和63年2月5日労判512号12頁［東京電力塩山営業所事件］も参照。

- て私物を撮影する行為が違法とされた事案（最判平成7年9月5日判時1546号115頁［関西電力事件］）
- 使用者が一方的にテープレコーダーを設置して監視することを違法とした事案（徳島地決昭和61年11月17日労判488号46頁［広沢自動車学校事件］）
- 引越し業者において、就業規則における専ら危険物を車内や構内へ持ち込むことを禁じる趣旨の規定を根拠に、客の物品が紛失した場合、引越し作業員の所持品を検査したことは、所持品検査を就業規則上の根拠なく行うものとして違法とされた事案（浦和地判平成3年11月22日労判624号78頁［日立物流事件］）[*5]
- 校長が教師の同意なく授業内容を録音することを違法とした事案（東京地判昭和47年3月31日労民集23巻2号155頁［目黒高等学校事件］）
- 内部告発者に対し、トイレや昼食に行くときに職員が同行するなど監視をしたことが不法行為とされた事案（大阪地堺支判平成15年6月18日労判855号22頁［いずみ市民生協内部告発訴訟］）
- 会社施設で従業員が拾得し遺失物として届けたノートについて、怠業行為等の組合活動に関する記載や冠婚葬祭や交友関係等の私事や思想・信条に関することなど所有者のプライバシーに関する記載まで写しを作成した行為がプライバシーを侵害するとして不法行為が認められた事案（大阪地判平成16年9月29日労判884号38頁［JR東海大阪第一車両所事件］）
- 従業員を退職に追い込むための写真撮影等の動向調査を含む対応が違法とされた事案（名古屋地判平成17年9月16日判タ1230号184頁）
- 従業員の所持品を他の従業員が検査し、たとえば机の引き出しを無断で開ける等したところ、慰謝料の支払を命じられた事案（大阪地判平成18年6月29日労経速1947号9頁［日本クリスチャン・アカデミー事件］）
- 警備会社従業員への所持品検査が、貴重品の紛失、盗難等の事案が発生した場合に身の潔白を証明する機会を保証するためのもので正当な目的であるとした事案（東京地判平成28年5月19日労経速2285号21頁）
- 当初解雇後に当該解雇が事実上撤回された後も従業員を敵視し、その勤務状況を監視させたうえで行われた解雇につき、客観的に合理的な理由がなく、権利の濫用として無効とされた事案（東京地判平成19年12月

[*5]　なお、所持品検査に関しては、最判昭和62年9月4日労判505号10頁［西日本鉄道戸畑自動車営業所事件］も参照。

26日労経速1994号12頁［森永乳業京北販売事件］）
・私生活面での規律を正すことが業務の改善に資することが期待されるとして本人の同意を得て行った財布や通帳に対する所持品検査について、雇用契約上の上下関係を背景に、財布や通帳の点検をするといわれた場合、抵抗することなく点検に応じたからといって、真摯な同意があったと認めることは相当でない等として正当性を否定した事案（大阪地判平成25年6月6日労判1082号81頁［コスモアークコーポレーション事件］）

　これらの裁判例からは、情報通信技術が発達する以前から、企業が様々な形でモニタリングを行おうとしてきたことが理解できるだろう。これらのモニタリングについては、そのすべてが一律に違法・適法となるのではなく、具体的な事情に応じて判断がされる。以下では、これらの裁判例からうかがわれる、使用者がモニタリングを行う際の一般論について検討したい。

◆(3) 使用者がモニタリングを行う際の一般論　　(ア) 必要性　　まず、モニタリングに必要性があるのか否かが問われる。なお必要性としては、施設管理権[*6]や労働時間管理義務[*7]、情報管理等が考えられる。

　(イ) 妥当な方法と程度　　次に、モニタリングの方法、程度等が問題となる。その場合には、当該モニタリングの態様、たとえば所持品検査（前掲最判昭和43年8月2日［西日本鉄道事件］）、ロッカーを開ける行為（前掲最判平成7年9月5日［関西電力事件］）、録音（前掲徳島地決昭和61年11月17日［広沢自動車学校事件］、前掲東京地判昭和47年3月31日［目黒高等学校事件］）等の各行為の態様に従って、その具体的方法と程度の妥当性が考慮される。

　(ウ) 根拠　　前掲最判昭和43年8月2日［西日本鉄道事件］でも、モニタリングについては就業規則上その他の根拠を要求しており、前掲浦和地判平成3年11月22日［日立物流事件］では現に、就業規則上の根拠の

---

*6　なお、モニタリングと異なる文脈であるが、最判昭和54年10月30日民集33巻6号647頁［国労札幌運転区ビラ貼り戒告事件上告審判決］は、「労働組合又はその組合員が使用者の所有し管理する物的施設であつて定立された企業秩序のもとに事業の運営の用に供されているものを使用者の許諾を得ることなく組合活動のために利用することは許されない」とした。

*7　平成13年4月6日基発339等。第7章〔→254頁〕参照。

第3節　モニタリング

不存在を理由として違法とされている。そこで、モニタリングにあたっては就業規則等の根拠が必要であるといえる。

（エ）**利用目的規制**　現在すでにモニタリングにより取得している情報について他の目的で利用を開始する場合には、利用目的規制（個人情報保護法16条）にも留意が必要である。[*8] たとえば、機器の安全管理・セキュリティのために取得していた機器の操作ログを人事評価のために利用するといった場合、利用目的変更（同15条2項）の要否の検討が必要である。[*9]

（オ）**情報技術の進展による新たな問題**　情報技術の推進によって、より幅広い方法で情報を収集し、モニタリングを行うことができるようになった。これは、使用者にとってはモニタリングが必要な時にこれを適切に行うことができるようになったことを意味する。また、たとえばテレワーク等の業務遂行形態の多様化に伴い、適切に従業員の業務実施状況をモニタリングしていく必要性が高まっていることも否定できない。とはいえ、広範な情報を収集してモニタリングを行うことは、従来の手法によるモニタリングと比べ、従業員のプライバシーの侵害の程度が高まることを意味する。

その中で注意すべきは、業務上の利用のための社用パソコンや支給メールアドレスなど会社の通信設備等に対するモニタリングとそれ以外のモニタリングとで、許容範囲が変わりうることである。すなわち、会社の通信設備等は、会社の業務のためにのみ利用されるべきであり、その私的利用には様々な問題があることは前述〔→176～177頁〕の通りである。そこで、そのプライバシーの程度は限定されているから、会社の通信設備等に対するモニタリングについてはより広い範囲で実施することができる。[*10]

たとえば東京地判平成13年12月3日（労判826号76頁）[F社Z事業部

[*8]　「情報セキュリティ関係法令の要求事項」（http://www.meti.go.jp/policy/netsecurity/docs/secgov/2010_JohoSecurityKanrenHoreiRequirements.pdf）
[*9]　どこで監視しているかわからないモニタリング手法の不適切な取得の可能性を示唆する、人事が変わる157頁〔板倉陽一郎執筆〕も参照。
[*10]　なお、「使用規程においてその権限を明らかにしておけば、労働者はプライバシーのない通信手段として日頃から使用することになるので、〔モニタリングが〕可能となる」としたうえで、その権限が規定されていない場合でも事業経営上の合理的必要性がありその手段・方法が相当である限り許容されるとする議論もある（菅野634頁）。

事件]は、会社の電子メールの使用について、社員に一切のプライバシー権がないとはいえないとしたものの、次の通り述べている。「社内ネットワークシステムを用いた電子メールの送受信については、一定の範囲でその通信内容等が社内ネットワークシステムのサーバーコンピューターや端末内に記録されるものであること、社内ネットワークシステムには当該会社の管理者が存在し、ネットワーク全体を適宜監視しながら保守を行っているのが通常であることに照らすと、利用者において、通常の電話装置の場合と全く同程度のプライバシー保護を期待することはできず、当該システムの具体的情況に応じた合理的な範囲での保護を期待し得るに止まる」。

東京地裁はこのように判示して、社内メールシステムの私的利用に対してはそれぞれのシステムの具体的情況に応じた合理的な範囲での保護を期待しうるにとどまる等としたのである[*11]。なお、モニタリングの結果、私的情報が収集されることもあるが、業務に関連する限り、私的情報であっても収集が可能である[*12][*13]。

◆**(4) 本節の構成**　前置きが長くなったが、以上のような会社の通信設備等に対するモニタリングとそれ以外のモニタリングとの相違に鑑み、本節ではまず、一般の監視カメラ等によるモニタリングについて論じ (2.)、

[*11] 同旨と理解できるものとして、私的メールの監視・閲覧については従業員のプライバシーは合理的な範囲内にとどまる限り保護を受けると解され、プライバシー権と使用者の権限との比較衡量から違法性を判断しているようにみえるとする鎌田・前掲注 (3) 260 頁、プライバシーの範囲が縮減されるためそこで社会通念を逸脱して初めてプライバシー侵害となるとする土田・労契法 135 頁がある。裁判例について、モニタリングの目的が企業運営上必要かつ合理的か、その手段、態様は相当か、従業員の人格や自由に対する行きすぎた支配や拘束にならないか、従業員の側に監視を受けることもやむをえないような具体的事情が存在するか等の要素を総合的に考慮し、社会通念上相当として許容される範囲を逸脱するかを判断するという枠組み (企業危機・不祥事対応 163 頁および要求事項集 (前掲注 (8) 91 頁)) と総括するものがあるが、プライバシーの縮減にも留意すべきだろう。

[*12] 渡邊・「情報」管理 15 頁、上村哲史＝荒井太一＝北山昇『企業の情報管理―適正な対応と実務』(労務行政・2016) 72 頁

[*13] 私生活の非行を懲戒事由としたものとして、最判昭和 49 年 3 月 15 日民集 28 巻 2 号 265 頁、最判昭和 45 年 7 月 28 日民集 24 巻 7 号 1220 頁がある (否定例に松江地益田支判昭和 44 年 11 月 18 日労民集 20 巻 6 号 1527 頁、不倫に関する旭川地判平成元年 12 月 27 日判時 1350 号 154 頁等参照)。

その後で会社の通信設備等に対するモニタリングについて論じる（3.）。[*14]
なお、有事の場合の調査については第 9 章を参照のこと。

2. 監視カメラ等によるモニタリング

◆(1) 個人情報保護委員会の見解　情報管理や法令遵守状況その他の監督のために監視カメラや GPS を利用してモニタリングを行うといった場合については、個人情報保護委員会が次のような点に留意すべきとしている（個人情報保護委員会 Q & A 4-6）。

○モニタリングの目的をあらかじめ特定したうえで、社内規程等に定め、従業者に明示すること
○モニタリングの実施に関する責任およびその権限を定めること
○あらかじめモニタリングの実施に関するルールを策定し、その内容を運用者に徹底すること
○モニタリングがあらかじめ定めたルールに従って適正に行われているか、確認を行うこと

なお、モニタリングに関して個人情報の取扱いに係る重要事項等を定めるときは、あらかじめ労働組合等に通知し必要に応じて協議を行うことが望ましく、また、その重要事項等を定めたときは、従業員に周知することが望ましいとされる。[*15]

この見解は、個人データ取扱業務だけでなく、その他の業務のモニタリングにも適用される。[*16]

*14　なお、「対する」というころが重要である。たとえば、会社の通信設備等である携帯電話を利用してその GPS 機能で監視するといった場合は、あくまでも会社の通信設備等を「利用して」モニタリングしているにすぎない。「利用して」いるだけの場合については、たとえば位置情報等に関しては上記のようなプライバシーの限定は必ずしも当てはまらない。よって「対する」という場合にのみ 3. の議論が当てはまり、そうでない場合は 2. の議論になることを留意されたい。
*15　個人情報保護委員会 Q & A 4-6。なお、これは経済産業省のガイドラインを引き継いだものである。通則編パブコメ 486 番参照。
*16　大谷卓史「人工知能・ロボットと労働・雇用をめぐる視点：科学技術に関する調査プロジェクト報告書」（2018 年 4 月 6 日：http://dl.ndl.go.jp/view/download/digidepo_11065187_po_20180406.pdf?contentNo=1&alternativeNo=）106 頁参照。なお、対従業員に限らないものの、監視カメラによるモニタリングについては、「カメラ画像利

◆(2) 監視カメラに関する裁判例の蓄積　　監視カメラについては比較的裁判例が蓄積している。主なものを瞥見しておこう。

長野地判平成24年12月21日（労判1071号26頁）［アールエフ事件］は、事務所各所にWebカメラを設置しているところ、ことさらに特定の従業員に向けて監視を継続していたとまでは認められないとした。

福井地判平成21年4月22日（労判985号23頁）［地位確認等請求事件］は、監視カメラの設置位置を踏まえプライバシー侵害とならないとした。

東京地判平成24年5月31日（労判1056号19頁）［東起業事件］では、事務所等にカメラを設置したことについて、防犯上事務所内を俯瞰する位置とすることに合理性があり、確かに特定従業員の動静をつぶさに監視できるが、特定従業員の動静を観察することのみを目的としているわけではないとして不法行為責任は成立しないとした。

前掲東京地判平成28年5月19日は、所持品検査が正当とされた事案について、所持品検査の様子が防犯カメラの撮影範囲に入ってしまうことがあることについて、防犯カメラの設置目的も正当なものであること等を踏まえこれがやむをえないとした。

松山地判平成21年3月25日（労判983号5頁）［奥道後温泉観光バス事件］では、組合との関係で不必要な監視カメラによる監視継続等が不当労働行為とされた。

以上の裁判例をみると、監視カメラを設置するだけで直ちにプライバシー侵害等として違法とはなるわけではないものの、その設置目的や態様等によっては違法となりうることがわかる。

◆(3) GPSナビシステムに関する裁判例　　ここで、前掲東京地判平成24年5月31日［東起業事件］では、GPS衛星の電波を受信することによって携帯電話またはパソコン（親機）から携帯電話（子機）の位置を常時確認することができるというナビシステムについて、外回りの多い従業員について勤務状況を把握し、緊急連絡や事故時の対応のために当該従業員の居

活用ガイドブック ver 2.0」（2018年3月30日：http://www.meti.go.jp/press/2017/03/20180330005/20180330005-1.pdf）参照。

場所を確認するためにこれを導入してモニタリングを行ったことが従業員のプライバシーを侵害しないかもまた問題となっていた。裁判所は、目的に相応の合理性があり労務提供が義務付けられる勤務時間帯およびその前後の時間帯において、ナビシステムを使用して勤務状況を確認することが違法であるということはできないとした。しかし、「早朝、深夜、休日、退職後のように、従業員に労務提供義務がない時間帯、期間において本件ナビシステムを利用して原告〔筆者注：従業員〕の居場所確認をすることは、特段の必要性のない限り、許されない」とし、これを不法行為とした。

◆(4) 実務対応　　実務においては、個人情報保護委員会の見解や裁判例等を参考に検討すべきである。

　まず、手続に留意が必要である。あらかじめ労働組合等に通知し必要に応じて協議したうえで、ルールを策定し、これを周知するのが望ましい。[*17]

　次に、目的の正当性が重要である。なぜ監視が必要なのか目的を特定すべきであるが（個人情報保護委員会Ｑ＆Ａ4-6）、それがたとえば施設管理目的、防犯目的、勤務状況把握目的や緊急連絡目的（いずれも前掲東京地判平成24年5月31日〔東起業事件〕）等の目的であれば、正当な目的とされる可能性が高いだろう。そのうえで、手段の相当性が重要である。モニタリングで得た情報の目的外利用をしない、不必要な人がモニタリング情報にアクセスできないようにする[*18]など、あらかじめ定めたルールに従って適正に行われているか確認すること（個人情報保護委員会Ｑ＆Ａ4-6）が必要である。

　ここで留意すべきは、業務外のモニタリングには抑制的であるべきことである。前掲東京地判平成24年5月31日〔東起業事件〕によれば、勤務状況を把握し、緊急連絡や事故時の対応のために当該従業員の居場所を確認するという目的のGPSモニタリングについて、労務提供義務のない時間帯にこれを実施する正当性はないとしている。

---

*17　個人情報保護委員会Ｑ＆Ａ4-6。なお、渡邊涼介『企業における個人情報・プライバシー情報の利活用と管理』（青林書院・2018）385頁や竹地潔「人事労務管理と労働者の人格的利益の保護」日本労働法学会編『講座21世紀の労働法第6巻　労働者の人格と平等』（有斐閣・2000）88〜89頁も参照。

*18　渡邊・前掲注（17）385頁

3. 会社の通信設備等に対するモニタリング

◆(1) より緩い要件でモニタリングが可能であること　前述〔→ 175~176頁〕の通り、会社の通信設備等は、あくまでも業務のために利用されるべきであって、従業員の個人的利用のためのものではない。よって、従業員のプライバシー保護の程度は必然的に低くなる。よって、私的利用による数多くの弊害〔→ 176~177頁〕の防止の観点等の正当な目的で会社の通信設備等のモニタリングをする場合には、その場合の要件はより軽くなる。

たとえば、千葉地木更津支判平成 28 年 4 月 25 日（判時 2369 号 78 頁）は電子メール閲覧について、使用者が管理しているネットワークシステムを利用するものであることに鑑みプライバシーが制約を受けることはやむをえないとしたうえで、モニタリングの考慮要素として、その目的、手段、態様のほか、従業員が閲覧されたことにより被る不利益等を総合考慮して、使用者による閲覧等が社会通念上相当な範囲を逸脱したといえるか否かによって判断するのが相当であるとし、結論として具体的事案における使用者のモニタリングが社会的相当性を逸脱したとはいえないとした。

◆(2) 裁判例　（ア）社用パソコンに関する裁判例　東京地判平成 27 年 3 月 27 日（第一法規 29025400）は、システム管理者がセキュリティプログラムの更新のために従業員のパソコンを更新したことは正当で、パソコン内の記録を不当に盗み読みしたと認めるに足りる証拠はないとしてプライバシー侵害を否定した。

水戸地判平成 24 年 9 月 14 日（判自 380 号 39 頁）では、私的利用の許されていなかった村の備品であるパソコン内に、職員が職務専念義務に違反して作成・保管した私用メール等の文書データを上司が閲覧することを拒む理由として、プライバシー権を主張することはできないとされた。

（イ）インターネット閲覧履歴に関する裁判例　東京地判平成 27 年 3 月 27 日（第一法規 29025233）は、部長が監視ソフトを（密かに）使用して従業員が業務上使用するパソコンのインターネット閲覧状況を監視したことにつき就業時間中のインターネット閲覧に関する使用者の証拠収集方法は相当

第 3 節 モニタリング

ではないが、かといって従業員の行動が正当化されるわけではないので、解雇の判断には影響しないとした。

　(ウ) メールに関する裁判例　東京地判平成28年10月7日（労判1155号54頁）[日立コンサルティング事件]では、社用アカウントからのメールの上司への自動転送について、業務上使用すべきメールであり、パソコン使用ガイドラインでモニタリングが定められているから、上司が状況を把握しようとすることが不当とはいえないとされた。[*19]

　裁判例の総括として、電子メールのモニタリングは私的利用の程度、監視目的・手段・態様を総合考慮し、また、従業員が合理的に期待するプライバシー保護の程度および監視調査により従業員に生ずる不利益を考慮して電子メールの監視が社会通念上相当な範囲を逸脱したものといえない場合にはプライバシー侵害にはならないとされている。[*20]

◆**(3) 実務上の示唆**　まず、裁判例から示唆される実務上のポイントをまとめてみよう。就業規則等の規程類でモニタリングについて定め、周知することで、プライバシーへの期待が減殺され、モニタリングが認められる可能性が高まる。[*21] この場合、本人の同意を得ていればより認められやすいものの、上記のようにプライバシーが減殺されることから、次に述べる必要性や相当性等の総合考慮に鑑み、本人の同意がなくとも適法な場合は十分にありうる。

[*19]　控訴審の東京高判平成29年6月1日（労判1155号54頁）[日立コンサルティング事件]は、結論としては原判決の一部変更をしているものの、本文記載の部分を基本的に維持している。なお、具体的な社内規程との関係で、使用者が従業員の電子メール等のモニタリングをしても社内ルールに反する違法な行為であるとはいえないとされた事案に、東京地判平成21年8月31日労判995号80頁[アクサ生命保険ほか事件]がある。その他第2節で引用した各裁判例も参照。

[*20]　水町235頁、荒木278頁および堀部政男＝長谷部恭男編『メディア判例百選』（有斐閣・2005）234頁〔荒木尚志執筆〕

[*21]　ガイドラインが定められていることをモニタリングの肯定的要素とした前掲東京地判平成28年10月7日[日立コンサルティング事件]参照。電子メールやインターネットの利用が日常化し、プライバシー保護の認識が高まっている現在、使用者としては、むしろ、監視・調査権限について明定しておく必要性が高まっていると認識すべきである（荒木279頁、同旨・野川忍『労働法』（日本評論社・2018）271頁）との言及にも留意すべきである。なお、企業危機・不祥事対応164頁も参照。

次に、会社の通信設備等について監視の必要性があることが必要である。その必要性としては、不正使用や不正アクセスを防ぐといった情報管理上の必要性が考えられるが、実際になされた具体的モニタリングの実施にどのような合理的必要性があるかが問題となる。

さらに、実際のモニタリングの実施方法として相当な方法を用いる必要がある。不相当なモニタリングとしては、ネットワーク利用を監視する立場にない者による監視や業務上必要のない監視があるだろう。[*22]

前掲東京地判平成13年12月3日［F社Z事業部事件］は、社会的相当性が逸脱された事例として、職務上従業員の電子メールの私的使用を監視するような責任ある立場にない者が監視した場合、あるいは、責任ある立場にある者でも、これを監視する職務上の合理的必要性がまったくないのに専ら個人的な好奇心等から監視した場合、または社内の管理部署その他の社内の第三者に対して監視の事実を秘匿したまま個人の恣意に基づく手段・方法により監視した場合を例示している。[*23]

このような各要件を満たせば、社用パソコンのモニタリングであってもインターネット利用履歴のモニタリングであってもメールのモニタリングであっても、いずれも適法となる。

[*22] 土田・労契法135頁
[*23] なお、この事案では、ハラスメント加害者とされる上司が被害者のメールを監視したという特殊なものであり、結論としてプライバシー侵害を否定したが、このような加害者とされる者による監視が認められる範囲は極めて狭く解すべきだろう。

第4節　BYODやCOPEを踏まえた情報端末管理（モバイルデバイスマネジメント）

Q　従業員にタブレットやスマートフォン等の情報端末を貸与することを考えています。こうした場合、情報管理の観点から何か気をつけるべきことはあるのでしょうか。

A　私的利用対応（第2節）やモニタリング（第3節）に加え、情報端末というハードウェアの管理（端末管理）を適切に行うことが必要です。

1. 情報端末管理の基礎

◆(1) モバイルデバイスの利用と管理の難易度の上昇　従業員に対して、情報端末を貸与することが増えている。このような情報端末は、従来は企業の施設内に据え付けられていることが多かったが、情報技術の発展により、近時は、タブレットやスマートフォン等のモバイルデバイス（携帯情報通信端末）を貸与することも増えてきた。その結果、会社の通信設備等に属する情報端末が、物理的に会社の施設（事業所、工場等）の外において利用されることになり、その管理の難易度が上昇することとなった。

◆(2) 情報管理上のリスク　ここで情報管理の観点からは、主に以下の2つのリスクに留意が必要である。

まず、漏えいリスクである。すなわち、端末上には個人データ〔→8頁〕を含む様々なデータが保存されているところ、モバイルデバイスの場合には、日常的な紛失に伴う漏えいが生じうる。そこで、紛失に伴う安全管理義務（個人情報保護法20条）や、従業員への監督（同21条）の問題が生じる。従業員への監督についてはガイドライン通則編が、内部規程等に違反して個人データが入ったノート型パソコンまたは外部記録媒が繰り返し持ち出

されていたにもかかわらず、その行為を放置した結果当該パソコンまたは当該記録媒体が紛失し、個人データが漏えいした場合について個人情報保護法 21 条違反の例としている (3-3-3)。紛失以外にも、たとえば覗き見による漏えい等、様々な態様の漏えいが生じうる。

　次に、セキュリティリスクである。会社の施設内に端末が存在し、会社の通信設備等を利用してネットワークに接続しているのであれば、これらの情報端末をコントロールすることは比較的容易である。しかし、外部ネットワークへ接続するモバイルデバイスでは漏えいリスクや攻撃を受けるリスクも高まる。OS やセキュリティソフトの更新等が不十分なら——これは私的利用のリスクとも関係するが——貸与端末からアダルトサイト等を閲覧した際にウィルスに感染する等の事態も増える。

◆(3) 私物の情報端末への対応　　さらに、会社の通信設備等ではない、いわゆる私物に関しては、さらに多くの問題が生じる。実態としても、使用者の許可がないままなし崩し的に私物デバイスが業務に利用される事態が進んでいると評されている。[1]

　会社の通信設備等であれば、使用者はそれに対する管理権を行使することができるものの、私物を会社の施設外で利用する場合には、使用者は必ずしも当然に管理権を行使できるとは限らない。すると、このような私物である情報端末に対して、使用者が当該情報端末において従業員がどのような情報をどのように利用しているのかを把握できない状況が生じうる。しかも、そこに社外秘の情報が保存される事態が生じれば、情報漏えい等につながりかねない。

　たとえば前述〔→ 142 頁〕の通信教育事業者の事件では、システム関係の開発や保守等を受託した会社の従業員が、私物のスマートフォンを会社の通信設備等に接続し、データを取得し、これを漏えいさせた。これ以外にも、会社のデータを私物情報端末内に保有したまま退職した元従業員により転職先に情報が漏えいしてしまうといった場合もありうる。

---

　*1　株式会社 HDE『社員のスマホ・タブレットを安全に会社で使わせる本』(インプレス・2014) 17 頁

また、物理的には会社の施設外であっても、たとえば私物のスマートフォンで会社のメールを送受信したり、取引先に電話をかけたり等、社外における会社に関係する情報の保存や処理に利用がされることで、同様に会社の情報管理上のリスクが生じる。

◆(4) 現代の端末管理　　このような状況を踏まえ、まずモバイルデバイスに関するMDMという概念について概説したうえで、私物情報端末について論じる。その際には、まず、私物端末の利用を制限する前提での対応を論じるものの、その後BYODやCOPEについても論じる。なお、退職時の処理については第10章を参照のこと。

2. モバイルデバイスとMDM

　前述の通り、モバイルデバイスについては、会社の施設内に固定された端末と異なる問題が存在する。そこで、モバイルデバイスに対する管理が必要である。

　MDMとは、モバイルデバイス管理（Mobile Device Management）のことであり、業務で使われる複数の端末を統一したポリシーで一元的に管理することである。具体的にはリモートロック（遠隔操作で端末をロックする）、リモートワイプ（遠隔操作で端末の情報を消去する）、デバイス制御、端末情報の収集、ポリシーの一括配布等を行うことが挙げられる[2]。

　このような管理は、単にシステム的に行うだけではなく、ルールを策定し、当該ルールの周知を行う必要がある。ルールについては、情報管理規程に入れるか、または貸出しに関する規定を作り、貸与機器の適切な利用、安全管理、そして、返却についての定めを置くべきである[3]。そうしたルールは労働法や情報法による制約を受ける。労働法上の制約としては、たとえば機器貸出しについて損害賠償額の予定はできないことが挙げられる[4]。

---

*2　COMWARE PLUS「『BYOD』による業務効率化に落とし穴、企業が考えるべきセキュリティー対策とは」（https://www.nttcom.co.jp/comware_plus/business/pdf/201605_02_BYOD.pdf）参照。
*3　SNS・IT 227頁参照。
*4　労基法16条。外井ほか・Q&A 92頁参照。

また情報法上の制約としては、それがモニタリングを含む場合は前節での議論を踏まえた対応をしなければならない。

なお、近時は MDM で端末だけを管理するのではなく、アプリケーションやコンテンツを含め用途、利用形態に応じて総合的に管理を行うアプリケーション EMM（エンタープライズモビリティ管理）が注目されている。

3．私物対応と BYOD/COPE

◆**(1) 私物情報端末への規制**　　前述〔→ 196〜197 頁〕の通り、私物情報端末はリスクが大きく、これを規制することが必要である。まず、会社情報を取り扱う区画への物理的な持ち込みそのものを禁止し、携帯電話やスマートフォン等を、電源を切った形でロッカーに保管すること等を義務付けることが考えられる。また、私物情報端末を物理的に、または通信等を通じて会社の通信設備等に接続することを禁止することが考えられる。

実務上は完全に持ち込み等を禁止できるかどうかを考え、それが不可能であれば、どのような場合に持ち込みを認めるべきか、持ち込みを認めた場合には、情報管理のために必要な制約をどのように行うべきかという観点から検討していくべきである。

前掲東京地判平成 30 年 6 月 20 日は、通信教育事業者のシステム開発・保守を受託した従業員が私物のスマートフォンに個人データを保存しこれが漏えいした場合において、被害者が漏えいについて通信教育事業者等に対して損害賠償を求めた事案であった。裁判所は、スマートフォンの持ち込み禁止措置や USB 接続禁止措置を講じることは、従業員に対して過度の制約となりうるのでそこまでの対応をする義務はないが、書き出し制御措置は実効性があり、かつ、従業員に対して必要以上に制約が生じない方法であるから、書き出し制御措置を講ずべき注意義務があったというべきであるとした。

持ち込みや接続の禁止が現実的であれば、そのような対応をすることが考えられるが、たとえば外部の信頼できる業者がシステム開発・保守作業をする場合に、持ち込みや接続を禁止することは困難であることもありう

る。そのような場合には、それでも情報管理のために必要な制約として、スマートフォンへの書き出し制御措置を講じるべきだ、としたのである。そこで、書き出し制御措置を講ずべき注意義務があったとして、このような私物対応が企業の負う法的義務だとした。

このような規制は、ルールによる対応とシステムによる対応の２つを総合して実施しなければならない。すなわち、まずは就業規則や下位規範（プライバシーポリシー等）等で上記のような制約の内容を明記し、これを周知すべきである。そのうえで、システム上の書き出し制御措置等を講じることで、万が一ルールに違反をしようとする従業員がいてもシステム上漏えい等ができない、というようにすることが重要である。

◆(2) BYOD　近時は、従業員自身の私物情報端末を業務に利用する動きが広がっている。[*5] BYODとは、Bring Your Own Deviceの略語で、「組織として私物端末を業務に利用することが決定された状態で、職員が、利用を許可された私物端末（……）を用いて組織が指定した業務を行うこと[*6]」である。要するに、私物デバイスのビジネス利活用である。[*7]

前述〔→199頁〕の通り、私物情報端末を規制することは１つの方法であるが、従業員から、私物情報端末を利用したいというニーズが生じることがある。この観点から、BYODを実施して、一定の要件のもとで従業員の私物情報端末の利用を許容することがある。

確かに、BYODにより、企業側における端末調達コストの低下、従業員個人の嗜好に適合した端末の利用等のメリットがあることは否定できない。しかし、私物デバイスには、紛失・盗難、マルウェア、デバイスの機能による機密持ち出し等のリスクがある。[*8]

---

*5　なお、本項全体として影島広泰「従業員の私物の携帯端末を業務に利用する場合の留意点」（2016年12月13日：https://business.bengo4.com/category3/practice394）参照。

*6　CIO補佐官等連絡会議情報セキュリティWG・BYOD要件検討SWG「私物端末の業務利用におけるセキュリティ要件の考え方」（2013年3月：http://www.kantei.go.jp/jp/singi/it2/cio/hosakan/wg_report/byod.pdf）

*7　株式会社HDE・前掲注（1）16頁

*8　iPhone・iPad企業導入27頁

加えて、これらの私物デバイスは私物であるので当然に私的利用が想定されることから、私的利用によるリスク〔→ 176〜177 頁〕も存在する。たとえば、私物スマートフォンやタブレット等にはメール、写真、連絡先等、私的なデータが含まれているし、私的な目的でインターネット等を利用して、セキュリティリスクがあるサイトへ接続することも考えられる。そこで、これらのリスクに対応する必要がある。

　具体的には、原則として私物デバイスの利用は禁止したうえで、会社においてルールを定め、これに適合するデバイスに限り、かつ、ルールに同意した従業員に限り例外的に利用できるようにしなければならない。一般社団法人コンピュータソフトウェア協会「私有スマートデバイス取扱規程サンプル第 2 版及びスマートデバイス・セキュリティポリシーサンプル第 2 版解説書」[*9]等を踏まえれば、会社が BYOD を認めるにあたっては、概ね以下のようなルールおよび同意書を作成することが考えられる。

- 私物デバイスの業務利用開始以前に、会社に申請して承認を得る
- ウィルス対策ソフト、リモートをインストールすることを義務付ける
- （必要に応じて）アクセス制限を行う
- 第三者に利用させない
- 信頼できないアクセスポイント、無料 Wi-Fi での接続は禁止
- 端末・外部メディア（SD カード等）への業務上の情報（ID／パスワード等も含む）の保存の禁止
- リモートロック（遠隔操作による電源オフ）・リモートワイプ（遠隔操作によるデータ削除）等の実施
- 使用者によるポリシー遵守の確認その他モニタリングの実施
- デバイスの改造、ルート化（ジェイル・ブレイク）等の禁止
- 通信費用、端末費用の負担割合

　ここで、たとえばリモートワイプを実施してデータを削除する場合にはプライベートな情報も削除されてしまう可能性があるし、ポリシー遵守の確認その他の目的でモニタリングが行われる場合には、プライベートな情

＊9　http://www.csaj.jp/documents/activity/support/sample/byod/deliverable/160126_manual.pdf。なお、影島・前掲注（5）も参照。

報も対象になってしまうことでプライバシーの問題が生じる。もっとも、前述の通り、原則として私物の業務利用を禁止し、例外的に規程に同意する場合に限り私物の業務利用を認めるという対応であれば、その同意が適切に取得されている限り、当該規程に同意した者に対してのみモニタリングや削除等を行うことも適法な場合が多いだろう。[*10]

◆(3) COPE　　BYODと似て非なるものがCOPEである。COPEはCorporate Owned, Personally Enabledの意味で、会社所有のデバイスの個人利用を認めるものである。[*11]

　業務用デバイスに対し従業員の私用ニーズが高い場合において、完全にこれを禁止することもできるが、その場合に、このルールが形骸化すると、私的利用のリスク〔→176〜177頁〕が顕在化する可能性も高い。そこで、むしろ、私的利用を一定範囲で認め、その範囲を明確にルールで規定した方が実務的にワークすることもありうる。

　COPEは、BYODと比べると管理統制がしやすいが、デバイスを自由に選択できないという特徴がある。[*12]会社端末の私的利用や私物端末の業務利用が必要な実態がある企業では、①単純に禁止するだけだと、当該規定が形骸化することで「野良私物情報端末」が跋扈するおそれがある。そこで、ルールを厳しく運用して禁止を徹底するか、②BYODか、もしくは③COPEか、これら3つの選択肢を検討すべきだろう。

---

*10　影島・前掲注（5）も参照。
*11　iPhone・iPad企業導入4頁
*12　iPhone・iPad企業導入23頁

第5節　テレワーク

Q 育児休業明けの従業員からテレワークをしたいという要望を受けました。そもそもテレワークと呼ばれるものにはどのようなものがあるのでしょうか。また、テレワークを認めるにあたって情報管理上、どのような問題がありますか？

A テレワークには、在宅勤務、サテライトオフィス勤務、モバイル勤務があります。これらには業務における情報技術の利用（第1節）、私的利用（第2節）、モニタリング（第3節）、携帯端末管理（第4節）の問題があるほか、特有の問題もあります。

1．テレワークの意義

◆**(1) テレワークの定義**　テレワークは、従業員が情報通信技術を利用して行う事業場外勤務のことである[*1]。ここで、広義のテレワークは、その就労形態によって、雇用型と自営型に分類することができるものの、本書は雇用型、つまり従業員が行うテレワークのみを検討する[*2][*3]。

厚生労働省の定めた「情報通信技術を利用した事業場外勤務の適切な導入及び実施のためのガイドライン」[*4]（以下「テレワークガイドライン」という）によれば、テレワークには、以下の3種類があるとされる。

[*1]　厚生労働省「情報通信技術を利用した事業場外勤務の適切な導入及び実施のためのガイドライン」（https://www.mhlw.go.jp/file/06-Seisakujouhou-11200000-Roudoukijunkyoku/3002221.pdf）1頁
[*2]　厚生労働省「テレワーク導入のための労務管理等Q＆A集」（https://work-holiday.mhlw.go.jp/material/pdf/category7/02.pdf）
[*3]　自営型については、厚生労働省「自営型テレワークの適正な実施のためのガイドライン」（http://www.mhlw.go.jp/file/06-Seisakujouhou-11900000-Koyoukintoujidoukateikyoku/0000193196.pdf）参照。
[*4]　前掲注（1）

(ア) **在宅勤務**　　自宅で、情報通信機器等を利用して勤務することであり、通勤を要しないことから、事業場での勤務の場合に通勤に要していた時間を有効に活用できる。また、たとえば育児休業明けの従業員が短時間勤務等と組み合わせて勤務することが可能となること、保育所の近くで働くことが可能となること等から、仕事と家庭生活との両立に資する働き方である。

　(イ) **サテライトオフィス勤務**　　自宅の近くや通勤途中の場所等に設けられたサテライトオフィスで勤務することである。通勤時間を短縮しつつ、作業環境の整った場所で就労することが可能な働き方である。

　(ウ) **モバイル勤務**　　臨機応変に選択した場所で業務を行うもので、働く場所を柔軟に運用することで、業務の効率化を図ることが可能な働き方である。

◆(2) **テレワークのメリット・デメリット**　　テレワークは、「柔軟な働き方がしやすい環境」の1つとして働き方改革実現会議で検討され[5]、2018年2月22日にテレワークガイドラインが改訂された。

　テレワークは働き方改革の項目のうち、労働生産性の向上、長時間労働の是正、高齢者の就業促進、病気の治療や子育て・介護等と仕事の両立とも関係があるとされており[6]、企業にとっては生産性が向上し、社員の意識改革につながり、ワークライフバランスの向上、コスト削減、BCP対策[7]、コンプライアンス推進や企業ブランド向上、介護離職防止、女性のキャリアアップ推進、障害者就労の推進、通勤困難者の雇用[8]等のメリットがあるとされる一方、労働時間の問題、セキュリティ確保の問題等の問題が指摘されている[9]。これらの問題は人事労務情報管理の問題である。

＊5　「働き方改革実行計画」(2017年3月28日：https://www.kantei.go.jp/jp/singi/hatarakikata/pdf/honbun_h290328.pdf)、特に15頁以下5。「柔軟な働き方がしやすい環境整備」参照。
＊6　テレワーク導入3頁
＊7　テレワーク導入9頁
＊8　毎熊・在宅勤務制度8〜15頁
＊9　独立行政法人労働政策研究・研修機構「情報通信機器を利用した多様な働き方の実態に関する調査(企業調査結果・従業員調査結果)」(2015年5月29日：http://www.

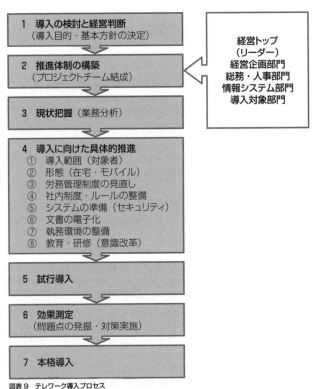

図表9　テレワーク導入プロセス
(出典) 今泉千明＝中島康之『テレワーク導入・実践ガイド』(第一法規・2018) 81頁

◆(3) テレワークと人事労務　テレワークは、目的・方針を決め、推進体制を構築し、現状を把握し、具体的な推進をして、試行導入、効果測定、本格導入という順番で導入がされる（**図表9**）ところ、人事労務管理制度*10やルールの見直し・整備、具体的には利用申請制度、端末利用や費用負担のルール、始業・終業のルールや評価制度、セキュリティ、教育・研修など人事労務に関する部分が大きいことが重要である。*11

---

jil.go.jp/institute/research/2015/140.html）
＊10　なお、テレワークの制度設計について、古賀応志ほか編『地域とヒトを活かすテレワーク』（同友館・2018）97頁以下参照。
＊11　テレワーク導入84〜85頁参照。

2. テレワークの人事労務上の問題

◆(1) 労働法との関係　労働法との関係では、まず、労働条件として使用者は従業員に就業の場所に関する事項を明示する必要がある（労基法15条、労基則5条1項1号の3）。就労の開始時にテレワークを行わせることとする場合には、就業の場所として自宅やサテライトオフィス等、テレワークを行う場所を明示しなければならない。モバイル勤務等の勤務場所について柔軟な運用をするためには「使用者が許可する場所」といった形で明示することも可能である（テレワークガイドライン1～2頁）。

労働時間との関係では、どのような労働時間制度であってもテレワークは利用可能である[*12]。もっとも、テレワークの特殊性に応じた対応が必要である。たとえば、テレワーク中に従業員が業務から離れる、いわゆる中抜け時間については、その時間については使用者が業務の指示をしないこととし、従業員が労働から離れ、自由に利用することが保障されている場合には、その開始と終了の時間を報告させること等により、休憩時間として扱うことができ、この場合には労使協定により、一斉付与の原則（労基法34条2項）を適用除外とすることになる[*13]。従業員のニーズに応じ、始業時刻を繰り上げる、または終業時刻を繰り下げることや、その時間を休憩時間ではなく時間単位の年次有給休暇[*14]として取り扱うことが考えられる。なお、始業や終業の時刻の変更が行われる場合には、その旨を就業規則に記載しておかなければならない（テレワークガイドライン3～4頁）。勤務時間の一部でテレワークを行う際の就業場所間の移動時間が労働時間に該当するのか否かについては、使用者の指揮命令下に置かれている時間であるか否かにより、個別具体的に判断されることになる（同4頁）。なお、テレワークと事業場外みなし労働制については、第7章〔→263頁以下〕参照。

[*12] 毎熊・在宅勤務制度51頁
[*13] なお、労基法34条2項の一斉付与の原則の適用を受けるのは、同条に定める休憩時間についてであり、労使の合意により、これ以外の休憩時間を任意に設定することも可能である（テレワークガイドライン8頁）。
[*14] この場合には労使協定締結が必要である。

◆(2) 情報管理との関係　　情報管理との関係では、テレワークを行った場合において、業務情報が企業の施設外で取り扱われることが重要である。

典型的なテレワークの事案とは異なるものの、東京地判平成 28 年 8 月 19 日（第一法規 29019708）は、従業員が大量のデータを使用者による管理から外れる自宅のパソコンに転送したことは、情報漏えい等の危険を伴うもので、不適切ではあるものの、使用者側が、従業員が自宅で持ち帰り残業を行うことを容認し、そのための機器も貸与していたことに照らすと、不適切の程度が特に著しいとはいえない等とされ、特に悪質な企業秩序違反とまではいえないとされた。

同様に、大阪地判平成 25 年 6 月 21 日（労判 1081 号 19 頁）［丸井商会事件］でも、ハードディスクを上司の許可を得ずに自宅に持ち帰ったこと等を理由に従業員を懲戒解雇にした事案について、備品や情報の管理が徹底されていたとはいい難いこと等を根拠に「事案が重篤なとき」（就業規則）に該当するとはいい難いとされ、懲戒解雇が無効とされている。

さらに、東京地判平成 19 年 3 月 9 日（労判 938 号 14 頁）［日産センチュリー証券事件］では、営業日誌の写しをとり自宅に持ち帰った行為について、異動により担当する顧客数が大幅に増えたために帰宅後自宅で訪問計画を立てるという目的に正当性が認められるうえ、本来社内で保管すべき情報を持ち出したことは否定できないにせよ、情報流出の可能性の低い比較的安全な方法で保管したこと等に加え、営業日誌管理について社内規定が存在せず、管理もそれほど厳重ではなかったと認められること等から解雇事由に該当しない、あるいは該当しても解雇は解雇権濫用とした。

要するに、テレワーク等により自宅等社外で勤務し、それに伴い情報を社外に持ち出すことが明示または黙示に認められている場合においては、情報の社外持ち出しは会社が容認した行為とされてしまう可能性がある。したがって、特に情報管理についての規程類の整備状況が不適切であったり実際の管理態様に不備があったりすると、それを理由に使用者として望ましくない情報の持ち帰り等が正当化されるおそれがある。

よって、このような状況において情報管理を行うためには、テレワーク

を含む社外への情報持ち出しや社外における情報の保管・処理等について明確な規程を策定し、これを周知することが必須になる。また、システム上の対応として、かかる規程違反行為をできるだけ不可能なようにするとともに、社外への情報持ち出しや社外における情報の保管・処理等に伴うセキュリティリスク等のリスクへの対応を行わなければならない。この点については、特に第4節〔→157頁以下〕を参照されたい。

　なお、テレワークに従事する従業員に対しては、プレゼンス管理ツール、つまり従業員の在籍状況や業務の進捗状況を確認するための業務用システムを利用することにより労働時間を正確かつ自動的に集計できるようになっている。従業員にとってはサボっているのではないかとの疑いを避けることができるので意味があるといわれる[*15]。しかし、このようなツールは、より詳細なモニタリングを招きかねないものであり、これについては第3節と第6節を参照されたい[*16]。

◆(3) その他の実務対応　　(ア) 本人の意思の尊重　まずテレワーク導入の際の手続については、上記の規程類作成に加え、労使間の協議および本人の意思の尊重が重要である。すなわち、テレワークの制度を適切に導入するにあたっては、労使で認識の離齬がないように、あらかじめ導入の目的、対象となる業務、従業員の範囲、テレワークの方法等について、労使委員会等の場で十分に納得のいくまで協議し、文書にして保存するといった手続を経ることが望ましく、また、実際にテレワークを行うか否かは本人の意思によるべきである（テレワークガイドライン11頁）。

　(イ) 業務内容・遂行方法の明確化　次に、業務の円滑な遂行のため、業務内容や業務遂行方法等を明確にすることが望ましい。また、あらかじめ通常または緊急時の連絡方法について、労使間で取り決めておくことが望ましい（テレワークガイドライン11〜12頁）。テレワークによって、従業員間の意思疎通の頻度が低下し、アウトプットが想定と異なるといったトラブ

[*15]　毎熊・在宅勤務制度55〜56頁
[*16]　なおセキュリティについては、総務省「テレワークセキュリティガイドライン　第4版」(2018年4月：http://www.soumu.go.jp/main_content/000545372.pdf) を参照のこと。

ルも想定される。そのようなトラブルを回避するためには、意思疎通を円滑に行う方法を取り決めたうえで、いつまでに何をどのように行うべきかといった重要事項について、あらかじめ確認しておくべきである。

（ウ）業績評価制度の明確化　また、業績評価については、評価者や従業員が懸念を抱くことのないように、評価制度および賃金制度を明確にすることが望ましい。テレワークであるからといって必ずしも結果のみが評価対象となるとは限らないものの、業務遂行過程の確認が十分にできない場合等には、結果に偏った評価になることもあり、それが従業員の不満を招くことがありうる[*17]。特に、業績評価や人事管理に関して、テレワークを行う従業員について通常の従業員と異なる取扱いを行う場合には、あらかじめテレワークを選択しようとする従業員に対して当該取扱いの内容を説明することが望ましい。また、いつまでに何をするといった形で、仕事の成果に重点を置いた評価を行う場合は、テレワークの場合であっても事業場での勤務と同様の評価が可能であるので、こうした場合は、評価者に対して、従業員の勤務状況が見えないことのみを理由に不当な評価を行わないよう注意喚起することが望ましい（テレワークガイドライン12頁）[*18]。

（エ）費用負担の取扱いの明確化　加えて、通信費や情報通信機器等、テレワークに要する費用負担の取扱いの問題がある。たとえば、原則として使用者の事業場で就労するべきであるが、在宅勤務を希望する者について要件を満たせば在宅勤務を認めるという場合、自宅・職場間の通信費等を従業員に負担させることが合理的な場合もある。テレワークに要する通信費、情報通信機器等の費用負担、サテライトオフィスの利用に要する費用、専らテレワークを行い事業場への出勤を要しないとされている従業員が事業場へ出勤する際の交通費等について労使のどちらが負担するか、また、

---

*17　なお逆に、業務遂行過程の確認が十分にできないことを懸念した上司が、細かく指示を出しすぎる結果、いわゆるマイクロマネージメントのような結果を生みかねないことにも留意が必要である。

*18　なお、テレワークを行う従業員について通常の従業員と異なる賃金制度等を定める場合には、当該事項について就業規則を作成・変更し、届け出なければならないこととされている（労基法89条2号）。

使用者が負担する場合における限度額、従業員が請求する場合の請求方法等についてあらかじめ労使で十分に話し合い、就業規則等において定めておくことが望ましい（テレワークガイドライン12頁）。[*19]

　(オ)　**社内教育の充実**　さらに、テレワークを行う従業員については、OJTによる教育・研修の機会が得難い面もあることから、従業員が能力開発等において不安に感じることのないよう、社内教育等の充実を図ることが望ましい（テレワークガイドライン12〜13頁）。[*20]

　(カ)　**その他**　以上のほか、安全配慮義務と安全衛生等については、テレワークガイドライン10頁以下参照。[*21]

[*19] なお、従業員に情報通信機器、作業用品その他の負担をさせる定めをする場合には、当該事項について就業規則に規定しなければならないこととされていることに留意が必要である（労基法89条5号）。

[*20] また、テレワークを行う従業員について社内教育や研修制度に関する定めをする場合には、当該事項について就業規則に規定しなければならないこととされている（労基法89条7号）。

[*21] 将来的には、テレワークの際にロボットを利用して、テレイグジスタンスを行うことで、テレワークに向く職種が拡大する可能性があるともされている（日本テレワーク協会『テレワーク導入・運用の教科書』（日本法令・2018）102頁）。

第6節　業務におけるAI・HRテックの利用をめぐる実務的課題

Q 業務におけるAI・HRテックの利活用の具体例としてはどのようなものがあり、またそれらの実務的課題としてはどのようなものがあるのでしょうか？

A 社内SNS、モニタリングの拡大、「AIのモニタリングか人の監視か」といった問題があります。これまでのモニタリング等に関する議論を踏まえながら、具体的なAI・HRテックの内容に留意しつつこれらを導入することでよりプライバシー侵害の度合いが高まる点と逆に低下する点について、検討することが必要です。

1. 新たなコミュニケーションツールと人事労務情報管理の実務対応：社内SNSを例に

　社内のコミュニケーションツールの種類が増加している。これまでは、対面、内線電話、メール等が主なコミュニケーションであったが、社内チャット、社内SNS等、コミュニケーション方法が広がっている。以下では、社内SNSをコミュニケーションに利用し、そのデータをAIで分析・処理する場合の問題点について検討してみよう。

◆**(1) ルール策定と周知**　まず、社内SNSの利用について、情報をどのように利用するかを従業員に知らせ、また、従業員に対して行ってよいこと、いけないことを決めるという意味でも、利用規約等のルールを策定し、これを周知することが重要である。なお、社内SNSの利用開始時に、ルールを示してこれを理解して同意した者のみが利用できるようにすることは、周知効果および裁判所に有効と認められる可能性の向上につながる。

◆(2) 利用目的　　社内 SNS を立ち上げる場合には、単なるコミュニケーションツールなのか、その情報を蓄積して人事管理に利用するのかというその目的を検討する必要がある。これは、経営的観点やシステム的観点で重要なだけではなく、人事労務の観点でも重要である。すなわち、個人情報保護法上の利用目的を定め、これを公表・通知することも必要である（個人情報保護法 16 条・18 条）。よって、社内 SNS においてどのような目的でどのような個人情報が取り扱われるかについては、個人情報保護法の遵守の観点から重要である。すでに社内のコミュニケーションツール全般で取り扱う個人情報の利用目的が定められ、これが社内 SNS において扱う個人情報についても適用できるのかそうではないのかを判断し、後者の場合には、ルール策定や周知の過程でこれを実施することが必要である。

　たとえば AI による処理を含む場合、当該処理の内容や増大するリスクの程度等に鑑み「人事労務管理のため」といった一般的・抽象的目的に含ませることが相当ではない場合もあれば、従業員の理解を得るためといった政策的目的から、あえて（AI による）分析の実施について利用目的として特記することが望ましい場合もあるだろう〔→ 44 頁〕。

◆(3) 社内 SNS の位置付け　　原則として、使用者は従業員が業務上どのようなツールを利用すべきかについて業務上の指示をすることが可能であり、社内 SNS の利用を指示することも考えられる。

　ただし、社内 SNS の利用を強制したうえで、AI による分析等を通じて当該社内 SNS 上の情報を幅広く利用する場合には、プライバシーとの関係で問題が出てくる可能性がある。特に利用を（事実上）強制している場合には、より問題となりやすい。また、利用方法について教育・研修が必要な場合には、必要な教育・研修を行わなければならない。

◆(4) 社内 SNS 上の情報の AI による処理　　社内 SNS 上の情報を AI を用いて処理するという場合、何のために、どのような情報を、どのように処理するのかという個別具体的な内容が問題となる。

　広義の AI で処理をするといっても、単に従業員が自分が過去に SNS 上でどのような投稿をしたのかを知るために自己の投稿の過去ログを検索

する際にその検索スピードを上げるために AI を利用するといった場合において、コミュニケーションツールとしての目的の範囲内にとどまり、かつ、AI による分析が新たなプライバシー上のリスクを増加させない場合もありうる。その場合には、AI を利用しているという一事のみをもって、それが人事労務情報管理上の大きな問題を産むと考えるべきではない。

　しかし、たとえば社内 SNS 上の情報を分析してこれを人事労務管理に利用するという場合、その具体的な人事労務管理上の目的——たとえば、社内 SNS 上の何気ない発信内容を AI で分析し、当該投稿から通常想定される範囲を超えた情報を引き出すことで人事評価に利用するといった場合——によってはやはり、そのような目的で利用することについて、少なくともルール化したうえで十分に従業員に説明すべきであるし、AI の誤りのリスク等に対する対応をすること〔→ 38〜39 頁〕で、従業員に対する予想外の不利益を防止する必要があるだろう。

2. モニタリングの種類の増大と目的の拡大に関する問題

◆(1) 種類の増大　　AI や HR テックの利用は、モニタリングの種類の増大をもたらす。たとえば、ウェアラブルセンサーを利用して従業員の業務遂行時の様々なデータを取得し、従業員がどの程度業務に集中しているかといったことを測定することができる。また、社内のコミュニケーションをモニタリングし、グラフ化することで、人間関係等を可視化することもできる。[*1] これは、一口に「モニタリング」として問題を分類することがさらに難しくなっていることを示すものだろう。

◆(2) 目的の拡大　　また、AI や HR テックを利用したモニタリングは、様々な目的でモニタリングが（少なくとも技術的には）できるようになることを意味する。これまでは、たとえば情報管理、法令遵守、緊急連絡等のためにモニタリングが行われてきたが、これに加え、勤怠管理や業績評価のためにモニタリングをすることができるようになり、未来形としては、

---

　*1　人事が変わる 184〜186 頁〔井上一鷹執筆〕参照。

AIに従業員のあらゆる行動（メールの文面や送信先、会議での発言内容や頻度、作成資料の内容、共有カレンダーに記入されたスケジュールなど）を観察させて、その結果から推測された保有スキルやコンピテンシー情報をそれぞれの従業員に自動的に割り当てていく[*2]といったことも可能となると予測される。従来、勤怠管理や業績評価のためにモニタリングをすることが問題視されてきた。[*3]近時でも、HRテックによって従業員が常に企業から監視されているという感覚をもった状態ではパフォーマンスを出すことは難しく、挑戦機会喪失やモチベーション低下をもたらすと指摘されている。[*4]

◆(3) 実務対応　これらを踏まえ、実務対応はどの点に留意すべきか。

　基本的には、モニタリングの性質が重要であろう。すなわち、もともと会社の業務における利用のため会社の通信設備等を貸与しており、かかる通信設備等に対してモニタリングを実施することがありうる。たとえば、社内SNSを業務上の通信についてのみ用いるべきとのルールを定めたうえで社内SNS上の情報に対するモニタリングを行う場合が考えられる。このようなモニタリングであれば、第3節で前述〔→193頁以下〕したように、プライバシー侵害の程度は低くなるだろう。これに対し、ウェアラブル端末を着用させてモニタリングするといった場合には、前述〔→190頁以下〕の会社の通信設備等に対するもの以外のモニタリングに関する議論が基本的に当てはまり、プライバシー侵害の度合いは相対的に高く見積もるべきだろう。

　とはいえ、具体的なモニタリングの種類や目的に即したきめ細やかな議論が必要である。社内SNSの監視を例に挙げれば、これは比較的電子メールに近いものの、当該SNSで業務と関係のないやり取りがどの程度存在し、それを会社が黙認ないし推奨しているか等も考慮すべきである。[*5]

---

*2　人事が変わる133頁〔民岡良執筆〕
*3　旧「労働者の個人情報保護に関する行動指針」第2・6 (6)（https://www.mhlw.go.jp/www2/kisya/daijin/20001220_01_d/20001220_01_d_shishin.html）、外井ほか・Q&A 106〜108頁
*4　人事が変わる234頁〔金澤元紀執筆〕
*5　なお、AIをどの範囲で使うか明確にすべきとするものに、人事部のための個人情報保護法99〜100頁も参照。

3. AIによるモニタリングか人間によるモニタリングか

　上記の通り、今後モニタリングの種類や目的が拡大していくことが予想されるところ、AIによるモニタリングも考えられる。

　たとえば、これまで、メールやインターネットの閲覧履歴等をモニタリングする場合、人間が閲覧して確認する方法に加え、キーワード抽出等一定のシステム的な対応をしていたが、AIの利用によって、より効果的にモニタリングをすることが可能になる。一例を挙げると、通常センシティブとは思われない言葉・言い回しを表面上使っているものの実際には法令・規程等に抵触しうる内容のメールを抽出してアラートを出すなど、人間がメールを読んだ場合と同様かより緻密なモニタリングを、人間よりもはるかに迅速かつ効率的に実施することができる。

　このようなモニタリングにおけるAIの関与については、大きく分けて2つの議論がある。1つ目は、AIによるモニタリングは大量の情報を常時取得して蓄積するので、情報把握の方法・程度が人間によるそれとは比較にならないとして厳格に考えるべきとする見解であり、もう1つは、AIによる監視は感情をもたないからプライバシー侵害の度合いが低いという見解である。[*6]本書は一般論のレベルではこれらのうちいずれかの考えに与するものでもないが、いずれにせよ実務上はこうした一般論にのみ依拠して判断すべきではないと考える。

　すなわち上記のような議論は、AIのみがメールの内容や監視カメラの画像をチェックしている場合にこそ当てはまるところ、少なくとも、現在および近未来の段階では、人間がAIと協働する場面——たとえば、AIが問題となりそうなメールや画像を抽出して、それを人間が確認するというような状況——が想定されることから、人間とAIが具体的にどのように協働するかにフォーカスして検討をすべきである。そして、このような

＊6　AIの法律と論点282頁〔菅野百合執筆〕は比較的前者に寄っているように読める。これに対し、人工知能法務研究会編『AIビジネスの法律実務』（日本加除出版・2017）42〜43頁はこれらの2つの考え方をいずれも紹介している。

協働を前提として、もし、モニタリングが正当な目的（たとえば情報管理ポリシー違反の識別）で行われ、AIが当該目的に沿って適切に設定され、かつ、当該設定に基づき適切に作動するのであれば、あとは以下のような対応をすることが望ましい。

> ・目的と無関係のメール、画像以外はAIのみが確認する。
> ・目的と関係のある狭い範囲のメールや画像については、AIが判別したものを人間が確認する。

　すると、上記のような前提が守られている限り、通常の場合（情報管理ポリシー違反がない場合）においてはAIによるモニタリングがされるにすぎず、あくまでも問題が生じた場合（情報管理ポリシーに違反した場合）にのみ、人間によるモニタリングが行われる。そして上記の通り、真にAIによる確認が当該正当な目的のためにのみ利用され（上記の例では、純粋に情報管理ポリシー違反の確認のみに用いられ、それ以外の目的で使われない）、その判断が正確なのであれば、むしろ、人間が当該目的と無関係なメールを確認しなくなり、（情報管理ポリシーに違反した場合）まさに目的と関係が深い等、確認の必要性および正当性の程度が高い範囲だけを人間が見ることに資する結果となる。すると、仮に上記の議論における1つ目の主張が問題視する大量の情報の常時集積の点を踏まえても、人間とAIとの協働という前提が守られている限り、少なくとも人間によるモニタリングよりも格段に慎重に判断するべき理由はないように思われる。

　もっとも、このような前提が守られているかどうかは、具体的なAIシステムに応じた個別の検討が必要なところである。たとえばAIが本来の目的外に利用され、その強力な情報抽出能力で従業員のセンシティブな情報をあぶり出すといった事態を招きかねない場合には、まさにAIによりプライバシー侵害の度合いが高まる。また、たとえばAIにバイアスが入っていれば、AIによる誤った監視がされ、精度が低下し、目的達成との関連性が低くなるうえ、目的と無関係のメールについても幅広く人間が確認することになってしまい、プライバシー侵害の危険を増大させるだろう。[*7]

4. つながらない権利

　近時、世界的に「つながらない権利」、すなわち、勤務時間外のメールやチャット等に従業員が返信することを禁止するという動きが生じている。すでにフランスやイタリアではこのような法案が成立しており、2018年10月時点でニューヨークでも審議中である。*8

　現時点において日本では「つながらない権利」に関する法規制は存在しないものの、小型の情報通信端末、とりわけスマートフォン等いつでもどこでも持ち運べるものが広く普及し、業務で使われるようになるにつれて、このような問題はより重要な問題となるといえる。よって、このような議論の動向に注目すべきであろう（なお、勤務時間外のメールやチャット等と労働時間性につき第7章〔→251頁以下〕参照）。

5. AI・ロボットの管理の負担

　AI・ロボットを業務において利用することで企業が享受したい主な効果として、従業員の業務の効率化や省力化が挙げられる。しかし、AI・ロボットの管理の負担により、むしろ業務負荷が増大するリスクについても留意が必要である。

　たとえば、広義のAIの1つであるRPA〔→80頁以下〕については、各部門がバラバラに個別最適の観点からRPAを導入してしまうと、その結果として類似のRPAが多数導入されて、管理が追い付かなくなり「野良RPA」等ともいうべき現象が生じる。*9 要するに、RPAを使って効率化を

---

　*7　なお、上記の議論は、情報管理ポリシー違反の識別等、モニタリングの目的が従来から行われてきた目的の場合には比較的当てはまりやすいと考えられるものの、今後は、モニタリングの目的が広がり、日常的業務状況の把握による人事評価等を行う可能性も出てくる。この点は、前述〔→213頁〕の通りそもそものような目的でのモニタリング自体が慎重な判断を要求すると思われるうえ、その場合には、確認の正当性が高い範囲だけを人間が見ることに資する結果となるという上記の議論が当てはまるかという点についても疑問が生じることに、留意が必要だろう。

　*8　「勤務時間外のメール、欧米で規制　仏・伊は法成立」（https://www.nikkei.com/article/DGXMZO37053910291020 18MM0000/）

　*9　ロボットの暴走や放置の問題につき、たとえば西村泰洋『絵で見てわかるRPAの仕

果たすには、どこかの部門を RPA 管理部門として任命し、一定の管理コストを負担してでも、一元的に RPA を管理していく必要があるのである。

また、たとえばロボットについても、接客等にロボットを利用していたホテルにおいて、ロボットが増えすぎて管理コストがばかにならなくなり、ロボットの数を減らしているという報道もなされている。[*10]

要するに、AI・ロボットを業務に導入した場合に、一度導入すればあとは放置してよいのではなく、適切な管理をしていかなければならないというわけである。このような管理の負担についても事前に検討したうえで、誰がどのように管理するかを決めておく必要がある。

組み』（翔泳社・2018）47～48 頁参照。
*10 「『変なホテル』ロボットから脱却」（https://this.kiji.is/425672063371494497）

第6章 狭義の人事(教育・研修、人事考課、人事異動)と情報管理

第1節 狭義の人事とAI・HRテックの関係についての考え方

Q 教育・研修、人事考課、人事異動といった狭義の人事については、AI・HRテックとはあまり関係がないのではないでしょうか。

A いいえ。狭義の人事も、AI・HRテックと密接な関係があります。狭義の人事は、たとえば人事考課の基礎となる業績に関する情報、勤怠に関する情報等の情報をもとに実施されることから、情報管理をしっかり行うことが適正な人事にとって重要です。そして、AIが人事上の新たな論点を招来する、という側面と、教育・研修等の狭義の人事にHRテックを導入するという2つの問題があり、その双方に留意が必要です。

1.狭義の人事に関する視点

　狭義の人事、すなわち教育・研修、人事考課、人事異動とAI・HRテックの関係には、次の2種類が存在する。

　1つ目は、AIの業務への導入により業務等が変革されるので、その結果、教育・研修が必要になったり、人事考課上の考慮要素となったり、人事異動が必要になるといった、AIが人事上の新たな論点を招来するという側面である。

2つ目は、人事部門に AI や HR テックを導入し、人事業務、たとえば人事考課や人事異動における判断で AI の支援を受けたり、教育・研修について、個人の知識・経験に関するデータを元に個別化された研修メニューを提供する HR テックを導入するといった側面である。

2. 本章の構成

このように AI・HR テックと狭義の人事の関係には2つの側面があることを踏まえ、本章では、この双方に目配りをしながら解説していきたい。

ここで、狭義の人事には、教育・研修、人事考課、そして人事異動というトピックがあり、それぞれに独自の考察が必要である。よって、本章では以下、教育・研修と情報技術（第2節）、人事考課情報管理（第3節）、人事異動と情報管理（第4節）についてその基本的な規律について解説したうえで、原則として各節の末尾で、それぞれのテーマに関係する AI・HR テックの実務的課題について論じていくこととする。その意味では、章末に AI・HR テックの実務的課題を検討する節を設けていた他の章とは説明の順番が異なっていることに留意されたい。

第2節 教育・研修と情報技術

Q 弊社では今後、AI・HR テックの利用も視野に入れつつ教育・研修のあり方を見直していきたいと思っていますが、近年の情報技術の進展に鑑みて検討すべき課題はあるでしょうか。

A 企業は日頃から適宜、従業員に対して教育・研修を行っているところかと思いますが、新たな情報技術の進展により、従業員がこれにキャッチアップすることを可能とするための教育・研修の必要性が高まります。

1. 情報化と教育・研修

企業は、業務の遂行の過程内における職業訓練である OJT（on the job training）と、業務遂行の過程外における職業訓練である Off-JT（Off the job training）を実施する。[*1] 情報技術の革新等が急速に進み、新技術・新業務への適応のための従業員に対する教育・研修が絶えずなされる必要がある。[*2]

企業情報の管理を含む組織的見地からも、教育・研修が必要である。個人が成長・発展できる企業こそが、労働者に選ばれる魅力的な企業となり、競争力やイノベーションの基盤が強化される[*3]のであって、いわゆる「働き方改革・第二章」の重点項目に人材育成・キャリア開発支援がある[*4]という指摘は、OJT および Off-JT で従業員に適切な成長の機会を与えることが企業の競争力等にも影響することを示唆する。

---

*1 菅野 676 頁。なお、職業能力開発促進法および「労働者の職業生活設計に即した自発的な職業能力の開発及び向上を促進するために事業主が講ずる措置に関する指針」（平成 13 年厚生労働省告示第 296 号）も参照。
*2 菅野 676 頁
*3 人事が変わる 19～20 頁〔伊藤禎則執筆〕
*4 人事が変わる 22 頁〔伊藤禎則執筆〕

2. 教育・研修命令

　たとえば、自社に新システムを導入したり、新たな情報端末を導入したり、場合によっては AI を導入するというように、業務の情報化の進展に伴い教育・研修が必要になった場合に、使用者は従業員に対して教育・研修を命じることができるのだろうか。

　すでに述べた通り、教育・研修には OJT と Off-JT の 2 種類が存在する。このうち OJT については、業務遂行と不可分になされる以上、使用者の指揮命令権や人事異動に関する使用者の人事権の範囲の問題であって、教育・研修独自の問題は少ないとされる[*5]（人事異動を伴う OJT については、人事異動に関する第 3 節を参照されたい）。

　これに対し Off-JT については、業務命令によって実施することになるところ、使用者が教育・研修を命じる権利（および従業員の教育・研修を受ける義務）は、使用者が労働契約によって取得する労働力利用権から派生している[*6]。長期雇用システムにおいては、幅広い教育・研修の必要があるので、教育・研修を命ずることのできる範囲は広いといわれる（静岡地判昭和 48 年 6 月 29 日労民集 24 巻 3 号 374 頁［国鉄動労静岡地本賃金カット事件］および大阪地判平成 10 年 3 月 25 日労判 742 号 61 頁［JR 東海大阪第三車両所事件］参照）。

　しかし、教育・研修の限界として、次のような場合には必ずしも当然には使用者が教育・研修を命じる権利を有さず、従業員は教育・研修を受ける義務を負わないとされている[*7]。

　①一般教養、文化、趣味、思想・信条等内容が業務遂行と関係のないもの[*8]

---

*5　菅野 677 頁参照。なお、日常業務と著しく異なる職務を命ずるような場合は労働義務の範囲を超えることがあるし、行きすぎた指導や訓練によって労働者の名誉を侵害したり、精神的・身体的自由を不当に拘束すれば、権利の濫用として無効ないし違法となる（土田・労契法 397〜398 頁）。

*6　菅野 677 頁。なお、土田・労契法 398 頁は、就業規則等で Off-JT を労働契約の内容とすべきことを示唆する。

*7　菅野 677〜678 頁

*8　なお、土田・労契法 398 頁は自衛隊の体験入隊、座禅研修等が一方的命令が許されないものとして挙げる。

②過度の精神的・肉体的苦痛を伴うような態様・方法の、または期間が相当ではないもの
　③反組合教育や労働時間上の限界を超えるような、法令に抵触するもの
　④新規の海外留学等その内容や実施場所等が労働契約上予定されていないと認められるもの

　たとえば、企業が新しい情報システムを導入し、それに伴いその利用方法や新たな業務に関する教育・研修をする場合には、業務遂行との関係は深く、また、業務上何らかのツールを利用して業務を遂行することおよび当該ツールが時代によって変化することは労働契約上予定されていることが多いということができ、上掲の①と④の観点からは、使用者が教育・研修を命じる権利を有することが多いだろう。よって、②態様・方法・期間等が相当で、また、③法令に抵触しないものであれば、このような情報システムの利用方法や新たな業務に関する教育・研修を命じることが可能な場合が多いといえるだろう。[*9]

3. 教育・研修を受ける権利

　業務の情報化が急速に進む中で、それにキャッチアップすることを希望する従業員も多いだろう。このようなキャッチアップの方法としては、自ら書籍を読んだり外部の教育・研修機関を利用することもありうるが[*10]、たとえば、使用者が一部の従業員を選定して業務上教育・研修として情報技術に関する研修を実施している場合、使用者によって選定されなかった従業員がこれを受ける権利を有するかが問題となる。

　使用者が従業員のキャリア形成に向けてなすべき努力義務について、職業能力開発法4条1項は、従業員が職業生活設計に即して自発的な職業能力の開発および向上を図ることを容易にするために必要な援助を行うこと

---

*9 　なお、④の場合において例外的に教育・研修を受けさせるためには、本人の同意が必要であるとされているところ（菅野677〜678頁）、①一般教養として直接的に業務とは関係のない情報技術、たとえばAIについての一般的な知識に関する教育・研修を行う場合にも、本人の同意を得ることで実施可能であろう。
*10　なお、雇用保険法の教育訓練支援給付金についても参照。

等によりその従業員に係る職業能力の開発および向上の促進に努めなければならない旨、規定している。

　教育・研修には、使用者が制度として実施しており、一定の要件を満たした従業員は当然に受講権があると解されるものと、単なる使用者の裁量で命じられているものの双方がありうる。前者、つまり教育・研修制度がその内容や受講者の要件などとともに明確に制度化されていれば、従業員に受講権が認められるとされている。成果主義人事・賃金制度が普及する中、教育・研修の重要性が高まるにつれ、受講権ありと解釈できるケースはさらに増えるといわれている。[11] ただし、後者、すなわちそのような制度化がされていなければ、通説上は従業員側に教育・研修を受ける権利は認められない。[12]

　もっとも、教育・研修に関して差別が生じた場合には、当該差別の種類に応じた救済を受けられる。[13] また、十分な能力開発の機会を与えないまま不当に低い評価を行うことは人事権の濫用となりうる。[14]

4. 教育・研修をめぐる AI・HR テックの実務的課題

◆(1) 業務のAI化がもたらす人事上の問題　　今後、業務に様々なAIが導入されていくことだろう。ところで、AIの中には従来の業務の態様を大きく変革しないものもありうるが、AIの導入が業務を変えることもまた、十分にありうる。このような場合、AIの利用に慣れていない従業員に対し、たとえば「AIをどのように業務上利用するかを学ぶように」といった教育・研修命令を出せるかが問題となる。上記の通り、労働力利用権から派生して使用者には教育・研修を命じる権利があると解され、長期雇用

---

*11　菅野 678 頁

*12　なお、学説につき両角道代「雇用政策法と職業能力開発」日本労働法学会誌 103 号（2004）19 頁、有田謙司「成果主義人事における能力開発と労働契約」季刊労働法 207 号（2004）100 頁、毛塚勝利「賃金処遇制度の変化と労働法学の課題」日本労働法学会誌 89 号（1997）19 頁参照。

*13　たとえば性差別であれば、男女雇用機会均等法 6 条 1 号および「事業主が適切に対処するための指針」参照。

*14　土田・労契法 297 頁、399 頁

システムにおいては幅広い教育・研修の必要性から、使用者の教育・研修の権限は広いとされる。[*15] 実際、情報管理等の組織的見地からの教育・研修も行われているところ、[*16] AI 等によって業務が代替される従業員のために、新たな業務の開発や再教育が必要であるとの認識が示されていることから、[*17] 一般に業務の AI 化に伴う教育・研修を命令する権限が認められる。

とはいえ、前述〔→ 222〜223 頁〕の 4 つの限界に即して検討すべきである。すなわち、①業務遂行との関係の浅さ・深さにより、教育・研修を命じる権限については一定の限界が存在する。また、②いくら AI 化に対する迅速な対応が必要であっても、過度の精神的・肉体的苦痛を伴うような態様・方法の、または期間が相当ではない教育・研修を命じる権限は認められない。さらに、③労働時間上の限界を超えるような違法な教育・研修を命じる権限は認められない。加えて、④将来的には業務の AI 化の進展により従前とまったく異なる教育・研修が必要となる可能性もあるものの、たとえば AI 活用方法を探るという特命を受けて外国に研修に行く等、内容や実施場所などが労働契約上予定されていないと認められるものについて当然には教育・研修を命じる権限は認められないので、その場合には本人の同意を得ることを検討すべきである。

なお、AI 活用に必要となる資質・能力の習得については、座学だけではなく、現場での経験を通じて学ぶことができる利用環境を整備することにより、企業における AI 活用のハードルを引き下げることがより重要になると指摘されている。[*18] そこで、Off-JT の教育・研修のみならず、OJT の意味が大きいことに留意が必要である。

[*15] 菅野 677 頁
[*16] 菅野 677 頁
[*17] 三菱 UFJ リサーチ＆コンサルティング「IoT・ビッグデータ・AI 等が雇用・労働に与える影響に関する研究会 報告書」(2017 年 3 月: http://www.mhlw.go.jp/file/04-Houdouhappyou-11602000-Shokugyouanteikyoku-Koyouseisakuka/0000166533.pdf) 17 頁
[*18] 野村総合研究所「ICT の進化が雇用と働き方に及ぼす影響に関する調査研究 報告書」(2016 年 3 月: http://www.soumu.go.jp/johotsusintokei/linkdata/h28_03_houkoku.pdf) 48 頁。

◆(2) AI・HRテックによる支援　　研修の内容がAI等と無関係の従来行われてきたような内容（たとえば業務知識、コンプライアンス、情報管理等）であっても、AI・HRテックと無関係ではない。AI・HRテックにより従業員に対する教育・研修を支援することも期待される。たとえば、(HRテックという言葉が流布される前から存在するが) eラーニングシステムを利用して、時間や場所の制約なく教育・研修を受けさせることがすでに行われているところ、これをマイクロラーニングと呼ばれる、一つひとつのコンテンツを短時間にして自由な隙間時間にこれを習得できるようにする動きが出ている。また、最近では技術の進歩により教育・研修における受講者の疑問を受講中にリアルタイムで集めて、これに対する質疑等をその場ですることで即座に疑問を解消し、習得度の向上につなげることもできる。このように、AIおよびHRテックの活用が教育・研修をより高度化することが期待される。

　特に、AIおよびHRテックを活用し、一人ひとりの習熟度や進捗に合わせたよりきめ細やかな教育・研修を実施することができ（アダプティブ・ラーニング）、研修の効率化が期待される。

　ただ、そのような個人に合わせた研修を提供するためには、従前より多くの従業員に関する情報を取得することが必要である。教育・研修のためにより多くの従業員の情報を取得し活用する場合には、モニタリング等の問題に留意が必要であり、この点は前章で述べたことを参照されたい。

　また、従業員本人が情報提供に協力しないと、個人に合わせた教育・研修の提供に必要な情報が得られないことから、一部の実務家から、人事制度と連動させて強制力を働かせて必要な情報を取得する方法が提案されている。[19] もっとも、もし強制的に教育・研修を受けさせるならば、その時間について労働時間性が生じることがあるし〔→252頁以下〕、また、そのような制度構築がなされていれば、より従業員の受講権が認められやすくなるだろう。[20] 従業員の協力を「強制的」な方法で得ることは、このような労

---

*19　人事が変わる193頁〔民岡良執筆〕
*20　人事が変わる215～216頁〔倉重公太朗執筆〕参照。

働法上の影響も出てくることも意味するのであって、制度設計の際に十分に留意すべきである。

労働時間との関係では、たとえばクラウド上に業務上のマニュアルや自己啓発に役立つ情報を集約し、自宅からも閲覧できるようにすることで従業員の自己啓発を自宅でもできるようにするといった場合が問題となる。これまで、マニュアルの配布や閲覧等が業務の一環として労働時間に行われていたところ、このような情報をシステム上にアップロードして自宅で読ませる場合、これらが日常業務に必須であり、かつ自宅で閲覧することが必要不可欠であれば、自宅での閲覧といえどもやはり労働提供とみられる状況が生じかねないとも指摘されている。[*21]

なお、従業員による「自発的な」（職業能力開発法4条1項参照）職業能力の開発および向上を企業が支援することは奨励されるべきであるが、AI・HRテックが従業員の意思決定に不当に介入しないかには注意が必要である。すなわち、従業員の特性を知り、特性を活かせる方向に誘導していくという形でAI・HRテックを従業員の育成に利用することが技術的に可能になってきているものの、その具体的方法によっては、従業員はAという方向に進みたいが、AIがBという方向に適性を見出しBへと誘導する等、従業員の意思決定に不当に介入することになりかねない。そこで、従業員のキャリア形成の誘導等は、単に効率性のみを根拠とするのではなく、従業員の意思決定に不自然な介入をしないかという観点からも検討すべきという指摘もされている。[*22]

[*21] 職場の労務トラブル519頁
[*22] 人事が変わる218頁〔板倉陽一郎執筆〕

第3節　人事考課情報管理

Q 人事考課について、情報管理の観点から留意すべき点にはどのようなものがあるのでしょうか。

A 人事制度設計や具体的考課には裁量が認められますが、人事において考慮してはならない情報を考慮するなど、当該裁量を濫用・逸脱することがないように人事考課を行わなければならない点に、留意が必要です。

1．はじめに

　人事考課とは、企業内における従業員の業務の遂行度、業績、能力等の評価である[*1]。人事考課は、昇進、定期昇給、ベースアップの個人別配分および一時金の額の決定においても重要な役割を果たす[*2]。本節では、まず、前提となる処遇制度と人事考課について概観したうえで（2.）、情報の観点から人事裁量がどのように統制されるかについて述べ（3.）、さらに人事の透明性についても言及し（4.）、最後にAI・HRテックについて述べる（5.）。

　なお、人事考課における労働組合員差別が問題となる一連の裁判例があるものの[*3]、本書は人事労務分野の中でも情報管理に関わるものを主眼としていることから、この点は主な検討の対象としないこととする。

2．処遇制度と人事考課

　使用者は従業員に対する処遇を決定する必要があるところ、主な処遇制

---

*1　労働関係訴訟 I 142頁〔白石史子執筆〕
*2　菅野418頁
*3　たとえば、昇格上の考課が組合活動による差別として不法行為とされた事例として、静岡地判平成9年6月20日労判721号37頁［ヤマト運輸事件］参照。

資格		職掌		
		総合管理職掌	専任管理職掌	専門職掌
経営職	1級 2級 3級	店　長 店次長	専任店次長	専門店次長
上級管理職	1級 2級 3級	部　長	専任部長	専門部長
中級管理職	1級 2級 3級	課　長	専任課長	専門課長
監督職	1級 2級 3級	係　長	専任係長	専門係長
リーダー職	1級 2級 3級	一般職掌		専門係員
ジュニア職	1級 2級 3級	一般係員		

図表10　職能資格制度の枠組み
(出典) 菅野和夫『労働法〔第11版補正版〕』(弘文堂・2017) 414頁

度としては、職能資格制度および成果主義が存在する。

◆(1) **職能資格制度**[*4]　職能資格制度は、従業員の職務遂行能力の発展段階に応じて資格等級を定めて格付けし、それに応じた処遇と賃金管理を行う制度である（**図表10**）。

職能資格制度のもとでは、人事考課（査定）に基づき、資格の上昇（昇格）、ランクの上昇（昇給）が行われ、これに伴い、職務遂行能力の序列が上昇するとともに役職の序列においても上昇する[*5]。なお、職能給は、職能資格制度上の資格とランクに対応して定められた基本給であり、資格やランクの上昇に応じてまた、職能給が引き上げられる[*6]。

◆(2) **成果主義**　成果主義のもとでは、上記のような職能資格制度と異なる賃金制度が導入される。典型的には職務等級制度（ジョブ・グレード制）

---

*4　土田・労契法400頁
*5　菅野412〜413頁
*6　菅野412〜414頁

と役割等級制度がある。

職務等級制度では、職務を職責の内容・重さに応じて等級（グレード）に分類・序列化し、等級ごとに賃金額の最高値、中間値、最低値による給与範囲を設定する制度であり、各人の給与の額を各年の貢献度の違いにより相当程度差別化できるようにしている。[*7] 給与は職務等級への格付けの決定とその範囲内での給与額決定によって決まるところ、前年度における職務遂行能力の発揮度の評価（コンピテンシー評価）と業績目標の達成度評価（各期首の目標設定に照らして、期末に本人と上司の間で双方向的になされる）とによる。

役割等級制度は、組織の達成目標に照らしての従業員の仕事上の役割（ミッション）を分類し等級化して、その等級に応じて基本給を決めるものであり、賃金は職務等級制度と同様に一定のレンジの中での評価によって定めるのが通例である。[*8]

◆(3) 情報管理の重要性　このように、職能資格制度および成果主義の双方において、人事考課（査定）ないし評価が重要であって、それが昇進や賃金・待遇等に密接な関係を有している。そして、このような人事考課は、会社が収集した情報に基づき実施されるため、適切な人事考課のためには適切な情報管理が重要である。たとえば、人事考課の基礎となる情報が誤っている場合には、正確な人事考課ができないことがある。

そこで次項では、このような情報の誤りによる人事考課の違法が生じる場合をはじめ、人事考課の裁量がどのように統制されるかといったことを、情報管理の観点を加味しながら検討していきたい。

3. 情報管理からみた人事考課に関する裁量統制

◆(1) 制度設計　まず、人事考課制度が整備されていない場合には、制度に基づいた公正な評価をすることが困難となり、恣意的に評価を行ったとして人事権の濫用とされることがありうる。[*9]

---

*7　菅野417〜418頁
*8　菅野418〜419頁

次に、構築された人事考課制度の内容が違法とされることがある。典型的には差別を理由とするものであり、たとえば男女別コース管理制度が男女雇用機会均等法6条に違反する女性差別であるとして違法とされた事例がある（たとえば、東京高判平成20年1月31日労判959号85頁［兼松事件］）。[10]

　さらに、人事考課制度の設定については、就業規則でこれを定めることになるので、特に一度構築された人事考課制度を不利益に変更する場合には就業規則の不利益変更の問題が生じる。労契法10条により、就業規則の不利益変更は合理的であって初めて有効となる。成果主義の観点からの賃金制度への変更が問題となった事案では、裁判例は、経営環境の変化を背景とした変更の必要性、資金原資を減少させていないか否か、賃金の増減額の幅、経過措置、評価制度の適正さ、労使交渉の経緯などに照らして合理性の有無を判断している。[11]

　加えて、人事考課制度そのものは適法であっても、当該制度が限定解釈され、その結果として個別具体的な査定が違法とされることがある。たとえば、整えられたヒゲをもつ従業員に対し、ヒゲを禁止する就業規則への違反を理由としたマイナス評価につき、長髪とヒゲを全面的に禁止することに合理性は認められず、また長髪とヒゲは基本的に個人的自由に属する事柄であるうえ、これに対する制約が勤務時間を越えて個人の私生活にも影響を及ぼすものであることに鑑みれば、裁量の範囲を逸脱していると評価せざるをえないとした例がある（大阪高判平成22年10月27日労判1020号87頁［郵便事業（身だしなみ基準）事件］）。

　これらの制度設計の構築の際に、たとえば差別につながる情報等、利用してはいけない情報に基づく人事考課制度を設定してしまえば違法になることは上記の通りであるし、また、人事考課制度の設計時に会社の業務遂行過程でどのような従業員の情報をどのように収集するかに十分に配慮し

---

*9　土田・労契法403頁
*10　なお、男女賃金差別・昇進差別につき、労働関係訴訟Ⅱ511頁以下〔矢尾和子執筆〕も参照。
*11　道幸哲也「成果主義人事制度導入の法的問題（1）～（3）」労判938号（2007）5頁以下、菅野416頁、および水谷・Q＆A144頁も参照。

ないと、個別具体的な人事考課を行う際に適切な人事考課を行うことができなくなってしまうといったことがありうるのであるから、やはり情報管理の側面を無視することはできない。

◆**(2) 個別具体的な人事考課**　**(ア) 公正査定と人事裁量への制約**　確かに、人事考課には裁量があるが、その裁量判断は人事考課制度の枠内に限られ、人事考課制度の趣旨に反して裁量を濫用した場合には、その具体的な査定が違法と判断される。[*12] そして、使用者の公正な査定をする義務については諸説あるが、[*13] 特に使用者は従業員の納得が得られるよう公正に評価すべきとする学説が有力になってきている。[*14][*15] 特に、昇進、昇格・昇級のほか賞与に関する人事考課は、従業員に利益をもたらすものであって使用者の裁量の幅は広いのに対し、降格など基本給等の経済的待遇の低下につながるものについては裁量の幅は狭くなるというべきと指摘される。[*16]

以下、情報管理の視点のもとで、具体的な査定について検討する。

(イ) 事実誤認　査定は正しい事実に基づかなければならず、査定が事実誤認に基づいたり事実の基礎を欠くものであれば、裁量権行使は違法となる。[*17] これは人事考課に関する正確な情報の収集およびその正確性を担保するための従業員本人とのコミュニケーションの重要性を示す。

(ウ) 基準違反（評価基準の適用の誤り）　また、考課は就業規則などで定められた考課者、考課項目、考課基準などに従うことを前提とする（大阪地判平成 12 年 11 月 20 日労判 797 号 15 頁〔商工組合中央金庫男女昇格差別事件〕参照）。評価基準の適用を誤って不当に評価し、その結果昇格等が実施され

---

*12　菅野 415 頁参照。
*13　川口 499 頁等参照。
*14　土田・労契法 292 頁以下
*15　労働関係訴訟 I 143 頁〔白井史子執筆〕。なお、横浜地判平成 2 年 5 月 29 日労判 579 号 35 頁〔ダイエー事件〕や名古屋地判平成 8 年 3 月 13 日判時 1579 号 3 頁〔中部電力事件〕等参照。
*16　労働関係訴訟 I 142 頁〔白井史子執筆〕
*17　荒木 413 頁、AI の法律と論点 279〜280 頁〔菅野百合執筆〕参照。仙台地判平成 29 年 3 月 30 日労判 1158 号 18 頁〔ヤマト運輸（賞与）事件〕、大阪高判平成 9 年 11 月 25 日労判 729 号 39 頁〔光洋精工事件〕、東京地判平成 28 年 2 月 22 日労判 1141 号 56 頁〔国立研究開発法人国立精神・神経医療研究センターほか事件〕参照。

ない場合には人事権の濫用として不法行為が成立することがある。[*18]

　たとえば、ある従業員の人事評価の際に、過去一度のみ生じた事件を理由としてその後評価のたびに毎回低評価することが違法とされた（広島高判平成13年5月23日労判811号211頁［マナック事件］）。また、本部管理部長が所属長の評価を大幅に下回る評価を行ったところ、本部管理部長による評価が会社の人事制度を定めるルール・前提に合致したものとはいえず、合理性が否定され、当該評価に基づく降格が人事権の濫用に基づき無効とされた事例もある（東京地判平成19年5月17日労判1949号66頁［国際観光振興機構事件］）。[*19]

　要するに、就業規則等で定められた基準に対し、どのような事実を、どのように当てはめるかという当てはめの正確性が問題となり、これが不正確であれば人事権の濫用となりうるというわけである。これは、収集した情報の活用の問題の1つの側面といえるだろう。

　（エ）恣意性　関連して、査定は恣意的に行われてはならず、重要視するべき事実を殊更に無視する等の形で査定が恣意的に行われたのであれば裁量権行使は違法となる。[*20] なお、評価が著しくバランスを欠く場合も濫用とされるが、[*21] これも似た趣旨であろう。これらも、収集した情報の活用の問題の1つの側面といえるだろう。

　（オ）差別　そもそも差別的な内容であって、人事考課の考慮要素とすることが適切ではないとして考慮が禁じられる情報ないし要素が存在する。

　労基法3条は「使用者は、労働者の国籍、信条又は社会的身分を理由として、賃金、労働時間その他の労働条件について、差別的取扱をしてはならない」とする。たとえば、信条に基づく差別を理由に具体的な査定が違

[*18]　土田・労契法403頁。なお、考慮すべき事項の優先順位付けの誤り等が人事権の濫用になりうるとするAIの法律と論点279〜280頁〔菅野百合執筆〕も参照。
[*19]　なお、事実に対する評価が合理性を欠く場合に濫用となりうるとするものとして、前掲東京地判平成28年2月22日［国立研究開発法人国立精神・神経医療研究センターほか事件］参照。
[*20]　荒木413頁。前掲仙台地判平成29年3月30日［ヤマト運輸（賞与）事件］、前掲大阪高判平成9年11月25日［光洋精工事件］参照。
[*21]　水町144頁

第3節　人事考課情報管理

法とされた事案が存在する（大阪地判平成 15 年 5 月 14 日労判 859 号 69 頁［倉敷紡績（思想差別）事件］、前掲名古屋地判平成 8 年 3 月 13 日［中部電力事件］、長野地判平成 6 年 3 月 31 日判時 1497 号 3 頁［東京電力事件］等）。

　また、男女雇用機会均等法上、女性差別も禁止されており、たとえば既婚女性であることを理由として一律に低査定を行うことは、使用者に与えられた個々の従業員の業績・職務・能力に基づき人事考課を行うという人事権の範囲を逸脱するものであり、合理的な理由に基づかず、社会通念上容認しえないものであるから、人事権の濫用として、かかる人事考課・査定を受けた個々の従業員に対して不法行為となるとした事案がある（大阪地判平成 13 年 6 月 27 日労判 809 号 5 頁［住友生命保険事件］等）。

　そこで使用者は、その情報管理の一環として具体的な査定の際に利用してはならない情報を把握したうえで、そのような情報に基づく査定をしていないかについて注意をしなければならない。

　（カ）不当な動機・目的　　差別とも関係するが、使用者の不当な動機・目的に基づく主観的な人事考課により、人事評価が濫用とされることがある。[*22]

4. 人事（考課）情報の透明性

　なお、人事情報の透明性や開示についても一言言及しておきたい。
　AI や HR テックも、従業員個々人の過去の業績を一定の基準で当てはめて分析・評価して賃金査定している点には変わりがなく、しかもその評価分析が我々の知見からみて必ずしも正しく合理的なものかの判断ができないことがある[*23]。そこで、AI や HR テックによる査定評価をブラックボックス化してはならない[*24]とされ、AI や HR テックが幅広く人事に利用される時代においては、人事情報の透明性が強く要求される。
　ここで、すでに成果主義人事において人事考課の本人開示が人事考課権

---

*22　水町 144 頁、荒木 413 頁、前掲大阪高判平成 9 年 11 月 25 日［光洋精工事件］、前掲東京地判平成 28 年 2 月 22 日［国立研究開発法人国立精神・神経医療研究センターほか事件］参照。
*23　水谷・Q & A 148 頁
*24　水谷・Q & A 148 頁

の適正な行使（公正な評価）の要素となる[25]等として、人事考課情報等の人事情報の開示について議論がされてきている。とりわけ、個人情報保護法28条以下は、保有個人データ〔→8頁〕の開示等を規定しているところ、勤務評定等の人事情報のうち、データベース化され6か月以上保管されたものは保有個人データ（個人情報保護法2条7項）であり、原則として本人による開示請求等の対象となる。もっとも、一定の場合には、人事情報の開示が信頼関係を損なうこともありうるし、逆にどこまで開示されるかわからないと、たとえば非開示前提で本音を書いたところ、それが開示されるといった混乱が生じる[26]。

この点、個人情報保護法28条2項2号は「当該個人情報取扱事業者の業務の適正な実施に著しい支障を及ぼすおそれがある場合」に非開示とすることができるとしている。一般には「著しい支障」とは、本人との関係において通常の支障では足りず、より重い負担を課しており、「著しい」の程度は社会通念で判断することとなる。軽微・形式的な支障は保護されないが、支障の重大性、原状回復の困難性等によりケースバイケースで適切に判断される必要がある。たとえば、開示により重要な企業秘密が明らかになるおそれがある場合、試験や検査等に対する不正を助長するおそれがある場合、評価・試験・雇用管理等の適正な実施が妨げられる場合、労務管理上の正当な交渉に重大な支障が生じるおそれがある場合、利益相反関係にある場合等が挙げられる[27]。具体的な事情にもよるが、人事考課情報の中には「著しい支障」にあたるおそれがある情報も含まれると解されている[28]。

では、具体的にどの情報を非開示にできるか／すべきか。一般には、考課項目や着眼点、評価段階等の基準は個人情報に該当するものではないので、できるだけ支障のないものは開示することが望ましいとされる[29]。これ

---

*25　土田・労契法294頁

*26　職場の労務トラブル122頁

*27　園部＝藤原236～237頁。宇賀克也『個人情報保護法の逐条解説〔第6版〕』（有斐閣・2018）212頁も、「人事評価に関する保有個人データを開示することにより、人事管理業務の適正な実施が著しく困難になる恐れがあるような場合」等を挙げる。

*28　山田・トラブル防止325頁

*29　須田徹也『情報漏えい防止のための人事・労務・組織管理』（日本法令・2005）124

に対し、具体的な評価については業務の適正な実施に「著しい支障」を及ぼすおそれがあると解釈する余地があるが、労働組合と協議して非開示とすることを定めることが望ましいとされる。*30 *31

このような抽象的な基準は論じられているものの、実務上、どのデータが「著しい支障」を生むのかの判断は容易ではない。そこで、個人情報保護委員会Ｑ＆Ａでは、「あらかじめ、労働組合等と必要に応じ協議した上で、本人から開示の請求を受けた保有個人データについて、その全部又は一部を開示することによりその業務の適正な実施に著しい支障を及ぼすおそれがある場合に該当するとして非開示とすることが想定される保有個人データの開示に関する事項を定め、従業者に周知するための措置を講ずることが望ましい」とされている (6-9)。要するに、事前に組合等と協議したうえで、非開示とされる内容を明確化するということである。

AIやHRテックによって、様々な情報が収集され、幅広く活用されるようになる中、一方では、従業員の透明性や開示についての要求が強まるだろうし、他方で、たとえば日々の業務の状況をモニタリングしている場合（かかるモニタリングを適法に行う要件については第5章〔→190頁以下〕を参照）にこれをすべて開示すれば、別の従業員の個人情報や企業秘密等も含めた情報が本人に開示され、情報管理の面で問題が生じるかもしれない等、これまでと異なる事態も生じうる。

従前において著しい支障があるとして非開示とされる個人データに関する事項について労働組合と協議したうえで従業員に周知をしていない企業はもちろん、すでにそれをしている企業であっても、再度自社が活用する（または活用する予定のある）具体的なAIやHRテックの内容と特性を踏まえ、このような非開示とされる内容を明示（または変更）することについて検討すべきである。

頁
*30　人事部のための個人情報保護法76〜77頁
*31　なお、角田邦重「労働者人格権の射程」角田邦重先生古稀記念『労働者人格権の研究 上』（信山社・2011）22〜23頁も参照。

5. 人事考課をめぐる AI・HR テックの実務的課題

◆(1) 業務のAI化がもたらす人事上の問題　　業務のAI化により、従業員がこれに適応できるかどうかという新しい評価基準を設定する等、人事考課にも大きな影響がもたらされることが想定される。AI化に適切に適応し、より効率的かつ付加価値の高い業務を遂行できる者に対して査定上高い評価を行うことができるのは当然である。[*32]

問題は、AI化に適応できない従業員への対応であるが、単に現在適応できているかどうかのみをみるのではなく、評価の前提として当該従業員に十分な教育・研修の機会を与えるべきである。すなわち、業務のAI化といういわば使用者側の事情により新たなスキルが求められるようになったという見方もできるので、使用者は教育・研修の機会を積極的に提供するべきであり、十分な能力開発の機会を付与しないまま不当に低い人事考課を行う場合、人事権の濫用になりうる。[*33]

なお、AIを利用した高度な分析等を実施することができる人材（AI人材）に対する人事考課の困難性の問題も実務的には重要である。すなわち、会社内にAI人材が少なく、彼らの特性を踏まえた妥当な評価をする能力がない場合、たとえば、プレゼン能力等が高いAI人材に対して過大評価をする反面、AIの現在の技術的水準やデータ、業務の内容等からみて無理な要求をしてやはりうまくいかなかったことを当該AI人材に対するマイナス評価の材料にするといったこともありうる。その意味では、評価側もまたAI時代に即した知識や経験を獲得しておく必要があるだろう。

◆(2) AI・HRテックによる業務支援　　(ア) 人事考課制度の変更　　人事考課へのAI・HRテックの活用等は今後ますます進んでいくだろう。ここで、上記の通り人事考課制度の変更そのものについては、就業規則等の変更が必要である。そして、就業規則の変更に関する労契法10条の判断との関係で、AI・HRテックを活用した労働生産性の向上は、労働条件変更

[*32] 外井ほか・Q&A 8〜9頁参照。
[*33] 菅野 678 頁

の必要性を肯定する要素となると指摘されている。[*34]

（イ）人事考課のAI・HRテックによる支援・代替　では、すでに存在する人事考課制度を前提にAI・HRテックの評価を参考にしたり、AI・HRテックに評価を代替させることはどうだろうか。

まず、前述〔→230～234頁〕の通り、事実誤認、基準の適用の誤り、恣意性、差別、不当な動機・目的等があれば、人事裁量の逸脱・濫用となりうる。[*35] AIやHRテックの設定によっては、性差別的情報など考慮してはならない要素を考慮するような余事考慮等が生じる可能性があり、労働法および情報法を十分に考慮した設定とする必要がある。なお、AI・HRテックを使うことで主観を排除できる[*36]ともいわれており、一部では、恣意性や不当な動機・目的の排除が期待されているが、AI・HRテックの判断が本当に客観的かについては疑問もあり、バイアス（偏見）等が含まれている可能性があることは前述〔→37～39頁〕の通りである。

また、ある評価が合理的であるといえるためには、その評価に対し従業員が不服を申し立てた際に、別の評価者も合理的と判断できる必要があり、そのためには根拠となる事実が何かが重要である。[*37] そこで、使用者が人事評価を行うにあたってそのような事実をきちんと示し、AIの判断が誤った場合に備えるべきであり、特定のAI・HRテックそのものではそのような事実を示すことができないのであれば、特定のAI・HRテックにより判断を代替するのではなく、あくまでも特定のAI・HRテックの評価は参考にとどめ、それ以外の人間が収集し認定した事実に基づき評価をすべきである。

さらに、本人の意見を聞くことも重要であり、HRテックによる人事評価について適切にフィードバックして自己評価との乖離を埋める努力をすることが評価の合理性の担保のうえで重要とされている。[*38] また、特に賃金

[*34]　人事が変わる207頁〔倉重公太朗執筆〕。
[*35]　なお、AIの法律と論点279～280頁〔菅野百合執筆〕も参照。
[*36]　人事が変わる191頁〔民岡良執筆〕。
[*37]　賃金減額の文脈だが、人事が変わる209頁〔倉重公太朗執筆〕。
[*38]　人事が変わる212頁〔倉重公太朗執筆〕、東京地判平成16年3月31日労判873号

減額等、人事裁量が制約される場面では、減額の合理性を担保するためには不服申立手続の制度化が求められているため、別の評価者による評価の検証を行うためには、判断プロセスの透明化が重要とも指摘されており[*39]、このような人事裁量の広狭との関係にも注意が必要である。

　（ウ）**人事考課のデリケートさ**　人事考課はそれに失敗すると従業員の使用者に対する信頼感が大きく失われかねないというデリケートさがある。そこで、ある事項が技術的に可能であっても、実際にそれをするかについては慎重な検討が必要である。たとえば、業績が上がらないローパフォーマーのあぶり出しにHRテックが使われるとなれば、誰もHRテックの分析にかけるための情報を集めるアンケートに正直に答えなくなるし、特にブラックボックスのAIやHRテックを利用して重要な評価・判断がなされるようになると、基準の不明瞭性が不信感につながり、信頼感がないので従業員のパフォーマンスも上がらない、という事態が想定される[*40]。なお、AIに人事評価をさせると従業員がAIの評価にあわせて仕事をするようになりかえって生産性が低下するとの指摘にも留意しておきたい[*41]。

　またHRテックを利用することで、技術的には、人事に関する評価をリアルタイムに行い、かつ従業員個々人の活動を日常的に評価対象とすることができるものの、これでは1回の失敗が致命的になりかねず、かえってモチベーションを阻害しかねないとも指摘されているところである[*42]。

　企業は、上記のような事実上の影響も考えてAI・HRテックを人事評価に取り入れていく必要がある。

　（エ）**Team Intelligenceと人事考課**　なお、現代企業では、Team Intelligence、すなわちチーム内およびチーム間の知の共有が重要とされるところ、コラボレーションを活性化させるために、たとえばチームが必要とするスキルをもつ従業員等の社内資源をAIが提示する等の形でAI等が利

　　　33頁［エーシーニールセンコーポレーション事件］参照。
*39　人事が変わる211頁〔倉重公太朗執筆〕
*40　人事が変わる234頁〔金澤元紀執筆〕
*41　中崎隆ほか編『データ戦略と法律』（日経BP社・2018）214頁
*42　水谷・Q&A 140頁

用される。この場合、コラボレーションというのは、他のチームに対し、自己の業務範囲外の情報を教えること等が含まれるので、それらをどのように汲み取り、評価につなげるのかを明確にしなければ、Team Intelligence の促進は難しいだろう。お礼メッセージを送り合うシステム等、HR テックの利用も視野に入れて、適切な評価につなげていくべきである。

---

*43　人事が変わる 197〜199 頁〔民岡良執筆〕
*44　人事が変わる 174〜177 頁〔白石紘一執筆〕

第4節　人事異動と情報管理

Q 従業員を遠隔地に配転しようと考えていますが、情報管理の観点から留意すべきことはありますか。

A 配転の場合、その根拠規定が存在していて労働契約上の職種や勤務場所の限定に反しないことを前提とすれば、業務上の必要性と本人の職業上・生活上の不利益に関して権利濫用ではないことが求められます。したがって、本人の職業上・生活上の不利益、たとえば本人の病気や家族の介護等の情報を適切に汲み取って、権利濫用ではないことを説明できるようにしたうえで配転すべきです。

1. 人事異動の種類と情報管理上の留意点

◆(1) **人事異動の種類**　勤務場所、業務内容の変更は人事異動という概念で包括的に理解されている[*1]。そしてこのうち重要なものに、配転、出向、転籍がある。まずは、これらの内容と、人事異動命令の有効要件に即した情報管理上の留意点を説明する。

◆(2) **配転命令と情報管理**　配転とは、従業員の配置の変更であって、職種、職務内容または勤務場所が相当の長期間にわたって変更されるものをいう[*2]。配転命令の有効要件としては、「業務の都合により出張、配置転換、転勤を命じることがある」などの一般条項として使用者に配転命令権が存在するか包括同意をしていることを前提に、①労働契約上の職種や勤務場所の限定に反しないこと、②当該配転命令が権利濫用ではないこと、すなわち業務上の必要性と本人の職業上・生活上の不利益に関して権利濫

[*1]　野川忍『新訂 労働法』（商事法務・2010）308頁
[*2]　菅野684頁、労働関係訴訟 I 153頁〔木納敏和執筆〕

用ではないことが求められる。[*3]

　まず、使用者は①に関し、労働契約の内容に関する情報を管理し、職種や勤務場所の限定等に反する配転命令をしないように留意する必要がある。次に、使用者は②に関し、業務上の必要性を基礎付ける情報と、本人の職業上・生活上の不利益を基礎付ける情報の双方を把握し、それらをもとに判断する必要がある。[*4]本人の職業上・生活上の不利益としては、配転命令によって、従業員本人の生命・健康に重大な支障を生じかねない場合のほか、被扶養者や被介護者の状態に照らしてその者の生命・健康、監護および教育に重大な支障を生じかねない場合が考えられる。従業員本人ではなく被扶養者や被介護者の状態が問題となる場合、従業員に代替して扶養等を行えるものの有無、使用者が従業員に生ずる経済的・精神的不利益を軽減・回避するために行った措置の有無および内容（別居手当、住宅手当の支給といった二重生活の負担軽減措置、一時帰省措置、単身赴任期間の短縮といった精神的負担の軽減措置）などを総合的に考慮し、通常甘受すべき程度を著しく超える不利益を負わせるものと認められるか否かを判断することになる。[*5]

　情報管理という意味では、本人の職業上・生活上の不利益、たとえば本人の病気や家族の介護等の情報を適切に汲み取って、権利濫用ではないことを説明できるようにしたうえで配転できるような情報管理をすべきである。[*6]とはいえ、たとえば配置転換における育児・介護等の状況に対して配慮する目的でも、従業員に対して情報の提供を強制するのではなく、自発的情報提供を原則とすべきである。[*7]

　なお、職種変更が従業員の健康に与える影響（たとえば化学薬品を扱う業務へ職種変更をすることによるアレルギーの危険等）にも留意が必要である。[*8]

[*3] 菅野 684～689 頁。
[*4] 渡邊・「情報」管理 19 頁参照。
[*5] 労働関係訴訟Ⅰ161 頁〔木納敏和執筆〕。なお、賃金が引き下げられる配転命令につき菅野 689 頁参照。
[*6] 「配転を命ずるに際して、労働者の家庭事情を考慮するための情報収集」などを「企業として積極的に行うべきものとも考えられてきた」とする荒木 277 頁参照。ただし、その後の時代の変化により見直しを迫られている旨も言及している。
[*7] 職場の労務トラブル 113 頁

◆**(3) 出向命令と情報管理**　　出向とは、A 社がその従業員に対し、A 社の従業員の地位（労働契約関係）を保持したまま、B 社の従業員（ないし役員）として業務に従事させる人事異動である。[*9] 出向が認められる場合としては雇用機会確保、経営指導技術指導、職業能力開発の一環、グループ内人事交流の一環（労働者派遣事業関係業務取扱要領第1・1（4）ホ）が挙げられる。

　適法に出向命令を行うためには、①出向命令権の存在と②出向命令が権利の濫用とならないことの2点が必要である。

　まず、①出向命令権の存在である。出向は、配転と異なり賃金、労働条件、キャリアや雇用の面での不利益が生じうることから、就業規則等の包括的規定等だけでは必ずしも出向を命じることができるとは限らないとされる。すなわち、就業規則等の包括的規定等で出向を命じることができるのは、密接な関連会社間の日常的出向であって賃金・労働条件、出向期間、復帰の仕方などが出向規程等によって従業員の利益に配慮して整備され、当該職場で従業員が通常の人事異動の手段として受容していることを要する。[*10] よって、本人の具体的同意なく出向を命じる場合には、包括的規定の存在だけではなく、このような人事異動の手段としての受容の有無も検討しなければならない。

　次に、②権利の濫用とならないことである。出向命令においても権利濫用が禁止される（労契法14条）。ここで、配転命令の権利濫用に関する判断が出向においても基本的に当てはまり、出向命令の業務上の必要性と出向者の労働条件上および生活上の不利益が比較衡量されるものの、出向に伴い労務提供の相手方が変更することから、そのことが著しい不利益を生じさせないかどうかもあわせて判断が必要であり、[*11] この点は情報管理上も留意しなければならない。[*12]

---

*8　石嵜・配転出向降格212頁。なお、名古屋地判平成19年1月24日労判936号61頁［ボーダフォン（ジェイフォン）事件］も参照。
*9　菅野691頁
*10　菅野691〜692頁、最判平成15年4月18日労判847号14頁［新日本製鐵事件］、最判昭和48年10月19日労判189号53頁［日東タイヤ事件］参照。
*11　菅野693頁
*12　なお、職安法44条との関係については、たとえば人事が変わる206頁〔倉重公太

◆(4) 転籍命令の可否等　　転籍とは A 社がその従業員に対し、現に存する A 社との労働契約関係を終了させて、新たに B 社との間に労働契約関係を成立させる人事異動である。[*13]

　転籍は、雇用先企業との労働契約を合意解約して転籍企業と労働契約するものであれ、労働契約上の地位の譲渡としてなされるものであれ、当該従業員の同意が必要とされる。[*14] そこで、入社時等の事前の同意でもよいかどうかが問題となるところ、理論的にみれば同意は事前にもなされうるが、転籍を命じる等の包括的規定が就業規則等にあるだけでは足りず、転籍先企業を明示した明確なものであって、また、そのような承諾が有効なものとして認められるのは、一定期間後の復帰が予定され、転籍中の待遇にも十分な配慮がなされるなどして、実質的に従業員にとっての不利益性がない場合に限られるとされる。[*15] そこで、このような事情があるか、情報管理において把握しておく必要があるだろう。

2. 出向と情報管理

　このように、人事異動に関する命令が有効になるために適切に情報管理をする必要があるが、これ以外に従業員の出向については別の問題がある。

　従業員の出向に際しては、あらかじめ出向元から出向先に対してどのような従業員を出向させるかについて情報提供されるのが通常であるところ、企業内配転と同視できるような一体化したグループ内の出向であっても、法人格が異なる以上、個人情報保護法上の第三者提供（23 条）に該当するため、原則として本人同意が必要となる。[*16] よって、このような出向に伴う適切な情報の授受の方法を考える必要がある。[*17]

　　朗執筆〕参照。
*13　菅野 690 頁
*14　菅野 690 頁、693 頁
*15　菅野 693 頁
*16　石嵜編・配転出向降格 425 頁
*17　転籍についても同様に情報のやり取りが必要だが、前述の通り転籍は本人の同意が必要であるから、その際に、本人から個人データの移転についても同意を得るスキームが比較的とりやすいだろう。

まず原則通り、本人の同意を得ることが考えられる。すでに廃止済みであるが厚生労働省による旧「雇用管理分野における個人情報保護に関するガイドライン：事例集」(2012年5月)[*18]は、「採用後に出向や転籍を行うに当たり、出向先・転籍先に対して個人情報を提供する場合は、一般的には第三者提供に該当することになるものと考えられます。その際に、本人が同意等に係る判断を適切に行えるよう、出向先・転籍先の候補となりうる提供先の範囲を、ホームページ等において明記することが望まれ」、「出向・転籍における第三者提供の際の本人の事前同意については、第三者提供に係る本人の意向が的確に反映されるよう、可能な限りその都度、当該意思確認を行うことが望まれ〔る〕」としている（3(2)）。

　これに対しては実務家から、現実に出向の都度本人に対し第三者提供の同意を得るのは実務において不可能であり、入社時等に包括的同意を得ることで対応せざるをえないとの声もあり[*19]、実務的な方法と、官庁の勧める方法との間に乖離がある。そこで、特に上記厚労省ガイドラインの方法をとることが実務的ではない場合に問題が生じる。

　しかし、上記厚労省ガイドラインの事例2「第三者提供に関して（法第23条関係）」は、出向等に対応するため、グループ会社において従業員情報を共有する場合は「共同利用」にあたるとする。そこで、共同利用による対応が考えられる[*20]。とはいえ、センシティブ情報等にはなお留意が必要である[*21]。

　なお、安全配慮義務等の付随義務については一時的には出向先が負うが、出向元も人事資料や従業員の申告等から長時間労働等の問題を認識しうる状態にあれば、適切な措置を講じる注意義務を負うといわれている[*22]。

[*18] https://www.mhlw.go.jp/seisakunitsuite/bunya/koyou_roudou/roudouzenpan/privacy/dl/120514_2.pdf
[*19] 石嵜編・配転出向降格 426頁
[*20] 石嵜編・配転出向降格 427頁
[*21] 人事部のための個人情報保護法 115～116頁
[*22] 労働関係訴訟Ⅰ192頁〔小田嶋靖人執筆〕

第4節　人事異動と情報管理

3. 人事異動をめぐる AI・HR テックの実務的課題

◆(1) 業務の AI 化が人事異動にもたらす問題　業務の AI 化により、業務内容や、人員配置が大きく変わる可能性がある。ここで、配転命令については、整理解雇〔→ 345 頁〕と比較すれば、より有効と認められやすく、業務の AI 化への対応は、まずは配置転換でなされるといわれている。[*23]

これまで、AI を利用しない A という職種にいた者を、AI を利用する B という職種、ないしは、A 職種が AI により代替された後まだ残る C という職種へと配転することはできるだろうか。まずは、合意内容が問題となり、（A のみに職種を限定する）職種限定の合意があったかが問われる。[*24]この点、特別の訓練、養成を経て一定の技能・熟練を取得し、長い間その職種に従事してきた者の労働契約については、その職種に限定されていることがありうるものの、技術革新等がよく行われる今日ではそのような職種限定の合意が成立しにくいと指摘されていることが参考になる。[*25]また、仮に職種限定があっても、他職種への配転を命じる正当な理由が認められる特段の事情がある場合には、配転が認められる可能性があり（結論として特段の事由を否定したものの、東京地判平成 19 年 3 月 26 日労判 941 号 33 頁［東京海上日動火災保険事件］参照）、AI 導入の経緯等によっては、そのような特段の事情が認められる可能性もあるだろう。このような職種限定の問題をクリアした場合、上記〔→ 241～242 頁〕の権利濫用性、すなわち業務上の必要性と本人の職業上・生活上の不利益との比較衡量がされることになる。

次に、従業員は、AI を利用したくないといった理由で異動を求めることはできるか。そもそも、キャリア権[*26]として配転に関しても従業員の権利と構成する動きもあるが、従業員に異動請求権はないと解されており、[*27]AI を業務に利用する職場において、AI が苦手なので異動してほしいとい

[*23]　AI の法律と論点 287 頁〔菅野百合執筆〕
[*24]　菅野 685～686 頁
[*25]　菅野 686 頁
[*26]　諏訪康雄『雇用政策とキャリア権』（弘文堂・2017）等参照。
[*27]　人事が変わる 146 頁〔倉重公太朗執筆〕参照。

う者については、そもそも AI を使わない職種に限定するという合意がない通常の場合においては、使用者が配転義務を負わないし[*28]、それで業務に支障があればこれを考課上不利に考慮してもよいものの[*29]、教育・研修〔→221 頁以下〕の問題は残るし、使用者が、当該従業員が AI の利用が苦手なのを知っていて、それでもあえて高い AI のスキルが必要なところに配属させる場合は、その目的や動機が問われるだろう[*30]。なお、AI ではなく OA 化の文脈ではあるが、もしノイローゼの愁訴があればそれ以上使わせるのは安全配慮義務違反になるという実務文献もあることに留意が必要である[*31]。

◆(2) AI・HR テックによる支援　従業員の最適配置という観点から、従業員をどこに配置転換すべきかの判断を AI に支援してもらったり、AI に判断を委ねることもありうる。また、特に人事考課制度を従来型から成果主義へ変更するという文脈で、HR テックを活用した配置が将来にわたっても合理的といえるためには、配置された部署における昇格や再配置による昇給のチャンスが公平である必要があり、自己研鑽のための機会提供とセットで行う必要があるとされている[*32]。なお HR テックは様々な情報を踏まえて人事配置を決めるが、このうち、性格を考慮して配置先や遂行すべき業務の内容を決めることも可能である（最判平成 12 年 3 月 24 日民集 54 巻 3 号 1155 頁〔電通事件〕参照）。

現在では配転の判断において AI による支援が行われているところ、むしろ人間の判断と合わせることでより精度が高い判断が期待できると論じられていることから、このことについては大きな問題はない[*33]。この場合、AI の適切な支援により、よりパフォーマンスが出やすい職場へ配転する

[*28]　なお、今後は AI を使わない業務にのみ従事するという職種限定合意を求められる可能性はあるが、これを認めるかは企業の判断である。
[*29]　外井ほか・Q & A 14 頁参照。
[*30]　SNS・IT 306〜310 頁参照。
[*31]　外井ほか・Q & A 14 頁参照。この点は上記の職種変更が従業員の健康に与える影響〔→ 242 頁〕の議論が参考になるだろう。
[*32]　人事が変わる 208〜209 頁〔倉重公太朗執筆〕。
[*33]　人事が変わる 76 頁〔山崎涼子発言〕、130 頁〔白石紘一執筆〕参照。

ことができる等、使用者側にもメリットがある。

　もっとも、少なくともAIの判断は参考にするにとどめ、かつ（上記の配転に関するルールを遵守する限り違法とはならないとはいえ、）思い通りの職務につけないという従業員の不満について考慮し、本人の納得を得るための説明等を工夫すべきであろう。本人の納得を得る意味で「HRテックの判断も加味して、なぜその異動が必要と判断したのか」を説明できる実務体制にしておくべきという指摘もある。[*34]

　より問題となるのは、AIが単なる支援ではなく、AIが配転の判断を代替する場合であり、一般には、現在のAIの誤りの可能性等を考慮すると、AIの誤りが人事権の濫用等として、人事権行使が無効とされたり、不法行為責任を負う可能性がある。もっとも、将来的なAIの能力向上の程度によっては、状況は変わりうるだろう。

◆(3) 就業規則上にAIと書いておきさえすればよい？　　上記の通り、適法に配転をするためには、使用者に、従業員の職務内容や勤務地について決定権限、すなわち配転命令権が根拠づけられていることが必要である。この点について、通常は、就業規則に、「業務上の必要性がある場合」が規定されているところ、今後は、就業規則に「AIによる判断が示された場合」も規定しておくことが想定されうる[*35]という実務家の指摘がある。

　しかし、就業規則に「AI」と書いておくことに果たして意味はあるのだろうか。

　まず、今までの就業規則では配転を命じられなかった場合について、AIに関する規定を追加することで配転できるようにすることは不利益変更（労契法10条）として、「合理的」な変更でなければならないが、上記の通り、少なくとも現在のAIの判断の正確性の水準等に鑑みれば、人事部門がAIの判断の正しさを検証することを放棄して、AIの判断に全面的に委ねることそのものが「不合理」と判断される可能性がある〔→ 84〜85頁〕。成果主義賃金導入の文脈だが、たとえばAIがそう判断したという理

---

*34　人事が変わる147頁〔倉重公太朗執筆〕
*35　人工知能法務研究会『AIビジネスの法律実務』（日本加除出版・2017）39頁

由での賃金減額ではAIの判断の合理性を説明したことにならないため、合理性は認められないとされている。[*36]

　次に、仮に就業規則でこのような文言を定めること自体が不合理とまではいえないとしても、だからといって、そのような文言を定めることで、現在の「業務上の必要性がある場合」という文言よりも、必ずしも使用者がより有効にAIの示唆する内容の配転を命じられるようになる、ということにはならないと思われる。つまり、配転命令が有効であるためには、当該配転命令が濫用ではないこと、すなわち業務上の必要性と本人の職業上・生活上の不利益に関して権利濫用ではないことが求められる。AIが配転を示唆していても、そこで認められる業務上の必要性の程度を本人の職業上・生活上の不利益と比較した結果、権利濫用であれば配転命令は無効になる。よって、やはりAIが配転を示唆しているか否かではなく、どのような業務上の必要性があるかが問題となり、当該必要性を基礎付ける際には、その者の情報をどのように分析した結果、どのように必要性があるのか、ということを一定程度説明する必要があるだろう。そして、少なくとも、就業規則上のAIに関する記載はAIをブラックボックスとして利用することを可能とするものとはいえないだろう。

　さらに、このような文言は、具体的なAIの判断の誤りを救済するものではないだろう。たとえば、個別具体的な人事考課や人事異動の判断の中で、AIが事実誤認、基準違反、差別等をすれば、人事権の濫用となりうる。たとえば、AIの判断におけるバイアスの拡大再生産が懸念されているところ〔→37~39頁〕、AIが過去のハイパフォーマーや管理職・幹部社員からモデルを作成して人事異動の差配をする場合において、使用者が過去に女性差別をしていた場合、過去のハイパフォーマーや管理職・幹部従業員から作成された重要ポジションに配転すべき従業員のモデルの中に女性差別を組み込んでしまう場合があり、このようなAIの判断が不当な女性差別として人事権の濫用ないし違法とされる可能性は高いだろう。

[*36] 人事が変わる209頁〔倉重公太朗執筆〕

もちろん、何らかの形でAIによる人事を行うことを説明することが適切とされた場合、AIの関与を従業員に告知することも検討に値するところ、告知するという場合において、その具体的方法として就業規則上でAIの関与を規定して周知をすることはありうると思われるが、少なくとも就業規則への規定をセーフハーバー（それさえしておけば適法になる事項）と理解するべきではないだろう（これは、前述〔→33頁〕の通り、具体的なAIやHRテックの内容を考えるべきことにも反する）。

第7章
労働時間管理と情報管理

第1節 労働時間管理の基本

Q 労働時間にまつわる情報管理上の問題にはどのようなものがあるのでしょうか。まずは一般的に留意が必要な点について教えてください。

A 厚生労働省・都道府県労働局・労働基準監督署による通達「労働時間の適正な把握のために使用者が講ずべき措置に関する基準」がまず参照されるべき指針となり、これに基づく労働時間の適正把握が必要です。

1. 労働時間の意義

労働時間は、最長労働時間規制、割増賃金規制等、労働法上の様々な規制の中心となっている。そして、後述〔→254頁〕の通り、使用者は労働時間を管理しなければならないところ、労働時間に関する情報の管理という意味で、これは情報管理の一種でもある。ところが、テレワーク〔→203頁以下〕の発達など情報技術の発達により、労働時間の管理・把握はますます難しくなってきている。

◆(1) 労働時間の判断基準　労働時間管理を考えるうえでは、まず労働時間とは何かを理解しなければならない。そもそも、労働時間とは何であろうか。労基法32条1項は「使用者は、労働者に、休憩時間を除き1週

間について40時間を超えて、労働させてはならない」と規定する。すなわち労基法が規制する「労働時間」とは拘束時間[*1]、つまり、使用者の拘束のもとに置かれている時間から「休憩時間を除」いた時間であり、現に「労働させ」る時間（実労働時間）であるとされる[*2]。以下、これに沿って詳しくみてみよう。

　労働時間というと、単に出社してから退社するまでの時間のことを指すと思う向きもあるが、必ずしもそうではない。たとえば、朝礼、着替え、小集団活動の時間、研修参加時間、手待ち時間等、実労働時間かどうかが曖昧な時間がある。そこで、労働時間の判断基準が問題となる。

　通説・行政解釈は、労働時間を「労働者が使用者の指揮監督のもとにある時間」と定義する[*3]。ここで、最判平成12年3月9日（民集54巻3号801頁）［三菱重工業長崎造船所（一次訴訟・会社側上告）事件］は、労基法上の労働時間とは、「労働者が使用者の指揮命令下に置かれている時間をい」うとしており、文言上は上記通説・行政解釈を踏襲している。

　もっとも、たとえば業務上外部研修に参加する場合等のように、指揮監督性は弱いものの、労働時間性を認めてよい場合がある。そこで有力説は、労働時間を「使用者の作業上の指揮監督下にある時間または使用者の明示又は黙示の指示によりその業務に従事する時間」と定義すべきと主張する[*4]。実際、判例（前掲最判平成12年3月9日［三菱重工業長崎造船所（一次訴訟・会社側上告）事件］に加え、最判平成14年2月28日民集56巻2号361頁［大星ビル管理事件］、最判平成19年10月19日民集61巻7号2555頁［大林ファシリティーズ事件］）は、業務性、待機性（指揮監督性）、義務性といった諸要素に着目して判断（評価）をしていることに留意が必要である[*5]。

　以上を踏まえて、労働時間性が問題となる代表的な例について簡単に概

＊1　拘束時間については自動車運送業について改善基準告示による規制がされているが、それ以外の一般の業種については労基法上格別の規制はない（菅野477頁）。
＊2　菅野477頁
＊3　厚生労働省労働基準局『労働基準法 上〔改訂新版〕』（労務行政・2005）399頁等参照。
＊4　菅野478頁
＊5　菅野478〜479頁

観しよう。朝礼等も指揮監督のもとで義務として行われれば労働時間になる。[*6] 作業着への着替えや保護具の着用は、義務的で、しかもそれ自体入念な作業を要する場合を除いては労働時間にはならず、単なる業務従事のための準備にすぎないとされる。[*7] 小集団活動や企業外研修も参加が義務的で業務としての性格が強ければ労働時間となる。[*8]

◆(2) 手待ち時間と休憩時間の相違　労働時間性の関係で、休憩時間と手待ち時間の相違に留意すべきである。たとえば閑散期等に、次に指示されるまで特にやることがない時間は発生しうる。これは労働時間だろうか。

労働法上、このような時間について手待ち時間と休憩時間に区分され、手待ち時間については実労働時間に含め、休憩時間は実労働時間に含めないこととしている。手待ち時間とは、使用者の指示があれば直ちに作業に従事しなければならない時間としてその作業上の指揮監督下に置かれている時間であって、実労働時間に含まれる。[*9] これに対し、休憩時間とは、使用者の作業上の指揮監督から離脱し（労働から解放され）、従業員が自由に利用できる時間であり、実労働時間に含まれない。[*10]

◆(3) 実務上の対応　実務上、特に中小企業では、有事、すなわち従業員とトラブルになったり場合によっては裁判になって初めて労働時間に関する問題が発覚するという事態がままみられる。

しかし、このような事態は望ましくない。やはり、自社において従業員が就業時間前から始業後も含め、どのような活動に従事しているか、そし

---

*6　菅野478頁。なお、東京高判平成25年11月21日労判1086号52頁［オリエンタルモーター事件］は、具体的な事情のもとでラジオ体操、朝礼への参加について労働時間とは認め難いとした。

*7　菅野379〜480頁。前掲最判平成12年3月9日［三菱重工業長崎造船所（一次訴訟・会社側上告）事件］参照。

*8　菅野481頁、昭和26年1月26日基収2875号や大阪地判昭和58年2月14日労判405号64頁［八尾自動車興産事件］、前掲最判平成12年3月9日［三菱重工業長崎造船所（一次訴訟・会社側上告）事件］等参照。

*9　菅野477頁

*10　菅野477頁。なお労基法は、1日の労働時間が6時間を超える場合には45分以上、8時間を超える場合には1時間以上の休憩時間を労働時間の途中に一斉に与えるべきこと（労基法34条1項・2項）、および休憩時間は従業員の自由に利用させるべきこと（同3項）を規定する。

てそれぞれの活動が業務性、待機性（指揮監督性）、義務性といった諸要素に鑑み、判例のいうところの「労働者が使用者の指揮命令下に置かれている時間」であるかを事前に検討し、その検討結果に基づいて労働時間管理を行うべきである。なお、この判断が社内では困難な場合には、弁護士等の専門家と相談することも検討すべきである。

2．労働時間管理の責務

◆（1）「労働時間の適正な把握のために使用者が講ずべき措置に関する基準」
労働時間の管理については、厚生労働省・都道府県労働局・労働基準監督署による通達「労働時間の適正な把握のために使用者が講ずべき措置に関する基準」（2001年4月6日）が使用者の責務を定めている。すなわち、労働時間を適正に管理するため、従業員の労働日ごとの始業・終業時刻を確認し、これを記録することが求められている（2-その1）。

それでは、その確認・記録はどのように行えばよいのだろうか。同通達によれば、使用者が始業・終業時刻を確認し、記録する方法としては、原則として次のいずれかの方法によることとされている（2-その2）。

（ア）使用者が、自ら現認することにより確認し、記録すること
（イ）タイムカード、ICカード等の客観的な記録を基礎として確認し、記録すること

もっとも具体的状況下では、このような方法ではなく自己申告制を採用せざるをえない場合がある。その場合には、以下の措置を講ずることが必要とされている（2-その3）。

（ア）自己申告制を導入する前に、その対象となる従業員に対して、労働時間の実態を正しく記録し、適正に自己申告を行うことなどについて十分

---

*11 そしてこのような判断をすることは、有力説のいう、使用者の作業上の指揮監督下にある時間または使用者の明示または黙示の指示によりその業務に従事する時間という判断をすることとほぼ同義である。
*12 https://www.mhlw.go.jp/new-info/kobetu/roudou/gyousei/kantoku/dl/070614-2.pdf

な説明を行うこと
（イ）自己申告により把握した労働時間が実際の労働時間と合致しているか否かについて、必要に応じて実態調査を実施すること
（ウ）従業員の労働時間の適正な申告を阻害する目的で時間外労働時間数の上限を設定するなどの措置を講じないこと

◆(2) 労働時間管理の意義　　労働時間の管理は、適切な給与支払い（割増賃金の管理）という意味で重要である。また、過重労働を避ける安全配慮義務の履行の意味でも重要である。[*13]加えて月100時間を超え疲労の蓄積が認められる従業員への面接指導が規定される等、労働時間が従業員の健康や安全に対する対応のトリガーとなっている（労安衛法66条の8・66条の9）。

さらに、残業代等を請求する訴訟において、実労働時間の主張立証責任は原告である従業員にあるとされるものの、実務上使用者にも実労働時間について適切に認否、反論、反証をすることが求められており、裁判所も、使用者側において労働時間に関する証拠の提出または任意開示を検討すべきとしている。[*14][*15]その意味でも労働時間管理は重要である。[*16]

加えて、本書では詳述しないが、いわゆる働き方改革法による労基法改正により上限規制（改正労基法36条3項・4項および6項等）が入ったことから、このような上限規制に抵触しないようにするという観点からも、労働時間管理は重要である。

◆(3) 実務対応上のポイント　　労働時間管理体制をどのように構築するかは、各社がその実態に基づき判断していくことになるものの、いずれに

---

*13　ログオフ時間・ログオン時間をもとに就業時間後の滞留業務を確認することは、健康管理や職場秩序維持の意味で有用である（SNS・IT 238～239頁）。なお長時間労働による過重労働抑制措置義務につき大阪高判平成23年5月25日労判1033号24頁［大庄ほか事件］参照。
*14　労働時間管理Q＆A 342頁
*15　労働関係訴訟I 428頁〔深見敏正・薄井真由子執筆〕
*16　なお、大阪高判平成17年12月1日労判933号69頁［ゴムノイナキ事件］は、タイムカードによる出退勤管理をしない状況下において「休日出勤・残業許可願を提出せずに残業している従業員が存在することを把握しながら、これを放置していたことがうかがわれることなどからすると、具体的な終業時刻や従事した勤務の内容が明らかではないことをもって、時間外労働の立証が全くされていないとして扱うのは相当ではない」とした。

せよ、実際の労働時間と合致することを担保できなければならない。その観点からは、タイムカード等による客観的な管理手法を利用することが差し支えない職場であれば、そのような客観的管理手法を利用したうえで、従業員が実態に即した打刻をするよう指導監督していくという方法が望ましいだろう。もっとも会社の業務実態によっては、自己申告とせざるをえない実態がある場合もありうる。その場合には、使用者は、従業員に対し丁寧にどの時間を労働時間として申告すべきか説明し、また、たとえば報告時間等が自己申告された労働時間と乖離していないかをチェックする等、実際の労働時間と合致した管理を担保するための努力を怠ってはならない。近時HRテックの発達により、従前自己申告とせざるをえなかった業態の会社についても、自己申告以外の方法による管理方法の選択肢が広がっていることにも留意すべきである（ただし、どこまで厳格な管理をすべきかは後述〔➡260頁〕を参照されたい）。

　なお、タイムカードにより時間を管理している場合において、タイムカードによって打刻された時間が信用されるのはあくまでも、①就業場所に設置される、②カードが個人に割り当てられる、③機械的に打刻されるという要件を満たすからであり、これらの要件が充足されていることが認められなければ信用されないこともあることには十分に留意すべきであろう。

---

*17　中野公義『労働時間・残業代　裁判所の判断がスグわかる本』（日本法令・2018）127頁

第2節　時間外・休日労働と情報管理

Q 時間外・休日労働命令が権利濫用として違法となることがあると聞きましたが、こうした時間外・休日労働と情報管理との関係はどのようになっているのでしょうか。

A 労働契約上または就業規則・労働協約上時間外労働・休日労働を命じる根拠が存在する多くの企業においては、使用者は従業員に対して基本的には時間外労働・休日労働を命じることができます。もっとも、業務上の必要性と従業員の不利益の程度によっては時間外・休日労働命令が権利濫用として違法となることがあるので、従業員の不利益の程度を基礎付ける情報を十分に勘案し、従業員の時間外・休日労働命令が権利濫用にならないようにするため、適切に情報を管理する必要があります（なお、いわゆる36協定が締結されていることが前提です）。

1. 時間外・休日労働の意義

「時間外労働」とは、1日または1週の法定労働時間（8時間、40時間）を超える労働であり、「休日労働」とは、週休制の法定基準による休日（週1日の法定休日）における労働である[*1]。

時間外・休日労働に関し、事業場において労使協定（いわゆる「36協定」）を締結し、それを行政官庁に届けた場合、使用者は、労働時間を延長し、または休日に労働させることができる[*2]（労基法36条1項）。

---

*1　菅野483頁
*2　菅野487頁

2. 時間外・休日労働命令の有効要件

　ここで、「労基法上適法に」という限定を入れたのは、36協定はあくまでもこれがあることで時間外・休日労働を命じても労基法上（行政法上）適法とならないというだけであり、民事上（労働契約上）の問題は別途検討する必要があるからである。そして、民事上適法な時間外・休日労働命令を行うには、単なる36協定だけではなく、以下の3要件（①の36協定を除くと2要件）を満たす必要があると論じられている。[*3]

①労基法36条1項に従って36協定の締結・届出を行うこと
②-i　時間外・休日労働を命じることがあることにつき従業員の同意を得ること（労契法6条）
②-ii　就業規則に時間外・休日労働命令の定めを置くこと＋就業規則の規定内容に合理性があること（労契法7条）
②-iii　労働協約に時間外・休日労働命令の定めを置くこと（労組法16条・17条）
③具体的な時間外・休日労働命令が権利濫用にあたらないこと（労契法3条5項）

　①36協定を締結し、②本人との個別同意（②-i）・合理的な就業規則（②-ii）・労働協約（②-iii）により時間外・休日労働命令の根拠が存在する場合で、かつ③具体的な時間外・休日労働命令が権利濫用にあたらない限りで、民事上（労働契約上）適法な時間外・休日労働命令を出すことができる。

3. 時間外・休日労働と情報管理

　前項で述べた時間外・休日労働命令の3つの有効要件のうち、情報管理との関係が深いのが3つ目、すなわち、たとえ36協定や就業規則の規定等があっても、時間外・休日労働命令はそれが権利濫用と評価される場合には無効となるということである（労契法3条5項参照）。そして権利濫用

---

*3　石嵜編・労働時間規制358頁

の有無は①業務上の必要性の有無・程度、②不当な目的の有無、③従業員の不利益の程度を考慮して判断されるところ、これらの判断には従業員に関する情報が必要となってくることから、この問題は情報管理と関係する。情報管理の観点からは、②不当な目的が存在しないことを前提に、①業務上の必要性の具体的な内容と、③従業員の不利益を基礎付ける事情が問題となる。以下、この①と③について順に説明する。

◆**(1) 業務上の必要性に関する情報**　業務上の必要性については、時間外労働よりも休日労働の方に関してより厳格に判断されることに留意が必要である。

◆**(2) 従業員の不利益の程度に関する情報**　従業員の不利益の程度として実務文献には、時間外労働の文脈で比較的小さいものとしてコンサート、デート、同僚の飲み会、比較的大きいものとして子ども・親の病気、通夜・告別式、中間的なものとして同窓会を、また休日労働の文脈で比較的小さいものとして友人と遊ぶこと、週末のゴルフ・釣り、比較的大きいものとして子どもの運動会、家族の冠婚葬祭、中間的なものとして子どもと遊園地に行くことを挙げるものがあり、参考になる。

◆**(3) 実務対応**　実務では、業務上の必要性に関する情報は業務命令を行う上司が把握していることが多いが、従業員の不利益の程度に関する情報について十分に把握しないまま残業が命じられることがままある。その結果、従業員の具体的状況に鑑み権利濫用となる時間外・休日労働が発生しうるが、このような事態は可能な限り避けなければならない。

　一般的な不利益に関する情報、たとえば子育て中で、子どもの迎えのため○時に退社が必要といった情報は把握していても、その日の個別具体的な不利益を基礎付ける情報については、上司の方から残業を命じる前に本人に確認して情報を収集し、適切に比較衡量し、時間外・休日労働命令が権利濫用にあたらないことを担保しなければならない。

＊4　石嵜編・労働時間規制 358 頁
＊5　菅野 492 頁
＊6　石嵜編・労働時間規制 365 頁
＊7　石嵜編・労働時間規制 366 頁

第3節 労働時間をめぐるAI・HRテックの実務的課題

Q 労働時間をめぐるAI・HRテックの実務的課題としては、どのようなものがあるのでしょうか。

A 情報技術による厳格な労働時間管理、情報技術と事業場外みなし労働制、情報技術と労働時間性、テレワークと労働時間管理等があります。

1. 情報技術による厳格な労働時間管理

◆(1) モニタリングと労働時間管理　情報技術の進展によるより精緻なモニタリングの可否そのものについては前述〔→188～189頁〕の通りであるが、モニタリングを適法に行う方策を講じたうえでも、さらに労働時間管理について別途検討すべきである。HRテックを利用したモニタリングの結果として、特定の従業員が何時何分何秒に何をしていたかというような詳細な情報を得ることも可能であるところ、このような情報をどのように労働時間管理に利用すべきだろうか。

◆(2) ノーワークノーペイと職務専念義務　たとえば、インターネット閲覧履歴から〈○月○日の○時から○時まで業務と関係のないサイトを閲覧していた〉など業務時間中に業務外の活動をしていたことが判明することがある。

　ここで、賃金請求権は労務の給付と対価関係にあり（労契法6条）、労務の給付が従業員の意思によってなされない場合には、反対給付たる賃金も支払われない（ノーワークノーペイの原則）[*1]。また、前述〔→176頁〕の通り、

[*1] 菅野407頁、938頁

従業員は職務専念義務を負うのであり、たとえば業務時間中に業務と関係のないサイトの閲覧を行うことは、職務専念義務にも違反する。そこで、私的利用時間は労働時間ではない[*2]。したがって、私的利用時間を労働時間から控除して賃金を支払うことができるという実務文献も存在する[*3]。

◆(3) 休憩時間と労働時間に関する裁判例　もっとも実態として、トイレ休憩、コーヒー休憩、タバコ休憩等が一定限度の範囲内で休憩時間外で行われることもある。この点に関する裁判例は、職務専念義務についてあまり厳格な解釈をせず、具体的な状況のもとで労働時間にあたるとしたり（大阪高判平成26年2月13日第一法規28224136、労災事案だが大阪高判平成21年8月25日労判990号30頁［北大阪労働基準監督署事件］等）、注意等がなければ重大な職務専念義務違反ではない（東京地判平成27年10月9日労経速2270号17頁［キングスオート事件］参照）等という判断をすることもある。

　なお、仮に喫煙時間を休憩時間と考えると、使用者の指揮命令から完全に解放され、喫煙時間に業務上の指示が行えなくなってしまうことなど、労務管理上の支障が大きいため、常識的な頻度・回数にとどまる限り労働時間として取り扱い、そのうえで喫煙に関するルールを定め、回数や所要時間の目安を定めるべきことを示唆する実務文献もある[*4]。

◆(4) 実務対応　モニタリングとHRテックを駆使すれば、たとえば、業務時間中に業務時間を1分間だけ私的に利用したことを理由に、時給の60分の1を自動的に控除することは技術的に可能となるだろうし、ノーワークノーペイの原則と職務専念義務から、このような厳格な労働時間管理を希望するという企業の考え方に根拠がないわけではない。

　もっとも、いくつかの点に留意が必要であろう。

---

　*2　なお、労災に関する事例であるが、業務に関係のないサイトを閲覧していた間、当該従業員は業務を行っていなかったものと考えられるから、その時間については、業務を開始してから終了するまでの間であっても、労働時間ということはできないとした福岡地判平成30年6月27日裁判所HPがある。
　*3　SNS・IT 194～197頁。なお、時間給の場合と異なり月給制の場合には、私的利用分を労働時間から控除して賃金を支払うことについて根拠規定を定めておく必要があるとされている（同上）。
　*4　労働時間管理Q&A 33～34頁

（ア）プライバシーの問題　1つ目は、プライバシーないし従業員が安心して業務ができる環境の確保という観点である。仮に第5章で述べたモニタリングの有効要件〔→190頁以下〕を満たすとしても、その結果として従業員が自己の行う業務内容について四六時中会社から監視をされているという感覚をもってしまえば、モチベーションが下がりかねない。

（イ）誤検知の問題　2つ目は、誤検知の問題である。たとえば、業務の内容によっては、通常は私的利用としか考えられないサイトを閲覧することも特例的に必要となることがある[*5]。現在のHRテックの水準を踏まえると、このような誤検知を避けるために、具体的な業務との関連性等を個別具体的に検証して常に正確な判断をすることは難しいように思われる。たとえば、回数や時間を踏まえて、社会通念に基づき設定された限度を超えた場合には、まずは自動で警告がなされ、それでも改めない場合に初めて人事部門等が詳細を確認して、必要に応じて賃金控除や事実上の注意処分、そして（それでも改めない場合に）懲戒処分等を行う制度を構築する等、厳格さの塩梅をある程度調節し、また、機械だけで判断せず、人間の目を入れることが、以上のような問題に対しての対応として望ましいだろう。

（ウ）黙認や差別に関する問題　なお、誤検知と関連するが異なる問題として、極めて厳格な労働時間管理制度を敷き、その結果、多くの従業員が当該制度に形式的に違反をしているにもかかわらず、多くの場合にはそれに対してお目こぼしして特に賃金控除や懲戒等を行わないにもかかわらず、たとえば気に入らない部下であるといった理由で当該形式的違反を口実に処分等を行う、というような運用がされた場合には、違反の黙認の問題や差別の問題等が出てくる可能性がある。このような事態を避けるうえでも、上記のような社会通念に基づき設定された限度を超えた場合に限り対応をする（逆にいえば、社会通念に基づき設定された限度を超えた場合には常に対応をする）ことが適切なことが多いように思われる。

[*5]　たとえば、インターネット上の名誉毀損の案件を受任した弁護士が事務所のパソコンで、名誉毀損投稿が掲載されている匿名掲示板を閲覧する場合が考えられる。

2. 情報技術と事業場外みなし労働制

◆(1) 事業場外みなし労働制　従業員が外回りの営業や取材、出張、旅行ツアーの添乗員等の事業場外労働に従事する場合、使用者の指揮命令が及ばず、労働時間の把握が困難になる。このような場合の労働時間の算定を適正なものとするための制度が、事業場外みなし労働制である。[*6]

労基法 38 条の 2 第 1 項は「労働者が労働時間の全部又は一部について事業場外で業務に従事した場合において、労働時間を算定し難いときは、所定労働時間労働したものとみなす。〔ただし書略〕」とする。①事業外で業務に従事した場合および②労働時間を算定し難いときに、当該業務の遂行に通常必要とされる時間労働したものとみなされる。

どのような場合が「労働時間を算定し難いとき」だろうか。行政解釈（昭和 63 年 1 月 1 日基発 1 号、婦発 1 号）は、「事業場外労働に関するみなし労働時間制の対象となるのは、事業場外で業務に従事し、かつ、使用者の具体的な指揮監督が及ばず、労働時間を算定することが困難な業務」であるとして、労基法 38 条の 2 の明文にない「使用者の具体的な指揮監督が及」んでいるかどうかという要素を問題とした。そのうえで、「事業場外で業務に従事するが、無線やポケットベル等によって随時使用者の指示を受けながら労働している場合」については、事業場外で業務に従事する場合であっても使用者の具体的な指揮監督が及んでいるときは労働時間の算定が可能であるので、事業場外みなし労働制の適用はないとした。[*7]

◆(2) 情報技術の進展と事業場外みなし労働制　近時、情報技術の進展に伴い、多くの事業場外にいる従業員が携帯電話やスマートフォン等で会社と連絡を取り合うことができるようになった。そうすると、従来事業場外みなし労働制の対象となってきたような状況が今後、携帯電話やスマートフォン等の情報通信端末を携帯しているという一事をもって、常に「労働

[*6] 土田・労契法 348 頁
[*7] なお、平成 16 年 3 月 5 日基発 0305001 号、平成 20 年 7 月 28 日基発 028002 号も参照。

時間を算定し難いとき」(労基法38条の2第1項)ということはできなくなるのではないかが問題となる。

◆**(3) 指揮監督に関する議論**　　従来の裁判例は、基本的には、「使用者の具体的な指揮監督が及」んでいるかという要件も含めて行政解釈を是認していたとされる。[*8] もっとも、学説上「無線やポケットベル等によって随時使用者の指示を受けながら労働している場合」については、広い範囲で指揮監督が及ぶ(＝多くの場合に事業場外みなし労働制の対象とならない)と解釈する見解と、指揮監督が及ぶ範囲は狭い(＝多くの場合に事業場外みなし労働制の対象となる)と解釈する見解が対立した。

広い範囲で指揮監督が及ぶ(＝多くの場合に事業場外みなし労働制の対象とならない)と解釈する見解としては、たとえば、「方法のいかんを問わず、使用者が指示しようと思えば、いつでも行える体制にある場合」には随時使用者の指示を受けながら労働している状態だとする見解が出された。[*9] これによれば、たとえば携帯電話の電源をオンにするよう指示することで、使用者が指示しようと思えばいつでも行える体制にあるとして、「労働時間を算定し難いとき」(労基法38条の2)とはいえなくなりかねない。

しかし、指揮監督が及ぶ範囲は狭い(＝多くの場合に事業場外みなし労働制の対象となる)と解釈する見解もあり、労基法38条の2を空文化させないためには、業務上の携帯電話を持たせていつでも連絡できるようにしているだけで直ちに「労働時間を算定し難いとき」にあたらなくなるわけではない(携帯電話をもたせても事業場外みなし労働制の対象となる場合は十分にありうる)と解すべきとする議論や、[*10] 携帯電話を単なる緊急連絡用であると用途を限定すれば「随時使用者の指示を受け」ているとはいえないので、事業場外みなし労働制が使えるとする議論等も有力であった。[*11]

◆**(4) 平成26年最判とその評価**　　上記のような状況の中、携帯電話等

＊8　労働関係訴訟 I 363頁〔光岡弘志執筆〕
＊9　東京大学労働法研究会編『注釈労働基準法 下巻』(有斐閣・2003) 657〜658頁〔和田肇執筆〕
＊10　労働時間管理Q＆A 118頁
＊11　石嵜編・労働時間規制 431〜433頁

で報告したり指示を仰いでいた旅行ツアーの添乗員について事業場外みなし労働制の適用の可否が問題となった事例が、最判平成 26 年 1 月 24 日（判時 2220 号 126 頁）［阪急トラベルサポート事件］である。最高裁は、具体的事実認定を前提に、「業務の性質、内容やその遂行の態様、状況等、本件会社と添乗員との間の業務に関する指示及び報告の方法、内容やその実施の態様、状況等に鑑みると、本件添乗業務については、これに従事する添乗員の勤務の状況を具体的に把握することが困難であったとは認め難く、労働基準法 38 条の 2 第 1 項にいう『労働時間を算定し難いとき』に当たるとはいえない」として事業場外みなし労働制は適用されないとした。

この判例は、①具体的な判断要素を挙げていることと、②使用者の具体的指揮監督の有無には明示的に言及していないことに特徴がある。

（ア）**具体的な判断要素の列挙**　まず、具体的な判断要素である。最高裁は、①業務の性質、内容やその遂行の態様、状況等、②使用者と従業員との間の業務に関する指示および報告の方法、内容やその実施の態様、状況等を判断要素として掲げたうえで、①については添乗員が自ら決定できる事項の範囲およびその決定に係る選択の幅が限られていることを重視し、また、②については、旅行日程のほか、最終日程表、アイテナリー、携帯電話所持、添乗日報のいずれについても、使用者が添乗員の勤務状況を具体的に把握する手段として積極的に評価していると評されている。[12][13]

（イ）**指揮監督の有無への不言及**　次に、最高裁が具体的な指揮監督への明示的言及をしなかったことについて見解の対立があるものの、上記の具体的な判断要素をみる限り、「勤務の状況を具体的に把握することが困難」[14]

---

*12　旅行会社の依頼を受けて現地手配を行う協力会社が英文で作成する添乗員用の行程表。
*13　労働関係訴訟 I 378 頁〔光岡弘志執筆〕。
*14　使用者の指揮監督下にあるかどうかという点と労働時間の算定の困難性は本来は別の事柄であるとみるべきである点を考慮して言及しなかったのだという見解（判タ 1400 号（2014）102 頁無記名コメント）と、「使用者の指揮監督」の有無と本判決の「勤務の状況を具体的に把握することが困難」という概念とは具体的意味内容においてほぼ重なるからこそ言及しなかったのだとする見解がある（労働関係訴訟 I 378 頁〔光岡弘志執筆〕）。

かどうかの判断は、従前の「使用者の指揮監督」の有無の判断と重なっているところが多いように思われる。

　そして、このように考えれば、もはや事業場外みなし労働制は事実上適用できなくなったという見解はやや性急すぎるということができ、やはり、上記の要素を踏まえた具体的事案に基づく判断によって、事業場外みなし労働制が適用されるかどうかが決まってくると解すべきであろう。

　有力な論者は、携帯電話の貸与を受け業務上重要な問題が生じた時は連絡して指示を仰いでいた場合についても、携帯電話の所持以外の他の判断要素を踏まえれば事業場外みなし労働制の適用可能性もあるとするが、こちらが実務上の指針としては説得的であろう。

◆**(5) 平成26年最判以降の裁判例**　その後の裁判例には、携帯電話等の情報通信端末を唯一の要素とはしていないものの、携帯電話等の情報通信端末を携帯していることを1つの考慮事由として、事業場外みなし労働制の適用を否定した例がみられる。たとえば、東京地判平成27年11月25日（第一法規29015409）は事業場外で景品の補充や売上金回収に従事する従業員について、携帯電話を所持させたうえで、当日の業務終了後にその日の業務内容や業務開始・終了時刻等を報告させ、さらには各店舗の作業が終了する都度、作業結果がわかるように写真を撮らせ、これをメールで送信させていたのだから、使用者において、従業員が巡回した店舗および実施した作業の内容、その時刻等といった事項をつぶさに把握しうる態勢を整えていたと認められる等として、「労働時間を算定し難いとき」にあたらないとし、事業場外みなし労働制の適用を否定した。①業務の性質、

---

*15　たとえば、「結局、今日、携帯電話の普及、具体的な指揮監督・労働時間管理方法の深化により、本件で問われた事業場外労働みなし制は、適用できる余地がほとんどないと言えて……こうしたみなし制の存在意義自体も問われるべきとも思われる」とする高橋賢司「判批」判時2244号（2015）170頁（判例評論673号37頁）参照。
*16　労働関係訴訟Ⅰ379～380頁〔光岡弘志執筆〕
*17　最高裁判決を前提に、大切なのは〈連絡をとろうと思えばいつでもとることができる状況であったかどうか〉ではなく〈具体的にどのような連絡をとっていたか〉であって、さらに〈その連絡が業務遂行過程についての指揮命令（またはその報告）であるかどうか〉だとするものに、SNS・IT 244～245頁がある。

内容やその遂行の態様、状況等を考えると、そもそも業務内容に裁量がほとんどないようであって、この要素は事業場外みなし労働制の適用を否定する方向に働く。そして、②会社と従業員との間の業務に関する指示および報告の方法、内容やその実施の態様、状況等については、頻繁に写真付きのメールで作業の実施状況を詳細に報告し、その結果、使用者において従業員が巡回した店舗および実施した作業の内容、その時刻等といった事項をつぶさに把握しうる態勢を整えていたのであるから、こちらもまた事業場外みなし制度の適用を否定する方向に働く。よって、（裁判所の事実認定を前提とすれば）このような判断は妥当といえよう。[*18]

　もっとも、携帯電話のメールで報告等を行っていると思われる事案において、東京高判平成30年6月21日（第一法規28263590）［ナック事件］[*19]は、従業員が従事する業務は事業場外の顧客のもとを訪問して商品の説明や販売契約の勧誘をするというものであって、顧客の選定、訪問の場所および日時のスケジュールの設定および管理が営業担当社員の裁量的な判断に委ねられており、上司が決定したり事前にこれを把握して個別に指示したりすることはなく、訪問後の出張報告も極めて簡易な内容であって、その都度具体的な内容の報告を求めるというものではなかったというのであるから、従業員が従事していた業務に関して、使用者が労働者の勤務の状況を具体的に把握することは困難であったと認めるのが相当とした。この事案では、①業務の性質、内容やその遂行の態様、状況等を考えると、そもそも裁量性のある出張を伴う外回り営業が業務内容であって、この要素は事業場外みなし労働制の適用を肯定する方向に働く。そして②報告がされていても、従業員の勤務の状況を具体的に把握することは困難な状況にあったのだから、この要素も事業場外みなし労働制の適用を肯定する方向に働く。もちろん、10分ごとに業務状況を携帯電話のメールで自己申告させる等詳細な自己申告の方法によれば労働時間の算定が可能であったかもし

[*18] 情報端末等について言及されていないが、東京地判平成27年10月30日第一法規29014431も参照。

[*19] なお、原審の東京地判平成30年1月5日労経速2345号3頁も参照。

れないが、それは過重な経済的負担を要する、煩瑣に過ぎるといった合理的な理由があるということができ、このように解すれば、なお、具体的に把握することが困難であったといってよいだろう。

◆(6) 実務対応　少なくとも、前掲最判平成26年1月24日〔阪急トラベルサポート事件〕により一律に、情報通信端末が存在すれば事業場外みなし労働制の適用は認められないという判断になったとは考えるべきではない。やはり、①業務の性質、内容やその遂行の態様、状況等、②使用者と従業員との間の業務に関する指示および報告の方法、内容やその実施の態様、状況等の具体的事情を踏まえて判断されるべきである。

そして、情報通信端末を所持しているということは、あくまでもこのような判断の際の一要素であって、携帯電話の貸与を受け、業務上重要な問題が生じた時は連絡して指示を仰いでいた場合についても、他の判断要素を踏まえ、事業場外みなし労働制の適用可能性もあるとする上記論者の議論に整合する判断がその後の裁判例で行われていると評することができる。[20][21]

◆(7) テレワーク　なお、テレワークにおいて事業場外みなし労働制を利用できるかについても一言触れておきたい。厚生労働省のテレワークガイドライン〔→203頁〕は、使用者の具体的な指揮監督が及ばず、労働時間を算定することが困難であるというためには、以下の要件をいずれも満たす必要があるとして、以下の2つの要件を求める（5～6頁）。

①情報通信機器が、使用者の指示により常時通信可能な状態に置くこととされていないこと
②随時使用者の具体的な指示に基づいて業務を行っていないこと

（ア）情報通信機器が、使用者の指示により常時通信可能な状態に置くこととされていないこと　まず、上掲①の要件というのは、情報通信機器を通じた使用者の明示・黙示の指示に即応する義務がない状態であることを指す。使

---

[20]　労働関係訴訟Ⅰ379～380頁〔光岡弘志執筆〕
[21]　ただし、今後HRテックの発展によって、より安価かつ簡便に労働時間の算定ができるようになると、事業場外みなし労働制の適用が難しくなっていく可能性があることには留意が必要だろう。

用者が従業員に対して情報通信機器を用いて随時具体的指示を行うことが可能であり、かつ、使用者からの具体的な指示に備えて待機しつつ実作業を行っている状態または手待ち状態〔→253頁〕で待機している状態であれば、この要件を満たさない。これに対し、回線が接続されているだけで、従業員が自由に情報通信機器から離れることや通信可能な状態を切断することが認められている等、社用の携帯電話等を所持していても、従業員の即応義務が課されていないことが明らかである場合等は「使用者の指示に即応する義務がない」場合にあたる。たとえば常時回線が接続されており、その間従業員が自由に情報通信機器から離れたり通信可能な状態を切断したりすることが認められず、また使用者の指示に対し従業員が即応する義務が課されている場合には、「情報通信機器が、使用者の指示により常時通信可能な状態に置くこと」とされているということができ、事業場外みなし労働制は使えないと考えられる。[*22]

(イ) **随時使用者の具体的な指示に基づいて業務を行っていないこと**　そして上掲②の「具体的な指示」は、当該業務の目的、目標、期限等の基本的事項を指示したり、これらに関する所要の変更の指示をすることは含まれず、より具体的な作業遂行方法等の指示のことを指すとされている。

HRテックを利用することで、従業員の勤務状況を詳細に把握し、適時に具体的指示を出すことが可能となった。このような勤務状況の詳細な把握およびそれをもとにした適時の具体的指示を実施することでテレワークにおける労働効率をさらに向上させることができる可能性がある。しかし、その反面、前述〔→263頁以下〕の労基法38条の2の解釈を考える限り、HRテックの活用によって、従業員の勤務状況を詳細に把握し、適時に具体的指示を出すことが可能となるようにすればするほど、「労働時間を算定することが困難である」とは認められにくくなるだろう。適時の指示に即応させ、より円滑に業務を進めることを重視して、事業場外みなし労働

[*22] なお、この場合の「情報通信機器」とは、使用者が支給したものか、従業員個人が所有するものか等を問わず、従業員が使用者と通信するために使用するパソコンやスマートフォン・携帯電話端末等を指す。

制を適用しないことを選ぶことも経営判断として十分にありうるとは考えるものの、上記の要件を満たす限り、テレワークとの一事をもって一切事業場外みなし労働制が認められないわけではないことには留意が必要である。

3. 情報技術が労働時間性に投げかける新たな挑戦

◆(1) 情報技術と持ち帰り残業　　情報技術の発達により、自宅その他の事業場以外の場所で仕事をすることが容易になった。そこで、本来事業場で行うべき業務の一部について、所定時間外に自宅やその他の場所で業務を行う、いわゆる持ち帰り残業が比較的容易になった。[23]

ここで、持ち帰り残業については、純粋に私生活上の領域である自宅等で、従業員の好きな時間に行われ、使用者の定めた規律が及ぶとはいえず、遂行すべき業務について具体的に指定されているとはいえないことから、労働時間性が認められにくい。[24] もっとも、労災事案ながら労働時間性を認める裁判例もあり(神戸地判平成16年6月10日裁判所HP[尼崎労基署長(積水化学事件)]、東京地判平成22年1月18日判時2093号152頁[川崎南労基署長(日本マクドナルド)事件]、甲府地判平成23年7月26日労判1040号43頁[国・甲府労働基準監督署長(潤工社)事件]等)、使用者の明示または黙示の指示によって持ち帰り残業がなされた場合には、なお労働時間性が認められる。[25]

一般の時間外労働に関するものであるが、ある通達(昭和25年9月14日基収2983号)は、「使用者の具体的に指示した仕事が、客観的にみて正規の勤務時間内に処理できないと認められる場合の如く、超過勤務の黙示の指示によって法定労働時間を超えて勤務した場合には、時間外労働となる」としており、持ち帰り残業でも、たとえば一定期限まで処理しないと不利益に取り扱われる、持ち帰ることができなければ一定期間に処理できない、従業員が持ち帰っているのを上司が知っているといった場合は、労働時間になりうるとされる。[26] たとえば、従業員が自宅で作成した成果物を

---

*23　労働時間管理Q&A 44頁
*24　労働時間管理Q&A 45頁参照。
*25　菅野478頁
*26　石嵜編・労働時間規制166～167頁

上司がそのことを知りながら注意等をせずに安易に受け取ったり、自宅から送信されたメールに上司が漫然と応答したりすれば、自宅での作業遂行を黙認し、それをもって黙示の指揮命令があったといわれかねないと指摘する実務文献がある。[*27] HRテックとの関係では、ウェブ学習に費やした時間を業務上の指示によるものとして労働時間と判断した裁判例があることにも留意が必要である（大阪地判平成22年4月23日労判1009号31頁［NTT西日本ほか事件］）。

　明示または黙示の業務上の指示があったか否かは、上記のような事情を踏まえた総合判断によるが、企業の情報管理という意味では、情報技術の進展によりますます持ち帰り残業が容易になる中、意図しない持ち帰り残業について、黙示の指示があるとされないよう、上記のような各事情が存在しないかを確認し、そのような事情がもし存在する場合には、業務負担を減らす、事業場内での残業とする、（持ち帰り残業に関する規定を遵守すること等一定の要件のもとで）明示的に持ち帰り残業を許可するといった対応をすべきである。[*28] ただし、このような制度は、その運用実態によっては上司がなかなか残業許可を出さないため、部下が許可なきまま残業を余儀なくされる等の形でサービス残業を生みかねない。制度導入後は適切な運用に特に留意が必要である。[*29]

◆**(2) 情報通信端末の貸与と事業場外での利用**　上記と似て非なる問題として、携帯電話等の情報通信端末を従業員に貸与し、従業員がこれを事業場外で電源をオンにしたり、実際にこれを利用した場合に、労働時間性をどのように認定すべきかについて検討する。

　伝統的には、従業員に対して緊急の問い合わせ対応のために携帯電話を支給し、従業員が電源をオンにし、実際に事業場外で問い合わせに対応し

---

*27　SNS・IT 259頁
*28　なお、「テレワークの性質上、通勤時間や出張旅行中の移動時間に情報通信機器を用いて業務を行うことが可能である。これらの時間について、使用者の明示又は黙示の指揮命令下で行われるものについては労働時間に該当する」とする、テレワークガイドライン〔→ 203頁〕4頁も参照。
*29　一般の残業につき、山田・トラブル防止 118～119頁参照。

て通話をするといった状況について論じられてきたところ、現在では、たとえば従業員にスマートフォンを貸与したところ、事業場外で業務上のメールのやり取りをしたといった場合も考えられる。

　伝統的事例については、①実際に問い合わせ対応をしている時間と②問い合わせがあった場合に対応するべく携帯電話を持って待機している時間とを分け、①については使用者が指示した業務に従事しているので労働時間として扱うべきだが、②については、使用者による拘束の程度は低く原則として労働時間に該当しないものの、頻繁に携帯電話への着信があり、長時間の電話対応や即座に現場に赴いての対応が必要になるなどの場合には全体として労働時間と判断される可能性があるとの指摘がある。[*30]

　従業員にスマートフォンを持たせたところ、当該従業員が事業場外で業務上のメールのやり取りをしたという場合についても、類似の判断がされるべきではあるが、即時に対応すべき電話と異なり、メールについては、その緊急性を判断し、緊急であれば即時に返信する（場合によっては電話をかける）必要があっても、そうではない場合には、翌営業日に対応することが可能である。その意味では、電話の場合よりも、より労働時間性が低くなるという解釈も可能である。もっとも、反対に、緊急性の判断のためには最低限一定の閲覧時間が必要であり、もし、使用者が従業員に対し、緊急性を判断して必要であれば返信・折り返しの電話をせよと業務上命じている場合には、緊急性がある場合の対応時間はもちろん、結果的に緊急性がない場合においても、緊急性判断のための閲覧時間についてはなお業務性があるのではないかという形で、より労働時間性の度合いが高くなる可能性もあるだろう。なお、「つながらない」権利については前述〔→217頁〕参照。

[*30] 労働時間管理Q＆A16〜18頁。なお、単に使用者が携帯電話のスイッチオンを命じてそれにより従業員がスイッチをオンにしただけでは労働時間にはあたらない（場所的拘束もなく業務性もない）とされているものの、勤務日なら週1回、休日なら月2回を限度としないと権利濫用になりうるし、これに対する手当を払うべきとの議論もされている（石嵜編・労働時間規制182〜183頁）。

4. 情報技術による労働時間の立証

◆(1) 割増賃金請求訴訟　割増賃金請求訴訟においては、時間外労働の存否の立証のため、様々な主張がされる。このうち、本書と関係が深いのは、情報技術による立証である。

◆(2) メールによる立証　たとえば、タイムカード上は毎日午後5時に終業したことになっているが、午後8時や9時頃まで毎日業務メールを送受信しているといった場合に、業務メール送信時間までの間は労働時間である等と主張されることがある。この点、裁判例は、メールが送付されたという一事のみをもって労働時間性を認めるのではなく、諸般の事情を総合して労働時間性を認めたり否定したりしている。

たとえば、メールが社用パソコン以外の私物パソコンやスマートフォンからも送信することが可能だったことが重視されて業務時間性が否定された事例がある（東京地判平成27年3月4日第一法規29025446および東京地判平成28年12月21日第一法規28250501も参照）。逆に、メール内容はいずれも業務に関するものであり、従業員が事務所以外の場所からメールを送信することができたという事情はうかがわれないことを勘案すると、従業員は、使用者から付与されたメールアドレスを用いてメールを送信した時刻において、事務所において労務を提供していたものと認められるとした事例もある（東京地判平成28年3月31日第一法規29018177。同旨として東京地判平成27年2月27日労経速2240号13頁や、労災事案だが東京地判平成28年3月16日労判1141号37頁［ネットワークインフォメーションセンターほか事件］）。また、労災事案であるが、具体的な状況を踏まえ、一部はメールに基づき労働時間を認定し、一部は認定しなかったものに大阪地判平成27年2月4日（労判1119号49頁）がある（なお、大阪高判平成27年9月25日労判1126号33頁で是認）。これらは、当該事案におけるメール送付方法に関する事情や業務実態に関する事情を踏まえた判断であり、メール送付があったことだけで直ちに労働時間とはならないものの、メール送付が労働時間性を基礎付ける重要な位置事情となりうることを示唆する。

◆(3) 入退場記録・パソコンの起動時間について　入退場記録やパソコンの起動時間・終了時間の記録は有力な証拠である。[*31] もっともこれは、あくまでも事業場内にいた時間やパソコンが起動していた時間を示すものにすぎず、その時間が必然的に労働時間となるものではない。したがって、必ずしもそのような記録通りに計算ができるわけではなく、たとえば東京高判平成25年11月21日（労判1086号52頁）〔オリエンタルモーター事件〕は、ICカードによる入退場時刻の入力は施設管理のためのものであり、労働時間認定には適切ではないとされた。実務文献にも、パソコンの電源が入っているからといって指揮命令下にあったとはいえないとするものがある。[*32] 物理的に建物内にいた時間がICカード等で立証されたことを前提に、その時間について使用者が従業員にどのような指揮命令を及ぼしたか、業務性、待機性、義務性等の要素〔→252頁〕に鑑みて判断されるということであろう。

◆(4) 実務対応　そもそも、使用者は労働時間を適切に把握・管理する責務がある。訴訟で事業者の把握・管理する労働時間について争われ、従業員側が使用者の把握・管理する労働時間と異なる労働時間の存在の立証に成功するという事態を避けるべきである使用者は、事業場外で従業員が事業に関係してどのような活動を行っているかを把握し、そのうえで、その活動について、前述〔→251～254頁〕の労働時間性の基準を適用し、労働時間なのか否かを判断したうえで、仮に労働時間ではなくとも手当等を与えるべきではないかを検討すべきである。

[*31] 労働関係訴訟I 426～427頁〔深見敏正・薄井真由子執筆〕
[*32] SNS・IT 239頁

第8章
健康管理と情報管理

第1節 健康情報管理の基礎知識

Q 健康情報はセンシティブ性が高いと聞きます。その管理についての重い責任を負いたくないので、当社は健康情報を取得することを避けたいのですが、そのようなことは可能でしょうか。

A 不可能です。確かに健康情報はセンシティブですので、従業員の権利利益への配慮が必要です。しかし、労働法上使用者がその従業員の健康管理に責任を負うことから、使用者は従業員の健康に無関心ではいられず、労安衛法の義務として健康診断をしてその情報を取得したり、また、安全配慮義務の一環として健康情報を利活用しなければなりません。そしてこのことこそが、健康情報管理の悩ましさの核心なのです。

1. 健康情報管理の悩ましさ

本書ではここまで、人事労務情報管理全般において、従業員情報の利活用の必要性と従業員のプライバシーとのバランスが問題となることを述べてきたが、この問題は、健康情報において特に明確に立ち現れる。まず、少し古いが2004年に出された厚生労働省の「労働者の健康情報の保護に関する検討会報告書」[*1]の内容が参考になる。すなわち「労働者の健康情報

---

*1 https://www.mhlw.go.jp/shingi/2004/09/s0906-3a.html

保護についての基本的な考え方」として、健康情報は、個人情報の中でも特に機微な情報であり、その適正な取扱いが図られなければならない反面、使用者は、労安衛法やその他の関係法令により、従業員の安全と健康の確保のために必要な措置を講ずる責任を有するとともに、裁判における判例等によれば、民事上の安全配慮義務を果たすことを期待されているため、法の許す範囲で、従業員の健康状態、病歴に関する情報など医療上の個人情報を幅広く収集し、必要な就業場所の変更、労働時間の短縮等の措置、作業環境測定の実施や施設・設備の設置・整備等の措置を講ずるために活用することが求められていることから、使用者が健康情報を取り扱う際には、従業員の健康保持のために健康状態を把握する義務と、不必要に従業員個人のプライバシーが侵害されないように保護する義務との間での均衡を図ることが求められている、としている。

　たとえば、労安衛法66条は健康診断の実施義務および受診義務を定めており、その結果として使用者は従業員の健康診断結果を取得することになる[*2]。しかも、これを健康診断個人票として5年間記録を保管しなければならない（労安衛法66条の3・103条）。このように、使用者が健康情報を取得することは法が予定するところであり、また、後述の通り安全配慮義務等の観点からこれを一定範囲で利活用することが想定されている[*3]。

　他方、健康情報は「個人情報の中でも特に機微な情報であり、労働者の権利として、特に厳格に保護されるべきもの」とされるように、センシティブ性の高い情報であり、特にHIVなどの重篤な疾患に関する情報のように、不適切な利用がされれば不当な差別を招来することもありうる。

　実務上どのように2つの要請のバランスをとりながら健康情報を管理すればよいのだろうか。本節は健康管理と情報管理との関係を扱う本章のイントロダクションとして、まず健康管理に関する基本的規律について説明したうえで（2.）、次に健康管理に関する情報管理、すなわち健康情報管

---

*2　菅野563頁参照。
*3　なお、最近話題となった障害者雇用については、障害者雇用促進法43条以下で障害者雇用義務の履行およびその証明のため、障害に関する情報の取得と利活用が想定されている。

理に関する基本的規律について説明する（3.）。

2. 使用者の実施する健康管理に関する基本的規律

◆(1) 労働安全衛生法（労安衛法）　労働者の生命・身体・健康は労働者自身にとっても、社会的にも重要であり、労働法はそれらが労働によって害されないよう様々な規定を設けているところ、その中心は労安衛法等が定める労働の場における安全衛生に関する規律である。[*4]

労安衛法は、「安全」すなわち従業員が就業に関連した異常な出来事（事故）によって身体または健康を害される危険を除去し、「衛生」すなわち従業員が就業上接する物質や設備環境の常態を健康障害が生じるおそれがないものとするため[*5]、使用者に対して様々な義務を課している。

情報管理との関係で、以下の労安衛法の規定に留意が必要である。

- ・危険物についての表示・文書交付制度（労安衛法57条・57条の2）とリスクアセスメント（労安衛法57条の3）[*6]
- ・安全衛生教育（労安衛法59条以下）
- ・就業制限（労安衛法61条・68条等）に関する情報とその管理
- ・作業環境測定（労安衛法65条）
- ・健康診断（労安衛法66条以下）

たとえば、健康診断についてみると、使用者は一般健康診断（労安衛法66条1項）と特殊健康診断（同条2項・3項）を実施しなければならない。一般健康診断は雇入れ時（労安衛則43条）および定期に行うべきであるが、臨時の健康診断も存在する（労安衛法66条4項）。労安衛法66条5項は（罰則はないものの）従業員がこれらの健康診断を受診する義務を負う旨を定め

[*4] 菅野546頁
[*5] 菅野550頁
[*6] 従業員に危険や健康障害を及ぼすおそれのある物質についての労安衛法における表示・文書交付制度については、経済産業省＝厚生労働省「―GHS対応―化管法・安衛法・毒劇法におけるラベル表示・SDS提供制度『化学品の分類および表示に関する世界調和システム（GHS）』に基づく化学品の危険有害性情報の伝達」（2016年6月：http:/www.meti.go.jp/policy/chemical_management/files/GHSpamphlet201606.pdf）、とりわけ31頁以下を参照。

ているが、従業員は別の医師の健康診断を受けることができる（同項ただし書）。使用者は健康診断の結果を、受診した従業員に遅滞なく通知しなければならず（労安衛法66条の6、労安衛則51条の4）、健康診断個人票として記録を5年間保存しなければならない（労安衛法66条の3）。そのほか、異常所見者へは、医師・歯科医師の意見を聞いて（同66条の4）、措置を講じなければならず（同66条の5）、また必要により受診した従業員に医師または保健師による保健指導を行うよう努めなければならない（同66条の7）。なお、健康診断の実施の事務に従事した者はその実施に関して知りえた秘密を漏らしてはならない（同104条）。

　以上は一例にすぎないが、一連の情報取得およびその活用（たとえば、異常所見に基づく措置等）のプロセスが労安衛法に規定されている。これらは、公法上の義務（事業者が行政法上行うべき事項）を定める規定であるが、その内容には労働契約の内容や業務命令を規律するものがあると考えられるし、次項で後述する安全配慮義務の内容となって私法上の効力を認められ、これらの義務に違反した結果従業員に損害が発生した場合に、使用者が債務不履行や不法行為責任を負う可能性がある。[7]

　なお、危険物としての産業ロボットに対応するため、その安全衛生のための対応が議論されている。[8] すなわち、産業用ロボットはその使い方を間違えれば、生命や身体に対する労災事故が発生しうる。そこで、当初は危険を避けるため、作業区画を区切り、ロボットを物理的に当該区画に限定し、人間はその外で働くようにするといった対応が考えられていた。しかし、いわゆる協調作業といわれる、人間とロボットが協調して作業を行うことが効率化のために必要であると認識されるとともに、ロボットの安全に関する技術が向上したことに鑑み、一定の規格に適合するロボットについては、このような協調作業が認められるようになってきた。これらの詳細については、すでに様々な議論がすでに存在するので、それらの議論に

---

*7　菅野549頁
*8　労安衛則150条の3～151条。松尾剛行「変わりつつある労働法における『ロボット』の位置づけ」（2016年1月5日：https://wirelesswire.jp/2016/01/49117/）。

委ね、本書では詳論に入らないこととする。[*9]

◆(2) **安全配慮義務**　　上記の通り労安衛法上の義務は基本的には使用者に課される公法上の義務であり、私法上（労働契約上）の義務を直ちに構成するものではないが、以下に述べる通り、使用者は、私法上も、安全配慮義務の履行の一環として、従業員の健康に配慮しなければならない。

　(ア)　**沿革**　　安全配慮義務の概念は、最判昭和50年2月25日（民集29巻2号143頁）［自衛隊車両整備工場事件］で確立した。公務員（自衛隊員）の事故についての国の責任が問われたこの事案において、最高裁は、国が公務員に対して安全配慮義務を負うとした。

　その後、最判昭和59年4月10日（民集38巻6号557頁）［川義事件］において、安全配慮義務が雇用関係上も認められることが確認された。夜勤の従業員が（元従業員の）強盗に襲われたこの事案において、最高裁は、安全配慮義務を「労働者が労務提供のため設置する場所、設備もしくは器具等を使用し又は使用者の指示のもとに労務を提供する過程において、労働者の生命及び身体等を危険から保護するよう配慮すべき義務」と定義した。

　上記のような判例の展開が結実したものといえるのが、労契法5条である。同条は「労働者がその生命、身体等の安全を確保しつつ労働することができるよう、必要な配慮」を義務付ける。なお、通達（平成20年1月23日基発0123004号）は、安全配慮義務は労働契約上の付随義務であり、「生命、身体等」には、心身の健康も含むとする。

　(イ)　**安全配慮義務の類型**　　従業員の健康、特に職業性の疾病に関する安全配慮義務の内容には①疾病・死亡の防止段階における措置義務と、②疾病憎悪の回避段階における措置義務の2種類があるとされる。[*10]

　　(i)　**疾病・死亡の防止段階における措置義務**　　疾病・死亡の防止段

[*9]　白崎淳一郎『産業用ロボットQ＆A100問』（労働新聞社・2016）、中央労働災害防止協会編『産業用ロボットの安全管理〔改訂第3版〕』（中央労働災害防止協会・2016）、同『産業用ロボットの安全必携—特別教育用テキスト』（中央労働災害防止協会・2016）、同『労働安全衛生規則の解説—産業用ロボット関係』（中央労働災害防止協会・2015）ほか

[*10]　土田・労契法524頁

階における措置義務としては、有害な化学物質排出の抑止など安全な環境の整備、衛生設備の設置、保護具の装着、安全衛生教育の実施、健康診断の実施、作業環境の測定、メンタルヘルスケア等が挙げられる。[*11]情報管理との関係では、有害物質等の表示・文書交付制度等を利用し、また事業場において基準値を超える有害物質がないか測定すること等を通じて、従業員の安全な労働環境を保持し、また、安全衛生教育を実施するとともに、健康診断を実施することで、従業員の状況を把握すること等が重要となる。

(ⅱ) 疾病憎悪の回避段階における措置義務　疾病憎悪の回避段階における措置義務としては、健康診断結果の従業員への告知義務、医師の意見の聴取義務、軽作業転換義務、労働時間の軽減等の過重負荷抑制義務、メンタルヘルスケア等が挙げられる。[*12]

この2つ目の類型は、すでに疾病に罹患し、またはその兆候ないし予兆のある従業員について、それが悪化することを回避するものである。たとえば、健康診断の結果特に問題がある場合について、従業員に伝達したうえで必要に応じ医者の意見を聴取し、現状の業務の負荷が疾病悪化を招きかねないのであれば軽作業への転換や労働時間軽減等を行うシチュエーションが想定されるところ、この一連の過程は、まさに取得した情報をどのように利活用するかという情報管理の過程にほかならない。[*13]

3. 健康情報管理に関する基本的規律

◆(1) 個人情報保護法上の「要配慮個人情報」該当性　従業員の健康情報

[*11]　土田・労契法524頁

[*12]　土田・労契法524頁

[*13]　なお、このような使用者のなすべき健康への配慮の具体的内容については、水島郁子が①一般的な適正労働条件確保義務、②具体的な情報提供により傷病等の予見可能性が認められる限り負う具体的就業上の配慮義務、③そして努力義務としての健康配慮義務に分けて議論をしていることが参考になる（水島郁子「使用者の健康配慮義務と労働者のメンタルヘルス情報」日本労働法学会誌122号（2013）23頁以下）。なおメンタルヘルス情報については、使用者による当該情報の取扱いを、条件に応じて段階的に正当化し、その前提として客観的に安心してそれに同意を与えうる条件整備を行う義務を課す法理を提唱する論者もおり、注目に値する（三柴・メンタルヘルス281頁以下、特に290頁）。

は要配慮個人情報に該当する。[*14] 個人情報保護法2条3項は、病歴その他の個人情報を要配慮個人情報とする。ここで「病歴」は、病気に罹患した経歴を意味するものであり、特定の病歴を示した部分（たとえば、がんに罹患している、統合失調症を患っている等）が該当する（ガイドライン通則編2-3(4)）。風邪等の一般的かつ軽微な疾患についても病歴に含まれる（通則編パブコメ156番）。そこで、たとえば診断書を出して病欠を報告させる場合には、使用者は従業員から病歴情報という要配慮個人情報を取得し、これを利活用して、病欠の承認等を行うことになる。

また個人情報保護法施行令2条は、以下の3種類の情報を要配慮個人情報とする。

- 身体障害、知的障害、精神障害（発達障害を含む）その他の個人情報保護委員会規則で定める心身の機能の障害があること（1号）
- 本人に対して医師その他医療に関連する職務に従事する者（医師等）により行われた疾病の予防および早期発見のための健康診断その他の検査（健康診断等）の結果（2号）。
- 健康診断等の結果に基づき、または疾病、負傷その他の心身の変化を理由として、本人に対して医師等により心身の状態の改善のための指導または診療もしくは調剤が行われたこと（3号）

（ア）1号の情報　　まず、個人情報保護法施行令2条1号の情報は、さらに個人情報保護法施行規則5条により以下の通り具体化されている。

① 身体障害者福祉法別表に掲げる身体上の障害があることを特定させる情報（1号）
② 知的障害者福祉法にいう知的障害があることを特定させる情報（2号）
③ 精神保健福祉法にいう精神障害（発達障害者支援法2条1項に規定する発達障害を含み、知的障害者福祉法にいう知的障害を除く）があることを特定させる情報（3号）
④ 治療方法が確立していない疾病その他の特殊の疾病であって障害者総合

[*14]　渡邊涼介『企業における個人情報・プライバシー情報の利活用と管理』（青林書院・2018）377頁

支援法4条1項の政令で定めるものによる障害の程度が同項の厚生労働大臣が定める程度であるものがあることを特定させる情報（4号）

使用者は、いわゆる従業員の健康情報の一環としてこれらの情報を取得しうるほか、前述〔→ 276 頁注3〕の障害者雇用促進法上の雇用義務（43条）、従業員の障害の特性に配慮した必要な措置を講じる義務（同36条の2および3）等の履行の過程でも、このような情報を取得し利活用することになる。

（イ）2号の情報　　個人情報保護法施行令2条2号の情報は、疾病の予防や早期発見を目的として行われた健康審査、健康診断、特定健康診査、健康測定、ストレスチェック、遺伝子検査（診療の過程で行われたものを除く）等、受診者本人の健康状態が判明する検査の結果が該当する（ガイドライン通則編 2-3(8)）。

労安衛法に基づいて行われた健康診断やストレスチェックの結果、高齢者医療確保法に基づいて行われた特定健康診査の結果などが該当する。また、法律に定められた健康診査の結果等に限定されるものではなく、人間ドックなど任意の検査結果も該当する。さらに、医療機関を介さないで行われた遺伝子検査により得られた本人の遺伝型とその遺伝型の疾患へのかかりやすさに該当する結果等も含まれる（ガイドライン通則編 2-3(8)）。[*15]

（ウ）3号の情報　　個人情報保護法施行令2条3号は2種類を規定する。

まず「健康診断等の結果に基づき」「本人に対して医師等により心身の状態の改善のための指導又は診療若しくは調剤が行われたこと」は、健康診断等の結果、特に健康の保持に努める必要がある者に対して医師または保健師が行う保健指導等の事実および内容が該当する（ガイドライン通則編 2-3(9)）。労安衛法に基づき医師または保健師により行われた保健指導の内容、同法に基づき医師により行われた面接指導の内容、高齢者の医療の確

---

*15　なお、健康診断等を受診したという事実そのものは該当せず、また、身長、体重、血圧、脈拍、体温等の個人の健康に関する情報を、健康診断、診療等の事業およびそれに関する業務とは関係ない方法により知りえた場合は該当しない。

保に関する法律に基づき医師、保健師、管理栄養士により行われた特定保健指導の内容等が該当する。法律に定められた保健指導の内容に限定されるものではなく、任意の保健指導の内容も該当する。なお、病院等を受診したという事実も該当する（個人情報保護委員会Q＆A 1-25）。

次に、「疾病、負傷その他の心身の変化を理由として、本人に対して医師等により診療又は調剤が行われたこと」とは、病院、診療所、その他の医療を提供する施設における診療または調剤の過程で、患者の身体の状況、病状、治療状況等について、医師、歯科医師、薬剤師、看護師その他の医療従事者が知りえた情報すべてを指し、診療記録等、病院等を受診したという事実、調剤録、薬剤服用歴、お薬手帳に記載された情報等が該当する。薬局等で調剤を受けたという事実も該当する（ガイドライン通則編2-3(9)）。[*16]

◆(2) 健康情報取扱いの原則　以上のような要配慮個人情報は特に注意して取り扱わなければならず、その際には、個人情報保護法の要配慮個人情報の扱いのみならず、労働法の要求にも留意が必要である。そこで以下、このような健康情報を具体的にどのように取り扱えばよいかについて説明していこう。

前述の「労働者の健康情報の保護に関する検討会報告」〔→275頁〕は様々な提言をしているものの、このうち、①取扱いに際しての本人同意、②産業医等ないし衛生管理者等による情報の集中管理、③産業医等ないし衛生管理者等から使用者への情報提供に際しての情報の加工、④取扱いルールの策定、が基本原則とされ、これらは「行政による情報取扱い4原則」と呼ばれることもある。[*17]

◆(3) 安全配慮義務の履行としての健康情報の利活用　健康情報に関する情報管理上の最大の注意点は、安全配慮義務の履行として、一定の健康情

[*16] なお、身長、体重、血圧、脈拍、体温等の個人の健康に関する情報を、健康診断、診療等の事業およびそれに関する業務とは関係のない方法により知りえた場合は該当しない。

[*17] 三柴・メンタルヘルス30頁。なお、この「行政による」というのは、取扱いを行う主体が行政という意味ではなく、事業者が取り扱う際に留意すべき原則的事項について、行政指針等がこのような4点を中核に据えているという意味である。

報を利活用しなければならないということである。上記の労契法5条に加え、労安衛法65条の3は「事業者は、労働者の健康に配慮して、労働者の従事する作業を適切に管理するように努めなければならない」として、健康への配慮を使用者の努力義務とする。

　判例上も、過重労働によって従業員が精神障害を発症した事案に際して、使用者が従業員の業務量の適切な調整等を行う義務を負うとしている（最判平成12年3月24日民集54巻3号1155頁〔電通事件〕）。この事案では、上司は、従業員の残業時間の申告が実情より相当に少ないものであり、従業員が業務遂行のために徹夜まですることもある状態にあることを認識しており、その健康状態が悪化していることに気付いていたにもかかわらず、適切な対応をとらず、うつ病による自殺を招いてしまった。最高裁は、このような経過を踏まえ、従業員の業務の遂行とそのうつ病り患による自殺との間には相当因果関係があるとしたうえ、上司には、従業員が恒常的に著しく長時間にわたり業務に従事していることおよびその健康状態が悪化していることを認識しながら、その負担を軽減させるための措置をとらなかったことにつき過失があるとした原審の判断を是認した。

　このように使用者は、従業員の労働時間に関する情報や健康状態に関する情報を有しているのであれば、それを利活用し、たとえば過重労働等が従業員の健康に悪影響を与えないように配慮しなければならない。

◆**(4) メンタルヘルス情報と本人からの申告**　　もっとも、安全配慮義務を履行するために健康情報を利活用しようにも、従業員本人からの申告がない場合はどうすればよいのだろうか。たとえばメンタルヘルスに関する情報については、外見上わかりにくく、その性質上本人からの積極的申告が期待しにくいため、適時の取得は容易ではない。

---

*18　「安全配慮義務を履行するための労働者の健康情報把握」などを「企業として積極的に行うべきものとも考えられてきた」とする荒木277頁参照。ただし、その後の時代の変化により見直しを迫られている旨も言及している。
*19　三柴・メンタルヘルス3頁。
*20　メンタルヘルス情報の取扱いについては、名古屋地判平成18年1月18日労判918号65頁〔富士電機E＆C事件〕、名古屋地判平成19年1月24日労判939号61頁〔ボーダフォン事件〕等も参照。

ここで、業務により精神疾患が発生した事案において、従業員がメンタルヘルス情報を使用者に申告しなかったことを過失相殺の要素として従業員に不利に援用できるかが問題となった事案がある(最判平成26年3月24日労判1094号22頁[東芝(うつ病・解雇)事件])。最高裁は、従業員が使用者に申告しなかったメンタルヘルスに関する情報は、従業員にとって、自己のプライバシーに属する情報であり、通常は職場において知られることなく就労を継続しようとすることが想定される性質の情報であったといえるところ、使用者は、必ずしも従業員からの申告がなくても、その健康に関わる労働環境等に十分な注意を払うべき安全配慮義務を負っており、従業員にとって過重な業務が続く中でその体調の悪化が看取される場合には、従業員本人からの積極的な申告が期待し難いことを前提としたうえで、必要に応じてその業務を軽減するなど従業員の心身の健康への配慮に努める必要があるとして、過失相殺を認めなかった。

　具体的事案に基づく判断ではあるが、従業員からの申告がなくても、使用者は健康に関わる労働環境等に十分な注意を払うべき義務を負っているとされており、これを前提に情報管理をする必要がある。

第2節　健康情報管理の実務対応

Q 健康情報および健康情報管理に関する基本的規律を踏まえて社内の健康情報管理・利活用の体制を見直そうとしたのですが、本書第1章に記載されている内容に従って情報管理体制を構築すればよいのか、それとも健康情報特有の留意点があるのかなど、細かい点で色々とわからないところが出てきました。健康情報管理を進めるにあたっての実務上の留意点を教えてください。

A 重要な通達として、個人情報保護委員会の「雇用管理分野における個人情報のうち健康情報を取り扱うに当たっての留意事項」があるので、その内容を押さえておきましょう。この通達も、前述〔→283頁〕の①情報の取扱いに際しての本人同意、②産業医等ないし衛生管理者等による情報の集中管理、③産業医等ないし衛生管理者等から使用者への情報提供に際しての情報の加工、④衛生委員会等での取扱いルールの策定等の、行政による情報取扱い4原則を基本としているとされる[*1]ので、これらを参照しながら、適切な実務対応を行っていく必要があります。

1.「雇用管理分野における個人情報のうち健康情報を取り扱うに当たっての留意事項」（留意事項）

　実務において具体的に企業がどのような健康情報管理を行うべきかについては、様々な公的指針が出されてきており、これらは近時の重要な指針として、個人情報保護委員会による「雇用管理分野における個人情報のうち健康情報を取り扱うに当たっての留意事項[*2]」（以下「留意事項」という）が

[*1] 三柴・メンタルヘルス30頁
[*2] https://www.ppc.go.jp/files/pdf/koyoukanri_ryuuijikou.pdf。なお、健康情報の中に

出されており、この留意事項の規定は、実務上価値が高い。この通達も、前述〔→283頁〕の①情報の取扱いに際しての本人同意、②産業医等ないし衛生管理者等による情報の集中管理、③産業医等ないし衛生管理者等から使用者への情報提供に際しての情報の加工、④衛生委員会等での取扱いルールの策定等の、行政による情報取扱い4原則を基本としているとされる。[*3]

したがって以下では、この留意事項の規定を参考にしながら、取得・利活用・第三者提供等の各場面における実務対応について説明していく。

2. 健康情報の例

留意事項の第2は、柱書にて健康情報を「健康診断の結果、病歴、その他の健康に関するもの」とし、健康情報は要配慮個人情報に該当するとしたうえで、以下の通り18種類の具体例を挙げており、使用者が取得する代表的な健康情報のリストとして参考になる。[*4]

(1) 産業医、保健師、衛生管理者その他の従業員の健康管理に関する業務に従事する者（産業保健業務従事者）が従業員の健康管理等を通じて得た情報
(2) 労安衛法65条の2第1項の規定に基づき、使用者が作業環境測定の結果の評価に基づいて、従業員の健康を保持するため必要があると認めたときに実施した健康診断の結果
(3) 労安衛法66条1項から4項までの規定に基づき使用者が実施した健康診断の結果ならびに同条5項および66条の2の規定に基づき従業員から提出された健康診断の結果

は産業医の診断結果など医療情報が含まれることもあり、医療情報安全管理ガイドライン（https://www.mhlw.go.jp/file/05-Shingikai-12601000-Seisakutoukatsukan-Sanjikanshitsu_Shakaihoshoutantou/0000166260.pdf）等にも必要に応じて留意が必要である。

[*3] 三柴・メンタルヘルス30頁以下

[*4] なお、留意事項の挙げるこれらの例をみる限り、「身体障害、知的障害、精神障害（発達障害を含む。）その他の個人情報保護委員会規則で定める心身の機能の障害があること（政令2条1号）」は念頭に置かれていないと思われる。しかしながら、これらの情報についても、健康情報に準じて扱うべきである。

(4)労安衛法66条の4の規定に基づき使用者が医師または歯科医師から聴取した意見および66条の5第1項の規定に基づき使用者が講じた健康診断実施後の措置の内容

(5)労安衛法66条の7の規定に基づき使用者が実施した保健指導の内容

(6)労安衛法66条の8第1項の規定に基づき使用者が実施した面接指導の結果および同条2項の規定に基づき従業員から提出された面接指導の結果

(7)労安衛法66条の8第4項の規定に基づき使用者が医師から聴取した意見および同条5項の規定に基づき使用者が講じた面接指導実施後の措置の内容

(8)労安衛法66条の9の規定に基づき使用者が実施した面接指導または面接指導に準ずる措置の結果

(9)労安衛法66条の10第1項の規定に基づき使用者が実施した心理的な負担の程度を把握するための検査（ストレスチェック）の結果

(10)労安衛法66条の10第3項の規定に基づき使用者が実施した面接指導の結果

(11)労安衛法66条の10第5項の規定に基づき使用者が医師から聴取した意見および同条6項の規定に基づき使用者が講じた面接指導実施後の措置の内容

(12)労安衛法69条1項の規定に基づく健康保持増進措置を通じて使用者が取得した健康測定の結果、健康指導の内容等

(13)労災保険法27条の規定に基づき、従業員から提出された二次健康診断の結果

(14)健康保険組合等が実施した健康診断等の事業を通じて使用者が取得した情報

(15)受診記録、診断名等の療養の給付に関する情報

(16)使用者が医療機関から取得した診断書等の診療に関する情報

(17)従業員から欠勤の際に提出された疾病に関する情報

(18)(1)から(17)までに掲げるもののほか、任意に従業員等から提供された本人の病歴、健康診断の結果、その他の健康に関する情報

3. 留意事項の基本的な考え方

留意事項では、まず基本的な考え方として、健康情報はその取扱いに配慮が必要なことを確認したうえで（留意事項第3・1(1)）、以下の重要事項を

事業場内の規程等として定め、これを従業員に周知するとともに、関係者に当該規程に従って取り扱わせることが望ましいともされている（留意事項第3・8(1)）。

> (a) 健康情報の利用目的および利用方法に関すること
> (b) 健康情報に係る安全管理体制に関すること
> (c) 健康情報を取り扱う者およびその権限ならびに取り扱う健康情報の範囲に関すること
> (d) 健康情報の開示、訂正、追加または削除の方法（廃棄に関するものを含む）に関すること
> (e) 健康情報の取扱いに関する苦情の処理に関すること

4. 取得における留意事項

◆(1) 同意と法令上の例外　健康情報が要配慮個人情報とされていることの帰結として、取得には原則として事前の本人による同意が必要である（個人情報保護法17条2項）。もっとも、個人情報保護法17条2項各号で例外を定めているところ、このうち、実務上特に1号の「法令に基づく場合」が重要であり、たとえば、個人情報取扱事業者が労安衛法に基づき健康診断を実施し、これにより従業員の身体状況、病状、治療等の情報を健康診断実施機関から取得するのは、この「法令に基づく場合」であって、本人同意を得る必要はない（ガイドライン通則編3-2-2(1)。なお、留意事項第2注(a)も同旨）。

前掲の各事例（留意事項第2の(1)〜(18)）の多くで法令が言及されているように、実務上は法令によるものとして同意書等の必要がないものも多い。もっとも、このような法令の規定により行われる一連の取得過程と異なり、個別の事情により発生する取得については、個別に同意が必要かどうかを調べておくべきであり、社内で自信をもって判断できなければ専門家に確認するべきである。

◆(2) 利用目的　利用目的については、一般の利用目的規制（個人情報保護法15〜18条）に加え、留意事項が、使用者は従業員の健康確保に必要な

範囲を超えてこれらの健康情報を取り扱ってはならないとしていることに留意が必要である（留意事項第 3・1 ⑵）。個人情報保護法 15 条および 16 条では、健康情報を人事評価等に利用することは禁止されていないが、健康情報の利用目的規制を法律より厳格化しており、健康との関連性がなければ健康情報は利用できない。*5 また、自傷他害のおそれがあるなど、生命、身体または財産の保護のために必要がある場合等を除き、本人に利用目的を明示しなければならない（個人情報保護法 18 条。留意事項第 2・2 ⑵）。

看護師が別の病院で HIV 陽性と診断された情報について、当人の勤務する病院の医師、職員らが、当該看護師の同意なく病院の他の職員に伝達したこと等が目的外利用等として不法行為とされた事案として福岡高判平成 27 年 1 月 29 日（判時 2251 号 57 頁）［社会医療法人天神会事件］がある。

◆(3)（同意なき）検査　上記の通り、健康情報の取得に対しては厳しい規制がなされているが、実務上、特に採用選考時に本人の同意なく検査をしてトラブルになる事案がみられる。健康診断の必要性を慎重に検討することなく、採用選考時に健康診断を実施することは、応募者の適格性と適性・能力を判断するうえで必要のない事項を把握する可能性があり、結果として就職差別につながるおそれがあることが指摘されている。*6 とはいえ、使用者として安全配慮義務履行の前提として健康診断を行うことの必要性が認められる場合において、本人の同意のもと採用前に健康診断を行うことは可能であるし、採用後に行う雇入れ時の健康診断は義務である（労安衛則 43 条）。*7

この関係でよく問題となるのは、一般的な健康診断よりも、特定の疾病についての（同意なき）検査である。たとえば、応募者本人の同意を得ずに HIV 抗体調査（東京地判平成 15 年 5 月 28 日判タ 1136 号 114 頁）や B 型肝炎ウイルス検査（東京地判平成 15 年 6 月 20 日労判 854 号 5 頁）を行ったことについて不法行為の成立が肯定された事例がある。*8

＊5　三柴・メンタルヘルス 153 頁参照。
＊6　労働省職業安定局（各都道府県職業安定主管課長宛事務連絡）「採用選考時の健康診断について」（1993 年 5 月 10 日）
＊7　倉重公太朗編集代表『問題社員対応マニュアル 上』（労働調査会・2015）13 頁

エイズについては、職場におけるエイズ問題に関するガイドラインが作られ、使用者による応募者に対するエイズ検査の実施を戒め、例外的に本人の意思に基づいて受診する場合の秘密保持の徹底等を説いている。留意事項においても、HIV 感染症や B 型肝炎等の職場において感染したり蔓延したりする可能性が低い感染症に関する情報や、色覚検査等の遺伝性疾病に関する情報については、職業上の特別な必要性がある場合を除き、取得すべきでない。もっとも、従業員の求めに応じて、これらの疾病等の治療等のため就業上の配慮を行う必要がある場合については、当該就業上の配慮に必要な情報に限って従業員から取得することは考えられるとされる（留意事項第 3・8(3)）。

なお、東京地判平成 7 年 3 月 30 日（労判 667 号 14 頁）は、特定従業員の HIV 感染の事実を本人に告知するに相応しいのは医療者に限られるべきで社長が本人に告知したこと自体許されなかったのであり、その方法・態様も著しく社会的相当性の範囲を逸脱しているとして、感染事実の告知そのものを不法行為とした（なお、HIV を理由に解雇することも違法とした）。重大な疾病に関する情報は告知方法も含め慎重に取り扱うべきである。

◆(4) 受診命令等　このように健康情報は慎重に取得すべきであるが、前述〔→ 279～280 頁〕の安全配慮義務の履行等の観点から、業務命令をもって健康情報を取得せざるをえない場合がある。典型的には受診命令である。

労働契約により、従業員が自らの労働力について使用者がそれを利用することを許諾した合理的範囲内において使用者に業務命令権が認められる

---

*8　定期健康診断時の同意なき HIV 検査について違法とした千葉地判平成 12 年 6 月 12 日労判 785 号 10 頁〔T 工業（HIV 解雇）事件〕

*9　平成 7 年 2 月 20 日基発 75 号平成 22 年 4 月 30 日改定（http://anzeninfo.mhlw.go.jp/anzen/hor/hombun/hor1-51/hor1-51-11-1-0.htm）

*10　菅野 563～564 頁。2018 年 7 月にも、エイズウイルス（HIV）感染を申告しなかったことを理由に病院が就職内定を取り消したのは違法だとして札幌地裁に提訴がされており、現在もこのようなトラブルが起こっているようである。

*11　東京大学労働法研究会編『注釈労働基準法 上巻』（有斐閣・2003）196～197 頁〔和田肇執筆〕参照。

ところ、たとえば法定健診を受診しない教員に対し、児童・生徒への影響等を踏まえ、教職員に対し学校が業務命令として受診を命じうるとした事案もある（最判平成13年4月26日労判804号15頁［愛知県教育委員会事件］）。また、法定外の検査についても、就業規則および労働協約の規定に基づき使用者指定の病院における精密検査を命じたところ、これが合理的で相当なものであれば従業員において受診を拒否できないとされている（最判昭和61年3月13日労判470号6頁［電電公社帯広局事件］。受診を拒否した従業員への戒告処分を適法としている）。もっとも、受診命令を出すのはあくまで最終手段であって、受診をしない従業員に対しては、まずは任意の受診に向けて注意指導をして説得し、不安を取り除く努力をすべきであろう。[*12]

このように、従業員の健康情報の取得には十分な配慮は必要であるものの、健康情報の提供を命じたり、受診を命じなければならない場合がある。

5. 健康情報の管理・利活用における留意事項

◆(1) 厳重な安全管理　　すべての個人データに対して安全管理措置を講じる必要がある（個人情報保護法20条）ところ〔→16頁以下〕、その水準については「個人データが漏えい等をした場合に本人が被る権利利益の侵害の大きさを考慮し、事業の規模及び性質、個人データの取扱状況（取り扱う個人データの性質及び量を含む。）、個人データを記録した媒体の性質等に起因するリスクに応じて、必要かつ適切な内容とすべき」とされ（ガイドライン通則編8）、情報の性質も管理の水準に影響を及ぼす。

そして、健康情報のうち診断名、検査値、具体的な愁訴の内容等の加工前の情報や詳細な医学的情報の取扱いについては、その利用にあたって医学的知識に基づく加工・判断等を要することがあることから、産業保健業務従事者に行わせることが望ましく（留意事項第2・3(1)）、産業保健業務従事者から産業保健業務従事者以外の者に健康情報を提供させるときは必要に応じて適切な加工等の措置を講ずるべきとされている（留意事項第2・3

[*12] 職場の労務トラブル117頁

(2))。

　センシティブであり、かつ専門知識がなければ正確に判断ができないという健康情報の特性を踏まえ、産業保健業務従事者が生データを取り扱い、同じ社内でも産業保健業務従事者以外に提供する場合には、たとえば疾病名を削除したり、抽象化する等の措置を講ずることとしている。

　とはいえ、たとえばうつと統合失調とで自殺の企図率に差異があること等から、症状や病態によって上司がなすべき対応に差が出てくるので、上司に対してより詳しい情報を提供する方が適切な対応が期待できるという声もあり、[13] 上司等に絶対に病名等を教えてはならないとするのではなく、病名等を共有すべきかは総合的に判断すべきである。

　なお、安全管理の一環としての委託先管理（個人情報保護法22条）につき、委託する場合には、当該委託先において情報管理が適切に行われる体制が整備されているかについて、あらかじめ確認しなければならない（留意事項第3・4）。

◆(2) 利活用の範囲　　前述〔→276頁〕の通り、健康情報は、安全配慮義務の履行に必要である。すなわち、たとえば過重労働の兆候のある従業員については、その健康情報をもとに当該従業員に①従前の労働を継続して行わせるか（就労継続）、②従前の労働を軽減しあるいは疾病があっても行いうる他の部署への配置換え等をして就労を継続させるか（軽減措置）、③就労を免除するか（就労免除）の判断を行うことになる。[14]

　使用者は、利用目的の制約（個人情報保護法16条）に加え、従業員の健康確保に必要な範囲を超えてこれらの健康情報を取り扱ってはならない（留意事項第3・1(2)）。しかし、上記の判断はまさに人事労務上の判断であり、産業精神保健が人事労務管理の趣旨とかけ離れてしまっては実効性をあげえないことから、健康確保と人事労務管理が実質的に関連する限りで必要な範囲（個人情報保護法16条）と理解してよいとされる。[15]

---

[13]　水島郁子「使用者の健康配慮義務と労働者のメンタルヘルス情報」日本労働法学会誌122号（2013）29頁
[14]　労働関係訴訟I 208頁〔谷口哲也執筆〕
[15]　三柴・メンタルヘルス168頁

なお、ストレスチェック情報（労安衛法66条の10）については、医師等は本人同意を得ずにこれを企業に提供してはならず（同条2項）、守秘義務を負う（同104条）という形で、義務が加重されている。

6. 提供・第三者提供における留意事項

個人情報保護法23条は、一般の個人データの第三者提供につき、本人同意を原則として求める。ただし、以下の場合には不要である。

①個人情報保護法23条1項各号の定める場合（法令に基づく場合等）
②オプトアウトすなわち一定の要件を満たしたうえで、本人からの提供停止の求めがあれば停止する場合
③個人情報保護法23条5項各号の定める場合（委託・承継・共同利用）

このうち、要配慮個人情報についてはオプトアウトができないとされているため（個人情報保護法23条2項括弧書）、健康情報についてオプトアウトはできない。

原則として同意を得る場合においても、使用者は、あらかじめこれらの情報を取得する目的を従業員に明らかにして承諾を得るとともに、これらの情報は従業員本人から提出を受けることが望ましい（留意事項第3・5(1)）[*16]。

次に、実務上、法令が第三者提供を求めていることがあるが、この場合には、個人情報保護法23条1項1号に基づき本人の同意なく外部機関等への健康情報等の提供（および外部機関から使用者への結果等情報の提供）が可能である。具体的には以下のような場合が挙げられる。

・健康診断（労安衛法66条1～4項）の規定および面接指導（同66条の8第1項）の規定に基づく面接指導にあたって、外部機関に健康診断または面接指導の実施を外部機関等に委託する場合に、使用者が、健康診断または面接指導の実施に必要な従業員の個人情報を外部機関に提供する行

---

*16 なお、ストレスチェックの結果の通知を受けた従業員であって、厚生労働省令で定める要件に該当する者が申し出たときの面談実施にあたって、ストレスチェックを実施した外部機関に対してストレスチェック結果の提供を求める行為は、同意があるとみなされる（留意事項第3・5(3)）。

為（留意事項第3・5(2)）*17
- 健康診断、面接指導の結果の記録、意見聴取等（労安衛法66条の3、66条の4、66条の8第3項・4項）および本人への健康診断結果の通知（同66条の6）の義務の履行（外部機関等への委託による場合）を果たすため、使用者が外部機関にこれらの健康診断または面接指導を委託するために必要な従業員の個人情報を外部機関に提供し、また、外部機関が委託元である使用者に対して従業員の健康診断または面接指導の結果を報告（提供）する行為（留意事項第3・5(2)）
- ストレスチェックの実施にあたって、外部機関にその実施を委託する場合において実施に必要な従業員の個人情報を外部機関に提供する行為（留意事項第3・5(3)）
- 面接指導（労安衛法66条の8第1項、または66条の10第3項）の規定に基づく面接指導を委託するために必要な従業員の個人情報を外部機関に提供し、また、外部機関が委託元である使用者に対して従業員の面接指導の結果を提供する行為（留意事項第3・5(3)）
- 派遣先使用者が、労働者派遣法に基づき派遣元使用者にこれらの健康診断の結果および医師の意見を記載した書面を提供する行為（留意事項第3・5(4)）
- 医療保険者からの提供の求めがあった場合に「特定健康診査及び特定保健指導の実施に関する基準」（平成19年厚生労働省令第157号）第2条に定める項目に係る記録の写しについて医療保険者からの提供の求めがあった場合に使用者が当該記録の写しを提供する行為（留意事項第3・5(6)）

　また、共同利用（個人情報保護法23条5項3号）スキームも考えられる（留意事項第2(b)）。健康保険組合等に対して従業員の健康情報の提供を求める場合であっても、使用者が健康保険組合等と共同で健康診断を実施する場合等においては当該従業員の同意を得る必要はない（留意事項第2・5(5)）。

---

*17　ただし、留意事項のように個人情報保護法23条1項1号と解し、同条5項1号の委託ではないと解したとしても、委託先への監督（同22条・留意事項第3・4）は及ぼすべきである。

第3節 健康管理をめぐる AI・HR テック利用の実務的課題

Q 従業員のストレス要因情報を把握して、これを AI・HR テックで処理することで、早期にうつ病等のリスクを把握し、早期にカウンセリングにつなげたり、上司が配慮する等の対応をすることで、メンタルヘルス問題に取り組もうと考えていますが、現時点では個人情報保護法や労働法上これを規制する条文はないように思われます。このような健康管理をめぐる AI・HR テックの実務的課題としてはどのようなことがありますか？

A このような健康情報の AI・HR テックによる処理について、法規制がないという言説がみられますが、「プライバシー」もまた法規制であって、プライバシーへの配慮の必要性がまさに核心的問題となります。

1.「法規制」としての「プライバシー」

　HR テック、とりわけ健康情報に関する HR テックの文脈において比較的頻繁にみられる議論として「法規制が存在しない」というものがある。たとえば、HR テックと人事に関するある実務書においては、「法規制がない中で人事に求められること」という表題で、ストレスチェック制度に対してはそれによる不利益な取扱い防止のための厳しい規制があるのに、「勤怠データなどから従業員のストレス状況やメンタルヘルス不調のリスクを算出するサービスについては、ストレスチェック同様に不利益取扱いが行われる可能性があるものの、現状ではそれを直接的に規制する法律はない」という例を挙げて、結局のところ倫理の問題であるとしている[*1]。しかし、本当にそうなのだろうか。

確かに、個人情報保護法や労基法等の労働法がこれらの情報を特に取り上げた明確な規定を設けていない場合が多いという限りでは、「法規制不存在論」もあながち間違いではないかもしれない。しかし、使用者と従業員との間では、民事上のプライバシー法〔→4頁〕がこれを規律しており、プライバシー法違反の行為は民法上の不法行為（民法709条）となるし、労働契約からプライバシーを含む従業員の人格権尊重という付随義務が派生していることから、使用者のプライバシー侵害行為が債務不履行となったり、プライバシーを侵害する使用者の業務命令が人事権等の濫用として違法・無効とされることもありうる。

　そこでAIやHRテックによって健康情報を処理・分析する場合、まさに、このようなプライバシー法が重要な役割を果たす。たとえば、要配慮個人情報の推知については第2章〔→50〜51頁〕でも論じているところであるが、たとえばストレス要因（それ自体は健康情報ではないことを前提とする）に関するデータをもとに従業員がうつ病にかかっていることを高確率で推知できるAIシステムが存在した場合、当該システムによる処理を何ら本人同意なく実施すると、プライバシー侵害の不法行為等が成立しうる。その意味ではなお、プライバシー法に服すると解すべきである。

　そこで、明文規定が存在しない領域においてはプライバシー法を重視すべきであろう。類似の情報について個人情報保護法や労働法がすでに規制しており、単にそれまでそのような情報を抽出する技術がなかったことから規制の網がまだかかっていないにすぎないといった状況においては、労働法や個人情報保護法の明文規定がないとしても、プライバシー侵害の可能性があることを十分に念頭に置いて対応すべきであろう。これはAI・HRテック一般に当てはまることだが、健康情報においては特に当てはまる。

　具体的に、どのような対応をすべきか、次項以下で検討しよう。

＊1　人事が変わる233頁〔金澤元紀執筆〕

2. 健康情報の幅広い利活用

　今後は、健康情報および従来の健康情報の定義には入っていないけれども健康に関係する——たとえばストレス要因に関する——情報をAIで処理したり、HRテックで活用したりすることで、これらを人事において幅広く活用することが技術上は可能となってくるだろう。

　健康情報やそれに関連する情報、たとえばスマートグラスを利用して取得した、ある従業員の集中力が低下しているとか、脈拍の変化等の情報を、単なる当該従業員の健康のためだけではなく、能率や生産性アップ、人員配置や人事考課等に利用するといったことも考えられる[*2]。

　前述〔→293頁〕の通り、使用者には、健康情報の取扱範囲に制限があるものの（個人情報保護法16条、留意事項第3・1(2)）、産業精神保健が人事労務管理の趣旨とかけ離れてしまっては実効性を挙げえないことから、健康確保と人事労務管理が実質的に関連する限りで必要な範囲と理解してよいとされる[*3]。もっともこのような議論は、AI・HRテックによる健康情報の幅広い活用をすべて是認する趣旨ではなく、具体的なAI・HRテックの内容を踏まえ、その人事労務管理と健康確保との関連性の度合いが問われることに留意すべきである。

　たとえばAIやHRテックによる健康情報の処理が、能率向上や生産性向上のみを目的としている場合、健康確保との関係性が薄いといわざるをえず、労働者の健康確保に必要な範囲を超えた取扱いといわざるをえない場合もありうる。そして前項の通り、純粋な健康情報だけではなく、たとえばAIで処理をして抽出した健康状態を推知する情報についても、プライバシー法の観点から同様の対応を余儀なくされる可能性がある。加えて、本人の同意を得て健康情報をAI等で処理する場合、AIによる処理の結果がその同意の際に想定したものを大きく上回る可能性があることから、

　　[*2]　たとえばストレスレベル・脈拍を可視化して相性の良し悪しを見える化して人員配置の参考とするといったことについて、人事が変わる182頁〔白石紘一執筆〕参照。
　　[*3]　三柴・メンタルヘルス168頁

その際の説明は、通常よりも丁寧に行うべきである。

　なお、健康情報であることにより、通常の個人情報と異なる規制が設けられており、本章でその概要を述べてきたところである。AIやHRテックを利用して健康情報そのものを取り扱う場合はもちろん、そのような情報を正確に推知できるのであれば、たとえば、診断名、検査値、具体的な愁訴の内容等の加工前の情報や詳細な医学的情報の取扱いを産業保健業務従事者に行わせ、それらを非産業保健業務従事者に渡す場合に加工等の措置を講じる等の、健康情報の管理に関するルールに準じて取り扱うべきであろう。

3. AI・HRテックと安全配慮義務

　前述〔→283頁〕の通り、使用者は、その有する従業員の労働時間に関する情報や健康状態に関する情報を利活用し、たとえば過重労働等が従業員の健康に悪影響を与えないように配慮しなければならない。

　従業員の幅広いデータを取得してこれをAI・HRテックによって処理・分析する結果として、これまでは取得できなかった従業員の健康に関する情報を推知可能である。場合によっては、病気休職しやすい従業員のモデルと比較することで、〈半年以内に病気休職をする確率が○%〉といった情報まで推知できてしまうかもしれない。このようにHRテックによって使用者が従業員の健康情報をさらに多く取得することで、かえって使用者の安全配慮義務が拡大することが懸念されている。[*4]

　しかし、特にメンタルヘルスについては、本人の申告を待つだけではなく、そもそも申告しなくても一定の配慮義務があることは上記の通りである〔→284〜285頁〕。すなわち、使用者が労働時間や勤務態度等から健康への異常を疑った場合に、産業医との面談を求めたり、場合によっては受診命令等の具体的措置を講じることで、従業員の安全に配慮する義務を負うのは、AI・HRテックを利用するか否かに限らず何も変わらない。むし

---

*4　人事が変わる236頁〔倉重公太朗執筆〕

ろ、AI・HRテックを利用することで、上司個人の注意力等にかかわらず、早期発見ができることから、AI・HRテックによって疑いをもつシチュエーションが増えたのであれば、そのたびにこのような具体的な配慮措置を講じるべきである。

4. SNSと健康情報

近時、病欠中の者や休職者がSNSに投稿した内容が波紋を呼ぶことがある。たとえば、病気欠勤者や病気休職者がSNS上で旅行に行ったり飲み会に参加している姿を投稿した場合の対応が問題となる。

そもそも、傷病欠勤や休職の際のルールが未整備であったり、診断書等の提出がないことを黙認している状況がある会社では、まずは診断書の提出等のルールを確立し、本当に病気なのかとの疑惑が生じうる状態をなくすことが重要であろう[*5]。そうした予防的対応を前提に、そのような疑惑が生じた場合には、当該従業員がどのような病気であるかが事後対応のポイントとなる。

たとえば「交通事故に遭って足の骨が折れたので病院で安静にしている」と言って病欠した者が、同日に旅行に行っている姿をSNS上で投稿した場合には、欠勤の理由において虚偽があったことが疑われることから、そもそも負傷があったのかを問いただし、必要に応じて処分をすべきであろう。しかし、病気の性質上健常者と同様の日常生活を行うことが可能で、かつそれが療養上望ましいこともある。たとえば療養のために休職中の従業員の行為の一部について、問題視できないとした裁判例がある（東京地判平成20年3月10日労経速2000号26頁［マガジンハウス事件］）。もっとも、療養に専念していないことが医学的に明らかなら服務規律違反といいうる[*6]し、たとえば海外へ行くための長期間のフライトが療養に悪影響を及ぼしうるといった場合には、この点を問題視する余地がある[*7]

＊5　職場の労務トラブル126〜129頁

＊6　倉重公太朗＝清水隆司『ストレスチェック制度の運用とメンタルヘルス対策の実務』（日本法令・2016）272頁

＊7　SNS・IT 124頁は、「懲戒処分を科すことは場合によっては可能」とする。

第9章
有事対応と人事労務情報管理

第1節 有事対応の基本

Q 当社の従業員が USB メモリを紛失し、当社の顧客情報が漏えいしてしまいました。どのように対応すべきでしょうか。

A 本章でこれから解説する危機管理対応の手順を踏みましょう。初期対応、調査、再発防止、そして対外対応が挙げられます。

1. はじめに

　情報漏えい等の事態が現実に発生してしまうことは、いわゆる「有事」ないしは企業にとっての「危機」であり、このような有事においては有事対応ないし危機管理（crisis management）が問われる。危機管理の確立した定義はないが、広義では〈緊急事態に対し予知、予防、対策を講じ、万が一発生した場合には素早く的確な対応で被害の拡大を抑え、速やかに平常の状態に復旧させるための方策を講じること〉とされる[*1]。また、企業の文脈では、企業不祥事があった場合に企業が受けるダメージを最小化し、早期に企業活動を再び正常化させることを目的として行う活動とされている[*2]。
　本章では、人事労務管理の観点からこのような危機管理について説明す

---

　*1　一般社団法人日本安全保障・危機管理学会『究極の危機管理』（内外出版・2014）17頁
　*2　木目田裕『危機管理法大全』（商事法務・2016）2頁参照。

る。主に従業員による情報漏えい事故を念頭に置いて検討したい。

2. 危機管理の考え方

◆(1) 4つの基本プロセス　危機管理をどのように行うかについては様々な整理がされているが、一般には、①初期対応→②調査→③再発防止という手順を踏みながら、並行して④対外対応をするということになる。

　特に、情報漏えいのような社会の関心も高い事案においては、事故の内容、原因、対策等の説明を尽くし、迅速かつ的確に対応する、事故対応の全体を通じて透明性を維持するといった点に留意する必要があるだろう。[*3]

◆(2) 準備をして適時に見直すこと　(ア) 準備の重要性　事前に有事を想定せず、有事になってから焦って対応を考えるという状況が頻繁にみられる。しかしこれでは、適切な有事対応は困難である。特に情報漏えいはどのような企業でもありうるリスクであり、どこにどのような情報があるかというデータの保管・利用状況の把握（データマッピング）を実施したうえで、どのような情報がどのように漏えいする可能性があるか等、複数のシナリオについて事前に対応策を準備しておくことが望ましい。[*4]

　たとえば情報漏えいが疑われた場合に、漏えいが疑われる情報に誰がいつアクセス（たとえばダウンロード）したのか、という情報をログ（アクセスログ）として記録している企業であれば、比較的早期に漏えい者を特定できるだろう。これに対し、全従業員がアクセス権限をもち、かつ、アクセスログを取得していない場合、いつ誰が流出させたかが不明になりがちである。また、たとえば貸与した会社の通信設備等の一時的返却を求められると規定する等、社内調査に対応した物品管理規程等も必要である。[*5]

　もちろん、ログをとっていてもそれだけで常にすべての調査が不要にな

＊3　TMI総合法律事務所『個人情報管理ハンドブック〔第4版〕』（商事法務・2018）472頁以下。営業秘密の漏えいについて、①早期発見、②水際防止、③漏えい先への警告・牽制が重要とする不祥事対応ベストプラクティス186～187頁も参照。
＊4　データマッピングの重要性については不正調査研究会編『入門不正調査Q&A』（清文社・2016）96頁も参照。
＊5　安倍嘉一『従業員の不祥事対応実務マニュアル』（民事法研究会・2018）33頁等

るわけではない。たとえば、特定の従業員のアカウントからアクセスがあっても、調べてみると当該アカウントが不正アクセスにより乗っ取られたことがわかるといった事態も生じる。とはいえ、このような事前準備で有事対応の難易度が大きく変わりうることに留意が必要である。たとえば、個人情報保護委員会「個人データの漏えい等の事案が発生した場合等の対応について（平成29年個人情報保護委員会告示第1号）」[*6]（以下「告示」という）で示されているプロセスをもとに、自社において具体的に誰がどのように対応すべきかを検討しておくことが考えられる。[*7]

（イ）**適時の見直しの重要性**　加えて、対応を続ける中で初期に得た情報が誤りであったことが発覚することもある。そこで、不断に方針を見直しておくことが望ましい。

◆(3) **情報管理上のポイント**　情報管理上のポイントは次の2点である。

1つ目は、裁判上または裁判外で、危機管理のための情報収集そのものの適法性・適切性が法的責任および道義的責任の問題として問われる可能性があるということである。誤った発表をしたり発表の修正を繰り返せば、漏えい事故そのもので低下した信用がさらに失われる。これでは、危機を乗り切り、毀損した信用を回復するという危機管理の目的が達成できない。しかも、ある従業員がたとえば情報漏えい事件の犯人だと発表した後、当該従業員のアカウントが第三者による不正アクセスにより乗っ取られていたことが発覚したような場合には、そのような誤った発表について法的責任を問われる可能性さえある。逆に、情報漏えいが疑われた場合に漫然と何も対応しなければ、その不作為が問題視される。

2つ目は、危機管理においては日常的な情報収集よりも一歩踏み込んだ情報収集が可能となることである。継続的なモニタリングは違法と認めら

[*6] https://www.ppc.go.jp/files/pdf/iinkaikokuzi01.pdf
[*7] なお、告示の1によれば、同告示は次の場合に適用される。(1)個人情報取扱事業者が保有する個人データ（特定個人情報に係るものを除く）の漏えい、滅失または毀損、(2)個人情報取扱事業者が保有する加工方法等情報（個人情報保護法施行規則20条1号に規定する加工方法等情報をいい、特定個人情報に係るものを除く）の漏えい、(3)上記(1)または(2)、のおそれがある場合である。

れやすいが、有事対応のための収集等は違法ではないとされやすい[*8]。そこで、特定の情報収集活動の必要性が高い場合には、当該必要性を根拠に、通常では不可能なような調査が可能となる余地もある。

以上の2点に鑑み、必要な調査がどこまで適法かを検討し、適法に実施できるのであればそのような調査をすることを躊躇しない、という対応が必要である。

3. 有事対応のプロセス

◆(1) 初期対応　　危機管理において重要なのは初期対応であり、これを誤ると、以後の対応があさっての方向に向いてしまいかねない。

初期対応はまず、兆候ないしは端緒に関する報告が適切な担当部署に上がるところから始まる。対応を開始するかどうかを決定するとともに、被害拡大防止等のための応急措置をとる[*9]。そのうえで、危機管理対応が必要と判断された場合には、対策本部等とよばれるチームを設置する。

対策本部等が設置されると、多くの場合この段階で初期調査が行われることになる。たとえば、どの範囲で漏えいしていると思われるのか、どのような情報が漏えいしていると思われるのか、今後どのような対応をすれば全容が解明できそうかといったことが、調査の対象となる。

◆(2) (本格) 調査　　次に、本格調査の段階に入る。

初期対応の結果、本格調査が必要と判断された場合、調査の人員、方法、対象等を決める必要がある。ここで、情報漏えい対応の文脈でも一部の事案、たとえば証券会社における顧客情報売却事件、通信教育事業者における大規模情報漏えい事件、そしてストレージサービス業者における情報消失事件では第三者委員会という方法が採用された[*10]。第三者委員会とは、「企業等から独立した委員のみをもって構成され、徹底した調査を実施し

[*8] 人事部のための個人情報保護法 42〜43頁

[*9] この段階について前述の告示は、「事業者内部における報告及び被害の拡大防止の責任ある立場の者に直ちに報告するとともに、漏えい等事案による被害が発覚時よりも拡大しないよう必要な措置を講ずる」(告示2(1)) とする。

[*10] 企業危機・不祥事対応 288頁

たうえで、専門家としての知見と経験に基づいて原因を分析し、必要に応じて具体的な再発防止策等を低減するタイプの委員会である[*11]。第三者委員会は客観的で中立性が高いことから[*12]、ステークホルダーの関心が高い事態が生じ、またステークホルダーが企業を信用していない場合に立ち上げの必要性が高い[*13]。重要性の高い情報が大規模に漏えいしたような場合には、このような第三者委員会の採用も検討すべきである。

このような調査によって事実関係を調べるとともに原因を究明し、また、かかる事実関係による影響の範囲を特定する（告示2(2)(3)）。

◆**(3) 再発防止**　調査結果を踏まえ、再発防止策を策定する（告示2(4)）。

その際には、たとえばUSBメモリを紛失したことによる漏えいであれば「本人の意識が足りなかった」というような直接の原因のみを指摘して「本人にもっと注意する」といった再発防止策をとるのではなく、情報の重要性に応じた情報の持ち運び方法の検討であるとか、暗号化等による紛失時の被害最小化策といった観点から、より広く検討すべきである。

特に社内ルールの使いづらさからそれと異なるルールが現場で運用される場合、定期的に管理部門と現場で意見交換をもつことで、運用が悪いのかルールが悪いのか、意見を吸い上げる努力が必要であり、最後は「効率が落ちてもいい」というメッセージを伝え、現場がルールと経営の本音（効率アップ）との間で板挟みにならないようにすべきである[*14]。

◆**(4) 対外的対応**　このプロセスと同時に、対外的対応を行う。

個人情報であれば、影響を受ける可能性のある顧客等本人への連絡等（告示2(5)）をするとともに、これを公表し（告示2(6)）、また、個人情報保護委員会等に報告しなければならない[*15]（告示3）。

[*11] 日本弁護士連合会弁護士業務改革委員会『「企業等不祥事における第三者委員会ガイドライン」の解説』（商事法務・2011）22頁
[*12] 不祥事対応ベストプラクティス19〜23頁
[*13] 木目田・前掲注（2）673〜675頁
[*14] 事後対応の手引き201頁
[*15] ただし、十分な暗号化がされている場合など、実質的に個人データ〔→8頁〕等の情報が外部に漏えいしていないと判断される場合（告示3(2)①）、およびFAXもしくはメールの誤送信、または荷物の誤配等のうち軽微なものの場合（同3(2)②）は、この限りではない。

第2節　有事対応における労働法・プライバシー法上の留意点

Q 従業員が大量に顧客リストを売却していた疑いが生じました。労働法・情報管理の観点からどのような点に留意すべきでしょうか。

A 物的証拠および人的証拠を収集することになります。確かに、有事においては、モニタリング等が平時よりも認められやすくなりますが、だからといって従業員の人格権等の権利利益にも一定の配慮が必要であり、プライバシーを侵害したとの批判を受けないよう、慎重に対応すべきです。

1．有事とプライバシー

　使用者には従業員のプライバシーが侵害されないようにする義務があり、**職場環境を整える義務への違反**（京都地判平成9年4月17日労判716号49頁［京都セクシュアル・ハラスメント（呉服販売会社）事件］）や**安全配慮義務違反**（仙台地判平成13年3月26日労判808号13頁［株式会社乙山事件］）が問われる。よって、たとえば他の従業員や顧客が従業員のプライバシーを侵害している等の申告があれば、使用者は、プライバシーの侵害を中止させ、また、さらなる侵害を予防する等の適切な対応をしなければならない（ハラスメントに関するものであるが、金沢地判平成29年3月30日労判1165号21頁等参照）。これが、有事とプライバシーに関する1つ目の側面である。

　使用者は企業秩序違反、たとえば従業員による企業秘密や個人情報漏えい等の行為に対して制裁を行うため、従業員からのヒアリング等事実関係の調査を行うことができるが、企業の円滑な運営上必要かつ合理的であり、その方法・態様が従業員の人格や自由に対する行きすぎた支配や拘束でないことを要し、調査等の必要性を欠いたり、調査の態様等が社会的に許容

しうる限界を超えている場合には、従業員の精神的自由を侵害した違法な行為として不法行為を構成することがある。[*1] これは、有事とプライバシーに関する2つ目の側面である。

　もっとも、前述のとおり、有事対応の方が通常の場合よりもモニタリングが適法と認められやすい。それは、不正発見・抑止のための探索的モニタリングよりも、懲戒事由等の調査のためのモニタリングの方がプライバシー侵害の程度は小さいからだとされる。[*2] 裁判例上も、誹謗中傷メールの送信者として合理的に疑われる以上メール送受信記録の内容の点検が必要だったとして、そこから社用メールアカウントを私用メールに利用していたことが発覚してさらなる調査が必要となった以上、関係のない私的ファイルまで調査することになってもそれは真にやむをえないとした事案（東京地判平成14年2月26日労判825号50頁［日経クイック情報事件］）、匿名の誹謗中傷メールの送信者と疑われた従業員のメールファイル調査を違法でないとした事案（東京地判平成13年12月3日労判826号76頁［F社Z事業部事件］）、社用ドメインの従業員名義のメールアドレスに係るメール内容の調査の結果経歴詐称が判明し、これを理由として解雇したことを有効とした事案（東京地判平成21年8月31日労判995号80頁［アクサ生命ほか事件］）等、有事における物的証拠の取得については、プライバシー保護の要請よりも調査の必要性の方が優先するとするものが多い〔→184頁以下〕。[*3]

2. 調査への協力

　有事対応として調査を実施する場合には、資料を提出することやインタ

---

*1　川口185頁。調査過程でのプライバシー侵害とは異なるが、有事における使用者による従業員のプライバシー侵害が認められた事案として、タクシー会社がクレーマーの要求に屈する形で個人の携帯電話番号を教えてしまい、安易に従業員のプライバシーを公表したことで損害賠償が命じられた事案もある（大阪地判平成21年10月16日労判1001号66頁［新日本交通ほか事件］）。

*2　SNS・IT 221頁参照。

*3　ただし、これらの裁判例の調査の対象が、いわゆる会社が管理する情報通信設備等〔→175頁〕であり、よりプライバシー保護の要請が低いものであったことには留意が必要である。

ビューに応じること等、従業員の協力が必要である。従業員の協力が得られなければ、正確な事実を認定し、有事対応をすることは難しい。

しかし、従業員が法的な調査協力義務を負うとされるのは、一定以上の幹部従業員等の調査協力そのものが職務内容となっている場合と、調査対象の違法行為の性質等に照らして協力が労務提供義務を履行するうえで必要かつ合理的であると認められる場合である。[*4] そして実務上、一般従業員の協力義務が認められる必要かつ合理的な場合は、比較的厳格に判断されている。[*5] たとえば、ヒアリングのための出頭命令について、有給休暇中の従業員に調査協力は必要かつ合理的ではないとして協力義務を否定し減額処分を無効とした東京高判平成17年3月23日（労判893号42頁）［労働政策研究・研修機構事件］がある。[*6] そこで、まずは任意の協力を取り付けるべきである。

関連して、発見した上司・同僚による不祥事の通報義務が問題となる。[*7] 同僚についての協力義務については、まずは調査協力そのものが職務内容となる幹部従業員等かどうかが問われ、調査協力が職務内容とまではいえない一般従業員については、性質（重大性も含む）、機会、関連性、より良い調査方法を総合的に考慮し、通報義務を負うかどうかが判断されることになるだろう。[*8]

さらに自己負罪となる供述等を強制させることができるかという問題がある。すなわち、非違行為（たとえば情報漏えい）をしたと疑われている従業員に対し、本人に不利な情報を供述するよう強制できるかというような場合である。供述の強制は難しいが、不利な客観証拠があるのに合理的弁解をしなければ当該客観証拠に基づく心証が強まると指摘される。[*9] 懲戒等

---

*4 菅野670頁。最判昭和52年12月13日民集31巻7号1037頁［富士重工原水禁事情聴取事件］。関連判例として最判昭和63年2月5日労判512号12頁［東京電力塩山営業所事件］。
*5 山田・職場のトラブル防止361頁
*6 なお第一審の東京地判平成16年9月13日労判882号50頁は反対の結論であった。
*7 渡邊・「情報」管理173頁
*8 山田・職場のトラブル防止282～285頁
*9 職場の労務トラブル270～273頁

の不利益をタテに供述を迫るよりはむしろ、情報を提供して協力をしたことを懲戒事由の判断において有利に斟酌するなど情報を提供したことに対する奨励で対応すべき場合の方がよい場合もあるとされる。[*10]

　なお、どうしても調査に任意の協力が得られない場合であり、かつ調査を法的に強制することが困難な場合には、責任の減免を約して調査に協力させることも検討に値する。[*11] たとえば、上司が部下に命じて非違行為（情報漏えいなど）をさせたことが疑われる場合において、部下に対し上司の関与態様を説明し、関係する証拠等を提出したら部下の責任を減免する等と約するという場合が考えられる。ただ、免責手法については、不正誘引、引き込み可能性や免責できない責任（カルテル等の刑事上の責任等）の存在等に十分注意すべきである。[*12]

3. 調査方法

◆(1) 適切な調査方法とすべきこと　　調査対象には、データ等の物的証拠と、ヒアリング等による人的証拠があるが、いずれの調査についても、適法に行うべきである。企業自身が違法な調査を行い企業秩序を乱す場合には懲戒権行使は信義則上制限されるという考えも有力である。[*13]

◆(2) 物的証拠　　物的証拠としては、業務上作成された各書類、パソコン、携帯電話、サーバに保存されたデータ、執務机やロッカー内の証拠物、個人が所有する証拠物等がある。[*14]

　たとえば、たとえ会社の建物の中であっても個人のロッカー内等のプライバシー性が高い場所の調査については、本人から同意書を取得しておくなど後で調査の適法性を疑われるリスクを減らすべきである。[*15] モニタリングについては前述したところを参照されたい〔→184頁以下〕。

---

*10　渡邊・「情報」管理50頁
*11　企業危機・不祥事対応81頁
*12　事後対応の手引き52～53頁
*13　事後対応の手引き74頁
*14　不正調査研究会編『入門不正調査Q&A』（清文社・2016）85～87頁
*15　事後対応の手引き62～63頁参照。

一般的には、調査の必要性のある限り、その必要性と均衡する範囲内の調査を行うことができるので、たとえば、特定の時期の意思の連絡が問題となっていれば、その前後の時期のメールのデータを調査することは合理的であろう。これに対し、それよりも大幅に遡ってすべてのメールデータを調査するというのは（今後 AI・HR テックによって技術的には可能となるとしても〔→ 330 頁〕）、不必要な調査として問題となる可能性が否定できない。

　しかし、物的証拠はあくまでも「飛び石」のように残っているだけである。このような物的証拠をつなげて「点」を「線」にするのが人的証拠である（また、ヒアリングを通じて物的証拠の保管場所を教えてもらうという意味もある）。

◆**(3) 人的証拠**　　人的証拠としてはヒアリングが重要であるところ、ある実務書はヒアリングの際の留意点について以下の 10 項目をまとめている*16。

> ①ヒアリング対象者の中に内部通報者等の協力者がいる場合の保護
> ②ヒアリングは密行的に実施する
> ③ヒアリングは可能な限り短期間に集中して行う
> ④ヒアリング準備として、ヒアリング対象者の出身地、卒業大学、入社以来の経歴、経歴に現れる部署の所掌事務、各時点での社内における人的つながり、嫌疑者本人と事案との関わりを示す書類の用意
> ⑤時系列を整理しながらヒアリングを行う
> ⑥嫌疑者に対するヒアリングでは、手の内を見せずに、相手の言うことを否定せずに自由に話させることからスタートする
> ⑦嫌疑者は精神的に非常に不安定な状況にあることも多く、いたずらに精神的に追い込むことは回避すべき
> ⑧退職者に対するヒアリングは、退職者自身が在職中に不祥事に関わっている場合、ヒアリング要請を拒否されることも多い。退職者と少しでも親交があった役職員を通じてヒアリングに応じてもらうなどの段取りが必要となる
> ⑨ヒアリング対象者と信頼関係を構築することが正直な供述を引き出す近道
> ⑩ヒアリング結果を正確に証拠とする

*16　企業危機・不祥事対応 55 頁

前述の通り、使用者は従業員の人格的利益を尊重する義務を負うのであって、調査対象者の人格を尊重しなければならない。調査時のトラブルで嫌疑者が自殺した東京地判平成21年5月20日（判時2059号146頁）［小田急レストランシステム事件］や、一方的な決めつけがされた事情聴取で得られた自認書や念書の信用力が否定された東京地八王子支判平成15年6月9日（労判861号56頁）［京王電鉄府中営業所事件］等、過度に糾問的なヒアリングは厳に慎まなければならない。

　そこで、ヒアリングにおいては実施の目安となる時間を設定し、適宜休憩をとり、対象者の弁明にじっくりと耳を傾ける、ヒアリングを拒否したらそこで一旦終了する、ヒアリングの場所も閉塞感のない場所とする、嫌疑者が女性であれば女性を同席させる、顧問弁護士から質問をさせる等、対象者の人権や人格に十分配慮すべきである。また、適宜休憩を挟むことを条件に原則として1日8時間を上限とすべき等ともいわれる。

　なおヒアリングの録音については、同意を得たうえで使用者側だけが録音する、同意が得られない場合は双方録音なしとするのが通例といわれる。

4. 調査事項

　懲戒権は私生活上の犯罪その他の非行についても発動されるが、懲戒は使用者が事業活動を円滑に遂行するに必要な限りでの規律と秩序を根拠付けるものにすぎないことから、企業活動に直接関連するものおよび企業の社会的評価の毀損をもたらすもののみが懲戒そして懲戒権行使のための調査の対象となりうる。逆にいえば、本来私的な事柄でも企業活動における

---

*17　土田・労契法129頁
*18　職場の労務トラブル274〜277頁、企業危機・不祥事対応224頁など
*19　事後対応の手引き41頁
*20　職場の労務トラブル280頁。なお秘密録音につき、事後対応の手引き44〜47頁参照。相手から録音・立会いを求めた場合の対応は、不祥事対応ベストプラクティス31〜32頁。
*21　菅野670頁。最判昭和49年2月28日民集28巻1号66頁、最判昭和56年12月18日判時1045号129頁、最判昭和45年7月28日民集24巻7号1220頁［横浜ゴム事件］、最判昭和49年3月15日判時733号23頁［日本鋼管事件］、最判昭和58年9月8日労判415号29頁［関西電力ビラ配布事件］、最判平成4年3月3日労判

関係性や信用毀損をもたらすものであれば、それに対して使用者は懲戒権を行使することができ、その前提として調査を行うこともできる。たとえば、二重就職[*22]、引き抜き等、企業活動における関係性や信用毀損をもたらしうる事由と関連して交友関係等の私的事項を調査する場合である。[*23]

しかし、特に私生活に関する調査を行う場合には、対象者のプライバシーに十分留意すべきである。政党への所属の有無について従業員に質問をしたり回答を拒否した従業員に対して書面の提出を要求したことについて、違法性を否定した最判昭和63年2月5日（労判512号12頁）［東京電力塩山営業所事件］には批判も多い。[*24] 業務と関係する情報を提出させることは問題ないが、業務と無関係な支持政党や宗教関係などについて情報を提出させることは、プライバシー侵害となる場合が多いだろう。[*25] 最判平成7年9月5日（判時1046号115頁）［関西電力事件］は、従業員の思想調査のための監視・尾行等を人格的利益の侵害にあたるとした。[*26]

なお、従業員の私生活上の事由が企業への信用毀損をもたらす場合としては、従業員が（業務とは無関係に）犯罪等をしたとして逮捕された場合（特にそれが社名入りで報道された場合）である。しかし、誤認逮捕も存在し、捜査の結果嫌疑なしで不起訴となったり、無罪とされたりすることもある。そこで、捜査が進んでいても、本人が否定している場合は慎重な対応が必要である。[*27]

5. 情報の保護

調査によって得た情報については、証拠として裁判等での使用に耐えるよう、これらを保護しなければならない。フォレンジック技術を利用する

　　609号10頁
* 22　渡邊・「情報」管理32頁参照。
* 23　自立とプライヴァシー102〜120頁参照。
* 24　土田・労契法130頁、自立とプライヴァシー61頁
* 25　山田省三「雇用関係と労働者のプライヴァシー」日本労働法学会編『講座21世紀の労働法第6巻 労働者の人格と平等』（有斐閣・2000）69〜70頁参照。
* 26　水町234頁参照。
* 27　職場の労務トラブル259頁

ことにより、後で改ざん等と言われないようにすることが考えられる。

　また、特に不祥事が報道されていれば、これに対しマスコミ等が興味をもつところであり、従業員が安易にマスコミに話したり掲示板に書き込んだことが原因で混乱を招くことがある。そこで、誰にどの範囲の情報を説明していいのかといった情報管理を徹底しなければならず、たとえば「誰に何を聞かれても広報を通してくれと言いなさい」等と指導すべきである。[28]なお、このように情報管理を徹底するにあたっては、たとえば関係が疑われている者に対して調査で判明した事実関係が伝わると証拠隠滅や口裏合わせ等の可能性もあるので、共有範囲の限定も必要である。[29]

　さらに、プライバシー保護のための保管も必要である。[30]たとえば、ハラスメントに関する事実関係のヒアリング結果等は機微性が高く、使用者は情報保護に努めなければならない。

6. 調査のための出勤停止

　証拠隠滅防止および被害者接触防止の観点から、嫌疑者に対して自宅待機を命ずべき場合もある。[31]出勤停止、自宅待機ないし休業の措置は、賃金を支払う限り[32]不当に長期間に渡らなければ[33]明示的な根拠なしに命令を発する権限が認められるが、これには相当の事由が存在することが必要である。[34]ただし出勤停止命令権の根拠について疑義を避けるための就業規則等に規定を設けたうえで、出勤停止期間中でも調査のため必要がある場合には出勤を求めることがある等と規定しておくことが望ましく、出勤停止処分を

---

*28　吉川達夫＝平野高志編『コンプライアンス違反・不正調査の法務ハンドブック』（中央経済社・2013）102頁
*29　不正調査研究会編・前掲注（14）119頁参照。
*30　第二東京弁護士会両性の平等に関する委員会編『ハラスメント事件対応の手引き』（日本加除出版・2016）140頁
*31　企業危機・不祥事対応82頁
*32　賃金支払を命じた事案として、大阪地判昭和37年4月20日労民13巻2号487頁。無給の措置を伴う場合は実質的理由が必要である（菅野663頁）。
*33　不当に長期間にわたらないとした事案として、静岡地判平成2年3月23日労判567号47頁。
*34　菅野663頁

する際は、本人にその旨を説明するべきである。[35]

7. 調査期間

　調査のために必要な期間は、各案件による。通信教育事業者における情報漏えい事故では、社内調査開始の約2週間後に社長が公表し、その後調査委員会を設置し、委員会は設置から約2か月後に報告書を提出した。

　実務上、調査対象となる従業員が辞職することで協力が得られなくなり、また、懲戒処分をすることもできなくなることが問題となる。辞職とは、従業員による労働契約の解約（退職）であり、期間の定めのない雇用契約においては従業員は2週間の予告期間をおけばいつでも、理由なく、退職できる。[36]従業員（正社員）が辞職を求めた場合、もし使用者が2週間後ではなく、調査が完了した後の退職を希望したとしても、当該従業員が使用者の説得に応じず正式に退職を求めた場合には、2週間後の辞職を認めるしかない。不正が疑われている従業員でも退職届を出した場合には2週間後の退職を認めざるをえず、それ以降は調査への協力を求めたり、懲戒処分をすることができなくなる可能性がある。[37]

　したがって、2週間で調査、事実確認、処分の決定を目指すことになるだろう。[38]もっとも、その範囲では十分な調査ができず、後で元従業員が裁判等で争った場合に懲戒解雇が無効となるリスクがある。その意味では、できるだけ早期に懲戒処分を基礎付ける証拠を収集することができるようにする必要があり、事前準備、たとえば前述のデータマッピングやログ管理等の必要性の高さが確認されるところである（準備の重要性については前述〔→ 302～303 頁〕したところを参照）。これに加え、退職金不支給について社内規程を設けたり、その規定に基づき事後的に返還を求めたりすることも

---

[35]　職場の労務トラブル 286～289 頁
[36]　民法 627 条 1 項、菅野 704 頁。なお、民法 627 条 2 項・3 項の改正につき筒井健夫＝村松秀樹編『一問一答　民法（債権関係）改正』（商事法務・2018）334～335 頁参照。
[37]　企業危機・不祥事対応 82 頁。もちろん、離職した後も任意に協力してもらえるのであれば調査を進めることはできるが、そのような従業員が任意に協力する可能性は低いだろう。
[38]　職場の労務トラブル 180～184 頁

できる〔→ 340 頁〕ものの、できるだけ 2 週間で白黒をつけられるような体制を構築すべきである。

　なお、最判平成 18 年 10 月 6 日（労判 925 号 11 頁）［ネスレ日本事件］は、事件から 7 年以上経過した後になされた諭旨退職処分は、懲戒解雇事由に該当する事実が存在するとしても、処分時点において企業秩序維持の観点からそのような重い懲戒処分を必要とする客観的に合理的な理由を欠くものといわざるをえず、社会通念上相当なものとして是認することはできないから、権利濫用にあたり無効としており、たとえ調査期間が長期にわたったとしても、あまりにも長期間が経過した後の懲戒処分であれば、それは違法となることにも留意が必要である。

第3節 内部告発

Q 従業員が、「上司に命じられて会社の機密情報をダウンロードし、USB メモリに入れて上司に渡したが、情報漏えいの片棒を担がされたかもしれない」との内部告発をした際に、会社としてどのような点に留意して対応する必要がありますか？

A 公益通報者保護法に則した告発である場合は、告発が結果的に誤っている場合、ご質問のケースでいうと上司が単に業務上必要な情報を取得するよう部下に命じていただけの場合であっても告発そのものを理由とした不利益処分が禁止されます。たとえ同法による保護を受けない場合であっても内部告発が正当とされる場合があることにも留意が必要です。

1. 内部告発とは

内部告発とは、狭義には、〈企業外の第三者に対して、公益保護を目的に、企業内の不正行為を開示すること〉をいう[*1]。そして広義には、企業内に通報することも含まれることがあるが、その場合には「内部通報」と呼ぶことも多い。

内部告発の内容によっては、企業の秘密が漏えいしたり、企業の名誉や信用が毀損されることから、使用者はそれを服務規律違反として懲戒等の対象とすることがある。しかし一方で、従業員やその他企業関係者の内部告発行為によって、企業の不正行為が明るみに出されてきた[*2]。そこで近年では、公益通報者保護法が制定されるとともに、同法の枠組みに乗らない事案についても、一定程度保護がされるようになっている。個別法には官

---

*1 土田 495 頁
*2 菅野 655 頁

庁への申告の権利等を認める規定もあるものの、本節ではそれ以外の内部告発について解説する。

2. 公益通報者保護法による通報者の保護

◆(1) 法とガイドライン　公益通報者保護法（以下「法」ともいう）は事業者に対し、同法の要件を満たす公益通報を理由とした解雇（3条1項柱書）や降格、減給その他の不利益な取扱いを禁止する（5条1項）。また、公益通報者保護法に関する民間事業者向けガイドライン[*4]は具体的な対応について規定している[*5]。

◆(2) 公益通報とは　まず、公益通報とは何であろうか。公益通報者保護法2条1項の定義を敷延してみよう。すなわち、〈労働者が、不正の利益を得る目的、他人に損害を加える目的その他の不正の目的でなく、その労務提供先[*6]または当該労務提供先の事業に従事する場合におけるその役員、従業員、代理人その他の者について通報対象事実が生じ、またはまさに生じようとしている旨を、当該労務提供先もしくは当該労務提供先があらかじめ定めた者、当該通報対象事実について処分もしくは勧告等をする権限を有する行政機関またはその者に対し当該通報対象事実を通報することがその発生もしくはこれによる被害の拡大を防止するために必要であると認められる者に通報すること〉をいう。

---

*3　労基法104条、労安衛法97条、労働者派遣法49条の3、核原料物質、核燃料物質及び原子炉の規制に関する法律66条等
*4　消費者庁「公益通報者保護法を踏まえた内部通報制度の整備・運用に関する民間事業者向けガイドライン」（2016年12月9日：http://www.caa.go.jp/policies/policy/consumer_system/whisleblower_protection_system/private/pdf/minkan.pdf）
*5　なお、内部通報制度に関する認証制度検討会「内部通報制度に関する認証制度の導入について（報告書）」（2018年4月：http://www.caa.go.jp/policies/policy/consumer_system/whisleblower_protection_system/research/study/review_meeting_001/pdf/review_meeting_001_180501_0001.pdf）に基づき、2018年度内に自己適合宣言制度を導入予定であり、その運用状況を踏まえつつ、第三者認証制度を2019年度以降に導入予定である（http://www.caa.go.jp/policies/policy/consumer_system/whisleblower_protection_system/research/study/review_meeting_001/）。
*6　公益通報者保護法は、派遣労働者の派遣先や取引事業者も含むため「労務提供先」という概念を使用している（逐条解説公益通報者保護法57～58頁）。

ここで、上記にいう「通報対象事実」としては、法2条3項において「個人の生命又は身体の保護、消費者の利益の擁護、環境の保全、公正な競争の確保その他の国民の生命、身体、財産その他の利益の保護にかかわる法律……に規定する罪の犯罪行為の事実」(1号)、「法律の規定に基づく処分に違反することが前号に掲げる事実となる場合における当該処分の理由とされている事実」(2号)に限定されている。すなわち、法に列挙されている法律違反でなければならないし、犯罪行為か一定の行政処分の対象となっていなければならない。[*7]

別表では、刑法、食品衛生法、金融商品取引法、個人情報保護法といった代表的な法律を挙げたうえでその他を政令に委任している。[*8]政令委任を含めた主な法令は次頁の**図表11**の通りである。

◆(3) 保護要件　　法3条は、犯罪行為や法令違反行為の通報による公益の実現と企業の正当な利益保護のバランスを図るため、どこに通報するかに応じて段階的に保護要件を定める。

1号は、当該労務提供先等に対する公益通報、つまり、内部通報についての保護要件を規定している。内部的であるから企業の正当な利益が害されるおそれが少ないことから、広く保護をしている。[*9]具体的な保護要件は「通報対象事実が生じ、又はまさに生じようとしていると思料する場合」である。これは、現に生じている場合、過去に生じた場合、発生が切迫しており発生の蓋然性が高い場合を指す（必ずしも発生直前のみをいうわけではない）。[*10]そしてそのように「思料する」というのは、本人が誠実にそのように考えている場合であって、2号以下のように裏付けとなる相当の理由までは求められていない。

[*7] とはいえ、たとえばセクハラ等も、それによってPTSDになったのであれば傷害罪であり、別表で刑法が掲げられていることから、傷害罪（刑法204条）に引っかけて公益通報者保護法の対象と主張する等、通報者側は工夫をすることでこれにあたると主張する余地がある。その意味で、通報者側は弁護士等の専門家に相談することが有益である。

[*8] 逐条解説公益通報者保護法76頁

[*9] 逐条解説公益通報者保護法103頁

[*10] 逐条解説公益通報者保護法59頁

分野	法律区分	具体的な法律
個人の生命・身体の保護	刑法・特別刑法	刑法、組織的な犯罪の処罰及び犯罪収益の規制等に関する法律、自動車の運転により人を死傷させる行為等の処罰に関する法律
	商品・サービスの安全の確保に関わる法律	食品衛生法、飼料の安全性の確保及び品質の改善に関する法律、医薬品、医療機器等の品質、有効性及び安全性の確保等に関する法律、消費生活用製品安全法、電気用品安全法、有害物質を含有する家庭用品の規制に関する法律、建築基準法、道路運送車両法、道路運送法、医師法
	危険物等の安全の確保に関わる法律	消防法、原子力災害対策特別措置法、石油パイプライン事業法、火薬類取締法、高圧ガス保安法、毒物及び劇物取締法、核原料物質、核燃料物質及び原子炉の規制に関する法律、農薬取締法
	特定の属性を有する個人の生命、身体等の保護に関わる法律	労働安全衛生法、じん肺法、船員災害防止活動の促進に関する法律、災害対策基本法、急傾斜地の崩壊による災害の防止に関する法律、児童福祉法、老人福祉法、生活保護法
消費者の利益の擁護	商品・サービスの提供方法の規制に関する法律	金融商品取引法、不当景品類及び不当表示防止法、農林物資の規格化に関する法律、食品表示法、計量法、割賦販売法、家庭用品品質表示法、特定商取引に関する法律、住宅の品質確保の促進等に関する法律、工業標準化法、無限連鎖講の防止に関する法律、電気事業法、ガス事業法
	商品・サービスを提供する事業の規制に関する法律	貸金業法、銀行法、宅地建物取引業法、旅行業法、電気通信事業法、建設業法、商品投資に係る事業の規制に関する法律、弁護士法
環境の保全	公害の防止に関わる法律	大気汚染防止法、悪臭防止法、振動規制法、水質汚濁防止法、騒音規制法、土壌汚染対策法
	その他環境の保全に関わる法律	廃棄物の処理及び清掃に関する法律、家畜排せつ物の管理の適正化及び利用の促進に関する法律、使用済自動車の再資源化等に関する法律、海洋汚染及び海上災害の防止に関する法律、自然環境保全法、風俗営業等の規制及び業務の適正化等に関する法律
公正な競争の確保	公正な競争の確保に関わる法律	私的独占の禁止及び公正取引の確保に関する法律、下請代金支払遅延等防止法、卸売市場法
その他	個人情報等の保護に関わる法律	個人情報の保護に関する法律、犯罪捜査のための通信傍受に関する法律、不正アクセス行為の禁止等に関する法律
	その他消費者以外の者の利益の保護に関わる法律	著作権法、意匠法、特許法、商標法、実用新案法、種苗法、労働基準法、労働組合法、厚生年金保険法、国民健康保険法、会社法、破産法

図表 11 分野ごとの具体的な通報対象法律の例
(出典) 消費者庁消費者制度課編『逐条解説 公益通報者保護法』(商事法務・2016) 82~84頁

　2号は行政機関への通報であり[*11]、保護要件は、「通報対象事実が生じ、又はまさに生じようとしていると信ずるに足りる相当の理由がある場合」である。単なる憶測や伝聞ではなくそう信じたことについて相当の資料や根拠が必要とされており、通報内容を裏付ける内部資料等がある場合や関係者による信用性の高い供述がある場合など、相当の根拠がある場合をいう[*12]。

　3号は、いわゆる内部通報でも行政機関への通報でもない、たとえばマ

---

*11　当該通報対象事実について処分または勧告等をする権限を有する行政機関に対する公益通報のことである。
*12　逐条解説公益通報者保護法 106 頁

スコミ等「その者に対し当該通報対象事実を通報することがその発生又はこれによる被害の拡大を防止するために必要であると認められる者に対する公益通報」の保護要件であり、最も要件が重い。すなわち、2号と同様の「通報対象事実が生じ、又はまさに生じようとしていると信ずるに足りる相当の理由が」あることに加え、以下の（ア）〜（オ）の各場合であることが必要である。従業員は誠実義務から労務提供先の利益を不当に侵害しないよう配慮して行動する必要があることから、マスコミ等への通報は例外であって、それでもなお正当化される場合が類型化されたものである。[*13]

（ア）内部通報または行政機関への通報をすれば解雇その他不利益な取扱いを受けると信ずるに足りる相当の理由がある場合　過去に不祥事について労務提供先等に通報をした従業員が不利益な取扱いを受けたケースが実際にあった場合、社内規程に通報者に対する不利益扱いの禁止や通報者の秘密の保護について明記されていないなど実効性のある内部通報制度が整備・適用されていない場合、犯罪行為や法令違反行為の実行または放置について経営者の関与がうかがわれる場合、社内の多数の者が犯罪行為や法令違反行為に関与している場合、すでに発生している犯罪行為や法令違反行為が重大であるため、それが明らかとなることによって経営陣の処分につながるなど企業に対する極めて大きな影響があるなどの場合である。[*14]

（イ）内部通報をすれば当該通報対象事実に係る証拠が隠滅され、偽造され、または変造されるおそれがあると信ずるに足りる相当の理由がある場合　過去において証拠が隠滅されたケースが実際にあった場合、犯罪行為や法令違反行為の実行または放置について証拠を保有している者や経営者の関与がうかがわれる場合、社内の多数の者が犯罪行為や法令違反行為に関与している場合、すでに発生している犯罪行為や法令違反行為が重大であるため、それが明らかとなることによって経営陣の処分につながるなどの事業者に対する極めて大きな影響があるといった場合のほか、重要な証拠が適切に管理されていないなど、証拠隠滅等を行おうとすれば容易に行いうる状況にある場

---

*13　逐条解説公益通報者保護法 113 頁以下
*14　逐条解説公益通報者保護法 114 頁

合である。[*15]

（ウ）労務提供先から内部通報または行政機関への通報をしないことを正当な理由なく要求された場合　　上司から、労務提供先の通報対象事実について、正当な理由なく通報を口止めされた場合、社内規程で権限を有する行政機関を含む外部への通報が一律に禁止されている場合、社内調査によって通報対象事実の存在が明らかになったにもかかわらず、企業の方針として権限を有する行政機関への報告および公表を行わないことを正当な理由なく決定した場合などがある。[*16]

（エ）内部通報をした日から20日を経過しても当該通報対象事実について当該労務提供先等から調査を行う旨の通知がない場合、または当該労務提供先等が正当な理由なく調査を行わない場合　　公益通報を受けた犯罪行為または法令違反行為の是正に向けた意思がないと客観的に認められる場合として定められた。[*17]

（オ）個人の生命または身体に危害が発生し、または発生する急迫した危険があると信ずるに足りる相当の理由がある場合　　たとえば、安全基準を満たさないことを示すデータがある場合や、基準違反による欠陥が原因で実際に危害事故が生じた場合などが考えられる。[*18]

◆(4)　保護の内容　　公益通報者保護法の保護要件を満たす通報は同法により保護される。それでは、公益通報者保護法で「保護」されるというのは、どういうことであろうか。

まず、そのことをもって解雇がなされないという意味がある（法3条柱書）。加えて、それ以外の不利益措置も禁じられる。法5条1項は公益通報を理由に降格、減給その他不利益な取扱いをしてはならないとしている。なお、使用者は内部通報に対する報復防止のための環境を整える義務があ

[*15] 逐条解説公益通報者保護法 115 頁。なお、実効性のある内部通報制度が整備・適用されていない場合、企業に不利益な事実について、虚偽の報告・公表や不利益部分を恣意的に伏せた報告・公表がなされたケースが実際にあったなどの事情は、証拠隠滅等のおそれがあると信ずるに足りる相当の理由の有無を判断する際の考慮事情になりうると考えられるとされる。
[*16] 逐条解説公益通報者保護法 116 頁。
[*17] 逐条解説公益通報者保護法 117 頁。
[*18] 逐条解説公益通報者保護法 118 頁。

り、これに違反すると損害賠償義務を負う（富山地判平成17年2月23日労判891号12頁［トナミ運輸事件］参照）。

3. 公益通報者保護法の枠組みに乗らない事案

実務上は、公益通報者保護法の保護の要件が狭い、ないしは厳しいため公益通報者保護法の適用がある場合は意外と少ない。たとえば、同法の定める「通報対象事実」に該当しない事実は、いくらコンプライアンス違反であっても、同法の対象にならない。[20]

しかし公益通報者保護法で保護されないからといって、一切保護されなくなるものではない（法6条1項参照）。公益通報者保護法の保護の要件を満たしていない場合でも、人事権濫用に関する法理や労働契約法の規定等を根拠に内部告発に対する企業の対応が違法・無効とされることがありうる。

まず、情報が外部に出ない内部通報に留まる限り、基本的に正当な行為であって懲戒処分から十全に保護されるべきであり、もっぱら私益を図るなど著しく不当な目的で通報が行われたり、被通報者や関係者の名誉・プライバシーを侵害するなど著しく不当な態様・手段で行われたような場合にのみ、例外的に懲戒事由該当性を肯定すべきと考えられている。[21]

これに対し、内部告発が企業組織の秘密を第三者に明らかにする態様で行われたり、企業の名誉・信用を毀損する場合には労働契約上の誠実義務との衝突や服務規律違反との関係が問題となるところ、裁判所は当該内部告発の内容、目的、態様、その他諸般の事情を総合的に考慮して、服務規律との衝突にもかかわらず保護に値するか否かを判断している。[22] すなわち、①告発内容の真実性・真実相当性、②目的の公益性（少なくとも不正な目的・加害目的ではないこと）、③手段・態様の相当性を総合考慮して正当と認めら

---

[19] 光前幸一ほか『Q&A現代型労働紛争の法律と実務』（日本加除出版・2013）184頁
[20] 特殊な例であるが、通報対象事実該当性を否定した最近の例に東京地判平成29年12月13日第一法規28262307がある。
[21] 土田・労契法499頁
[22] 菅野653頁

れる場合には、通報が違法ではないと解されている。[*23]

4. 懲戒事由のある告発者

　前項までにおいては、内部告発そのものを理由とする懲戒等の問題を検討していたわけであるが、たとえば、内部告発者に懲戒事由がある場合がある。すなわち、告発内容が本人が非違行為をすることを内容としている場合（たとえば上司に命じられて秘密情報の窃取に協力したと通報する場合）や調査の過程で本人の非違行為が判明した、といった場合である。

　内部告発そのものを理由としていないことから、たとえ公益通報者保護法上の要件を満たしていても懲戒そのものがただちに禁止される状況ではないが、通報したことを情状酌量すべきとする裁判例がある（大阪地判平成24年8月29日労判1060号37頁）。もっとも、東京高判平成29年6月1日（第一法規28254926）［日立コンサルティング事件］は、公益通報の重要性や通報者保護の必要性の点を考慮しても、従業員の著しく不良な言動や態度等に鑑み、告発を考慮したうえでなお懲戒解雇を適法とした。要するに、真摯な内部通報があれば、そのような事情は総合考慮の中で適切に考慮すべきであるが、その限りにすぎないということである。

[*23] 労働関係訴訟I231頁〔原島麻由執筆〕、菅野655〜656頁。違反ではないとしたものに、東京地判平成21年6月12日労判991号64頁［骨髄移植推進財団事件］、東京地判平成27年1月23日労判1117号50頁［日本ボクシングコミッション事件］、東京地判平成23年1月28日労判1029号59頁［田中千代学園事件］、東京地判平成19年11月21日判時1994号59頁等があり、違反としたものに、神戸地尼崎支判平成20年2月28日判時2027号74頁、東京地判平成24年4月26日労経速2151号3頁［学校法人北里研究所事件］、東京高判平成29年7月13日労働法律旬報1894号59頁［学校法人常葉学園ほか（短大准教授・本訴）事件／常葉学園事件］、東京地判平成29年10月31日第一法規29037859、東京高判平成28年12月7日判時2369号61頁、名古屋高金沢支判平成28年9月14日第一法規28243520がある。

第4節 懲戒

Q 情報漏えい事故が起こってしまいました。それを引き起こした従業員を懲戒したいのですが、どのような点に留意すればよいでしょうか。

A ①漏えいした情報の内容、性質、重要性、②会社の管理体制、③外部への流出の有無、実害の有無、④漏えいに至る経緯、事情等を総合考慮しましょう。

1．企業秩序維持と懲戒

　企業秩序とその遵守義務とは企業および労働契約の本質に根ざす当然の権限および義務とされている。[*1] そこで、企業秩序の限界はこの本質により画され、従業員は企業および労働契約の目的上必要かつ合理的な範囲で企業秩序に服する。[*2] そこで、懲戒処分には客観的で合理的な事由が必要であるとされる。合理的な事由としては、一般に、経歴詐称、職務懈怠、業務命令違背、業務妨害、職場規律違反、従業員たる地位・身分による規律の違反がある。[*3] 以下、情報漏えい事故を念頭に検討しよう。

2．情報漏えい事故を理由とする懲戒

◆(1) 情報漏えいによる懲戒　　情報漏えいは典型的な規律違反行為であり、懲戒事由に該当する。[*4] しかし懲戒をするためには、これが濫用でない

---

*1　菅野651頁。最判昭和52年12月13日民集31巻7号1037頁、最判昭和54年10月30日民集33巻6号647頁、最判昭和49年2月28日民集28巻1号66頁、最判昭和58年9月8日労判415号29頁ほか
*2　菅野652～653頁
*3　菅野653頁以下
*4　菅野668頁

場合でなければならない（労契法15条）。その具体的な内容として、罪刑法定主義、効力不遡及、一事不再理、適正手続、量刑相当性等の制約がある[*5]。以下、順に説明していこう。

◆(2) 罪刑法定主義　判例は社内規則の定めるところに従い懲戒処分をなしうるとする（最判昭和54年10月30日民集33巻6号647頁）。実務では、懲戒解雇、諭旨解雇、出勤停止、減給、戒告、訓戒などとして制度化されている[*6]。そこで、特定の懲戒処分を念頭に置いて検討を進めるにあたり、まずは自社の就業規則等に対応する規定があることを確認する必要がある。たとえば、懲戒をするためには原則として就業規則が存在しなければならない（東京高判昭和61年5月29日労判489号89頁）[*7]。なお、就業規則の懲戒に関する規定は裁判所によって合理的に制限解釈される可能性がある。たとえば、大阪高判平成30年7月2日（判例秘書L07320258）は懲戒事由としての「名誉毀損」には、違法性がなく不法行為が成立しないといえる場合にはこれに含まれないと解釈した（なお、前述〔→231頁〕したところも参照）。

◆(3) 効力不遡及　事後的に就業規則を制定したり改訂をしても、その効果をそれ以前の非違行為に遡及させることはできない。たとえば、情報漏えいに対して従来は出勤停止、減給、戒告、訓戒の対象としていたのを今後は懲戒解雇、諭旨解雇もありうるとして就業規則をより重く改訂した場合[*8]、改訂前の行為について懲戒解雇や諭旨退職とすることはできない。

◆(4) 一事不再理　過去に一度判断した事項について再度判断してはならない[*9]。たとえばUSBメモリを紛失して情報が漏えいした事案について、備品紛失で一度懲戒した後にまったく同じ事実をもとに情報漏えいで改めて懲戒することは原則として許されない。

◆(5) 適正手続　懲戒の手続については、就業規則や労働協約上組合と

---

*5　企業危機・不祥事対応80頁
*6　菅野638頁
*7　第一東京弁護士会労働法制委員会『変化する雇用社会における人事権』（労働開発研究会・2017）339頁
*8　不利益変更とみなされる場合があるが、懲戒解雇等にふさわしい情状が重い場合に限定するならば「合理的」（労契法10条）とされる可能性がある。
*9　菅野673頁

の協議や懲戒委員会の討議を経るべきこと等を規定していればこれを遵守すべきは当然である。[*10] しかし、就業規則等に手続に関する何らの規定がなくとも、特段の支障がない限り本人に弁明の機会を与えることが要請される。

　なお、懲戒処分を行う場合には、懲戒処分通知書を本人に交付すべきである。懲戒処分通知書には、日時・内容・根拠となる条項に加え、懲戒の対象となる事実を書くが、主体／共犯関係、原因／経緯／動機、日時／客体／方法と行為の関係に留意しつつ、従業員が裁判で争った場合にこれが証拠となることを意識して、事実関係を先に確認し、一歩引いて判断し、わかりやすさを心がけるべきこと等に留意が必要である。[*11] なお、最判平成8年9月26日（労判708号31頁）［山口観光事件］において、裁判になってから後で懲戒事由を追加することは一定程度制限されているので、しっかりとした調査を実施しなければならない（ただし、時間との勝負の場合があることは前述〔→314～315頁〕の通りである）。

◆(6) 量刑相当性　たとえ懲戒事由が存在しても、処分の量定が社会通念上相当と認められなければ無効となる。当該事犯の懲戒事由該当性を肯定されても、当該行為の性質・態様や被処分者の懲戒歴などに照らし重きに失するとして無効とされる。[*12] 情報漏えいに関する懲戒における量刑の判断では、①情報の内容、性質、重要性、②会社の管理体制、③外部への流出の有無、実害の有無、④漏えいに至る経緯・事情等が問題となる。[*13]

　ここで、情報管理という意味では懲戒の記録が重要である。将来の重い

---

*10　菅野675頁
*11　吉川達夫＝平野高志編『コンプライアンス違反・不正調査の法務ハンドブック』（中央経済社・2013）110～112頁
*12　菅野674頁
*13　SNS・IT 37頁。なお懲戒解雇の可否につき、重要な企業秘密を漏えいし企業に損害を生じさせそのおそれがあれば懲戒解雇が可能な場合もあるが、重要性、目的、損害の有無・程度、企業運営への影響等を総合考慮し、企業にとって重要な情報でかつ背信性が高い場合は懲戒解雇を検討すべきとする石嵜・労働契約解消553頁や問題行為の重大性、企業の被害、悪質性（計画性、故意過失、過失の程度）、過去の処分歴、役職・地位、問題行為後の反省、被害弁償を考慮するべきであるとする吉川＝平野編・前掲注（11）109頁も参照。

処分の可能性という意味では、過去に本人に対してなされた注意や懲戒を記録することが重要である。*14 また、同種事案の先例等との均衡が重要であることから、*15 過去に同様の非違行為で処分をされた者の有無や処分の程度も、合理性の判断にとって重要である。そこで、このような情報を適切に管理し、どのような懲戒とするかの判断の際に利用すべきである。

具体的には、企業秘密が持ち出され漏えいした場合には、懲戒が比較的認められやすい（東京高判昭和55年2月18日労民集31巻1号49頁［古河鉱業事件］や東京地判平成14年12月20日労判845号44頁［日本リーバ事件］）。漏えいまで行かずとも外部に持ち出された場合に懲戒解雇が有効とされた例もある（大阪地判平成13年3月23日労経速1768号20頁［中外爐工業事件］、大阪地判平成24年11月2日労経速2170号3頁［宮坂産業事件］）。さらに、東京地判平成26年3月17日（労経速2207号9頁）ではLANから情報を取り出そうとした学校職員への減給処分を有効とした。

もっとも、企業側の備品の管理体制の問題を指摘されて懲戒解雇が無効とされたもの（大阪地判平成25年6月21日労判1081号19頁［丸井商会事件］）、内容が守秘義務の対象とならないとして秘密保持義務違反を否定したもの（大阪地判平成14年7月5日労判833号36頁［西尾家具工芸社事件］）、メモ1枚を持ち出したことで職務上知りえた会社の重要な秘密として懲戒解雇の対象となるほどの保護を受けないとしたもの（鹿児島地判平成3年5月31日労判592号69頁［協同組合ユニカラー事件］）、営業促進のためで実害もないとしたもの（東京地判平成24年8月28日労判1060号63頁［ブランドダイアログ事件］）等の裁判例が存在することに留意が必要である。*16 ここで、情報漏えいについては従来あまり問題として認識されてこなかった事柄が重要になってくるので、就業規則の懲戒条項を改正するなど、時代の要請に合わせて修正するべきであるとも指摘されている。*17

---

*14 堀下和紀ほか『労務管理は負け裁判に学べ！』（労働新聞社・2014）204頁参照。
*15 菅野675頁
*16 その他、東京地判平成6年11月29日労判673号108頁［武富士事件］、東京地判平成28年2月26日労判1136号32頁［野村證券事件］等も参照。
*17 職場の労務トラブル246頁

なお、最大決平成30年10月17日［岡口判事分限事件］補足意見のいわゆる last straw 理論は、要するにそれ自体は軽い非違行為でも、それ以前の行為とあいまって重く処分できる可能性を示唆するものであり興味深いが、一事不再理等の関係はなお問題となる。

3. その他の問題

◆(1) 始末書提出　　従業員の非違行為があった場合に、事実関係を記録し、本人に反省を促す意味で始末書を提出させることがある。しかし、使用者が提出を命じても本人が始末書を提出しないことがある。

裁判例には、提出を強制できないとするもの（徳島地判平成9年6月6日労判727号77頁［中央タクシー事件］、大阪高判昭和53年10月27日労判314号65頁）と、強制できるというもの（大阪地判平成17年4月7日労判897号43頁［黒川乳業］）とがある。この点は、誓約書への署名〔→163頁〕とも関係する問題であるが、少なくとも謝罪の表明や反省の意を表する書面の提出を拒否することについては本人の人格権との関係で問題が指摘される。[18]

ただ、当該従業員に対する指導監督のために必要性を説明して任意に始末書の提出を求めることは可能であるし、[19]内心に関係しない、単なる事実関係だけを顛末書として報告させることは可能である。今後も同様の行為を繰り返した場合に懲戒処分等をすることを見越せば、反省の文言のない顛末書だけでも、証拠保全という意味では重要である。

◆(2) 公表　　懲戒処分があったこと等を社内で公表することは、再発防止のためにも重要である。しかし、公表にあたっては、加害者だけではなく被害者のプライバシーも尊重しなければならない。まずは公開基準（人事院の「懲戒処分の公表基準について」参照）を定め、それをプライバシー侵害にあたらないような形で作成したうえで、具体的な処分もプライバシー侵害にあたらないようにするべきである。[20]

---

[18]　自立とプライヴァシー 53頁、56～60頁、倉重公太朗編集代表『問題社員対応マニュアル 上』（労働調査会・2015）201頁、渡邊・「情報」管理 45頁も参照。
[19]　佐藤久文『人事労務の法律問題 対応の指針と手順』（商事法務・2018）77頁
[20]　SNS・IT 345～349頁

なお、何らかの公表が必要としても、個人名を記載しない、特定可能な具体的記載は避ける等の配慮をすべきである。また、社内のみならず社外へ公表することは必要性がないと解される可能性もある。懲戒解雇の旨を実名とともに取引先に電子メール送信して違法とされた例や（東京地判平成14年9月3日労判839号32頁［エスエイピー・ジャパン事件］）、事務室の黒板に横領を理由に懲戒解雇したと大書きし名誉毀損となった例もある（長崎地判平成元年2月16日労判547号63頁［安全タクシー事件］）。

◆(3) 賠償　情報漏えい等による損害を従業員に賠償させられるか。これについては、資力に照らしても現実的ではなく、故意・重過失の場合を除けばかなりの程度制限的に行われることが多い。最判昭和51年7月8日（判時827号52頁）［茨城石炭商事事件］は、使用者が使用者責任を果たした場合の求償について、その事業の性格、規模、施設の状況、従業員の業務の内容、労働条件、勤務態度、加害行為の態様、加害行為の予防もしくは損失の分散についての使用者の配慮の程度その他諸般の事情に照らし、損害の公平な分担という見地から信義則上相当と認められる限度において、従業員に対し損害の賠償または求償の請求をできるにすぎないとした。

使用者が直接従業員に対し企業の被った損害を求償する場合については、裁判例はこれを制限するものが多い。ただし、故意による漏えい事例など故意に基づく場合には原則として制限解釈はされない。

---

*21　SNSをめぐるトラブルと労務管理167頁
*22　東京高判平成30年3月22日第一法規28261968、東京地判平成19年4月27日労経速1979号3頁、大阪地判平成11年3月31日労判767号60頁［アサヒコーポレーション事件］、東京地判昭和52年12月19日判タ362号259頁等も参照。
*23　企業危機・不祥事対応82〜83頁
*24　名古屋地判昭和62年7月27日労判505号66頁［大隅鉄工所事件］、東京地判平成6年9月7日判時1541号104頁、福岡高那覇支判平成13年12月6日労判825号56頁、東京地判平成15年12月12日労判870号42頁、東京高判平成14年5月23日労判834号56頁
*25　大阪地判平成23年1月28日判判1027号79頁
*26　SNS・IT 41頁

第5節　有事対応をめぐるAI・HRテックの実務的課題

Q 今後、有事対応をめぐってAI・HRテックを利用する際の実務的な課題等について教えてください。

A AIやHRテックを利用することで調査、すなわち有事対応に必要な情報の収集・分析が効率化されるものの、プライバシーに留意が必要です。

1．調査の効率化とプライバシーの関係

　モニタリングにおけるAIの利用の問題〔→213～216頁〕と類似するが、調査におけるAI・HRテックの導入により、調査対象者の受発信した膨大な量のメールを調査に関係が深いものから順に並べる等、調査のさらなる効率化が期待される[*1]。このことは、短時間に大量のメール等を調査できることになり調査が効率的かつ正確になるという意味ではメリットが大きいが、反面、プライバシー侵害の度合いが高まるというデメリットもある。この点については、前述〔→213頁〕したところを参照のこと。

2．懲戒とAI・HRテックの利用

　上記のような調査におけるAI・HRテックの利用のほかに、懲戒についてはどのようなAI・HRテックの利用が考えられるだろうか。
　まず、過去の類似事案との関係で懲戒処分の量定の相当性についてAIやHRテックによって参考情報を得ることが考えられる。刑事司法における量刑については、過去の量刑因子に応じた量刑データベースが揃えば、

＊1　企業危機・不祥事対応54頁参照。

AIを活用しうる余地が大きいと指摘されており、当該企業において十分な量の過去の懲戒事例と、それを因子ごとに分類したデータベースがあれば、AIが参考情報を適切に示すことができる可能性がある。

次に、AIやHRテックによる懲戒理由書や懲戒通知書の書類の自動生成等も考えられるところ、今後、大量の証拠に基づいてそれを的確に分析しながら懲戒理由書等を作成するAI等ができる可能性があるが、現時点ではそこまで大きな労力軽減にはつながらないように思われる。

懲戒解雇・諭旨退職以外の場合には懲戒後にも従業員が企業に残ることが想定される。そして、AIやHRテックを利用して、過去の事例のデータと当該従業員のデータを比較してモデル化をすること等により、どのようにアプローチすることで、当該従業員が企業秩序を遵守するようになり、より高いパフォーマンスを出すようになるのか等について仮説を立てることができるかもしれない。ただし、いわば「例外」に属する懲戒については、企業にもよるが十分なデータが集まらないことも想定されるところ、特に学習系システムを想定する場合、データが足りないことから適切なモデルを作ることが困難な可能性もあるだろう。

なお、刑事司法の文脈では、再犯予測にAIを利用することも議論されており、懲戒処分の量定においては、将来的にはAIの予測する再犯率等も含めて判断することになるかもしれないが、そのデータがどこまで信頼性があるか等、実用化までは課題が山積みであろう。

3. インターネット上のハラスメントと有事対応

近時では、嫌がらせメッセージの送信等、インターネット上のハラスメントが発生することがある。情報管理との関係が深いことから、本項で簡

---

*2 ロボット・AIと法249頁〔笹倉宏紀執筆〕
*3 裁判のAI化のプロジェクトがいくつか存在するが、代表的なものとしてProlegがある。Satoh, K., Kubota, M., Nishigai, Y., & Takano, C., "Translating the Japanese Presupposed Ultimate Fact Theory into Logic Programming", Proceedings of the 22nd Annual Conference on Legal Knowledge and Information Systems (JURIX 2009), pp. 162-171, Rotterdam, the Netherlands (2009) 参照。
*4 ロボット・AIと法250頁〔笹倉宏紀執筆〕

単に触れたい。

　このようなインターネット上のハラスメントが社内のネットワーク等社内の通信設備や貸与機器を利用して発生していれば、第5章〔→214頁〕で述べたモニタリングにより検知され、原則として懲戒等の対象となる。しかし最近では、たとえば匿名掲示板やSNSでの嫌がらせといった、使用者の管理していないネットワークでの嫌がらせ問題が生じている。[*5]

　確かに、一律に私物情報端末におけるSNSの利用を禁止することは、原則としてできない。もっとも、SNS等のインターネット上の発言であっても、①業務時間中の発信、②業務に関する内容、③企業の信用を毀損する発言等であれば、使用者が介入することが可能である。業務時間中の投稿は職務専念義務との関係で問題となり、業務に関する内容であれば守秘義務の問題になる。さらに企業名を付して違法ないし著しく不適切な内容を投稿すれば、企業に対する信用を害するものとして介入が可能である。

　そこで、いわゆるSNS規程等のルールを設け、このような介入が可能な範囲で、禁止事項を明示しこれを周知することで、従業員による不適切な投稿による会社の信用毀損等を回避することができ、また、そのような事態が生じた場合に、従業員に対して適切な指導や処分をすることが容易になる。もっとも逆にいえば、企業の社会的評価を大きく毀損したときや企業に対する影響が重大であるとき等でない限り、事前の注意指導を経ないまま重い処分を行うことは相当性を欠く可能性があると指摘されていることにも留意が必要である。[*6]

[*5] 　インターネット上の違法情報とその対処については、松尾剛行『最新判例にみるインターネット上の名誉毀損の理論と実務』（勁草書房・2016）参照。
[*6] 　SNS・IT 38頁

第10章 退職と情報管理

第1節 退職にまつわる情報管理の基本

Q 従業員の退職に伴う情報管理上の問題としては、どのようなものがありうるのでしょうか。

A 退職者へ貸与した物品、および退職者が業務のために知得し、取得した情報の回収・引き継ぎが必要です。また、これまでに使用者のもとに蓄積されてきた退職者自身の情報をどのように取り扱うべきかといったことも問題となります。

1. 物品および情報の回収等

◆**(1) 貸与物品の返却** 従業員が退職した場合、使用者は、当該従業員(以下、本節において「退職者」という)に貸与した物品、資料等(以下「貸与物品」という)を返却させることになる。返却の目的は、使用者の資産管理だけではなく、当該貸与物品に化体した情報を回収し、後任者に引き継がせることにもある。

貸与物品としては、パソコン、携帯電話・スマートフォン、(従業員自身の)名刺、名簿(顧客名簿、社員名簿等)、IDカード等がある。これらは当該企業への所属を前提に貸与されたものにすぎないことから、退職に際して返還をすべきことは当然である。返却時には、本人から「すべての貸与物品を返却したこと、未返却の物品が存在しないこと」等を確認させる書面

を取得することが望ましいだろう。[*1]

◆(2) 情報の引き継ぎ　ここで、退職者が業務上取得した顧客や見込み顧客等の名刺やアドレス帳等の情報についても、あくまでも業務遂行のために受け取ったものであり、退職者が個人的に（私的に）受け取ったものではなく、また、そのような情報は、後任者が当該従業員が行っていた業務を円滑に引き継ぐうえで重要である。よって、使用者はこのような情報の引き継ぎを求めることになる。ただし、トラブルを防ぐため、情報管理規程等において、このような業務遂行上受領した情報の管理権が使用者にあり、異動や退職時にこの情報を後任者に引き継ぐべきことを明示し、その内容を周知すべきであろう。[*2]

なお、この関係で、退職者が所持する名刺やアドレス帳情報を利用して一斉に挨拶状を出したり挨拶メールを出したりすることがある。個人情報保護法の観点からすれば、利用目的に反する個人情報の利用は禁止されている（16条1項）ので、たとえば自分の新たなビジネスのダイレクトメールにあたるもの等、挨拶状や挨拶メールの内容によっては、当初の利用目的の範囲を超えると判断されることもあるだろう。[*3]ただ、たとえば名刺の利用目的からすれば、自己の退職を告げ、新任担当者を紹介するにとどまるものであれば、個人情報の利用目的の範囲内と思われる。[*4]

◆(3) アカウントの削除　なお、退職者の業務システム上のアカウントについては、退職手続の終了と同時に（つまり、退職からタイムラグが生じないように）削除またはアクセス禁止の措置を講じなければならない。

すなわち、近時はクラウド上で様々なシステムにアクセスするようになっていることから、物理的な情報端末等を回収しても、システムのユーザアカウントやアクセス権等を抹消・削除しないと、たとえば退職後の元従業員が過去に付与されたユーザアカウントおよびパスワードでかつての勤

---

*1　なお、使用者の情報・物品管理のベストプラクティスとしては、使用者側で誰に何を貸与しているかを把握し、このような使用者側の情報と返還された物品の突き合わせないし照合を行うべきである。
*2　名刺につき、人事部のための個人情報保護法110頁。
*3　人事部のための個人情報保護法112頁
*4　人事部のための個人情報保護法112頁

務先のシステムにアクセスしたところ依然としてアクセスが可能であったことから情報を盗取されてしまった、といった事案が発生しうる。

◆(4) 秘密保持誓約　退職時には、秘密保持義務の存在および具体的内容を再確認する意味で、秘密保持の誓約書を作成させるべきである。このことについては、第4章〔→ 161 頁〕を参照のこと。

2．引き継ぎ

◆(1) 引き継ぎ義務　退職する従業員には、信義則上の引き継ぎ義務が認められる。東京地判昭和 60 年 2 月 27 日（労判 451 号 38 頁）は、後任者に完全に業務引き継ぎを行うという就業規則の規定は有効であるとした。知財高判平成 29 年 9 月 13 日（裁判所 HP）も、元従業員が自己の担当業務に関する何らの引き継ぎもしないまま突然失踪し、以後、かつての勤務先の業務をまったく行わず、何らの連絡もしなかったことが、労働契約上の誠実義務——労務の提供を停止するにあたって、所定の手順を踏み、適切な引き継ぎを行う義務——に違反し、債務不履行を構成するとした。[*5]

　もっとも、具体的な引き継ぎ義務の履行は程度問題の面がある。たとえば東京地判平成 18 年 1 月 25 日（労判 912 号 63 頁）では、就業規則において「退職に際して、その手続及び業務の完全なる引き継ぎをなさずして退職した場合」には、退職金を支払わないことがある旨の規定がある事案について、裁判所は、従業員が退職の意思表示をしてから退職日までの間、使用者に対して、具体的引き継ぎの指示を求めていたが、使用者から具体的指示がないまま退職日を迎えたこと等を理由に、退職時の引き継ぎ義務の不履行があったとまでいうことは困難であるとした。

◆(2) 引き継ぎ期間の情報管理　退職が決まった従業員はこのように引き継ぎ期間において後任者に対する一定の引き継ぎ義務を負っているところ、当該従業員は引き継ぎ目的でなお勤務先の情報にアクセスをする必要があり、その限度で従業員に対して情報のアクセスを認めることも多い。

[*5] 東京地判平成 4 年 9 月 30 日労判 616 号 10 頁［ケイズインターナショナル事件］も、2 週間の予告期間を置かない突然の退職につき元従業員に損害賠償を命じた。

もっとも一部では、引き継ぎ期間内に不要な情報にアクセスし、これを盗取等する従業員もいるようである。[*6]そしてこのような従業員に、引き継ぎ目的でのアクセスを認めると、引き継ぎ期間中に従業員が使用者のサーバに対して不必要と思われるアクセスをしたものの、不正取得を推認できないとした事案（大阪高判平成29年7月20日裁判所HP）のように、結果的に不正アクセスとの認定ができない事態が生じかねない。

　最小権限の原則〔→57頁〕からは、退職が決まり、従来の業務ではなく引き継ぎのみを行うようになった従業員に対する情報のアクセス権限は、あくまでも引き継ぎという目的に必要な範囲で与えるべきであって、従来の業務に必要なアクセス権限のすべてを与えることは必ずしも適切ではない。前述〔→133頁〕の通り、社内の情報にどこまでアクセスさせるかは、基本的には使用者が決めることができるのであって、引き継ぎに不可欠な範囲にアクセスを制限する等の技術的措置を講じることが望ましいと考える。

◆**(3) 実務対応**　そもそも、長期にわたる引き継ぎが必要な状況というのは、暗黙知が形式知化されておらず、属人的に重要な情報が帰属している状況である。このような状況はたとえば、引き継ぎ義務を十分に果たさない退職者が生じれば企業に重大な損害が生じかねない反面、上記の通り引き継ぎ義務の範囲は不明確であることから、そのような不十分な引き継ぎに対して法律上十分な保護が与えられない可能性があるという意味で、これはリスクである。しかも、引き継ぎが長期化することで、退職が決まった従業員が（引き継ぎに必要な範囲であっても）多くの情報に長期間アクセスできるということも情報管理上のリスクであることは間違いない。さらに、上記のように暗黙知が形式知化されておらず、属人的に重要な情報が帰属している状況は、たとえば情報システムを開発して業務に利用する場合に業務で必要とされるシステムの要件等が「その担当者に聞かないとわからない」状況になっていることから、容易には正確かつ網羅的に要件を

---

*6　引き継ぎ期間中に営業秘密を盗んだとして有罪とされた例として、東京高判平成30年3月20日裁判所HP参照。

特定できず、システム開発のトラブルが起こりやすい[*7]。よって、情報管理の観点から、属人的処理の防止や暗黙知の形式知化を試み、短期間の引き継ぎ期間で対応できる体制を構築すべきである。

なお、外資系企業等においては、解雇の当日にその旨を伝え、その連絡の時点ですべてのアクセス権限を奪うといった対応をすることもある[*8]。当該企業の企業文化にもよるところであるが、情報管理の1つの方法であろう。

3. 使用者側の義務

◆(1) 不要となった情報の削除についての努力義務　(ア) 個人情報保護法19条　個人情報保護法19条は、「個人情報取扱事業者は、利用目的の達成に必要な範囲内において、個人データを正確かつ最新の内容に保つとともに、利用する必要がなくなったときは、当該個人データを遅滞なく消去するよう努めなければならない」として、情報の削除について努力義務を定める。

人事労務管理のために企業が保有する従業員の情報は、本人の退職により「利用する必要がなくなったとき」となるのか。「利用する必要がなくなったとき」について、ガイドライン通則編は「利用目的が達成され当該目的との関係では当該個人データを保有する合理的な理由が存在しなくなった場合や、利用目的が達成されなかったものの当該目的の前提となる事業自体が中止となった場合等」を挙げる（3-3-1）。

すなわち、利用目的が達成するか、利用目的が達成されなくてもその前提が存在しなくなった場合には、これを遅滞なく消去すべきである[*9]。

(イ) 写真等の削除　企業のウェブサイト（採用情報のページ等）に掲載さ

---

*7　桃尾・松尾・難波法律事務所編『裁判例から考えるシステム開発紛争の法律実務』（商事法務・2017）17〜18頁等参照。

*8　なお、労基法上解雇予告義務があり（20条1項）、解雇について30日前に予告するか、解雇予告手当として解雇予告期間の賃金に相当する額を支払う必要がある。そこで、このような対応をする場合は原則として解雇予告手当が必要である（なお、東京地判平成29年3月8日判例秘書L07231045も参照）。

*9　人事部のための個人情報保護法49頁参照。

れた写真の削除等も問題となる。[*10]そもそも、ウェブサイトに掲載された1枚の写真は、それが個人を識別できるとして個人情報であるとされても、データベース化されておらず、単なる「個人情報」であって個人情報保護法19条の対象である「個人データ」である可能性は低いと思われる。そこで、削除の努力義務は必ずしも当てはまらない。

　ただし、たとえば「○○部門で働く先輩」として退職者が取り上げられ、当該退職者にフォーカスした個別の写真が掲載されている場合、すでに退職しているのであれば、そのような記載はミスリーディングである。そこで、プライバシーや肖像権保護、そして、入社希望者の誤解を招かない等の観点から、使用者側としては任意に取り下げ、別の従業員の写真と交換した方がよい場合もあるだろう。

　これに対し、集合写真の場合、1人が退職したからといってわざわざこれを削除したり、加工する義務があるとは思われず、その意味では、特に対応しなくてもよいと思われるが、クレームを避けるために、適切な時期に別の写真と交換するという判断もありうるだろう。

　（ウ）**保存義務**　労働法上およびその他の関係法令上従業員の情報に関する保存義務を負うことがあり、その期間は削除の必要はないし、むしろ削除してはならない。[*11]たとえば、労基法上の資料保存義務（109条参照）が適用される場合、当該保存期間が経過するまで削除してはならない。個人情報保護法19条との関係でも「法令の定めにより保存期間等が定められている場合は、この限りではない」（ガイドライン通則編3-3-1）とされている。

　（エ）**人事労務情報管理以外の目的での利用継続**　実務上、企業が現に有している退職者の情報を（現役従業員としての）人事労務管理以外の目的で利用したいということがある。

　たとえば一度退職した従業員について、通常の転職希望者よりも優先的に採用する、いわば出戻り制度を設ける企業が、当該制度のために、退職

[*10] SNS・IT 205〜207頁参照（ただし、これを保有個人データとみる（SNS・IT206頁）べきではないだろう）。

[*11] 木村大樹『個人情報保護と労務管理』（労働調査会・2005）133〜136頁

者の考課情報の一部の保存を続ける等、特定の目的で保存を続ける場合もあるだろう。とはいえ、このように退職者について特定の目的でなお一部の情報の利用を継続する場合、特に個人情報については、利用目的として上記のような退職後の利用を特定し、イントラネット等で公表（または通知）していなければ、目的外利用（個人情報保護法16条違反）と解される可能性がある。

なお、退職者について、慣例的に退職者互助会に加入することになっており、使用者が直接互助会に退職者の情報を提供するといった状況もあるかもしれないが、法的には個人データの第三者提供〔→ 68 頁〕となる以上、本人の同意を得るか、本人から直接退職者互助会に情報を提供すべきである[*12]。

◆**(2) 退職証明書と解雇理由証明書**　労基法上、使用者は退職証明書（22条1項）と解雇理由証明書（22条2項）の交付義務を負う。

退職証明書（労基法22条1項）は退職後において交付するものであるが、労基法22条2項は解雇予告期間中に解雇理由証明書の交付義務を負わせることで、恣意的解雇を防止し、退職者においてやむをえないとして受忍するか、不当なものとして争うかを迅速に判断できるようにする[*13]。

記載事項については、「労働者の請求しない事項を記入してはならない」（労基法22条3項）とされていること、および「労働者の国籍、信条、社会的身分若しくは労働組合運動に関する通信」や「秘密の記号」の記入が禁止されていること（同22条4項）にも留意が必要である[*14]。

なお、たとえば本人都合なのに「会社都合と書いてくれ」と言われて会社都合と書いたところ、後で「会社都合で退職を強いられた」等と主張される事態も考えられる。証明書には正確な情報のみを記載すべきである。

◆**(3) 金品の返還**　労基法上、使用者は元従業員の権利に属する金品

---

*12　人事部のための個人情報保護法 49 頁
*13　菅野 753 頁
*14　労基法 22 条 4 項はいわゆるブラックリストのようなものを使用者が作成して従業員の就労を妨げる事態を防ぐことを目的としている（平成 15 年 12 月 26 日基発 1226002 号）。

（積立金、保証金、貯蓄金その他名称の如何を問わず、労働者の権利に属する金品）を返還しなければならない（労基法 23 条 1 項）。

4. 退職金

◆(1) 退職金の意義　　退職金は退職の際に給付される金員であり、支給の有無や基準がもっぱら使用者の裁量に委ねられていれば労基法上の賃金ではない。しかし、就業規則等で支給要件や支給基準が明確に定められた場合は賃金とされる[*15]（最判昭和 43 年 3 月 12 日判時 511 号 23 頁［小倉電話局事件］）。

　退職金には 2 つの側面があることに留意が必要である。1 つ目は賃金の後払いという側面であり、2 つ目は企業に対する従業員の長年の功労に報いるというものである[*16]。

◆(2) ペナルティとしての退職金全部の不支給　　退職金請求権は就業規則等に定める退職金支給要件を満たすことで具体的に発生するところ、非違行為があった場合には、使用者は退職金を減額したいと希望するだろう。

　上記の賃金の後払いという側面に鑑みれば、単純に非違行為があったというだけで退職金を不支給とすることはできない（すでに当該退職金に対応する労働は給付済みである）ものの、上記の長年の功労に報いるという性質に鑑みれば、当該非違行為がそれまでの勤続の功を抹消ないし減殺するような場合には不支給も正当化されうる。よって、退職金の不支給については退職金規程に明記して労働契約を規律する必要があるが、単にそれだけで適法になるのではなく、それまでの勤続の功を抹消ないし減殺する場合に限られると解されている[*17]。

　退職金減額を有効としたものに最判昭和 52 年 8 月 9 日（集民 121 号 225 頁）［三晃社事件］があるが、具体的な非違行為の内容に応じて具体的に判断される（東京高判平成 15 年 12 月 11 日労判 867 号 5 頁［小田急電鉄事件］、東

---

*15　菅野 406 頁
*16　菅野 422 頁
*17　菅野 664 頁

京地判平成 18 年 1 月 25 日労判 912 号 63 頁［日音事件］等も参照）。

◆(3) 退職後に非違行為が判明した場合　退職後に非違行為が判明した場合、企業は、未だに退職金を支給していない段階であればこれを不支給としたり、支給後であればその返還を請求することを希望するだろう。

　退職後に判明した場合の不支給も上記同様に解すべきであるとされている[*18]。よって、退職後でも懲戒事由相当の非違行為があれば全部または一部を不支給としまたは返還を請求できることは退職金規程に明記すべきであるが、それに加え、具体的な非違行為の内容に応じて、それがそれまでの勤続の功を抹消ないし減殺する場合に、その範囲で不支給としまたは返還を請求できることになる。

---

*18　菅野 664 頁

第2節　解雇をめぐる AI・HR テックの実務的課題

Q AI・HR テックを使って解雇対象となる従業員を選定する場合の留意点を教えてください。

A 解雇対象となる従業員の選定については、その解雇事由にもよりますが、合理性が必要とされることが多く、AI・HR テックを使った場合においても、なおそれを担保する必要があります。

1．解雇の基礎知識

　解雇は使用者による労働契約の解約であるが[*1]、近時、解雇対象者の選定や解雇事由の立証に AI・HR テックを使うことが提案されている[*2]。ここで、労働契約に期限の定めのない従業員の解雇については解雇権濫用法理（労契法16条）により、解雇権濫用の有無が問題となるところ、主に①労務提供の不能や労働能力または適格性の欠如・喪失、②企業秩序違反（懲戒解雇）、③経営上の必要性（整理解雇）、④ユニオンショップ協定による解雇の4種類があり[*3]、それぞれの類型ごとに要件が異なっている。ただし、懲戒解雇については、すでに第9章で述べたので、本章では述べない。また、ユニオンショップ協定については AI・HR テックとの関連が浅い。そこで、以下では労務提供の不能や労働能力または適格性の欠如・喪失と経営上の必要性（整理解雇）について述べる。

2．労務提供の不能や労働能力または適格性の欠如・喪失

　長期雇用慣行企業における労務提供の不能や労働能力または適格性の欠

---

*1　菅野728頁
*2　ブラックボックス化への懸念を表明する龔敏「労働者の能力・適性評価と雇用終了法理」日本労働法学会誌131号（2018）42頁参照。
*3　菅野738〜739頁

如・喪失を理由とした解雇については、それが解雇権濫用となるかの判断において、経営に支障を生ずるなどして企業から排斥すべき程度に達していることや教育指導などの解雇回避措置が行われたか等が問われる。[*4]

　まず、能力の低さや不適格性の程度が著しいことを基礎づける証拠が必要であり、一般には、業務不履行、業務命令、人事考課および人事処分を積み上げて、改善の見込みに関する記録を詳細に残すことや[*5]、他の処分（配置転換等）を繰り返したうえで、「最後のチャンス」を与えてもなお改善せず、退職勧奨をしても合意できない場合に普通解雇とすべきこと等が指摘される[*6]。ここで、AIやHRテックを利用し、単なる成績不良ではなく重大な損害のおそれがあることについてデータから推知することができると主張・立証することで、能力の低さや不適格性の程度が著しく企業から排除すべき程度に達していることの基礎付けにつながるとの指摘がある[*7]。確かに、主観的な上司等の評価だけではなく、データにより客観的に能力の低さや不適格性の程度が著しいことを基礎付けることができれば、それはより説得的ということができる。とはいえ、単に「データ分析」や「HRテック」を使えばよいのではなく、どのようなデータについてどのような分析をするかが重要である。たとえばデータ自体の客観性・代表性（恣意的にピックアップしたデータや、元々が主観的な評価の入ったデータ等ではないか）や、その分析手続、たとえば特定のモデルを作ってそれに当てはめる等のプロセスをとる場合には、当該モデルがどのように構築され、それにどのように当てはめたか等の具体的内容が問われるだろう。

　次に、教育指導、配転などの解雇回避措置についても、どのような指導をしたのか、それに対しどのような対応をしたのか、そしてどのような配転をしたのか等が問題となることから、これらの経緯を記録化しなければならない。たとえば当該従業員について、AIやHRテックで適性を分析し、最も当該従業員に向いている職場に配属したが、それでも改善しなか

[*4] 菅野 742〜743頁
[*5] 石嵜編・労働契約解消 113頁
[*6] 佐藤久文『人事労務の法律問題　対応の指針と手順』（商事法務・2018）143頁
[*7] 人事が変わる 244〜245頁〔倉重公太朗執筆〕

ったというような証拠が残っていれば、それは1つの解雇回避措置に関する証拠になるだろう。もっとも、AIやHRテックの仕組みがブラックボックス化し、単にAIやHRテックが配転先として指示した職場に配置したにもかかわらず改善しなかったと主張するだけでは、少なくとも現時点における裁判官に対する説得力は低いといわざるをえないだろう。この点は、検証可能なデータを補助材料としたうえで、解雇すべきか否かの最終判断は人間の手に委ねるべきと指摘されているところである。[*8] たとえば当該従業員を追い出すため、いわば嫌がらせのための配転をしただけではないのか等という疑問が生じないよう、どのように当該従業員の適性を評価し、その中でどうしてその職場が最適だと判断されたのかというAI・HRテックの判断の仕組みについて合理的な説明ができるようにしておく必要があるだろう。

3. 経営上の必要性（整理解雇）

整理解雇については、人員解雇の必要性、手段として整理解雇を選択することの必要性、選定の妥当性、手続の妥当性が問われる。[*9] このことから、これらの4要件[*10]を満たすことについての証拠を示す必要がある。

まず、人員解雇の必要性について、AIやRPA〔→80頁以下〕によって仕事がなくなり、部門が廃止されることが人員解雇の必要性として認められるかが問題となる。たとえば、金融機関においては、人間のトレーダーを廃止し、AI（ないしはソフトウェア）でトレーディングをする動きがあることはすでに述べた〔→37頁〕。確かに、経営が傾いている場合には不採算部門について閉鎖ないし廃止することも考えられるところ、完全に閉鎖・廃止するのではなくAIないしソフトウェアに置き換えるという場合であり、整理解雇選択の必要性もあって人選も手続も妥当とされるならば、閉鎖・廃止をしていれば整理解雇が適法にできたのに、閉鎖・廃止に代え

---

*8 人事が変わる245頁〔倉重公太朗執筆〕
*9 菅野745～746頁
*10 1つでも満たされなければ解雇が無効になるという意味の「要件」ではなく、あくまでも考慮「要素」とされている可能性につき菅野749頁を参照。

てAIないしソフトウェアに置き換えたからといって直ちに整理解雇が解雇権濫用として認められなくなるとは解すべきではないだろう。しかし、たとえば経営は順調であるがさらなる効率化・合理化を進めるためにAIやRPAを導入して部門を廃止したということであれば、そもそも必要性が否定されることもあるし、仮に必要性が認められても、それ以外の部門への配転等解雇回避義務を尽くしたうえで行う必要があるだろう。[*11]

次に、整理解雇における退職者の選択においてAIを利用することは、選定の妥当性の観点からどのように判断されるだろうか。ある論者は、AIによる人選は、人間の主観を排除しているという意味で客観的と指摘したうえで、AIの特徴である手法の複雑性（およびそれによる司法審査の困難性）を指摘する。[*12] 前述〔→ 38頁注9〕の通り、AIは人間のバイアスを承継し、増幅させる可能性もあることに留意すべきだが、複雑性と審査の困難性というAIの特徴に関する指摘は重要である。このような点を踏まえ、具体的な人選においてどのような役割をAIに果たさせるか等をもとに検討すべきである。

もし〈AIの判断を参考に人間が判断をした〉という場合であれば、最終的な人間による判断が妥当であるか、そして当該人間による判断についてなぜそれが合理的なのかの適切な説明がされているかが問われる。たとえば選定の際に、人間が選定基準を定立し、当該基準に基づきAIが候補者を評価してリストを作成し、当該リストの内容を人間が確認して最終候補を決めたという場合、そもそも人間が定立した基準が合理的な人選基準であるか、当該基準が結果的に正しく適用されたか等が問われる。このようなプロセスを経た場合において、AIのプログラムミスやデータ入力ミスがあったとすれば、企業側の「AIを信じた」という抗弁は少なくとも現在のAIに対する信頼性を前提とすればなかなか難しいように思われる。逆に、AIが解雇候補者をリストアップする際に基準となるべき公平かつ合理的な選定基準を人間が定立し、またAIが本当に選定基準に沿って判

[*11] AIの法律と論点 289頁〔菅野百合執筆〕
[*12] 柳澤武「雇用終了における人選基準法理」日本労働法学会誌131号（2018）56頁

断していることを、たとえば人間が確認すること等で担保していれば、選定の妥当性は認められるだろう。

　AIに完全に選定や手続を委ねる場合や、人間が形式的には確認するとしても、人間にとっては実質的検証が到底不可能な場合には、より問題が大きくなる。将来定評のある整理解雇対象人員選定についてのAIが出現すれば別であるが、現時点では、「AIを利用して人選基準を策定する」というだけでは合理的な人選ということは難しいと思われる。また、基準が合理的なものであっても、適用をすべてAIに任せ、人間が実質的に確認をしないという場合、結果的に誤りがあれば選定の妥当性が否定されるだろう。

4. 退職勧奨とHRテック

　最後に、退職勧奨について検討したい。退職自体は従業員の意思によるものであるが、とりわけ、解雇の検討に際し、使用者が退職を勧奨することがある。退職勧奨はその態様によっては不法行為等となることがある。

　この点については、「退職勧奨の態様が、退職に関する労働者の自由な意思形成を促す行為として許容される限度を逸脱し、労働者の退職についての自由な意思決定を困難にする」か否かが問題となるとされる（東京高判平成24年10月31日労経速2172号3頁［日本アイ・ビー・エム事件］）。そして、この判断においては、退職勧奨が合理的な目的を欠く場合や、対象者を恣意的に選定して行われた場合は、従業員は、自らの置かれた立場を正確に理解したうえで退職するか否かの意思決定ができたということはできず、原則として、自由な意思形成を阻害するとされ、不法行為となる。（同前）。

　AIやHRテックを使った人選、たとえば、ジョブフィット率が低かったり高確率で退職が予想される場合に退職勧奨の対象とすることが、果たしてこのような人選の合理性の観点から適切かが問題となる。ここで、ジョブフィット率の低さ、すなわち、本人の性格や能力が職務とマッチしない場合およびその根拠によっては合理的人選といえる可能性があるが、現状で適合しているにもかかわらず、単に今後適合しなくなる可能性が高い

というだけでは合理的とはいえないと論じられている。これに対し上記高裁判決は、業績の低さを基準として対象者を選定することは不合理とはいえないとしており、本人の業績を含む能力等を客観的に評価した結果の人選であれば、合理性が認められる可能性が高い。AIやHRテックの内容によっては、このような評価を客観的に行ったといえる可能性があるが、前述〔→344頁〕したところと同様に、やはりどのようなデータについてどのような分析をするか、そしてどのように正確性を担保するかが重要であろう。

　なお近時、従業員の同意のもとに改善項目を設定し、本人に改善項目ごとに改善計画を出させるPerformance Improvement Plan（PIP）といわれる方法論がある。今後職場へのAI・HRテックの導入が考えられることともあわせ、こうした方法論を実行する際には、労使で十分に話し合って納得のもとになされるべきであろう。たとえば東京高判平成25年4月24日（労判1074号75頁）〔ブルームバーグ・エル・ビー事件〕では、①達成可能な目標を提示しているか、②問題を共有し具体的改善策を講じているか、③適切なフィードバックが行われているか等が問われるとした。目標設定や評価等はAIやHRテックの評価に馴染むといわれるが、目標設定がおよそ達成不能なら最初から解雇に追い込むための方策と捉えられかねないことに留意が必要である。

＊13　人事が変わる243〜244頁〔倉重公太朗執筆〕
＊14　水谷・Q＆A 142頁
＊15　水谷・Q＆A 143頁
＊16　人事が変わる246頁〔倉重公太朗執筆〕

おわりに

　本書は、筆者の AI・ロボット法研究への関心と、人事労務情報管理に関する実務経験をもとに作り上げたものである。

　AI・ロボット法研究につき、「ロボット法学会設立準備研究会」(2014)における「ロボット・AI と労働法」の発表、そして、ウゴ・パガロ著『ロボット法』(勁草書房・2017)の翻訳に誘ってくださった工藤郁子さん、そして参加を許してくださった新保史生先生に心より感謝したい。

　また、情報管理、とりわけ個人情報・プライバシーについては、「弘文堂スクエア」の連載「若手弁護士が解説する 個人情報・プライバシー法律実務の最新動向」を一緒に執筆してくださっている加藤伸樹先生と大島義則先生に感謝している。本書はその記事をもとにしているところがある。

　そして、本書の原稿をレビューしてくださった西村友海さん、日置巴美先生、藤村明子先生、三谷和歌子先生、山本将之様、吉峯耕平先生（五十音順）、レビュワーの紹介等でご協力くださった横田明美先生、および本書の一部につきコメントを下さった柳澤武先生にも感謝したい。もっとも、本書に誤りがあるとすればすべて筆者の責任である。

　本書の執筆・校正過程の最終段階で労務行政研究所編『HR テクノロジーで人事が変わる』(労務行政・2018)をご恵投くださった板倉陽一郎先生にも感謝したい。同書をおおいに参考にさせていただいた。

　そして、情報管理関係および人事労務関係の経験を積ませてくださったクライアントの皆様と桃尾・松尾・難波法律事務所の先生方にも感謝したい。加えて、前著『クラウド情報管理の法律実務』に続き、叱咤激励や表現面等の様々な点で本書の完成まで導いてくださった弘文堂編集部の登健太郎様には重ねて感謝している。

　最後に、妻恵美、娘の早智と美沙、父剛次、母佳恵子、義父茂、義母陽子に感謝の意を表したい。

2018 年 11 月

　　　　　　　　　　　　　　　　　　　　　　　　　松尾　剛行

事項索引

【あ】
RPA…75
　――の導入…80
　――の特徴…80
アクセス制限…139, 141, 142, 144
アルゴリズム…59
安全管理措置…16, 292
安全配慮義務…279, 283
　――と AI・HR テック…299

【い】
委託…68
　――契約の締結…71
　――の定義…70
委託先…71, 72
　――における個人データ取扱状況の把握…72
　――の選定…71
委託元の監督義務…71
一事不再理…325

【え】
AI…36
　――と安全配慮義務…299
　――と営業秘密…137, 166
　――と解雇…342
　――と教育・研修…224
　――と狭義の人事…219
　――と健康情報…296
　――と採用…119, 127
　――と人事異動…246
　――と人事考課…237
　――と人事労務…35, 36
　――と人的安全管理措置…166
　――と労働時間…260
　――による推知…129
　――による面接…129
　――による判断…59
　――によるモニタリング…215

――の過誤・誤検知…124, 262
――の種類…36
――の導入…74
――の特徴…37
――の利用に抵抗感をもつ従業員への配慮…78
営業秘密としての――…138, 166
営業秘密…137
　――としての AI…138, 166
　――の保護…137
　――の保護要件…138
　人的安全管理措置と――…131
営業秘密管理指針…141, 142
HR テック…40
　――と安全配慮義務…299
　――と営業秘密…137, 166
　――と解雇…342
　――と狭義の人事…219
　――と健康情報…296
　――と採用…119, 127
　――と人事異動…246
　――と人事考課…237
　――と人的安全管理措置…166
　――と退職勧奨…346
　――とモニタリング…215
　――と労働時間…260
　――の過誤・誤検知…124, 262
SNS…128
　――と健康情報…300
閲覧履歴…193

【お】
応募者情報…109
　第三者から提供を受ける――…109
　本人から直接提供を受ける

――…107

【か】
解雇…342
　――と AI・HR テック…342
解雇理由証明書…339
ガイドライン通則編…16
学習系 AI…36, 75, 138
可用性…15
完全性…15
監督義務（委託元の）…71
監視カメラ…190

【き】
危機管理…301
技術的安全管理措置…19, 133
機密性…15
休憩時間…253, 261
休日労働…257
　――と情報管理…257
求人票…117
教育・研修…221
　――と AI・HR テック…224
　――と情報技術…221
　――を受ける義務…222
　――を受ける権利…223
教育・研修命令…222
狭義の人事…219
　――と AI・HR テック…219
競業禁止義務…147
「競業避止義務契約の有効性について」…148
行政法上の責任…21
共同利用…73
業務改革…79
業務における情報技術の利用（業務の情報化）…173, 174, 211
業務の AI 化…74

350　事項索引

【け】

刑事責任…23
刑事手続…48
契約締結の自由…92
経歴詐称…103, 124, 307
健康情報…275, 280, 287, 298
　　──とAI・HRテック…296
　　──とSNS…300
　　──と情報管理…275
　　──の取得…289
　　──の（第三者）提供…294
健康診断等の結果…48

【こ】

公開情報…52
公益通報…317
　　──の保護要件…318
公益通報者保護法…317, 322
公表…44, 328
効力不遡及…325
個人情報…6
個人データ…8, 131
COPE…199, 202
「雇用管理分野における個人情報のうち健康情報を取り扱うに当たっての留意事項」…286, 288
「雇用管理分野における個人情報保護に関するガイドライン」…12, 245
コンプライアンス…120

【さ】

罪刑法定主義…325
在宅勤務…204
採用…87
　　──と情報管理…87
採用関係情報…105
　　──の取得…105
　　──の第三者提供…111
　　──の保管・利活用…110
採用の自由…90, 92
　　──とAI・HRテック…122
　　──の制約…93
採用プロセス…96
　　──と人事労務情報管理…101

サテライトオフィス勤務…204

【し】

時間外労働…257
　　──と情報管理…257
指揮監督…265
事業場外みなし労働制…263
　　──と情報通信端末の貸与…271
　　──とテレワーク…268
GDPR…60
私的利用…175
　　──の制限…176
　　通信設備等の──…175
自動処理のみに基づき重要な決定を下されない権利…62
GPS…191
私物情報端末…197
始末書…328
社会的身分…47
社内SNS…211, 212
　　──上の情報のAIによる取得…212
就業規則…156, 160, 248
集団的同意…29
受診命令…291
出向（命令）…243, 244
取得済みの情報…49
守秘義務…134, 157
　　──の限界…135, 158
試用期間…99
証拠収集・保全…26
少年保護事件手続…48
情報管理…14, 132, 136, 157, 165, 196
　　──と責任…19
情報収集の禁止…105
情報セキュリティ…14
情報端末の管理…196
情報提供…26
情報の取得…43, 52, 107, 109, 127
情報の利活用…275, 283
職業安全衛生法…88
職能資格制度…229
職務専念義務…260
人事異動…241
　　──とAI・HRテック…246

　　──と情報管理…241
人事考課…228
　　──とAI・HRテック…237
　　──と裁量統制…230
　　──の透明性…234
人事考課情報…228
真実告知義務…102
　　──とAI・HRテック…126
　　──と情報収集…104
人事労務情報管理…1, 24
　　──における参照対象…9
　　人事権の行使としての──…27
人種…47
信条…47
心身の機能の障害…47
人的安全管理措置…18, 131, 132
　　──と営業秘密…131
人的証拠…310

【せ】

成果主義…229
整理解雇…344
誓約書…156, 160, 161, 162
説明…44
選択の自由…92
　　──の制約…93

【そ】

組織的安全管理措置…17, 132

【た】

第三者提供…68
退職…333
　　──と情報管理…333
退職勧奨とHRテック…346
退職金…340
退職証明書…339

【ち】

蓄積…49
Team Intelligence…239
中止請求権…60
懲戒…324
　　──の公表…328
　　──とAI・HRテック…330
懲戒事由…323

事項索引　351

調査の自由…90, 93
　　──の制約…94

【つ】
通信設備等に対するモニタリング…188, 193
つながらない権利…217

【て】
適正取得義務…45, 52
適正手続…325
手待ち時間…253
テレワーク…203
　　──と事業場外みなし労働制…268
　　──と情報管理…207
　　──と人事労務…205, 206
転籍（命令）…244

【と】
同意…27, 44, 112
　　──なき検査（健康情報）…290
　　公法上の──…29
　　私法上の──…29, 31
同意主義の限界…28
当初の明示義務…113
透明性…234

【な】
内定…98
内々定…96
内部告発…316

【に】
入退場記録…274
認識可能性…139, 141, 142, 145

【の】
ノーワークノーペイの原則…260

【は】
配転（命令）…183, 241, 246, 248
犯罪により害を被った事実…47

犯罪の経歴…47

【ひ】
引き継ぎ…335
非公知性…139, 167
秘密管理…136, 157, 165
秘密管理性…138, 139, 141, 142, 145, 158, 167, 168
秘密保持契約…160, 161
　　重要情報取扱開始時の──…162
　　退職時の──…162
　　入社時の──…162
病歴…47
BYOD…196, 199, 200

【ふ】
不正競争防止法…168
物的証拠…309
物理的な安全管理措置…18, 132
プライバシー…4, 32, 262, 296, 330
　　──の保護…3
　　──と情報管理との調整…5
分析…49

【ほ】
募集方法の自由…92
本人の同意…57

【み】
三菱樹脂事件…90, 100
民事責任…19

【め】
メンタルヘルス情報…284

【も】
持ち帰り残業…270
モニタリング…184, 213, 261
　　──とAI・HRテック…213, 215
　　──と労働時間管理…260
　　監視カメラ等による──…190

通信設備等に対する──…193
モバイル勤務…204
モバイルデバイスマネジメント（MDM）…196, 198

【や】
雇入れ人数決定の自由…92

【ゆ】
有事対応…304
　　──とAI・HRテック…330
　　──とSNS…331
　　──と労働法・プライバシー…306
　　──のプロセス…302
有用性…139

【よ】
要配慮個人情報…46, 280
　　──のAIによる潜脱…50

【り】
留保解約権…100
量刑相当性…325
利用目的…43, 107, 212, 289
　　──による規制…52, 54, 188
　　──の解釈…55
　　──の変更…55

【れ】
レピュテーションリスク…126, 130

【ろ】
労働時間…251, 261
　　──の判断基準…251
　　──の立証…273
労働時間管理…251, 254, 255
　　──と情報管理…251
　　モニタリングと──…260
労働条件明示義務…27, 116
労働法…24, 48, 54

判例索引

【昭和】

大阪地判昭 37・4・20…313
東京地判昭 39・9・28…3, 51
名古屋地判昭和 40・6・7…163
福岡高判昭 42・2・28…185
最判昭 43・3・12…340
東京高判昭 43・6・12…91
最判昭 43・8・2…184, 187
松江地益田支判昭 44・11・18…189
最判昭 45・7・28…189, 311
東京高判昭 47・3・31…186, 187
静岡地判昭 48・6・29…222
最判昭 48・10・19…243
最判昭 48・12・12…90
最判昭 49・2・28…311, 324
最判昭 49・3・15…189, 311
横浜地判昭 49・6・19…94
最判昭 50・2・25…279
東京高判昭 50・12・22…130
最判昭 51・7・8…329
最判昭 52・8・9…340
最判昭 52・12・13…3, 308, 324
東京地判昭 52・12・19…329
大阪高判昭 53・10・27…328
東京地判昭 54・3・8…103
最判昭 54・7・20…98, 101, 125
最判昭 54・10・30…187, 324, 325
東京高判昭 55・2・18…327
最判昭 55・5・30…98
名古屋地判昭 56・7・10…104
最判昭 56・12・18…311
最判昭 57・4・13…177
大阪地判昭 58・2・14…253
最判昭 58・9・8…311, 324
東京高判昭 58・12・19…117
最判昭 59・4・10…279
東京地判昭 60・1・30…103
東京地判昭 60・2・27…335
最判昭 61・3・13…30, 292

東京高判昭 61・5・29…325
東京高判昭 61・10・14…123
徳島地決昭 61・11・17…186, 187
東京地判昭 62・3・10…135
名古屋地判昭 62・7・27…329
最判昭 62・9・4…186
最判昭 63・2・5…185, 308, 312

【平成元～10 年】

長崎地判平元・2・16…329
旭川地判平元・12・27…189
静岡地判平 2・3・23…313
横浜地判平 2・5・29…232
鹿児島地判平 3・5・31…327
最判平 3・9・19…102
大阪地判平 3・9・24…3
浦和地判平 3・11・22…186
最判平 3・11・28…30
最判平 4・3・3…311
東京地判平 4・9・30…335
大阪地判平 5・6・25…180
長野地判平 6・3・31…234
東京地判平 6・9・7…329
東京地判平 6・11・29…327
東京地判平 6・12・26…135
最判平 7・3・30…291
最判平 7・9・5…3, 186, 187, 312
最判平 7・12・15…49
名古屋地判平 8・3・13…232, 234
最判平 8・9・26…326
京都地判平 9・4・17…306
徳島地判平 9・6・6…328
静岡地判平 9・6・20…228
大阪高判平 9・11・25…232, 233, 234
大阪地判平 10・3・25…222

【平成 11～20 年】

大阪地判平 11・3・31…329

東京地判平 11・12・16…163
最判平 12・3・9…252, 253
最判平 12・3・24…284
東京高判平 12・4・19…117, 123
東京高判平 12・4・27…134
千葉地判平 12・6・12…291
大阪地判平 12・11・20…232
大阪高判平 13・3・6…123
大阪地判平 13・3・23…327
仙台地判平 13・3・26…306
最判平 13・4・26…292
広島高判平 13・5・23…233
大阪地判平 13・6・27…234
東京地判平 13・12・3…178, 179, 181, 188, 195, 307
福岡高那覇支判平 13・12・6…329
東京地判平 14・2・14…139
東京地判平 14・12・20…327
東京地判平 14・2・26…182, 307
最判平 14・2・28…252
大阪地決平 14・4・18…180
東京高判平 14・5・23…329
東京高判平 14・7・5…327
東京高判平 14・7・30…139
東京地判平 14・9・3…329
東京高判平 14・10・11…135
東京高判平 14・11・29…181
最判平 15・4・18…243
大阪地判平 15・5・14…234
東京地判平 15・5・28…290
東京地八王子支判平 15・6・9…311
大阪地堺支判平 15・6・18…186
東京地判平 15・6・20…290
最判平 15・9・12…22
東京地判平 15・9・17…165
東京地判平 15・9・22…178, 182
最判平 15・10・10…161
東京高判平 15・12・11…340

判例索引　353

東京地判平 15・12・12…329
東京高判平 16・1・22…97
東京地判平 16・3・31…238
神戸地判平 16・6・10…270
東京地決平 16・8・26…181
東京地判平 16・9・13…308
大阪地判平 16・9・29…186
福岡地久留米支判平 16・12・17…181
名古屋高判平 17・2・23…134
富山地判平 17・2・23…322
東京高判平 17・3・23…308
大阪地判平 17・4・7…328
札幌地判平 17・5・26…180, 182
大阪地判平 17・9・9…123
福岡高判平 17・9・14…177, 180
名古屋地判平 17・9・16…186
大阪高判平 17・12・1…255
名古屋地判平 18・1・18…284
東京地判平 18・1・25…335, 340
大阪地判平 18・6・29…186
最判平 18・10・6…315
名古屋地判平 19・1・24…243
東京地判平 19・3・9…207
名古屋地判平 19・3・23…28
東京地判平 19・3・26…246
東京地判平 19・4・27…329
東京地判平 19・5・17…233
東京地判平 19・6・22…179, 180
東京地判平 19・9・18…179
最判平 19・10・19…252
東京地判平 19・11・21…323
東京地判平 19・12・26…186
東京高判平 20・1・31…231
神戸地尼崎支判平 20・2・28…323
東京地判平 20・3・10…300

【平成 21～30 年】
松山地判平 21・3・25…191
福井地判平 21・4・22…191
東京地判平 21・5・20…311
東京地判平 21・6・12…323
大阪高判平 21・8・25…261
東京地判平 21・8・31…182, 194, 307
大阪地判平 21・10・16…307

大阪地決平 21・10・23…156
東京地判平 22・1・18…270
最判平 22・3・25…147
大阪地判平 22・4・23…271
東京地判平 22・5・27…117
大阪地判平 22・10・27…231
東京地判平 22・10・28…5
東京地判平 23・1・28…323
大阪地判平 23・1・28…329
福岡高判平 23・3・10…97, 98, 123
大阪地判平 23・5・25…255
東京地判平 23・6・15…177
甲府地判平 23・7・26…270
知財高判平 23・11・21…134
知財高判平 24・2・29…161
知財高判平 24・3・5…146
東京地判平 24・3・13…159
東京地判平 24・4・26…323
東京地判平 24・5・31…191
東京地判平 24・6・11…158
知財高判平 24・7・4…154
東京地判平 24・8・28…165, 327
大阪地判平 24・8・29…323
水戸地判平 24・9・14…193
東京高判平 24・10・31…346
大阪地判平 24・11・2…159, 327
広島地福山支判平 24・11・28…147
長野地判平 24・12・21…191
東京地判平 25・3・27…133
東京地判平 25・4・16…147
東京地判平 25・4・24…347
大阪地判平 25・6・6…187
東京地判平 25・6・21…159, 207, 327
東京地判平 25・11・14…156
東京高判平 25・11・21…253, 274
東京地判平 26・1・9…154, 155
最判平 26・1・24…265, 268
大阪地判平 26・2・13…261
東京地判平 26・3・5…147
東京地判平 26・3・7…99
東京地判平 26・3・17…327
大阪地判平 26・3・18…153
東京地判平 26・3・19…161

最判平 26・3・24…285
広島高判平 26・4・16…147
知財高判平 26・8・6…136
東京地判平 26・9・25…147
知財高判平 26・10・29…136, 147, 148
東京地判平 27・1・23…322
福岡高判平 27・1・29…290
大阪地判平 27・2・4…273
東京地判平 27・2・12…147, 148
東京地判平 27・2・27…273
東京地判平 27・3・4…273
大阪地判平 27・3・12…152, 154, 155
東京地判平 27・3・27…135, 193
東京地判平 27・4・17…181
東京地判平 27・8・27…177
大阪地判平 27・9・25…273
東京地判平 27・10・9…261
東京地判平 27・10・30…153
東京地判平 27・11・25…266
東京地判平 27・12・1…182
知財高判平 27・12・24…139
東京地判平 28・1・15…152, 154, 155
東京地判平 28・2・22…232, 233, 234
東京地判平 28・2・26…327
知財高判平 28・3・8…146
東京地判平 28・3・16…273
東京地立川支判平 28・3・29…142
東京地判平 28・3・31…273
千葉地木更津支判平 28・4・25…193
東京地判平 28・5・19…186, 191
東京地判平 28・5・31…161
富山地判平 28・6・1…181
大阪地判平 28・6・23…144
東京地判平 28・8・19…207
名古屋高金沢支判平 28・9・14…323
東京高判平 28・9・28…152
東京地判平 28・10・7…194
横浜地判平 28・10・31…144, 145
東京高判平 28・12・7…323

知財高判平 28・12・12…161
東京地判平 28・12・19…153
知財高判平 28・12・21…142, 146
東京地判平 28・12・21…273
東京地判平 28・12・26…158
東京地判平 28・12・28…181
大阪地判平 29・1・12…144
東京地判平 29・1・26…151
東京地判平 29・2・9…143
東京地判平 29・3・8…337
東京高判平 29・3・21…142, 145
仙台地判平 29・3・30…232, 233
金沢地判平 29・3・30…306

東京高判平 29・6・1…194, 323
東京地判平 29・7・13…323
大阪高判平 29・7・20…144, 336
大阪地判平 29・8・24…154
知財高判平 29・9・13…151, 335
東京地判平 29・9・20…152
大阪地判平 29・10・19…143
最判平 29・10・23…21
東京地判平 29・10・31…323
東京地判平 29・12・13…322
東京地判平 30・1・5…267
知財高判平 30・1・24…143
京都地判平 30・2・28…183
大阪地判平 30・3・5…144, 151, 154, 155

福岡地判平 30・3・13…52
東京高判平 30・3・20…144, 336
東京高判平 30・3・22…329
知財高判平 30・3・26…143
大阪高判平 30・5・11…143
東京地判平 30・6・20…22, 199
千葉地判平 30・6・20…4, 22
東京高判平 30・6・21…267
福岡地判平 30・6・27…261, 325
大阪高判平 30・7・2…143
知財高判平 30・7・3…139
最大決平 30・10・17…328

松尾 剛行（まつお・たかゆき）
弁護士（第一東京弁護士会）／桃尾・松尾・難波法律事務所パートナー／情報セキュリティスペシャリスト／慶應義塾大学非常勤講師（いずれも 2019 年 1 月現在）
連絡先：mmn@mmn-law.gr.jp

【略歴】
2006 年　東京大学法学部卒業
2007 年　司法研修所修了、弁護士登録（第 60 期）
2007 年　桃尾・松尾・難波法律事務所勤務（現在に至る）
2013 年　ハーバード・ロースクール卒業（LL.M.）

【主著】
『最新判例にみるインターネット上の名誉毀損の理論と実務 [第2版]』（勁草書房・2019 年）
『ロボット法』（共訳、勁草書房・2018 年）
『最新判例にみるインターネット上のプライバシー・個人情報保護の理論と実務』（勁草書房・2017 年）
『裁判例から考えるシステム開発紛争の法律実務』（共編著、商事法務・2017 年）
『クラウド情報管理の法律実務』（弘文堂・2016 年）
『金融機関における個人情報保護の実務』（共編著、経済法令研究会・2016 年）

AI・HR テック対応　人事労務情報管理の法律実務

2019（平成31）年 1 月15日　初版 1 刷発行

著　者　松尾剛行
発行者　鯉渕友南
発行所　株式会社　弘文堂　　101-0062 東京都千代田区神田駿河台 1 の 7
　　　　　　　　　　　　　　TEL 03(3294)4801　振替 00120-6-53909
　　　　　　　　　　　　　　http://www.koubundou.co.jp
装　丁　宇佐美純子
印　刷　三陽社
製　本　井上製本所

Ⓒ 2019 Takayuki Matsuo. Printed in Japan
JCOPY〈(社)出版者著作権管理機構　委託出版物〉
本書の無断複写は著作権法上での例外を除き禁じられています。複写される場合は、そのつど事前に、(社)出版者著作権管理機構（電話 03-5244-5088、FAX 03-5244-5089、e-mail: info@jcopy.or.jp）の許諾を得てください。
また本書を代行業者等の第三者に依頼してスキャンやデジタル化することは、たとえ個人や家庭内での利用であっても一切認められておりません。

ISBN 978-4-335-35777-0